星耀凌钢

凌源钢铁集团有限责任公司　编著

北　京
冶　金　工　业　出　版　社
2016

内 容 提 要

这是一本反映凌钢不同时期先进模范人物事迹和奋斗故事的合集。书中收录了凌钢建厂以来荣获国家、省市荣誉名单及荣获凌钢集团公司劳动模范、科技贡献奖、工人技术创新奖、优秀共产党员荣誉名单，并收录了部分荣获凌钢2006~2015年公司劳动模范、科技贡献一等奖、工人技术创新一等奖和优秀共产党员的先进人物通讯，以飨读者。

图书在版编目(CIP)数据

星耀凌钢/凌源钢铁集团有限责任公司编著. —北京：冶金工业出版社，2016.7

ISBN 978-7-5024-7307-5

Ⅰ.①星… Ⅱ.①凌… Ⅲ.①钢铁厂—劳动模范—先进事迹—凌源市—文集 Ⅳ.①K828.1-53

中国版本图书馆CIP数据核字(2016)第169673号

出 版 人 谭学余
地　　址 北京市东城区嵩祝院北巷39号 邮编 100009 电话 (010)64027926
网　　址 www.cnmip.com.cn 电子信箱 yjcbs@cnmip.com.cn
责任编辑 姜晓辉 唐晶晶 美术编辑 彭子赫 版式设计 彭子赫
责任校对 禹 蕊 责任印制 李玉山
ISBN 978-7-5024-7307-5
冶金工业出版社出版发行；各地新华书店经销；固安华明印业有限公司印刷
2016年7月第1版，2016年7月第1次印刷
169mm×239mm；26.5印张；518千字；398页
80.00元

冶金工业出版社 投稿电话 (010)64027932 投稿信箱 tougao@cnmip.com.cn
冶金工业出版社营销中心 电话 (010)64044283 传真 (010)64027893
冶金书店 地址 北京市东四西大街46号(100010) 电话 (010)65289081(兼传真)
冶金工业出版社天猫旗舰店 yjgycbs.tmall.com

目　录

❖荣 誉 册❖

❖劳动模范篇❖

❖科技贡献篇❖

❖技术创新篇❖

❖优秀党员篇❖

荣誉册

全国劳动模范

宋士田（1995） 高益荣（2000） 张振勇（2005） 郝志强（2015）

全国“五一”劳动奖章获得者

宋士田（1990） 高益荣（1997） 吴志先（2002） 沈 洵（2004）
苑成德（2006） 郝志强（2011） 李彩云（2013）

全国“五一”巾帼标兵

张宏艳（2010）

全国钢铁工业劳动模范

宋士田（1994） 王春福（1994） 卢亚东（2008） 魏 东（2008）
王运琪（2014） 万传善（2014） 倪树奇（2014） 郭玉阁（2014）

辽宁省特等劳动模范

高益荣（1999）

辽宁省劳动模范

张学卿（1980） 宋士田（1988） 郭瑞芹（1995） 安武生（2006）
毛凤海（2006） 马育民（2009） 孙洪文（2009） 张海明（2012）

辽宁省“五一”劳动奖章获得者

郝志强（1991） 于丛安（1996） 闫清军（2008） 郭宝志（2007）
张宏艳（2011） 全守军（2014） 冯亚军（2015） 杨怀东（2015）

朝阳市特等劳动模范

吴志先（1999） 安武生（1999） 张振勇（2003） 闫清军（2006）
徐世通（2009） 徐小宝（2014）

朝阳市劳动模范

冯 广（1979） 王广志（1982） 宿文迁（1985） 郭洪儒（1986）
耿 志（1986） 连启太（1986） 杨树林（1986） 翟连富（1986）
姜 荣（1988） 高 伟（1989） 王春福（1991） 于丛安（1992）
张双学（1994） 张振勇（1995） 刘建春（1995） 陈玉清（1995）
安武生（1995） 刘士杰（1995） 李庆文（1999） 刘贵良（1999）
刘升军（1999） 张顺义（2001） 张振龙（2001） 沈 洵（2003）

苑成德（2003）　法来明（2003）　孙洪文（2006）　侯柏宇（2006）
刘志新（2009）　郭宝奇（2009）　王彦廷（2011）　全守军（2011）
董学田（2011）　郭向才（2014）　冯亚军（2014）

朝阳市“五一”劳动奖章获得者

沈　洵（2002）　高宝伟（2002）　闫清军（2004）　王云江（2005）
吴占富（2005）　李建华（2007）　应春富（2007）　马育民（2008）
马晓勇（2008）　魏潭英（2008）　宋大伟（2008）　杨金忠（2010）
宋晓辉（2010）　陈雪松（2010）　张洪涛（2012）　刘玉晶（2012）
周国峰（2012）　张国栋（2013）　邓玉芝（2013）　史富春（2013）
路　丰（2015）　杨明利（2015）　侯　宏（2015）　于春燕（2015）
刘利明（2015）　李　佳（2015）　李　奈（2015）　潘海波（2015）
于国祥（2015）　刘　威（2015）

朝阳市“五一”巾帼先进个人

董艳艳（2010）

朝阳市先进工作者

刘海彬（2012）　张俊武（2012）　张艳涛（2012）　曲顺利（2012）
刘志勇（2012）

凌钢劳动模范（870名）

1973年：黄国栋　高云山
1977年：张宪楼　王志新　张学卿　黄国栋　白清仁　王金国　朱明川
1978年：张宪楼　黄国栋　王金国　白清仁　张学卿　王志新　冯　广
刘士杰
1979年：张学卿　张宪楼　黄国栋　白清仁　王建富
1980年：黄国栋　白清仁　王广志　张宪楼　王建富
1982年：梁立顺　连启太　王志合　于丛安　王凤廷
1983年：于丛安　王凤廷　王志合　梁立顺　连启太　李彦然　翟连富
1984年：吴继喜　陈玉清　于丛安　宿文谦　徐维光　于春恩　张绍荣
李新生　翟连富
1985年：于丛安　宿文谦　徐维光　刘玉祥　王永存　杨树林　于春恩
张绍荣　连启太　刘德芳　赵福进　翟连富　刘长坤　郭洪儒

赵国安

1986 年：杨树林 王永存 刘玉祥 于春恩 康虎明 徐连荣 宿文谦
于丛安 刘得芳 丁永生 徐维光 连启太 边久德 翟连富
赵福进 毛树文 郭洪儒 唐佐卿 张佩文 耿 志（女）

1987 年：边久德 陈玉清 刘玉祥 王永存 刘景峰 王本刚 王 田
田大春 麻树恒 丁永生 徐维光 姜 荣 崔卫国 郭桐松
杜国喜 连启太 陈洪文 苏志远 翟连富 赵福进 王正新
毛树文 葛瑞清 唐佐卿 郭洪儒 耿 志（女）

1988 年：王文政 王义坤 王国志 刘学忠 张传复 郭作香（女）
边久德 刘景峰 孟凡增 郭雨春 康虎明 鞠贵权 连启太
陈洪兴 刘士杰 丛武昌 陈玉清 王永存 牛恪庄 王 林
麻树恒 丁永生 徐维光 姜 荣 陈学林 崔卫国 郭桐松
杜国喜 王正新 张 喜 杨士伟 赵云田 高 伟
贺秀梅（女） 陈淑英（女） 范长歧 郑 端（女） 周 歧
王正夫 葛瑞清 耿 志（女）

1989 年：于通海 王国志 许春生 孙立东 洪 显 边久德 丛武昌
崔 武 陈玉清 张志金 杨树林 孟凡增 栾 辛 康虎明
于丛安 王 林 王月忠 田大春 徐维光 陈学林 崔卫国
杜国喜 马俊平 鞠贵权 苏志远 连启太 孙贺林 万春田
温友学 高凤财 邵树彬 历国军 贺秀梅 王正夫 葛瑞清
孟克良 宁永清

1990 年：王长义 王国志 刘彩瑞 史文强 赵英斌 边久德 刘玉祥
崔 武 王春福 杨树林 张志金 谢广玉 陈玉清 刘景峰
孟庆义 崔政锐 康虎明 丛子义 赵 权 鞠贵权 白友海
连启太 于丛安 王 林 王月忠 吴凤春 徐维光 张振龙
崔卫国 杜国喜 马俊平 孙贺林 李国文 陈桂英（女）
高凤财 王绍奎 曹成军 贺秀梅（女） 孟克良 陈云波

1991 年：吴俊太 韩树纯 王国志 赵英彬 刘彩瑞 史文强 黄恒昌
唐长春 崔政锐 孟庆义 刘景峰 李志信 张双学 连启太
白友海 王根权 张志伟 崔 武 王春福 李悦生 张志金
杨树林 刘长江 谢广玉 陈玉清 钱洪山 隋润喜 田大春
李 德 方 宏 陶树存 张振龙 赵学福 杜国喜 张桂臣
李国文 陈桂英（女） 孙贺林 赵福进 陈洪生 唐 存
王绍硅 张廷林 吴建明 王清福 贺秀梅（女） 裕笑英（女）
陈建华 周立光

1992 年：刘彩瑞　朱成志　韩树存　吴俊太　王国志　于力武　史文强
王根权　崔　武　李会来　谢广玉　刘长江　李悦生　孟繁增
康虎明　孟庆义　崔政锐　郭雨春　张双学　范久民　黄恒昌
连启太　王　林　钱洪山　邹德敏　刘泓巍　娄汉忠　才卫国
钱　众　陶树存　方　宏　王云江　张贵臣　孙传厚　陈洪生
陈桂英（女）　李国文　张福林　吴建明　胡子春　刘墨山
修志刚　李贵中　王清福　侯柏英　崔丕华　陈海清

1993 年：于立武　王长义　刘升军　刘树锐　刘彩瑞　吴俊太　韩树存
王根全　李凯强　张志伟　韩德秋　王春福　王长清　李会来
张学山　杨树林　梁国民　钟铁铸　孟庆义　郭雨春　康虎明
崔政锐　张双学　范久民　王晓光　白友海　连启太　王　林
吴凤春　邹德敏　刘长学　钱洪山　左云锋　朱敬民　陈军廷
鲍希彬　方　宏　徐恩德　陶树存　孙传厚　杜国喜　胡风权
韩向文　陈洪生　李国文　陈桂英（女）　张福林　张秀林
孟宪波　吴春久　修志刚　韩树山　李贵忠　侯柏英

1994 年：王长义　韩树存　刘升军　于立武　王国臣　王晓光　杨树林
李会来　连启太　白友海　李建国　张双学　范久民　佟铁久
张俊杰　方　宏　陶树存　陈　明　王　洪　于丛安　钱洪山
刘泓巍　万春田　陈桂英（女）　胡风权　韩向文　张廷林
李春景　陈秀军　董雨春　杨志佳　左云峰　李文川　李风山
巩　礼　修志刚　张顺义　孟庆义　宋振元　葛瑞清

1995 年：韩树存　王长义　于立武　刘升军　王国臣　王晓光　范久民
张双学　杨海民　吴树忠　任自廷　孟繁增　高德明　牛树林
赵学福　马育民　徐恩德　钱洪山　陈　杰　高宝伟　杜国喜
孙传厚　韩向文　白友海　李建国　隋学胜　韩德秋　万春田
陈桂英（女）　李凤山　李忠华　李文川　陈秀军　苏凤德
刘国权　陈洪青　张俊杰　田洪义　葛瑞清　杨树林　李会来
王海林　李海廷　杜　军

1996 年：韩树存　王长义　于立武　王晓光　王恩荣　范久民　刘贵良
胡长仁　张文国　杨海民　吴树忠　康虎明　刘　弟　鲍希彬
孙德彬　杨树林　李会来　吴旭峰　吕　良　王云江　杨树新
刘　辉　马俊平　马育民　徐恩德　于丛安　钱洪山　陈　杰
吴凤春　王松林　杜国喜　孙传厚　白友海　李建国　张国文
万春田　冉垂良　李忠华　李文川　陈秀军　史宝林　赵云田
程向明　王兴利　贾清贵　葛瑞清　马兴义

1997 年：法来明　王义坤　胡长仁　高德明　白友海　陈继东　钱洪山
程向明　杨海民　董学田　马育民
1998 年：杨宗成　李小杰　刘升军　刘贵良　徐恩德　程向明　法来明
吕　铁　郝　江　杨自峰
1999 年：张文国　陈洪兴　刘升军　钱颖波　康虎明　法来明　张立民
杨树新　钱洪山　周国峰　徐恩德　马育民　吴　军
2000 年：法来明　郭宝奇　钟铁铸　许马岩　钱洪山　朱敬民　侯秀山
王立仁　步广祥　董新民　张　荣
2001 年：法来明　赵友宽　康虎明　白友海　钱洪山　周国峰　王云江
王立仁　王奇伟　毕敬东　冯国柱　王笑平　伍卫东
2002 年：法来明　王云江　伍卫东　王立仁　迟玉海　王冰岩　朱敬民
钱洪山　程明刚　孟繁增　杨明利　王笑平　丁铁学　侯　宏
王彦彬
2003 年：法来明　魏　东　徐向华　于晓宇　金　波　王文军　郭宝奇
王立仁　吴　军　朱敬民　艾玉忠　仝景文　段玉忠　齐鹤云
白友海
2004 年：郭宝奇　吴旭峰　全守军　王云江　郝彦军　于晓宇　王文军
刘喜合　王立仁　赵春山　侯柏宇　鞠贵权　董新民　王笑平
丰珠平　冯国柱
2005 年：郭宝奇　王士波　全守军　张宏兵　张宏艳（女）　王　生
侯柏宇　张叶刚　董新民　王立仁　李秀林　徐小宝　张志奇
丰珠平　张立新　张国锋
2006 年：陈旭东　马晓勇　陈忠海　吴旭峰　孙宝权　艾玉忠　张殿民
侯柏宇　王文军　罗彦银　董智勇　赵锁封　张海忠　徐小宝
魏　东　王立仁　游大军　杨姝丽（女）　张志奇
2007 年：刘升军　刘喜合　王立仁　陈旭东　马晓勇　纪颖超　郭宝奇
李　志　金　波　赵济烈　陈　立　侯柏宇　赵春山　董新民
董智勇　赵锁封　张海忠　徐小宝　游大军　姜魁祥
2008 年：刘建民　王世伟　王立仁　朱兴益　刘　冶　陈忠海　贾文军
郭宝奇　李　志　魏潭英　金　波　张　武　史富春　侯柏宇
王文军　赵春山　郝思源　许文才　张卫东　李淑艳　迟连众
张海忠　徐小宝　武凤清　曲顺利　游大军　赵洪波　封海洲
孟昭杰　陈志芹　付国银
2009 年：刘建民　刘升军　徐洪武　陈军廷　陈忠海　刘海彬　李殿华
陈雪松　艾玉忠　侯柏宇　史富春　罗彦银　吴春雷　董智勇

迟连众　张海忠　孟昭杰　曲　罡　刘福成　董艳艳（女）
段会军

2010 年：王世伟　平文伟　刘升军　陈军廷　徐洪明　朱兴益　张云平
董学田　艾玉忠　侯柏宇　刘玉晶　罗彦银　鞠贵权　李淑艳
刘俊杰　徐小宝　张利权　孟昭杰　刘福成　魏玉箫　曲　罡
董艳艳（女）

2011 年：王世伟　李国军　赵鸿武　单宝廷　刘升军　杨　勇　刘宝林
张云平　杨　明　史富春　王海成　刘玉晶　丁铁学　韩忠义
迟连众　刘俊杰　万传善　孟昭杰　刘福成　曲　罡　王占元
董艳艳（女）　冯国柱

2012 年：邢忠敏　姜　兵　刘升军　高德明　倪树奇　郭向才　王中宝
杨德荣　张云平　李殿华　史富春　马占东　刘利明　艾玉忠
郝思源　曹凤友　刘海明　魏曙光　迟连众　于立庚　周明洁
韦宏曼　刘　华　徐小宝　王　博　郝玉清　杨　晋　李　敬
史东升　张国杰　杜东福　柴文东　田文阁　张海林　纪　伟

2013 年：荣晓军　程国辉　张泽军　李建飞　冯文星　张宝付　杨德荣
柳海中　张国新　刘利明　路　丰　赵济烈　丁铁学　刘海明
孙宝春　白东生　贾秀峰　万传善　徐小宝　赵　鸷　魏玉箫
史东升　杨　晋

2014 年：徐洪明　赵华泽　刘　义　谭加学　柳海忠　李殿华　刘利明
汤德生　赵济烈　孙宝春　王　兴　吴春雷　董智勇　姚　尧
刘　华　李　平　肖彦文　白志强　姜　兵　王世伟　张　鹏
赵　鸷　何瑞林　史东升

2015 年：谭志伟　崔海龙　刘　义　李殿华　刘利明　陈庆锋
张宏艳（女）　迟连众　韩宏伟　何玉超　曹凤友　魏曙光
徐小宝　刘　华　许永林　江明珠　冯铁辉　杨　晋　尚永春
高文龙　左红亮　贺　芝（女）　赵星程

凌钢科技贡献奖获得者（1368 名）

2000 年

一等奖：刘　超　蔡毓强　许志远　许马岩　姚文新

二等奖：李宏新　王明忠　李淑银　赵景仁　陈继东　郝彦军　周国峰
武凤清

三等奖：徐广仁　杨金忠　钱颖波　孙宏武　王永军　王玉芳　张国栋
张立民　包建华　艾玉忠　刘　伟　王冰岩　于晓宇　谢俊峰

刘贵良　刘文波　赵友宽　李树山　马树学　夏春风　燕兆存
宋振元　封海洲　卜大为　冯亚军　张　宏　郭宝奇　法来明
崔　华　程明刚　庄铁军　张睿新　付学礼　王宝杰　阎立新
四等奖：冉春梅　顾卫华　李　永　王彦彬　闫　军　杨光伟　姚国元
于景全　齐鹤云　张志国　谷常亮　任宗义　辛文军　李　志
孙宝权　孙铁军　谭明新　朴成范　苏晓东　王柏芳　田中明
全守军　徐向华　陈旭东　马晓勇　田世奇　郭普全　仝景文
姜魁祥　穆玉华　艾艳玲　丁丽君　原　巍　刘彦勤　郭晓峰
黄兴军　徐彦才　王国立　曲　罡　侯宪银　于久明　杨明利
鞠广新　孙荣伟　侯柏宇　邵占平　张立新　史富春　薛晓清
张素英　徐　典　王振波　邢军宝　王文军　张海鹏　刘洪治
杜海光　卢海明　陈忠海　于仁江　王东海　李德福　纪　伟
魏永国　李树卿　冯　杰　冉垂良　李俊明　褚庆国　朱立全
隋志强　王瑞华　于庆胜　骆中学　崔　晶　李海山　甄永杰
王兆祥　亢中学　张海龙　刘金华　王铁军　宋健伟　姜　岩
舒文景　马伟然　马振华　陈　丽　王白石　段冬梅

2001 年

一等奖：伍卫东　王文军　李宏新　冯国柱　许马岩
二等奖：郝省来　杨金忠　张立民　刘　超　张国贵　王占元　王冰岩
赵友宽　文　广　陈　刚　周国峰　徐向华　宫耀东　李淑银
王立新　李树山
三等奖：牟长锋　刘洪志　程明刚　郭宝奇　吴旭峰　周铁军　王玉文
郝彦军　侯　宏　王海力　魏永国　张晓玲　刘贵良　华国良
徐广仁　姚文新　冯亚军　李建国　邵占平　侯柏宇　鞠广新
丰珠平　徐彦才　郭晓峰　刘振栋　林达志　孙廷芳　陈　东
公铁军
四等奖：冯玉龙　崔　华　杨吉平　张睿新　辛文军　贾文军　张光德
孙宝权　董广清　姚国元　曲艳华　张立新　姜魁祥　曲　罡
陈广伟　金　波　刘　伟　艾玉忠　王国立　白军明　魏　刚
张建龙　武凤清　史东升　纪颖超　陈忠海　夏国丰　于晓宇
许晓英　张世文　邢军宝　赵喜庆　许志远　李勇勤　陈旭东
全守军　孙宏武　董艳艳　王　力　尹向玉　马树学　杜海光
姚成武　王柏川　巩力强　李宏男　于久明　杨明利　朴成范
游大军　黄兴军　原　巍　张子欣　艾艳玲　李占东　何瑞林
付宝权　李义友　于仁江　孙　炜　马伟然　张溪萍　安利民

邓艳辉　高桂环　于景权　许文才　齐鹤云　王　卫　燕兆存
张庆节　于立庚　李淑艳　李俊明　冯　杰　冉垂良　王桂英
武　广　金　权　崔　晶　袁志刚　韩索儒　付学礼　李亚明
王　宝　张玉莉　李建军　王铁军　韩耀辉

（子公司7人无详细名单）

2002年

一等奖：孙宝权　郝彦军　杨金忠　王士波　封海洲

二等奖：杨健东　王文军　牟长峰　刘洪治　郭宝奇　宁　武　许马岩
战胜龄　刘　伟　张立民　于久明　米贺来　李占东　金　星
仝景文

三等奖：艾玉忠　王国立　贾文军　崔　华　杨吉平　程明刚　刘良元
伍卫东　张素英　冯亚军　杨怀东　赵友宽　张明武　刘贵良
曲艳华　张国贵　武凤清　陈志芹　胡瑞峰　林达志　孟庆广
柳祖林　于仁江　吴志强　王永军

四等奖：侯柏宇　邵占平　周志强　顾卫华　于凤琴　王　卫　杨明利
白军明　于景泉　齐鹤云　胥志宏　王海波　张艳珍　闫海龙
梁　友　孙铁军　李保华　李　志　张光德　孟祥龙　陈忠海
王冰岩　杨洪业　纪颖超　张玉玺　王桂英　仝守军　陈旭东
徐向华　周国峰　闫旭廷　刘国有　李建军　王兆祥　于立庚
冯丽艳　徐广仁　周铁军　鞠广新　徐　伟　陈　丽　牛凤兰
张兴富　公铁军　段东梅　曾　艳　王柏芳　毕金玲　徐庆才
宋　斌　丰珠平　王春国　王国凤　张　强　苏兴凯　王　森
马玉东　吴旭峰　李庆宏　王海力　宋健伟　边凌涛　何瑞林
胡东明　孙宏武　张玉龙　亢中学　金明珠　郭普全　王景春
季东清　刘金华　张庆节　王　力　刘艳玲　鲁　静　李亚静
潘海涛　李自贤　李明君　冯　杰　杨铁一　黄兴军　金　波
史富春　曹凤友　谭学礼　李宏男　杜丽梅　郝省来　戴连利
王宝杰　马志强　周立华　李义友　邢军宝　王　涛

2003年

一等奖：仝景文　丰珠平　郝彦军　孙宝权　冯丽艳

二等奖：张兰英　田守云　鞠广新　王文军　伍卫东　卜大为　陈旭东
段玉忠　王冰岩　朱兴益　马树学　侯柏宇　战胜龄　王士波
刘　伟

三等奖：李淑艳　于久明　齐鹤云　边久焕　冯国柱　曲　罡　杨怀东
黄兴军　牟长锋　杨二仓　何志国　张光德　王兆祥　马晓勇

孙宏武　吴国雄　陈　东　张宏伟　冉垂良　赵凌云　陈志芹
顾卫华　王占元　游大军　张素英　金　波　张立民　杨光伟
郭宝奇　宁　武　吴旭峰　袁志刚

四等奖：杨明利　隋志强　曹凤友　董智勇　许文才　任宝忠　丁世海
王明忠　王树青　徐　伟　杨姝丽　张立新　李德福　李自贤
薄希勇　冯铁辉　贾　凌　李国义　刘洪治　刘利明　刘良元
王　森　巩力强　罗彦银　马玉东　郑兴合　赵春山　柳祖林
王铁军　李占东　刘振栋　付宝全　林达志　孙　沫　杜东福
刘　宇　李义友　赵凌燕　孟宪宾　华国良　刘福成　刘海龙
徐向华　邓艳辉　段冬梅　娄宪凤　马振华　王玉芳　张淑兰
张质敏　孙吉军　张庆节　李俊明　佟德金　纪颖超　刘贵良
史东升　夏国丰　于晓宇　李海山　苏兴凯　才　杰　冉春梅
张建龙　陈　柏　刘国柱　李宏男　邵占平　杨玉山　王占杰
王宝杰　金明珠　李冬梅　孙　江　王　茗　艾玉忠　侯宪银
王　超　王国立　王　涛　杨广秋　张宏艳　张　武　程明刚
崔　华　冯玉龙　李保华　李　志　梁　友　孙铁军　杨福钧
张利权　张睿欣　施美华　李广生　刘艳峰　姚文新　赵忠柱

2004 年

一等奖：张立新　贾文军　吴旭峰　陈旭东　游大军　金　波　战胜龄
二等奖：刘良元　齐建明　李淑艳　边久焕　闫喜英　张国锋　段玉忠
郭宝奇　李勇勤　于仁江　纪颖超　侯柏宇　艾玉忠　陈广伟
三等奖：牟长锋　王文军　黄兴军　赵春山　柳祖林　李建军　吴树利
冯国柱　王明忠　杨贵赢　武　广　杨德荣　王士波　徐向华
全守军　孙宏武　吴国雄　公铁军　王永军　杨怀东　张艳珍
孙忠彬　史东升　朱兴益　马树学　史富春　杨明利　曹凤友
张素英　张宏艳　王　涛　王国立
四等奖：李国义　马志强　贾　凌　李丙红　刘利明　冯铁辉　李广和
何志国　刘振栋　田文阁　王洪泉　赵锁封　刘洪艳　李明君
左宪明　佟永刚　王志宇　刘金华　张　龙　邹德生　辛月秋
徐　伟　曲　罡　丁世海　付宝全　何瑞林　杜东福　张福祥
于久明　吴　阳　张树堂　李忠诚　孟庆媛　李勇才　邓泽宏
夏洪斌　张显昌　李　志　孙宝权　张利权　宁　武　杨吉平
于海东　边凌涛　陶艳丽　关德祥　刘海彬　华国良　马晓勇
张光德　丛日荣　张洪伟　王彦邦　张兴富　张淑兰　王立国
张庆节　王爱军　佟德金　王兆祥　赵凌燕　曹荣兴　原　巍

谢俊峰　魏　巍　蔡祥峰　李晓森　陈　柏　李树山　丰珠平
宋正会　张松海　李庆宏　邵占平　杨玉山　李春明　夏春凤
董智勇　于景泉　赵成文　王宝杰　金明珠　王　茗　徐　典
梁守国　赵济烈　张　武　周　义　张　强　张宏兵　彭　飞
董艳艳　杜丽梅　冯丽艳　董淑华　伊向玉　李广生

2005 年

一等奖：张国锋　吴旭峰　郝彦军　金　波　马树学　陈旭东
二等奖：李淑艳　娄　杰　齐建明　张立新　黄兴军　王文军　何瑞林
刘　冶　陈忠海　纪颖超　侯柏宇　梁守国　贾文军　孙宝权
三等奖：杨明利　曹凤友　董智勇　张利权　吕凯利　祁海雁　边久焕
曲　罡　杨怀东　于春艳　金　星　李明君　郝省来　牟长锋
夏洪斌　赵春山　李建军　杨志佳　杜东福　张福祥　吴　斌
全守军　吴国雄　徐向华　冯　杰　游大军　李宏男　高建晔
于春江　张素英　战胜龄　杨德荣　徐广喜　杜丽梅　姚文新
四等奖：冯　刚　唐信祥　王瑞华　于立庚　姜延昭　李春明　范功远
黄　利　段玉忠　贾　凌　张树堂　刘振栋　刘子坤　赵凌燕
冯国柱　王明忠　徐　伟　周铁军　杜丽君　李德福　冯铁辉
刘利明　刘良元　宋桂云　张锦宇　刘贵武　吴春雷　张显昌
阎立新　张　雷　柳祖林　王铁军　兰　彪　朴成范　尚永春
王海新　苑志强　林达智　丛日东　魏玉箫　运　祥　武　广
关德祥　李勇勤　刘海龙　马晓勇　王春景　杨　勇　于庆胜
张艳珍　丁秀丽　李俊明　蔡祥峰　韩道沧　王东海　魏　巍
张海波　周智超　姚　军　陈　柏　丰珠平　李新春　张凤信
史富春　杨玉山　薄晓娟　陈　丽　王白石　王彦邦　王阳光
王玉芳　杨宏华　李　雷　刘秀峰　王宝杰　金明珠　庞　浩
宋正会　徐　典　艾玉忠　陈广伟　崔　华　王国立　王　涛
张宏艳　张　武　周　义　董广清　董海军　冯玉龙　李彩云
席振华　徐　凯　于　波　于海东　张国新　张金伟　张睿欣
董艳艳　李广生　刘艳峰

2006 年

一等奖：郭宝奇　邢军宝　张国锋　张立新　陈旭东　刘　冶
二等奖：杨吉平　李　志　赵济烈　金　波　侯柏宇　陈忠海　纪颖超
何瑞林　黄兴军　李占东　吕凯利　曲　罡　游大军　武凤清
三等奖：李彩云　贾文军　孙宝权　冯玉龙　王　涛　王国立　艾玉忠
张素英　王宝杰　董智勇　姜延昭　李宏男　魏秀冬　王文军

郝省来　刘福成　张海龙　李冬梅　孙廷方　杨　勇　刘海彬
张明武　吴春雷　张利权　杜东福　杨光伟　姜魁祥　李广生
边久焕　李凤春　邓玉梅　张凤阳　赵春山　丁秀丽　李淑艳
刘振栋　刘智勇

四等奖：彭　飞　董广清　梁　友　于　波　席振华　张玉龙　于海东
许丽华　董海军　程玉宝　王永军　付德禄　张　武　娄孝全
武　广　刘桂胜　李国胜　陈广伟　杨广秋　王　超　张宝义
张国斌　贡海洲　王晓刚　王宪云　黄新润　金明珠　周明洁
赵全军　曹金华　范功远　夏春风　李春明　杨玉山　李丙红
刘利明　史富春　李国义　张久功　李新春　张凤信　徐　典
李自贤　孙铁军　杨　旭　王大千　刘运松　张艳珍　张少波
杜丽君　马晓勇　王光伟　徐向华　姜立军　周智超　张海波
李勇勤　王春景　魏　巍　冯向春　杨贵赢　王　鹏　周　涛
吴　阳　魏玉箫　贠　祥　封海洲　罗来玉　潘　影　姚文新
孙　沫　盖彦丽　杨学斌　杨姝丽　石景波　刘洪治　李　治
周　胜　朴成范　杨　晋　李建军　张洪剑　阎立新　佟永刚
张　雷　王海波　张庆节　王瑞华　田文阁　唐信祥　许鹏宇
李锦芳　齐建明　杨　玲　马　悦　曹兴斌

2007 年

一等奖：陈旭东　武凤清　孙宝权　杨德荣　曲　罡　黄兴军

二等奖：刘智勇　李淑艳　石景波　姜魁祥　杜东福　倪静峰　刘　冶
纪颖超　吕凯利　陈志芹　张　佚　刘福成　侯柏宇　艾玉忠
张　强　梁守国　李　志　贾文军　杨吉平

三等奖：齐建明　刘振栋　张显昌　王瑞华　赵春山　任丽华　杨姝丽
边久焕　于晓宇　魏玉箫　杨光伟　张利权　杨　勇　王光伟
梁　成　张明武　魏　巍　原　巍　于春燕　李冬梅　张海林
游大军　徐　典　王文军　姜延昭　曹凤友　李明君　王宝杰
张淑英　孙　江　赵济烈　邢军宝　吴　斌　王　涛　张晓伟

四等奖：白立伟　冯丽艳　汪义勋　刘爱东　史卫军　王建国　吴　洁
佟国亮　徐庆阳　周　涛　郝思源　赵秀英　陈泽恩　于庆胜
张　雷　何建营　李亚明　张洪剑　王铁军　周　胜　车成军
刘海龙　卢桂霞　李　治　于海东　刘志国　李铁志　张树华
杜永丰　潘　影　曲顺利　牟长峰　孙　琳　纪　伟　倪元喜
陈忠海　崔海龙　马晓勇　刘海彬　姜立军　张海波　周智超
冯向春　焦永强　彭　飞　胡　勇　刘运松　刘　卫　刘小杰

张海龙　肖　成　戴立锋　李新春　张凤信　马秀生　孙秀丽
李忠诚　姜　志　刘利明　韩耀学　姜海占　于小平　刘崇伟
聂正山　周明洁　张　瑞　罗来玉　金明珠　苑俊文　张宏艳
李德华　张　武　王晓刚　苗　龙　韩　飞　尹向东　马文超
贡海洲　赵利明　武　广　施　阳　王景山　安淑宏　李国胜
王永军　李彩云　吴　优　付德禄　梁　友　张国新　周国祥
李宪光　许丽华　赵井军　于　波　席振华　徐　凯　程玉宝
董海军　张玉龙　张金伟

2008 年

一等奖：倪静峰　陈志芹　杨德荣　孙宝权
二等奖：刘振栋　李淑艳　曲　罡　孙　沫　姜魁祥　武凤清　杜东福
刘　冶　朱兴益　吕凯利　关亚坤　刘福成　史富春　侯柏宇
张　强　艾玉忠　张晓伟　贾文军
三等奖：魏　东　郑玉春　张显昌　丁秀丽　任丽华　刘海龙　边久焕
何瑞林　李玲玲　魏玉箫　张利权　纪颖超　马晓勇　杨　勇
许志远　王立国　李冬梅　张海林　王占元　游大军　徐　典
姜延昭　曹凤友　李明君　王宝杰　孙广富　赵济烈　王　涛
董海军　李　志　梁　友
四等奖：王铁军　张洪剑　周志刚　张洪涛　姜兴华　邹春利　齐建明
李晓明　刘智勇　刘　建　夏洪斌　杨大维　王立峰　邵庆洲
于庆胜　张　雷　赵春山　孙晓东　石景波　车成军　肖庆光
申德熠　黄兴军　刘海鹏　夏　刚　毕　丹　曲顺利　牟长锋
杨光伟　李荣德　华国良　倪树奇　焦永强　梁　成　魏　巍
刘海彬　徐飞龙　陈忠海　张海波　原　巍　董　强　刘运松
黄　波　潘永浩　杨　波　张海龙　肖　成　杨福钧　胡东明
马秀生　惠鹏程　马志强　李中城　韩洪兵　李红军　魏秀冬
丛培玉　刘利明　李丙红　曹金华　白志强　张春雷　周明洁
李　雷　罗来玉　李晓春　张素英　冯玉龙　邢君宝　王晓刚
苑俊文　王　超　张宏艳　张　武　苗　龙　韩　飞　贡海洲
王维新　马文超　吴　斌　李秀波　李国胜　杨吉平　付德禄
谭加学　王永军　张　宇　程玉宝　周葆辉　黄玉生　李彩云
董广清　刘正富　张玉龙　白凤锦　张金伟　于　波　李殿华

2009 年

一等奖：曲　罡　魏玉箫　朱兴益　贾文军　张晓伟
二等奖：赵　薇　张立新　刘志国　冯国柱　杨　勇　许志远　刘运松

杨　波　刘福成　侯柏宇　史富春　梁守国　赵济烈　张　强
李彩云　付德禄　穆玉华

三等奖：丁秀丽　张伟平　孙晓东　张续龙　史东升　石景波　张树华
刘大伟　杜东福　张利权　倪静峰　刘　冶　张艳珍　于春艳
董　强　李新春　李丙红　惠鹏程　白志强　曹凤友　张　武
王　涛　李殿华　杨吉平　单　良

四等奖：张永德　魏　东　李锦方　刘振栋　齐建明　董红丽　牛　丹
张显昌　周　涛　林春东　王　朋　冯锦娟　李俊明　邵庆洲
赵　岩　张洪剑　祝　刚　于海东　蔡祥峰　车成军　何瑞林
申德熠　潘　影　冯铁辉　王　博　杨光伟　牟长锋　高　鉴
陈忠海　张海波　孟祥龙　张振军　魏公政　华国良　魏　巍
张明武　焦永强　倪树奇　韦　伟　郑　彬　刘占付　刘琳琳
李冬梅　李文强　肖　成　胥志宏　徐　典　杨福钧　赵　鸷
蒋连禄　李红军　李晓明　马志强　韩洪兵　孙秀丽　韩耀学
付颖超　刘　江　王晓亮　金贵宏　姜海占　刘崇伟　付世军
李　雷　刘洪良　田文阁　尹玉新　张杰文　金明珠　王宪云
王国立　张宏艳　杜维宽　韩　飞　王小刚　崔　华　倪生存
苑俊文　陈鹏奇　吴　斌　李秀波　马文超　施　阳　梁　友
张国新　于　波　张亚超　李石才　孙世兴　张玉龙　白凤锦
董海军　侯海波　周葆辉　张金伟　张　宇　朱正孝　赵井军
常明皓　黄玉生

2010 年

一等奖：史富春　侯柏宇　贾文军　梁守国　刘运松

二等奖：赵　薇　曲　罡　石景波　闫喜英　魏玉箫　刘福成　张凤信
叶海云　赵济烈　刘　冶　刘海彬　刘　义　魏　巍　梁　友
杨德荣

三等奖：黄瑞泉　刘振栋　白雪峰　蔡祥峰　孙　沫　夏　刚　杜东福
杨光伟　曲顺利　张艳珍　杨　波　张艳君　庞　浩　金贵宏
张显昌　曹凤友　刘海明　张宏艳　吴　斌　王　涛　张利权
倪元喜　于立庚　李丙红　马志强　陈忠海　许志远　张宝付
李彩云　张玉龙　杨吉平

四等奖：王铁军　车成军　马红兵　郑玉春　李锦方　牛　丹　邹春利
申德熠　李铁志　毕　丹　刘大伟　王　博　牟长锋　高　鉴
赵喜庆　于春艳　赵星程　刘上源　李光辉　曹荣兴　贾维海
袁志刚　李冬梅　史林生　肖　成　李新春　杨福钧　徐　典

赵　鸷　韩向阳　邓玉梅　李淑侠　孙广富　张素英　刘　新
王桂英　王晓亮　姜海占　张春雷　韩忠义　付世军　杨大维
夏洪斌　文永兵　周　涛　付士奎　丁秀丽　张建辉　张晓京
熊天龙　李学良　马洪茹　李耀新　刘　旋　王　超　倪生存
王晓刚　孙庆东　苑俊文　李国胜　马文超　刘利明　李红军
李晓明　李国义　孙秀丽　韩耀学　付颖超　韩洪兵　高宝明
张晓生　倪静峰　杨　勇　魏公政　华国良　倪树奇　梁　成
王洪卫　李殿华　张国新　孙世兴　王宿雷　侯海波　付德禄
董海军　张晓伟　常明皓　张亚超　陈国明　赵井军　穆玉华
冉春梅　黄　波　李姗姗　白跃忠　周佳滨　戴连利　杨清利
韩　勇　张　雷　佟永刚

2011 年

一等奖：李彩云　张玉龙　魏　巍　刘海彬　杜东福　齐建明
二等奖：李殿华　董海军　刘利明　史富春　马志强　张宏艳　张　强
李凤春　魏玉箫　李晓春　刘福成　刘志国　王大千　张海林
三等奖：刘智勇　张洪剑　孙晓东　刘海龙　申德熠　冯铁辉　张艳珍
苗乔广　杨姝丽　杨　波　胡东明　尚永春　夏　刚　王有晖
梁守国　李耀新　张显昌　李红军　李淑艳　张利权　贾文军
杨吉平　刘　义　徐飞龙　许志远　姜延昭　曹凤友　宋全宝
刘升军　黄瑞泉
四等奖：吴树忠　于德隆　冯丽艳　刘兰英　孙向东　石景波　车成军
蔡祥峰　朱志华　刘正富　苏进锋　王　博　陈超群　牟长锋
杨光伟　高　鉴　吕凯源　王立国　赵金蛟　刘占付　董　强
李光辉　李晓森　孟庆广　李　敬　郝卫珍　李新春　田文阁
范喜松　郭德军　毕　丹　金明珠　李　莹　孙广富　李慧娟
王国力　胡　杰　高宝明　苑俊文　孙庆东　王　超　刘海波
夏洪斌　林春东　贾永亮　梁之旭　李晓明　孙秀丽　韩洪兵
温志民　张晓生　付颖超　惠鹏程　冯锦娟　艾建波　马　剑
张晓京　马洪茹　李学良　杨德荣　付德禄　谭加学　张晓伟
常明皓　李石才　王铁峰　梁　友　孙世兴　张　龙　于　波
侯海波　张云平　王中宝　戴田军　徐洪明　于晓伟　倪树奇
刘启东　马永刚　范志刚　华国良　王晓亮　冯焕霞　潘　雷
刘洪良　冉春梅　刘　磊　李平伟　乔洪彬　韩　勇　许文才
刘德重　陈先彬　魏　东　张永德　金　泽　黄可新　刘崇伟
张春雷　付世军

2012 年

一等奖：付德禄　李彩云　刘利明　史富春　杨学斌　刘海彬
二等奖：许志远　张宝付　贾文军　杨德荣　李红军　马志强　梁守国
张　武　李俊明　张宝民　纪颖超　杜东福　付国银　潘永浩
刘福成　金贵宏　郑玉春　王大千　张伟平
三等奖：赵　薇　张续龙　白雪峰　车成军　申德熠　魏玉箫　张艳珍
关亚坤　张凤信　李晓森　尚永春　李玲玲　王桂英　宋正会
张春雷　赵洪岩　张显昌　周明洁　查天云　董海军　徐洪明
崔海龙　华国良　魏　巍　贾永亮　李国义　王国立　赵　新
张海林　黄可新
四等奖：马晓宁　刘智勇　王维龙　刘威彤　李　治　丁秀丽　李凤春
李铁志　朱志华　苏进锋　王　泽　冯铁辉　陈超群　王　博
郝玉清　赵　骛　常　礼　李新春　郝卫珍　杨光伟　王鸿飞
马景瑞　杨　波　刘上源　赵金蛟　曹荣兴　董　强　苗乔广
刘占付　辛久海　孙吉军　李永青　郭德军　徐惠侠　尹凤喜
周　涛　夏洪斌　张　飞　林春东　曹凤友　付世军　王晓亮
姜延昭　孟祥龙　梁召兵　王洪卫　倪树奇　徐飞龙　于晓伟
焦永强　范志刚　刘启东　刘文强　孙世兴　周葆辉　赵　赢
张　宇　邓树奎　张建元　侯海波　杨吉平　王永军　程玉宝
郭海峰　邢宝鑫　陈庆锋　郝　亮　李晓明　孙秀丽　张晓生
蔡万奇　左　江　林天浩　王　磊　高宝明　孙庆东　冯锦娟
于立庚　张建辉　唐信祥　王国华　孟　辉　张利权　解丽莉
梅　磊　李国辉　李姗姗　乔洪彬　戴连利　邵振阳　韩　勇
许文才　赵　勇　陈先彬　遇晓明

2013 年

一等奖：李彩云　侯海波　倪静峰　许志远　何瑞林
二等奖：刘利明　史富春　张建元　付德禄　戴田军　倪树奇　张　强
刘志国　刘海鹏　张艳珍　杨　勇　魏玉箫　刘智勇　冯铁辉
张显昌
三等奖：孙秀丽　贾永亮　李宏超　徐洪明　张义民　邓树奎　苑俊文
王国立　焦永强　孟祥龙　常明皓　李殿华　李　敬　胡东明
史林生　肖　成　郭玉阁　张永德　叶海云　曹凤友　李淑艳
艾建波　苗乔广　孙广富　彭　飞　郝省来　姜延昭　赵喜庆
李凤春　陈立军　白志强　夏　刚
四等奖：李晓明　郝　亮　梁之旭　李宏男　马志强　张晓生　左　江

梁召兵　靳俊祥　魏　巍　刘启东　赵　磐　孙智祥　袁　威
陶艳丽　朱林林　李　侨　董海军　白凤锦　谭加学　冷　博
韩　飞　高宝明　赵　新　林天浩　刘　义　华国良　张少全
刘　祚　刘文强　张国新　王　蒙　梁建军　陆晓雷　张　宇
沈家志　冯国柱　蔡祥峰　车成军　曲顺利　王　涛　黄可新
周志刚　乔立石　纪　岩　李秀波　祖义忠　王桂英　张　瑞
董会生　刘君伟　李子飞　贾兴武　赵洪岩　张　飞　林春东
张立微　孟　辉　马洪茹　李学良　卫元奎　宋雨龙　高　鉴
唐信祥　马　剑　张建辉　洪　焕　李　欣　田雪源　申德熠
李光辉　韦振国　赵永强　吴小虎　乔洪彬　米贺来　苏相成
李冬梅　孙吉军　刘占付　张铁凌　张　杨　熊天龙　刘正富
李铁志　郝常飞　高文龙　郝卫珍　左彬彬　赵金蛟　赵舜安
佟永刚　戴连利　赵　勇　汤　旭　白立伟　毕维义　梁　伟

2014 年

一等奖：倪静峰　董艳艳　董海军　刘利明　杨　晋

二等奖：邓树奎　张建元　李国义　张宝付　倪树奇　杨　勇　张永德
路　丰　李宏男　张宏艳　张　强　魏　巍　李凤春　李光辉
赵　薇　于春艳　乔　梁

三等奖：杨贵营　曹凤友　赵红岩　魏玉箫　张国新　付德禄　艾建波
韩宏伟　邵庆洲　戴田军　孟祥龙　李建飞　刘启东　杜维宽
金贵宏　冯国柱　张玉龙　赵金蛟　徐金峰　苗乔广　高文龙
肖　成　马晓宁　赵　鸷　陈俊峰　陈立军　尚永春　刘正富

四等奖：席振华　于　波　赵　赢　郑传根　杨吉平　刘艳东　杜春辉
于　雷　杨福钧　江明珠　郭玉阁　苏洪洋　曹　亮　遇晓明
王　磊　乔立石　王海元　尹　新　刘海洋　薛为杰　温志民
文永兵　张立微　李景帅　张建辉　支艳群　刘延苐　王洪志
郝卫珍　孙广富　王利军　靳俊祥　李耀军　佟　振　齐晓伟
张智慧　张宏伟　贠　祥　毕泽霖　齐浚哲　马　强　张　宇
马志强　朱正孝　惠鹏程　项程达　方　旭　陈　超　李春祥
刘嘉玮　韩　勇　杨清利　刘　祚　李　亮　王宏卫　葛　东
韩　飞　唐　剑　苑俊文　孙庆东　姜文英　费明亮　齐建明
赵全军　韦振国　孟　辉　马洪茹　韩剑锋　张　瑞　吴庆超
徐庆才　乔洪彬　黄　波　陶红敏　王　涛　于海东　王　博
周　胜　赵　磬　赵德势　刘长韬　朱永泉　佟永刚　杨学斌
常　礼　薛卫洪　袁志刚　王　浩　刘运松　李文会　梁　颖

于德隆　刘威彤　姜兴华　张铁凌　陈玉凤　刘上源　赵舜安
张艳君　刘　学

2015 年

一等奖：倪树奇　张宝付　邓树奎　付德禄　张国新　刘运松
二等奖：靳俊祥　魏　巍　侯海波　李宏男　路　丰　张宏艳　张　杨
李玲玲　高　鉴　沈　君　马晓宁　刘志国　苗乔广　张艳珍
史东升　刘正富
三等奖：王中宝　董海军　赵　赢　刘利明　刘　涛　马志强　宋雨龙
卫元奎　蒋连禄　张　强　周　义　程文华　马　剑　吴春雷
姜延昭　张春雷　毕　丹　张洪剑　马　敏　朱志华　江明珠
刘志博　石景波　夏　刚　付国银　王奇伟　尚永春　肖彦文
刘　学
四等奖：李耀军　梁召兵　刘启东　马永刚　邵炳东　王利军　吴铁彬
张宏伟　张金升　葛　东　韩道沧　胡景玉　李春波　孟祥龙
程玉宝　韩宝超　于　雷　张玉龙　郑传根　周鸿博　朱林林
常明皓　陈万华　姜国庆　李国义　梁　量　刘嘉玮　马　强
潘得永　吴　斌　许　闯　杨云鹏　于　宝　张海礼　张立峰
张　宇　郭　强　刘海洋　孙秀丽　王　南　韩　飞　胡　杰
李冬梅　彭新宇　唐　剑　苑俊文　艾建波　肖　磊　熊天龙
支艳群　李景帅　苏金龙　文永兵　潘　雷　赵洪岩　赵全军
武彩亮　于　浩　于　鹏　孟　辉　倪元喜　郝常飞　郝卫珍
刘晶晶　孙广富　杨光伟　张　朕　曹　亮　孙晓东　王成琳
项建春　周志刚　杜　恒　张金龙　佟永刚　刘威彤　徐美玲
武　雪　张凤信　孟祥云　魏恩选　蔡祥锋　郝玉清　刘海龙
王春景　于海东　白雪峰　彭　飞　雷永伟　王　娟　辛久海
张海林　李红卫　祝　聪　田一凡　徐　峰　孙铁军
张　磊（股份）　张　磊（集团）

凌钢工人技术创新获奖者

2001 年

一等奖：王云江　李英东　张叶刚　万传善　张金伟　陈军廷　康虎明
吴树忠　钟铁铸　王晓光　钱洪山　张国锋
优秀奖：徐文江　牛　友　王海林　常启云　李铁成　法来明　林立文
张玉龙　袁清林　王海军　张治金　宋晓明　王国强　赵德林
杨　永　杨晓东　段会民　李声浩　赵成文　李洪伟　杜凌华

郑永明	隋有库	罗志强	葛永军	吴凤春	杭海军	刘泓巍
胡　俊	迟玉海	孙　辉	杨少彬	刘晓东	王振国	郭金石
于建国	毛立军	张叶刚	王朝东	刘墨山	邹国浩	钟铁铸
王　广	武振祥	王学奇	王玉金	张慎国	牛文忠	郭立华
王振山	马志忠	方　宏	杨立新	李海良	马成文	张　海
刘艳东	刘明国	姬利彬	张　健	任海彬	张福林	王喜林
张卫东	牛　智	王胜东	石少江	赵彦飞	杨庚涛	李占军
吴宪哲	张俊峰	吴余华	康为民	于海方	回国占	刘　杰
姚忠利	方国玉	李树凤	邢自安	付信伟	张立松	马立新
任洪涛	马长林	赵云田	季洪志	于小光	佟瑞斌	潘宝利
边庆飞	丁铁学	陈　宝	王彩华	郝玉清	白云松	王兴利
耿瑞林	万福新	李海龙	韩宏伟	赵福进	李俊清	王晓光
惠鹏程	李　友	钱洪山	李克健	史志仁	刘海峰	王学志
隋仁刚	尤书杰	王根林	宫启军	段海良	于兴海	富　刚
杜志川	周庆丰					

2002 年

一等奖：王云江　陈吉星　张叶刚　刘宏巍　牛　友　陈铁军　程向明
于晓光　刘庆元　顾晓军

二等奖：

吴凤春	迟玉海	陈　杰	万传善	贾永胜	胡　俊	张叶刚
张　力	杭海军	杨少彬	孙　辉	曹洪全	刘晓东	王建东
毛立军	郝　江	马云清	武　军	张晓强	赵华泽	王学奇
刘　弟	武振祥	郭向才	肖　伟	广　才	钟铁铸	曹盛亭
彭万金	顾宝凌	王志春	刘晓峰	罗志强	隋有库	段会民
李声浩	李英东	杜凌华	赵雨来	郑永明	徐海廷	王云江
程向明	牛　智	李　铁	武沈彬	王海宾	王　宏	刘　海
李中华	张俊峰	王洪奎	佟铁久	陈卫东	任贵中	吴宪哲
司　存	牛绍生	袁清林	常启云	李铁成	刘金忠	石志刚
马成文	曹继广	陈　立	陆永林	李秀林	李贵喜	孟宪珍
韩宏伟	钱大利	刘春林	季汉坤	徐俊庆	张庆伟	初占阳
于志刚	隋仁刚	张国峰	宫启军	康玉革	许　刚	徐文雅
王学志	刘海峰	单金成	周庆丰	贾大伟	钱永新	杜志川
鲍希彬	陈军廷	许占伟	回国占	张久民	张东恒	李树凤
侯秀山	张国庆	毛伟东	吴宪志	王守滨	赵忠旋	崔永利
敖永和	吕同元	郭庭海	张子英	张永成	孙喜政	姚忠利
杨　光	刘玉杰	刘玉刚	胡启天	张凤学	张　杰	李国文

潘玉文　王振山　宋永利　孙　成　霍文杰　张国光　鲁瑞华
暴春学　褚庆民　付信伟　杨　波　梁士亭　胥德新　于晓光
范玉强　丁铁学　王国成　边庆飞　李福林　潘宝利　陈　宝
纪瑞成　钱洪山　孙宗惠　程喜凌　李俊清　李克健　王继群
顾　军

2003 年

一等奖：张叶刚　王振国　刘　弟　郭向才　梁守国　刘墨山　乔向群
陈铁军　李文胤

二等奖：张衍文　王云江　张殿民　赵成文　蔡　华　杜凌华　郑永明
冉祥鼎　杨晓东　李英东　李声浩　张立东　孟令利　王志春
张晓强　王学奇　顾晓军　武　兵　杜运铭　刘庆元　袁清林
褚　晓　吴　刚　牛绍生　张俊清　姜学军　王海林　宋大伟
牛　友　才红军　刘国坤　赵东军　石　东　郭东江　张忠友
李铁成　马占东　郝　江　迟玉海　胡　俊　王朝东　张　力
吴凤春　杨少彬　刘泓巍　王海成　杨国友　贾永胜　孙　辉
刘晓东　武　军　杭海军　徐恩峰　金淑兰　王庆忠　王怀吉
郭晓春　刘文先　牛德存　王　宏　杨志国　胡启天　刘玉刚
白云松　郝玉清　邵志刚　王志广　王志刚　程向明　赵永江
李洪顺　张卫东　肖怀林　李树凤　丰　海　聂晓彬　曲建革
王　利　方国玉　姚忠利　张海林　罗士宝　李树本　刘庆久
韩宏伟　李永存　李长生　张尔文　季汉坤　武力军　钱大利
王振山　陈军廷　周庆丰　钱永新　杜志川　赵福春　钱洪山
孙汝军　朱瑞林　李俊清　刘长学　李晓锁　李克健　丁　军
尹　义　李　平　胡宝林　霍文杰　朱志刚　孙永山　陈　猛
陈　宝　范玉强　于晓光　潘宝利　王国成　边庆飞　于凤友
丛日升　刘福俊　白东升　张俊峰　杨庚涛　王永志　尹凤玺
李秀林　李朝文　马成文　孙　跃　王继群　赵云田　邢自安
刘文玉　范久志　王树东　马长林　李永利　鞠贵权　魏振江
张庆伟　马小光　任贵海　张彦国　单金成　贺建国　曾　强
隋仁刚　许　刚　张俊杰　张友军

三等奖：张晓强　郭向才　马云发　田建军　张　华　赵国合　史亚军
刘　刚　张衍文　陈　宝　潘宝利　王国成　乔　静　王彩华
李作荣　回国占　张久民　韩庆军　郭春旭　陆永林　胡国忠
朱瑞林

2004年

一等奖：王云江 张殿民 高昆 张叶刚 金士章 迟连众 刘广田
郑东升 法来明 梁培生 朱海廷

二等奖：王海军 袁清林 张余昊 宋大伟 吴刚 乔向群 广才
钟铁铸 郭向才 潘志广 武兵 于志强 顾晓军 李旭东
赵成文 褚凤杰 李应东 张立民 高士忠 郝江 吴凤春
王振国 王德敏 魏振江 鞠贵权 钱洪山 王荣驰 马刚
李树凤 姜桂武 程向明 回国占 梁士亭 史东耀 田爱国
潘玉文 刘玉刚 孙跃 赵久长 于晓光 褚庆民 崔建军

三等奖：全磊 于海生 祝景全 王力 杨文华 程喜凌 丁军
齐显福 赵铁林 马占东 王朝东 万传善 刘晓东 胡俊
辛建华 刘泓巍 陈杰 迟玉海 杨少彬 贾永胜 郭彦林
王建东 杨哲 张玉环 蔡华 张立冬 杨晓东 王志春
胡刚 白云波 孟庆涛 段会民 王学强 李振进 赵庆如
马营 李强 毛海军 隋有库 李玉魁 才红军 赵东军
徐文江 赵国合 李铁成 陈铁军 周亚峰 王国强 姜学军
高玉轩 李振刚 邵炳哲 王海林 张华 林立文 刘长江
刘国坤 牛友 牛绍生 李洪才 王永毅 褚晓 栾辛
王晓东 王选桐 王学奇 赵华泽 顾宝凌 韩志明 杜焕杰
邢仁俊 曹明志 曹盛亭 李文峰 范玉强 李宏伟 王国成
陈宝 郑军 李忠华 张俊峰 白东生 奥海波 迟树立
宋杰 胡启天 杨志国 赵景涛 王志广 王升 白广昕
刘伟杰 孟祥龙 李文胤 于洪峰 刘海峰 初占阳 胡国忠
徐俊庆 张庆伟 霍文杰 朱志刚 刘华 王国权 李平
金晓斌 韩宏伟 李树本 钱大利 苏永红 刘春林 李春晖
熊德龙 白国柱 李永存 李秀林 马成文 李智勇 陆永林
周庆丰 鲍希彬 钱永利 张霄伟 赵福春 白成国 焦利
何福利 郭宝利 赵国仕 赵云田 赵英 杨树平 尹凤玺
牛德存 牛智

2005年

一等奖：王海军 法来明 吴刚 牛绍生 王云江 张殿民 李平
徐小宝 葛洪智 李树凤 钟铁铸 马占东 高昆 王彩华
李玲玲

二等奖：袁清林 宋大伟 张余昊 才红军 刘长江 孟凡增 顾晓君
广才 郑东升 于志强 任自廷 于海伟 张占礼 张宏伟

方国玉　方宏　张华　朱海廷　王泽岩　霍文杰　宫凤磊
李晨明　刘华　李铁成　李强　张叶刚　万传善　郭彦林
迟连众　刘玉刚　于海生　李树山　边庆飞　王国成　李建伟
程向明　胡国忠　魏振江　李永存　王玉东　杨晓东　孙跃
梁培生　尹凤玺

三等奖：姜学军　李凯强　苑红兵　李贵彬　刘振权　张忠友　章洁
李贺凯　王勇毅　赵东军　刘艳东　孙继红　张春奉　姜尚华
曹盛亭　齐鹏举　邢仁俊　刘弟　栾辛　武兵　彭万金
王学奇　曹明志　武振祥　张晓强　门玉华　潘志广　邢自安
罗志强　霍立春　暴永斌　张立冬　褚凤杰　王兴东　王宇
赵成文　蔡华　路宗岐　邹恩刚　李英东　李声浩　隋有库
高士中　赵德林　徐海廷　杜凌华　孙志涛　王学强　张衍文
葛永军　李玉魁　李旭东　赵雨来　赵中华　戴连刚　王志春
高波　张庆伟　田建军　马营　张庆友　孙永山　周亚峰
王国勇　朱志刚　范中军　李文　牛友　项云峰　张久民
尹义　潘宝友　付信伟　赵庆茹　金士章　孙辉　胡俊
王振国　王志杰　唐振江　陈杰　贾永胜　迟玉海　刘晓东
吴凤春　刘玉晶　杭海军　姜顺　郝江　王建东　李凤儒
钟保卫　王生　孟祥龙　刘长河　许占伟　于国海　李久宏
杨立清　姚忠利　魏洪军　赵铁林　丁军　张守志　张敬党
程喜凌　朱瑞林　齐显福　王荣池　杨香和　刘长学　康成清
邹德敏　刘忠海　张庆文　许刚　王学志　鞠贵权　贺建国
任贵海　李鹏　杨志国　王志广　潘玉文　宫凤义　郝玉清
胡启天　钱永新　张霄伟　韩东旭　陈国富　周庆峰　鲍希彬
单宝廷　单宝刚　冷殿军　刘玉合　杨立民　刘相林　牛铁红
王文忠　武立军　刘春林　章卓　侯艳　史艳军　孟宪荣
李瑞光　李明辉　陈宝　于小光　李忠华　张俊峰　白东升
李林　王胜东　王喜林　张卫东　孙玉坤　白成国　马立新
刘贵兴　杨立新　李智勇　陶千　李琪光

2006 年

一等奖：王海军　法来明　牛绍生　姜学军　刘国坤　牛国权　李树凤
钟铁铸　顾晓军　栾辛　王云江　张殿民　徐小宝　刘华
李平　万传善　郭彦林　迟连众　梁培生

二等奖：袁清林　吴刚　才红军　陈洪清　于志强　葛洪智　方国玉
方宏　刘文玉　王广　金刚　刘宝林　朱志刚　朱海廷

赵庆茹　曹旭光　刘玉刚　钱大利　李忠华　杨志国　王彩华
迟树立　李建军　胡　俊　刘长学　杭海军　陈　宝　郑　军
冯云舒　佟瑞斌　程向明　牛　智　王学志　李　鹏　王玉东
张宵伟　周庆丰　陈军廷　冉祥鼎　张衍文　李声浩　赵中华
李旭东　李树成　唐　存　李玲玲　吴旭涛

三等奖：董　伟　史亚军　张忠友　王国强　张余昊　马晓亮　宋大伟
李贵彬　刘长江　刘艳东　赵东军　王永毅　李贺凯　徐景营
范佳功　吴兴民　佘玉飞　褚　晓　敖永和　门玉华　肖　伟
曹盛亭　张宏伟　马　刚　于　刚　卢海军　王旭光　谭志伟
王　生　孟祥龙　于海伟　郑东升　赵华泽　武　兵　李久宏
郭向才　许占伟　顾宝凌　任自廷　孟祥民　钟保卫　杜焕杰
齐鹏举　冯志敏　刘　弟　曹明志　彭万金　郭廷海　孙继红
于国海　崔永利　李孝昌　杜运铭　段会民　杨小东　赵雨来
戴连刚　李英东　王晓东　许子利　路奎汝　王兴东　赵成文
张久成　芮常仁　张庆伟　张万柏　孙振金　高　波　张　健
曲建革　赵国合　马长林　臧国庆　张国立　尹　义　李克伟
李晨明　张俊涛　王振国　贾永胜　周万军　刘晓东　丁　军
马占东　姜　顺　魏　东　林振山　于　阳　付学礼　魏振江
鞠贵权　张　健　王文忠　李广福　刘春林　张俊峰　白东升
郭丽君　潘玉文　赵洪宾　牛铁红　田爱国　冷殿军　左树军
肖建国　王洪林　李中伟　王　石　王福存　杜志川　臧岩松
刘相林　陈国东　马成军　张玉春　侯　艳　史艳军　崔建军
周立健　周建新　陈国玺　刘志国　冯霜叶　王振义　范玉强
任贵田　边庆飞　李瑞光　于晓光　陈　猛　何少宁　潘宝利
王国成　郑学东　王胜东　王喜林　黄敬山　王振山　王　奎
马立新　王丽娟　刘　均　陶　千　李琪光　张相致

2007年

一等奖：袁清林　许宏生　赵东军　刘国坤　郑东升　王宗和　陈宏伟
王云江　李声浩　万传善　张国立　宫凤磊　贾永胜　贡海飞
迟连众

二等奖：吴　刚　王永毅　刘亚风　庞建立　李俊山　王　广　方国玉
赵华泽　曹明志　武　兵　徐小宝　石志刚　刘宏伟　李克伟
杜贵林　胡启天　李建军　孙宝春　孙　辉　胡　俊　杭海军
丁　军　王建东　王松林　陈　宝　刘志国　周建新　丁铁学
张卫东　王志明　魏振江　张　健　应春富　田爱国　冷殿军

陈军廷　段会民　杨小东　张殿民　李旭东　李　兴　姚忠利
陆永林　唐　存　褚庆民　崔建军　马成军

三等奖：管仲成　林亚军　郭永春　王　军　刘振权　储文利　史亚军
王　兵　王海军　张学辉　卢青松　牛少升　才红军　陈洪清
刘艳东　李贺凯　姜学军　葛宏志　顾晓军　王旭辉　李文印
李久宏　门玉华　于海伟　衣显国　王泽宾　于志强　许占伟
武振祥　邢自安　杜运铭　张晓强　白广昕　郭向才　扈宝祥
曹盛廷　王旭光　李　玉　刘春辉　李　广　卢海军　邢仁俊
敖永和　冯文星　李树凤　广　才　耿典礼　刘宝林　李英东
王学强　邹恩刚　王荣驰　赵雨来　赵中华　张衍文　徐海廷
戴连刚　王春岩　霍立春　吴小利　徐志成　张立东　张久成
鞠向杰　李万涛　张宏祥　梁旭东　王力军　刘　华　张万柏
都业军　霍　宏　周亚峰　赵庆茹　丛日明　迟玉海　马长林
王志杰　武　军　曹旭光　毛海军　徐文江　郑国占　张久民
王泽岩　毛立军　昝海燕　刘文波　史宗仁　康成清　赵艳茹
徐彦成　杨少彬　全　磊　于　阳　刘海军　杨文华　郭彦林
魏洪军　王兴东　杨　哲　孙立东　任贵海　张永军　许　刚
鞠贵权　郑　伟　杜贵才　张俊峰　陈　秋　王彩华　李春辉
李忠华　宋　杰　白东生　郝建华　刘玉杰　王永志　吴余华
杜志川　周庆丰　张霄伟　李治国　王国兴　娄汉忠　高晓东
陈国亮　白雪峰　李中伟　马云福　张海鹏　徐建民　章　卓
谢　峰　赵　英　崔恩利　史艳军　孙　跃　陈　立　曹继广
吴延军　杨立新　费宗义　边庆飞　王国成　潘宝利　于小光
贾德钦　郑　军　张海涛　董胜祥　王振义　王久策　冯霜叶
冯云舒　张敏凤　李永利　李志宏　王振山　唐宏远　黄敬山
张国忠　马立新　鲍建武　刘　均　廉俊杰　孙凤仁

集体项目

特等奖：炼铁厂三号高炉工段马晓勇等

一等奖：炼钢厂梁洪仁等、中宽带钢厂李旭东等

二等奖：炼铁厂广才等、炼钢厂丁立国等、焦化厂乌铁军等、检修中心轧钢仪表班马长林等、原料厂王学志等、钢管厂赵春山等

三等奖：炼铁厂单金路等、中宽带钢厂李英东等、炼铁厂陈忠海等、炼铁厂姜立军等、钢管厂何建营等、炼铁厂王宗和等、检修中心张治金等、炼钢厂袁清林等、动力厂刘春林等、炼钢厂牛少生等、炼钢厂姜学军等、炼钢厂徐国瑞等、计量信息部暴春学等

2008 年

一等奖：	袁清林	许宏生	赵东军	刘国坤	冯爱军	于志强	方国玉
	广　才	陈鸿伟	冉祥鼎	赵　涛	万传善	张国立	贾永胜
	郑红生	迟连众	李　考				
二等奖：	吴　刚	王勇毅	牛少生	法来明	林亚军	谭志伟	郭向才
	曹盛亭	郑东升	彭万金	顾晓军	徐小宝	宫凤磊	张跃利
	潘宝友	赵庆茹	胡启天	任国凤	曲　文	金淑兰	丁　军
	王建东	王振义	乌铁军	陈　宝	王志明	魏振江	贺建国
	杜志川	白雪峰	赵雨来	杨小东	张殿民	李旭东	张立冬
	王云江	暴永斌	杨立新	牛文阁	崔建军		
三等奖：	才红军	刘艳东	姜学军	刘长江	常启云	刘志刚	张　玉
	史亚军	宋大伟	张余昊	李文学	王文军	林立华	李　阳
	王洪久	马金国	李贵彬	张振国	于海伟	付士杰	王泽宾
	武　兵	李文印	门玉华	衣显国	李久宏	杨立青	肖怀林
	许占伟	齐鹏举	杜焕杰	方　宏	武振祥	刘景才	顾宝凌
	王大正	卢海军	王旭光	吴树忠	刘　春	耿典礼	郭廷海
	冯文星	邢仁俊	董小军	肖　伟	王　广	霍　利	刘宝林
	唐文密	刘海瑞	李天雨	王　升	吕开玉	孟祥民	李英东
	邹恩刚	张衍文	徐海廷	戴连刚	王春岩	李声浩	段会民
	郭志钢	李振进	张　伟	杜凌华	葛永军	陶小春	李永新
	霍立春	吴小利	徐志成	张利明	张久成	郭学明	杨　永
	陈立春	沈　军	路宗岐	孟庆涛	胡　刚	杨志武	褚凤杰
	石柱民	李　兴	梁旭东	韩宏壮	蔡　华	臧国庆	刘宏伟
	迟玉海	朱海廷	郑国占	刘　华	石志刚	曹旭光	徐文江
	昝海燕	张久民	毛立军	毛海军	都业军	李克伟	刘文波
	张天权	张　力	康成清	于　阳	魏　东	孙洪利	杨少彬
	贡海飞	宋国东	全　磊	刘书民	李志鹏	任贵海	许　刚
	张彦国	张　健	张　敏	郭丽君	迟树利	孙宝春	王彩华
	钱笑石	杨志国	王文忠	司建东	刘玉杰	张瑞安	时延峰
	白东生	张俊峰	钱大利	张宵伟	周庆丰	王国兴	陈军廷
	郭亚东	李士伟	刘相林	臧岩松	王玉东	田爱国	博宏伟
	朱敬民	杨树军	李中伟	冷殿军	刘玉合	杜英江	王　石
	侯　艳	李志国	侯玉玲	李秀娟	吴旭涛	崔恩立	马成军
	赵　英	孙　谦	赵利明	姚忠利	李秀林	曹继广	尹红军
	李国臣	陈　立	王国成	于小光	边庆飞	李　华	费宗义

李红伟　薛存辉　高相田　李文峰　池国军　陈国玺　董胜祥
张海涛　任晓军　荣　君　李永利　唐宏远　黄志明　孙玉坤
褚庆民　王树东　刘　均　马立新　郭井玉　张恩玉

集体项目

一等奖：炼铁厂梅飞等、炼钢厂袁清林等、型材厂祝景泉等

二等奖：炼钢厂邓树奎等、炼铁厂崔海龙等、焦化厂刘志国等、检修中心张治金等

三等奖：焦化厂郑军等、炼铁厂钟铁铸等、炼钢厂苑洪兵等、中宽带钢厂王云江等、中宽冷带厂张海等、型材厂史忠仁等、钢管厂王国兴等、原料厂李鹏等、原料厂王学志等、氧气厂樊占军等、检修中心徐小宝等、计量信息部伊向玉等、炼铁厂王力等

2009 年

一等奖：方国玉　李　广　张建元　林亚军　吴　刚　李旭东　赵雨来
万传善　徐小宝　石志刚　刘玉晶　贾永胜　李　华　刘　均

二等奖：王勇毅　牛少生　赵东军　刘国坤　陈洪清　崔力宇　宋大伟
邓树奎　刘振权　刘光海　王　广　梅　飞　许占伟　曹明志
武振祥　赵华泽　陈宏伟　张庆伟　刘　华　李建华　朱海廷
孙　玲　李建军　张　健　张万宇　胡启天　邵志刚　徐恩峰
姜　顺　李亚武　丁　军　池国军　陈　宝　刘志国　韩忠义
范树学　魏振江　陈军廷　白雪峰　吴晓利　张　丹　李文志
张衍文　段会民　暴春学　崔建军

三等奖：盖立军　姜学军　刘长江　霍　红　陈雪松　姜信国　孙科元
单洪磊　刘亚风　范佳功　段春然　陈　杰　王朝昌　韦继耀
陆晓雷　刘进学　尚志清　牛国权　孙秀全　王洪武　崔　刚
严秉春　张学辉　李贵彬　李文胤　顾晓军　张晓强　王泽宾
邢自安　孟祥民　于志强　于海伟　顾宝凌　张　军　卢玉明
彭万金　齐鹏举　罗晓东　戴　龙　吴树忠　王　生　肖　伟
耿典礼　刘景才　郭向才　刘　春　郝建强　曹盛亭　刘宝林
由立民　郭廷海　谭志伟　李英东　邹恩刚　张殿民　徐海廷
冉祥鼎　杨晓东　王荣池　王春岩　李声浩　李振进　靳玉东
李永新　佟树国　杜凌华　霍立春　暴永斌　宫大勇　张立冬
蔡　华　张久成　刘俭贵　谷方明　徐志成　王彦为　刘向宇
王国勇　刘宏伟　赵常德　赵晓宇　郑国占　迟玉海　高　波
毛海军　高明海　曹光旭　刘树军　于海涛　付信伟　左　鸣

王志杰　全　磊　张　力　胡　俊　王振国　郝　江　齐树成
马占东　王海成　李甫印　刘书民　郭彦林　杨　平　杨少彬
张连军　杭海军　任贵海　张　健　贾兴武　王学志　付学礼
许　刚　齐国华　王桂玲　刘瑞林　杨　波　钱大利　王彩华
时延峰　郭丽君　薄希波　张立勇　迟连众　陈　秋　钱笑石
辛春艳　石少江　熊德龙　张俊峰　张瑞安　吴余华　迟树利
赵云峰　赵景涛　杜志川　张忠彪　周庆丰　张霄伟　刘相林
左树君　李士伟　王井明　田爱国　娄汉忠　单宝廷　张卫东
杨成立　王　石　张泽军　陈国亮　吴旭涛　白　华　史艳军
姚忠利　杨立新　孟　辉　陈　立　李国臣　钱志江　曹继广
郑　军　周宝文　郃鹏辉　王国成　佟瑞斌　费宗义　高忠实
朱连友　纪德友　徐永峰　王显波　李建伟　胡　琳　任晓军
李文峰　张永军　张海涛　宫立宏　刘玉成　黄志明　王振山
陈秀军　唐　存　褚庆民　孙玉军　郭春旭

集体项目

一等奖：炼钢厂姜学军等、炼铁厂朱兴益等

二等奖：炼钢厂黄玉生等、炼铁厂倪静峰等、中宽带钢厂张殿民等、钢管厂陈军廷等、焦化厂李宏超等

三等奖：焦化厂赵锦辉等、原料厂王超等、朝焦公司葛忠玉等、炼铁厂广才等、炼铁厂顾宝凌等、炼钢厂周宝辉等、炼钢厂李彩云等、炼钢厂于波等、炼钢厂王勇毅等、中宽带钢厂李英东等、中宽带钢厂杨永等、氧气厂魏曙光等、计量信息部李利等

2010 年

一等奖：刘玉晶　高明伟　丁　军　刘宝林　李　广　马永刚　方国玉
刘亚风　吴　刚　牛少生　宗　军　张　丹　李声浩　万传善
徐小宝　朱海廷

二等奖：赵东军　刘国坤　王余生　姜信国　齐登科　袁清林　韦继耀
孙秀权　孙占国　陈　杰　史亚军　孙继红　杨秀威　许占伟
孟祥民　董晓军　李文印　王　广　雷明和　孙永山　潘宝友
刘　华　赵常德　高　波　石志刚　胡启天　张俊峰　钱大利
李广勇　李建军　王彩华　齐国华　范桂云　胡　俊　贾永胜
杨　哲　李志鹏　孙立东　侯英杰　康成清　陈　宝　边庆飞
丁铁学　李　瑞　李　华　魏振江　赵洪岩　冉祥鼎　赵雨来
李旭东　张久成　蔡　华　段会民　杜志川　娄汉忠　丛滋智
崔建军　杨立新　陈　立　王志明　黄敬山　刘升军

三等奖：李洪江 李福春 李宝春 王宏武 许宏生 李阳 颜秉春
沈伟 高玉轩 陈继明 沈虞峰 何有利 王亮 林立华
井海旭 席帅 运凯 邵帅 刘海涛 刘振权 邓树奎
刘祥 陈雪松 王勇毅 刘文生 陈洪清 李洪才 姜学军
唐万勇 孙克元 徐景营 吴兴民 霍宏 门玉华 冯爱军
梅飞 钟铁铸 陈鸿伟 刘景才 郭向才 武兵 程维奎
由洪林 张海林 金华彰 郑东升 广才 武振祥 顾晓军
李久宏 赵华泽 王泽宾 于海伟 邢自安 王生 刘文玉
张晓强 郭廷海 曹明志 杨春鹏 吕开玉 路宗岐 王国华
王学军 张立冬 李文彦 褚凤杰 杨永 霍立春 宫大勇
邹恩刚 卢祝伟 王荣池 杨晓东 李英东 田亚彬 尚文成
张衍文 李振进 曹旭光 孙会起 迟玉海 张春龙 邵丙哲
张庆伟 李树元 李建华 姜海龙 李宏伟 齐树成 杜志军
左鸣 王学志 范树学 李鹏 贺建国 姜印友 贾兴武
周庆丰 刘相林 张连东 白雪峰 田爱国 单宝廷 王福存
杜英江 杨成利 李忠伟 季朋 全磊 徐恩峰 马成祥
王海成 王兴东 孙洪利 姜顺 杭海军 于洪渊 郑红生
刘书民 汤德生 解晓华 曲晓飞 李亚武 迟连众 王文忠
张金田 于光辉 刘玉杰 李祚荣 张立勇 李军 刘瑞林
郭刚 孙宝春 吴余华 薄希波 吴旭涛 史艳军 王鑫
赵宇 白桦 李博 尹玉新 赵鸿玮 张立强 姚忠利
孟辉 张海 张利民 曹继广 樊海生 李国臣 周树胜
张永春 赵锦辉 佟瑞斌 池国军 刘志国 薛存辉 张海涛
田丰 王振义 徐永峰 王国成 潘宝利 王敬周 冯霜叶
钱宏军 乌铁军 任贵田 胡琳 李永利 刘玉成 于广辉
方振生 王喜林 孙玉坤 唐存 褚庆民 孙玉军 马立新
暴春学 赵新 王磊 葛忠玉 郭景玉

集体项目

一等奖：原料厂侯林陶等

二等奖：炼钢厂梁量等、检修中心于和平等、检修中心刘洪伟等、炼铁厂徐飞龙等、炼钢厂刘亚风等、氧气厂冯志勇等、炼钢厂王海军等

三等奖：炼铁厂杨勇等、炼铁厂广才等、炼钢厂谭加学等、炼钢厂王国强等、炼钢厂段春然等、炼钢厂韩宝超等、炼钢厂刘祥等、炼钢厂姜学军等、中宽带钢厂张宏祥等、中宽带钢厂吴晓利等、中宽带钢厂李英东等、中宽冷带厂陈立等、质量部刘海燕等、钢管公司陈国亮

等、焦化厂佟瑞斌等、焦化厂杨国峰等、原料厂史文海等

2011 年

一等奖：吴　刚　刘国坤　孙占国　武　兵　赵华泽　李文印　贾永胜
王海成　邹恩钢　刘向宇　朱海廷　李相瑞　高明海

二等奖：刘长江　姜信国　赵东军　刘文生　史亚君　董　伟　丁立国
陈　杰　法来明　肖井泉　孟祥民　刘长河　王大军　刘宝林
徐守金　门玉华　胡　俊　康成清　刘书民　路　丰　尚文成
赵雨来　田亚斌　王建东　李旭东　杨文华　边庆飞　王国成
佟瑞斌　李　华　赵洪岩　王志明　胡启天　钱大利　王文忠
张俊峰　迟连众　王嵬山　张春龙　李建华　万传善　石志刚
刘　华　迟玉海　李国清　崔建军　丛滋智　陈军廷　徐国羽

三等奖：陈雪松　齐登科　牛少生　霍　宏　王勇毅　陈洪清　李洪才
陈　超　司俊威　许小平　王海军　刘海涛　李洪江　刘振权
范加功　张绍明　王　伟　许宏生　郑文龙　颜秉春　陈玉学
沈　伟　李海庭　梁洪仁　李文友　冯爱军　李要刚　赵景龙
杨秀威　王　生　刘建华　董晓军　武振祥　吴树忠　卢海军
许占伟　方国玉　王占峰　王泽宾　邢仁俊　王　广　梅　飞
王　力　邹继平　李　广　洪国志　郭向才　王宗和　刘光海
齐鹏举　刘景才　赵旭东　宋国东　孙洪利　汤德生　鲁云亮
杨少彬　马成祥　姜　顺　朱文凯　武　雪　马金强　杭海军
徐占生　马占东　尹卫勇　谢晓华　祝慧琳　高明伟　郭金石
王荣驰　刘国昌　徐海廷　段会民　张彦文　李英东　李永新
李声浩　暴永斌　卢祝伟　杨晓东　靳玉东　蔡　华　吴小利
霍立春　刘玉晶　张立冬　李志鹏　张　丹　刘俭贵　胡　刚
魏　东　刘文杰　王兴东　张　勇　都建辉　刘春强　褚凤杰
陈　宝　冯霜叶　冯宝印　赵锦辉　任桂田　李　瑞　郭　凯
任树丰　杨光伟　刘志国　李建伟　邰鹏辉　王显波　李文峰
张永军　张海涛　范树学　魏振江　催伏波　曾　强　王青山
李晓辉　方振生　刘玉成　樊占军　魏曙光　郭丽君　李建军
刘玉杰　齐国华　张寒石　王　岩　王彩华　王永志　范桂云
李瑞东　张瑞安　邢自信　时延峰　高建军　游　泳　刘树军
刘　力　杜志军　张　辉　潘宝友　赵常德　张国立　徐小宝
杨国友　宋瑞国　段洪武　李树元　白　华　孙　铁　张立强
赵鸿玮　吴旭涛　马成军　史艳军　暴春学　杜志川　李忠伟
张中标　单宝廷　娄汉中　张泽军　刘玉和　陈　铭　王福存

白雪峰　高德明　刘英杰

2012 年

一等奖：丁　军　郭彦林　于海伟　孟祥民　冯爱军　姜信国　宗　军
赵雨来　王云江　李相瑞　张　健　胡启天　杨国锋

二等奖：李洪江　刘　祥　陈玉学　刘　鑫　牛少生　邓泽兴　刘国坤
张青山　吴兴民　刘文生　李文印　李　广　门玉华　方国玉
王泽宾　张占礼　尤　新　杨国友　王海林　徐小宝　刘　华
刘　力　万传善　李建华　徐文江　张寒石　王文忠　张瑞安
张俊峰　胡　俊　贾永胜　高明伟　全　磊　李德山　丁铁学
李　华　纪德友　冯宝印　佟瑞彬　范树学　郑　伟　冉祥鼎
吕延山　李旭东　刘玉晶　杨文华　李忠伟　杨成立　丛滋智
崔建军　胡凤勋　黄敬山　韩宝刚

三等奖：唐万勇　李洪才　霍　宏　姜学军　陈洪清　王勇毅　吴　刚
王洪波　赵井军　李石才　任洪金　范佳功　李文学　张宝生
宫殿龙　张俊杰　梁洪仁　任　斌　贺　娟　宋大伟　陈子升
赵　迪　郭永春　刘振权　蒋跃丰　刘　伟　毛润平　吴冬奎
孙传仁　宋长利　王洪武　郭向才　金华彰　武　兵　暴志广
陈洪伟　王玉金　魏公政　刘宝林　广　才　梅　飞　金　刚
王　广　雷明和　齐文国　刘光海　许占伟　郑东升　张晓强
王树国　赵华泽　武振祥　刘文玉　邢自安　杨秀威　肖景泉
金树明　董晓军　方　宏　刘建华　马　军　张洪学　王建东
张立东　张　丹　李世强　吴小利　蔡　华　金淑兰　魏　东
徐志成　李亚武　刘国昌　王兴东　谷芳名　刘俭贵　邹恩刚
李英东　苏振雨　李玉奎　王小东　杨晓东　张衍文　徐海廷
王春岩　戴连刚　卢祝伟　臧国庆　任洪武　高明海　于建国
刘宏伟　左　明　赵东明　石志刚　张春龙　李国清　代连杰
张庆伟　贾凤学　高　波　魏振江　李　鹏　王学志　徐　浩
王根林　张忠标　史　海　张泽军　白雪峰　赵殿军　徐国羽
纪丛林　侯小龙　高德明　娄汉忠　徐　鑫　田爱国　朱　宁
穆晓东　徐恩峰　刘　源　杨少彬　王明月　贡海飞　张守志
姜　顺　刘书民　孙立东　王　昆　祝慧琳　褚彦军　刘景文
王海成　周海林　杭海军　程文华　郭　刚　李铁军　白东升
郭双利　孙宝春　齐国华　李贵喜　郭丽君　李建军　张金田
张万宇　刘瑞林　王　岩　薄希波　韩　蕾　徐满泽　邱宴然
侯　艳　侯玉玲　李尚斌　李秀娟　吴旭涛　边庆飞　陈　宝

	潘宝利	王国成	任贵田	郑军	乌铁军	池国军	郃鹏辉
	刘志国	杜振军	张海涛	乌向明	李亮	费宗义	李建伟
	张永军	任晓军	于广辉	王志明	李晓辉	常玉铭	魏曙光
	王振山	游泳	暴春学	李琪光	杜恒	韩勇	李长庆
	郭井玉	王伟华					

2013年

一等奖：	衣显国	刘建华	李文印	许宏生	吴刚	史亚军	薛海涛
	褚彦君	丁军	王云江	王荣驰	万传善	张国立	刘力
	佟瑞彬	胡启天					
二等奖：	罗小东	王生	由洪林	王吉林	赵华泽	孟祥民	刘文玉
	金华彰	暴志广	陈洪伟	宫玉斌	于海伟	王泽宾	颜秉春
	郭永春	毛润平	杨振宇	王洪波	刘国坤	高志慧	李洪才
	马彪	赵维威	张威	霍宏	陈超	张青山	刘文生
	祝惠琳	宋国东	姚忠利	刘书民	贾永胜	徐恩峰	蔡华
	杨文华	暴永斌	苏振雨	赵雨来	冉祥鼎	刘华	任洪涛
	杨国友	孙顺洪	刘文波	任洪武	昝海燕	刘宪军	李建华
	张永军	李文峰	李华	陈宝	张俊峰	张金田	徐满泽
	刘鹏	张瑞安	郭丽君	范树学	暴春学	吴旭涛	赵鸿玮
	王志明	黄敬山	荣晓军	张泽军	张连东		
三等奖：	李要刚	冯文星	李树东	洪国治	郭向才	王大军	卢玉明
	广才	许占伟	郑东升	曹明志	唐文密	杨秀威	邢自安
	于海飞	武振祥	门玉华	张占礼	王广	刘宝林	丁亚成
	刘光海	周欢	方国玉	尤新	刘伟杰	李广宏	高洪超
	孟庆杰	姚中华	王维旭	吴树忠	冯爱军	刘海涛	孙传仁
	赵桐双	丁立国	范佳功	高永坤	高永琪	郭文民	贺娟
	牛少生	白云峰	杜春辉	司俊威	李春雨	王勇毅	唐万勇
	姜信国	白雪峰	刘照清	王亮	席帅	王兵	郭海滨
	崔朝明	郭海峰	邢志强	李石才	邢宝鑫	马东	张永吉
	朱志洁	杨少彬	金世章	郭金石	杨平	姜顺	高明伟
	马洪军	任晓军	冯立安	路宗崎	康成清	胡俊	薄文瑞
	张丹	王立军	于海生	金淑兰	徐志成	张立东	吕延山
	段会民	张衍文	王春岩	李英东	李玉奎	杨晓东	贾凤学
	石志刚	张春龙	张霄伟	张跃利	张庆伟	高昆	赵东明
	郑国占	李克伟	左鸣	王宏印	段洪武	于建国	季汉坤
	程志强	池国军	赵锦辉	薛存辉	付玉清	冯宝印	刘志国

郭　凯　边庆飞　王国成　潘宝利　任贵田　冯霜叶　任树丰
孙宝春　钱大利　李瑞东　张寒石　李春辉　金晓斌　刘瑞林
王学志　侯林陶　李　鹏　王　昆　徐　浩　那洪刚　李尚斌
白　华　侯玉玲　史延军　邱晏然　孟晓明　魏曙光　张卫东
胡凤勋　于广辉　李晓辉　王春桥　王振山　穆新国　范树利
卢立新　王德强　房建辉　郑　华　张卫东　娄汉忠　穆晓东
吕国铜　刘亚超　张中标　陈晓明

2014 年

一等奖：王吉林　刘建华　金华彰　李文印　杨振宇　赵井军　史亚军
任晓军　霍　宏　杨少彬　贾永胜　暴永斌　赵雨来　孙顺洪
万传善　徐满泽

二等奖：邵　玉　谭志伟　冯文星　许占伟　徐守金　冯爱军　郝国栋
陈洪伟　于海伟　吴树忠　刘海涛　许宏生　梁子明　吴　刚
刘国坤　高志慧　郭海滨　齐邵峰　王鑫浩　孙立东　李　浩
马　彪　邓泽兴　郭海峰　丁　军　崔建军　姜　顺　王海成
汤德生　季　鹏　杨文华　王云江　苏振雨　吕延山　徐小宝
左　明　李相瑞　刘　华　刘　力　昝海燕　张春龙　郃鹏辉
冯宝印　池国军　李文峰　李福林　胡启天　钱大力　王学志
贺建国　褚庆民　吴旭涛　史艳军　白　桦　胡凤勋　吴庆超
荣晓军　李忠卫　朱立君

三等奖：衣显国　邢仁俊　李要刚　张实栋　齐鹏举　广　才　苗世旺
张洪奇　魏立江　刘景才　张晓强　孟祥民　王玉林　刘艳春
郑东升　刘文玉　彭万金　邢自安　暴志广　孟庆杰　马洪飞
刘为忠　刘艳平　刘宝林　董晓军　刘向海　方国玉　宫玉斌
雷明和　顾晓军　王泽宾　丛培文　孙秀全　尹瑞强　李洪江
毛润平　潘玉龙　周　鹏　叶福文　林海峰　马金国　李文友
张学辉　徐国瑞　牛少生　白云峰　李春雨　王勇毅　张　伟
李洪才　徐国文　冷　博　倪华伟　贡海飞　毕泽林　张小波
李永超　尹光明　齐贺武　解晓华　董翠潘　吴　波　苏铁军
郭恩秀　孙春雷　姚金彪　冯立安　孙　明　邢志强　张静波
薛海涛　张青山　沈家志　邢宝鑫　董方春　李石才　丁世军
全　磊　马　利　刘国柱　李　华　马金强　范　革　康成清
胡　俊　李旭东　吴晓利　张立东　金淑兰　蔡　华　王荣驰
杨晓东　王春岩　李永新　李振进　李建华　杨国友　高　昆
张　辉　高明海　王洪印　张云海　李克伟　潘宝友　齐树成

王国兴　高波　张月利　贾凤学　张国立　臧国庆　宋瑞国
陈庆　刘志国　董胜祥　王振义　张永军　李建伟　徐永峰
赵锦辉　薛存辉　陈佐立　田占军　李华　潘宝利　陈宝
王国成　冯霜叶　肖月军　王兴　潘玉文　李建军　郭丽君
张瑞安　卢贺梅　张亚利　孙宝春　李春辉　周鑫　徐浩
侯林陶　史文海　华兴　王昆　郑伟　李尚斌　侯玉玲
于敬东　侯艳　张卫东　李晓辉　黄敬山　武彩亮　王刚
卢立新　谢丛辉　王柱　许会斌　李大兴　娄汉忠　刘国春
吕国铜　张中标　杨成立　赵志刚

2015 年

一等奖：刘长和　赵华泽　冯爱军　王泽宾　许宏生　刘国坤　孙立东
史亚军　寇振龙　汤德生　张春龙　杨文华　李旭东　徐小宝
贾凤学　徐满泽　李华

二等奖：冯文星　由洪林　苗世旺　刘文玉　郑东升　董晓军　金华章
李文印　吴树忠　祝龙辉　李阳　刘亚峰　吴刚　唐万勇
王洪波　马彪　宋国东　贡海飞　李建　丁军　杭海军
丁世军　高明伟　贾永胜　王洪印　吴晓利　蔡华　段会民
暴永斌　孙顺洪　刘华　杨国友　邵炳哲　万传善　田建军
佟瑞斌　赵春余　池国军　王国成　李瑞东　于海涛　石志刚
范树学　史艳军　胡凤勋　王振山　卢立新　王德顺　王玉山
王福存　尹沣渤　张泽军　张忠彪　王柱

三等奖：王大正　王生　郭廷海　金树明　谭志伟　刘国峰　王利
衣显国　张晓强　许占伟　门玉华　刘艳春　孙立国　刘宝林
张栓　暴志广　张国权　方国玉　任坤　丁亚成　于海伟
王海超　郝国栋　刘春辉　尹大权　雷明和　范佳功　林海峰
白杨　李洪江　周鹏　陈玉学　刘玉春　孙凯　林亚军
姜涛　孙占国　刘振权　贺娟　于文贺　牟星宇　肖安远
吴兴民　王勇毅　姜学军　闫利民　冯力军　司俊威　赵子明
徐国文　李军　李德山　杨显凯　沈伟　郭红军　冯大伟
杨虎春　齐文　张静波　李景阳　运凯　崔朝明　李俊华
王宝国　张连军　李广　于福顺　周宏君　马迎达　姜顺
孟庆国　刘书民　范革　胡俊　朱立超　张立等　高海丰
于建国　纪翔宇　毛立军　张丹　胡刚　赵雨来　张立冬
吕延山　付文军　赵东明　潘宝友　王志杰　张国立　李建华
张月利　李相瑞　王海林　于长春　康瑞进　李克伟　陈晓亮

于国祥　马　驰　臧国庆　李国清　张　健　李　奈　高　波
李建伟　刘志国　乌铁军　李文锋　胡存伟　陈佐利　谢　广
徐永峰　薛存辉　纪德友　任晓军　边庆飞　陈　宝　刘海东
石绍江　胡启天　郭丽君　张俊峰　张瑞安　杨嘉琦　李春辉
张　辉　宋瑞国　王　兴　郑　伟　段连占　范玉强　许　刚
侯林陶　王　昆　李秀娟　于敬东　赵鸿伟　王　刚　王琳凯
张　建　丛日明　李晓辉　王金才　冯俊松　黄敬山　黄志明
刘百宁　石　达　綦春学　陈九江　王树山　王德强　杨中学
杜福利　王　永　张彦忠　穆晓东　高德明　李忠伟　刘玉和
赵寒峰　娄汉忠　刘亚超　赵思远　吕国铜　郭井玉

凌钢优秀共产党员（2383 名）

1987 年：姜　荣　魏文秀　宿文迁　苏文顺　吴凤山　王　田　李洪贵
徐凤明　徐伟光　刘建春　李来权　丁永生　张景祥　张兴善
杨恭峰　罗汉兰　丛武昌　梁立顺　王永存　辛　克　刘玉祥
周国良　董占江　刘子贵　马成祥　王　莹　韩树春　朱跃华
周玉明　连启太　边久德　贾左玉　王泽明　王新龙　丛子义
钟守才　张立新　彭景阳　魏福阳　白清仁　宋加功　刘汉阁
陈玉珍　湛国桐　白金祥　王清福　李德复　范长歧　李桂芝
刘　德　赵忠升　张金芳　孙　胜　吴明章　翟连富　孙贺林
张树清　毛树文　聂凤学　王友良　宋长贵　段光廷　李子元
高　波　王少昌　陈卫东　姜跃军　邢玉双　杨淑芝　马云凌
高志富　钟廷友　刘占富　薛国才　尹洪亮　张佩文　綦雅银
吴春青　李东方　张志文　孟凡祥　边孔忠　张秀玲　韩惠芳
李树芝　徐瑞林　杨玉宝　武文宝　迟国彩　李景奎　杜英江
孙胜平　刘定忠　李梅英　杨居双　鲁志君　綦凤玲　韩建国
金宝恒　刘旭东　王洪章　刘　雁　曹成军　刘　福　齐友昌
葛树林　林学敏　马日明　高胜利　耿　志　吴显明

1988 年：王　田　冯海泉　苏文顺　吴凤山　李树山　魏国喜　王彩兰
丁永生　徐维光　刘建春　李少俊　董树森　张井祥　郭永江
黄庆三　周国良　罗汉兰　梁立顺　白占元　陈玉清　崔　武
袁清林　刘子贵　孟凡增　韩国喜　韩树春　刘井峰　张绍荣
王　莹　杜国喜　朱跃华　司振山　黄　利　陈洪文　王泽明
连启太　李丰军　钟守才　丛子义　李士俊　宋加功　万春田
贾良芹　陈淑英　陈玉芝　董玉华　湛国桐　白金祥　王国春

张成会　张永莉　范长歧　杨秀文　李桂芝　袁绍文　关　平
孙鲜艳　翟连富　吴明章　郭井才　马淑娟　张福林　李树奎
王　邈　周　勤　王德祖　高显青　陈忠义　林占武　宋德富
赵东军　聂凤学　刘术军　高　波　杜丽君　牛凤林　陈卫东
柳振泉　邢玉双　马元凌　项士魁　刘占富　崔德库　张清水
赵怀玉　尹洪亮　薛国才　吴承范　吴春青　贾　志　李东方
王正夫　暴雅银　付益众　李景春　田廷舜　齐　友　徐瑞林
王玉环　孙胜平　刘成荣　武文宝　刘士贵　时　恩　杨玉宝
李　贵　李洪初　孙　飞　周　歧　马兴义　郭培利　徐宝库
于维良　刘　福　章玉亭　迟国彩　黄英杰　葛树林　李福荣
李庆文　于兴龙　曹成军　施美华　杨　华　刘　雁　李广兴
景维光　孙学文　崔政锐

1989 年：高广生　黄林生　孙国富　孔令祥　王长仁　赵青峰　杨凤权
祝殿玉　王占丰　霍殿秀　赵英斌　郑国辉　于通海　穆素芝
盖丙友　高忠义　赵凤梅　李自贵　迟友光　白福纯　张云学
李学荣　崔国珍　孙玉双　白国柱　佟绍芬　郝凤兰　林玉珍
刘春荣　牛凤山　徐凤娥　郭相财　吴庆贺　于成芳　王士德
林丽华　陈艳华　陆书潮　李连谦　孙景山　张崇海　韩考芳
潘福臣　刘桂花　邵桂连　徐成德　吴振华　王文国　崔永生
马占凡　张桂霞　李学荣　魏国珍　黄金夫　刘学民　石占文
边久德　李　坤　孟庆利　王　田　王彩兰　吴凤山　吴凤春
苏文顺　佟明仁　李树山　于丛安　王茂权　刘国民　刘井峰
张绍荣　张　辉　王庆奎　郭凤书　孟凡增　王福来　刘玉祥
张志伟　周国良　白占元　刘建忠　魏文秀　陈学林　李广生
马成文　张崔发　徐维光　李久俊　郭振江　赵学福　陈洪文
连启太　贾左玉　王泽明　李凤军　钟守财　张文国　李志信
郝志强　刘洪斌　李树卿　韩建国　万春田　孙胜平　房树申
张福林　李树奎　于东辉　孙鲜艳　王东升　杜国喜　黄　利
李永生　郭桐松　张志泉　牛凤林　陈卫东　马锡开　柳振泉
王　邈　李成义　王德祖　刘树军　高　波　崔连科　聂凤学
赵云田　林占武　黄金贵　毛树文　宋德富　王东杰　于建忠
李凤珍　张春华　范长歧　高国峰　马淑娟　吴明章　冯志国
翟连富　王　臣　赵来春　王清福　王国春　张　峰　程守友
李德复　张永莉　代志英　李平安　曹向春　王宝林　姚国华
白士龙　池满仓　郑　瑞　常艳珠　裕笑英　杨秀文　付益众

王克明　王兆祥　刘占富　张清水　常永安　吴克孝　尹洪亮
赵怀玉　杨玉宝　李东方　张连贵　刘　雁　孙启坤　徐宝库
孟宪复　韩英军　金宝恒　赵高武　张世光　王志学　靳国恩
李洪贵　郝永臣　张书文　章玉亭　张凤山　徐凤鸣　李景奎
马兴义　綦凤玲　杨玉清　张积恒　孙　飞　邓桂才　王裕华
李　贵　李凤成　高　伟　刘　福　杨　桦　曹成军　王正夫
吴青春　吴承凡　张佩文　陈丽华　李平泉　李文平　张荣强
徐晓光　马日明　王金国　张宗广

1990 年：于丛安　麻树恒　杜国喜　韩向文　陈学林　马成文　徐维光
鲍希彬　信守申　王福来　李会来　谢广玉　孟繁增　孙　强
李志信　连启太　牛凤林　刘　德　房树森　高国峰　李文学
陈忠义　管仲元　卢继生　赵福进　唐　存　张福林　郭培利
曹成军　张佩文　高松岭　马日明　李来全　刘旭东　王清福
张相敬　陈淑英　邹德富　张秀玲　裕笑英　王玉环　王玉荣
白士龙　周　岐　丁永生　罗汉兰　王裕华　孟克良

1991 年：黄林生　赵景奎　范文德　刘明君　王占丰　王国志　褚殿玉
邹传杰　刘贺贵　辛永贵　耿振学　盖丙友　赵庆丰　刘广红
高广生　付庆林　孔令祥　迟有光　孙国富　赖家红　王子山
于成方　赵英斌　赵文财　田歧光　潘福臣　李玉敏　马占凡
崔国福　李德福　陈连荣　罗玉名　李　龙　佟绍芬　李明学
孙振家　高品礼　韩考秀　郭相财　牛晓颖　刘志宇　敖日新
郭作香　孙景山　刘春荣　张桂霞　牛凤山　谷春廷　王文照
金凤山　万忠存　崔永生　李连谦　邵桂莲　陈艳华　高忠义
王宝玉　丁　模　李空军　石占文　黄恒昌　胡宝义　边久德
刘贺珍　于丛安　王　田　王茂权　吴凤春　杨占仓　赵铁林
麻树恒　魏国喜　刘子贵　孟凡增　刘　地　孙　强　郭雨春
毛瑞国　郭凤舒　刘玉祥　白占元　信守坤　崔　武　董洪印
王福来　王长清　陈　宇　谢广玉　张学山　黄明福　马成文
张崔发　李广生　李文财　张秀文　刘瑞田　高凤兰　徐振东
李绍俊　王泽明　贾佐玉　赵　敏　李丰军　连启太　周凤祥
丛子义　李志信　钟守财　魏桂明　李树卿　赵富进　姜喜忠
方树森　张　财　白清仁　李玉梅　孙贺林　张福林　李德元
杨　甫　王东升　黄　利　刘　辉　杜国喜　李永生　马德林
牛凤林　邵振国　邢玉双　胡伟杰　张志安　张立新　任　泰
唐　存　李子元　王佐志　马泽茹　王占武　王　贵　马　海

	陈忠义	李文学	邵立祥	钟德润	杨秀文	张庭林	杨　华
	郭培利	刘　福	齐有昌	辛久海	郑世才	辛保恩	韩耀辉
	李　辉	王　才	马淑娟	陈金华	孙　盛	高国峰	温友学
	杜丽君	张俊杰	白金祥	李德复	王清福	张承会	伞振川
	薛盛福	韩桂枝	陈玉真	曹向春	高玉莲	王丽华	周化文
	张秀玲	席海福	王淑兰	李占勇	白士龙	王玉荣	李　德
	张清水	崔德库	刘占富	赵长丰	钟廷友	吕克孝	张佩文
	吴青春	邹海泉	张书文	武文宝	梁志文	杨玉宝	李晓钊
	靳国恩	孙胜平	徐晓光	杨居双	朱启步	赵　颖	崔德发
	李洪初	暴凤珍	孙启坤	于福柱	罗汉兰	张积恒	王裕华
	陈其春	孙玉和	李凤成	赵洪宾	徐宝库	李桂芝	孙　江
	吴敬贤	高松岭	吴承凡	李华山	陈丽华	李东方	王正夫
	李庆文	周　岐	沈忠来	李　贵			
1992 年：	王占丰	许相臣	刘国治	孔令祥	李永华	李俊发	褚殿玉
	韩树存	王子山	王国志	于立武	黄金夫	赵英斌	孙殿义
	辛永贵	马　俊	胡宪友	白福纯	陈连荣	夏德田	于成芳
	崔国富	孙玉双	张明歧	马宝良	刘海林	耿振文	王彦廷
	刘春荣	平桂琴	牟素芝	李德福	王德起	李玉敏	于通海
	马占凡	刘　权	佟绍芬	李空军	牛晓颖	谢本国	陈国军
	丛建华	付春余	刘桂花	万忠存	赵秀贞	崔永生	蒋　龙
	张桂霞	陈艳华	王学合	金凤山	曹凤荣	邵桂连	李连谦
	邢淑娟	李　坤	刘汉阁	石占文	孙学文	董云昌	吴凤山
	邹德敏	武淑兰	王月忠	张景民	李树山	赵铁林	吴凤春
	王锡全	张绍荣	郭凤书	孙　强	崔政锐	刘　地	刘子贵
	孟凡增	信守身	王根全	张志伟	白占元	张学山	苑宝和
	李平泉	张　玉	杨树林	黄明福	陈　华	陈学林	张崔发
	马成文	陶树存	付国良	张振龙	赵学福	刘瑞田	白友海
	吴秀清	韩志峰	杨占国	李清云	贾左玉	魏贵明	孙铁茂
	张　启	张双学	李志信	张敦全	赵富进	王家瑞	张　财
	万春田	王险涛	白锦成	巩　里	郭宏志	刘　德	路广权
	赵忠升	李永生	李博仲	韩向文	崔久富	邢玉双	崔元洪
	马德林	邵振国	白玉霞	张相敬	张立新	陈洪生	段光廷
	门兴武	唐　存	张国志	张志远	魏定生	鞠明志	赵东军
	陈忠义	王东杰	卢继声	于建忠	李凤珍	王连勤	刘爱民

齐全林	张庭林	罗　杨	马明路	于维良	王　才	陈敬军
汤文华	金晓福	高国峰	吴明章	韩国良	马淑娟	杨润本
孙　江	张佩文	吴承范	王正夫	杜丽君	王清福	贺秀梅
张俊杰	张成会	白金祥	于维龙	管仲元	关春岩	苟万祥
曹向春	陈玉真	裕笑英	张秀玲	李云华	史秀文	徐淑珍
王玉荣	白士龙	李占勇	陈玉凤	赵长丰	陆德海	张永丰
刘占富	钟廷友	刘　信	李金梅	张书文	宁桂兰	徐　杰
刘香云	靳国恩	徐凤斌	郭宝成	陈铁松	杨玉宝	时　恩
刘兴安	李　贵	杨万学	李义友	林学敏	罗汉兰	王志学
耿　志	赵洪宾	周　岐	沈忠来	张积恒	周国良	李东方
李晓钊	张世文	王子明	张洪恩	丁永生	刘钧铭	徐晓光
李华山	邹海泉	杨玉清				

1993 年：

卢恩厚	张庆云	王兴柱	孙殿义	许相臣	王宇廷	孔令祥
杨凤权	褚殿玉	马士友	姚青贵	黄金夫	王国志	纪向阳
于立武	赵英斌	刘广宏	盖丙友	胡宪友	周传杰	符思男
付庆林	王景山	高品礼	张　维	潘福臣	皮中华	刘凤琴
李锦花	田启光	高树友	马占凡	卢凤明	于通海	穆素芝
卢桂兰	白国柱	尹桂兰	邵桂莲	刘学民	谷春廷	杨永芳
白廷儒	李凤山	郝建东	李学荣	王文国	董玉琴	白玉芝
牛晓颖	孙振家	刘桂花	敖日新	付春余	夏德田	杨冶金
刘　权	徐荣平	王德学	贾会珍	王艳廷	刘汉阁	孙学文
石占文	王晓东	王国英	孟庆利	董云昌	王　林	李　德
赵铁林	王跃忠	郭彦林	于丛安	史忠仁	吴凤春	孙　强
孟宪馥	康虎明	张绍荣	孟凡增	刘　地	毛瑞国	钟铁柱
伦继玉	刘洪刚	裴殿阁	白占元	信守坤	佟生永	杨树林
张沙泉	杨福生	李平泉	张学山	黄福明	陈学林	李广生
徐树阁	褚建国	王树芳	郭永江	刘景琴	李绍俊	徐振东
牛胜华	刘建春	吴秀清	贾左玉	白友海	张　信	张振伍
李凤军	孙铁茂	冯云录	丛子义	魏贵明	刘晓东	冯海洲
李树卿	王家瑞	陈志强	白锦成	李国文	王险涛	万春田
郭宏志	孙贺林	路广权	赵忠升	李永生	韩向文	李博仲
黄　利	王秀峰	陈卫东	崔元洪	邵振国	马德材	刘金忠
白玉霞	尤书杰	李玉斌	陈洪生	王宏生	李子元	唐　存
高　波	魏金生	李　权	于振全	赵东军	毛树文	林占武
陈忠义	钟德润	杨秀文	王连勤	卢继声	耿秀云	杨洪林

苏秀珍　曹成军　杨　桦　于维良　赵新民　李秀全　汤文华
褚银武　郭连清　王　才　马淑娟　吴春清　杨润本　陈　明
刘玉贵　刘旭东　张素英　赵久常　王洪顺　高松岭　王正夫
宋克福　杜丽君　贺秀梅　张俊杰　白金祥　王清福　张成会
司广福　任占才　于维龙　芦　娟　管仲元　李凤芹　苟万祥
曹向春　陈玉真　张秀玲　李春景　曹长清　徐淑珍　韩惠芳
邹德富　白士龙　王宗全　付益众　倪维一　刘　信　李永和
郝永臣　张继怀　包玉林　钟廷友　刘凤朝　刘占富　陆德海
李金梅　郑春吉　郭宪琴　张书文　徐国恩　徐凤斌　赵玉华
薛殿春　刘香云　郭宝成　米铁华　杨桂芝　杨玉宝　刘兴安
杨万学　王兆祥　董洪印　林学敏　刘　雁　马兴义　孙　飞
赵洪宾　魏国喜　王宝玉　刘钧铭　李桂芝　除辉启　李东方
李　辉　张士文　王子明　高玉常　何东玉　李贺堂　王永杰
徐晓光　李华山　杨玉清　周　岐　于福柱　邹海泉　魏文秀
赵恩荣　陈丽华

1994年：褚殿玉　张　军　高广生　梁焕清　王新成　金忠臣　洪志臣
许相忱　刘国治　许　江　纪向阳　李永成　苏　军　刘升军
王子山　赵学海　孙立东　王沛丰　胡宪友　夏德田　张明岐
王彦廷　李景花　崔国富　于通海　唐秀芝　邵桂连　李淑兰
郝建东　付春余　白玉芝　高品礼　辛永贵　盖丙有　白廷儒
王忠胜　刘志宇　徐彩廷　李玉敏　田岐光　刘凤琴　王云奎
方荣兴　穆素芝　杭中仁　王明水　符恩男　王　伟　刘锦义
董文兰　安守荣　魏占轩　王学合　孙凤朝　崔国珍　敖日新
君桂双　关俊廷　刘学民　王泽明　王柏川　徐悦明　李凤军
刘清云　张　信　孙铁茂　魏贵明　张　启　张双学　蓝景友
刘子贵　钟铁铸　张绍荣　梁　成　张　辉　孙　强　唐长春
孟凡增　伦继玉　宫海印　王维武　刘玉祥　伊书春　白占元
王宝仁　佟生永　李平泉　李会来　刘长江　王长清　张学山
黄明福　杨树林　苑宝和　郭彦林　韩振民　卢亚东　赵景仁
于丛安　刘泓巍　董云昌　杨占仓　李　德　王月忠　郝　江
孙学友　王国英　苏　华　陈　钊　武振香　刘贺珍　刘汉阁
李绍俊　鲍希彬　陈振邦　徐振东　朱敬民　黄　利　韩向文
李永生　崔卫国　陈学林　褚建国　马成文　李广生　徐恩德
邢振祥　刘　德　路广权　贺树东　邢玉双　刘树昌　郝振国
马德林　李淑卿　封海洲　王家瑞　姜喜忠　李国文　王险涛

房树森　张　财　白锦成　巩　礼　李树奎　董锡琴　陈洪生
王立功　张　怀　高　波　唐　存　王佐志　李　权　王占武
于振权　单文廷　吴振久　高显清　林占武　陈　明　宋景武
吴明章　王永山　王凤元　杨润本　张树清　周力娜　尤书杰
张立新　刘旭东　李自贤　张素英　管仲元　张翠兰　芦秀芬
任占财　白金祥　郭东学　张俊杰　司广福　贺秀梅　曹成军
齐全林　耿秀云　刘树芬　魏庆阁　王万福　李晓钊　刘子奇
张凤山　姜春珍　苏立军　郭连清　辛宝恩　陈敬军　金晓福
赵建辉　宋兴云　姜　杰　李凤珍　卢继声　赵长春　王国荣
李凤芹　董玉华　曹向春　席秀芹　赵才兴　王宗全　杨智辉
张兴宝　闫石英　李春景　白淑贤　马瑞兰　白玉萍　于兴华
刘凤朝　郝永臣　陈永安　崔殿礼　张继怀　刘占富　刘　信
鄂宝山　包玉林　张永丰　张文忠　李金梅　张书文　郑春吉
杨二仓　薛殿春　林伟强　赵玉华　靳国恩　徐凤武　李凤成
米铁华　王景松　李　辉（女）　刘兴安　王裕华　王志宇
董洪印　薛晓卿　李玉梅　王志学　马兴义　阚永玲　魏国喜
张积恒　张荣强　孙　飞　李树山　李东方　彭景阳　李兰英
李淑芝　王子明　李胜运　吴显明　高松岭　宋振元　白跃忠
于海波　袁桂芬　邹海泉　郝志强　杨玉清　李华山　徐晓光
丁智敏　张佩文　周　岐　于福柱　魏文秀

1995年：高广生　孔令祥　马士友　刘宝文　王顺德　张庆云　李永华
朱承志　金忠臣　范文德　刘升军　魏　东　赵学海　于立武
王子山　辛永贵　盖丙友　赵凤梅　付庆林　汪　玉　孙立东
高品礼　耿振文　关俊廷　王艳廷　李玉敏　皮中华　刘凤琴
田启光　孙玉双　李景花　王忠林　杨冶金　桑淑英　夏德田
王守玲　卢文阁　李贺连　牟素芝　卢凤明　于通海　初国庆
闫振军　刘国珍　杜亚宏　王云奎　朱宝山　刘锦义　牛凤山
郝建东　张振学　王　伟　王宝玉　马占成　孙翠琴　魏国珍
蔡　伟　李淑兰　谷春廷　刘学民　付余春　丁　模　丛建华
王会喜　赵春元　刘贺珍　刘汉阁　邵　玉　王国英　陈　钊
王玉英　张景民　卢亚东　王运琪　武淑兰　于丛安　张志诚
王跃忠　吴　悦　韩振民　李　德　吴凤山　董云昌　杨占昌
王庆文　韩树春　康虎明　邢守本　郭凤舒　孟宪馥　王锡全
曹盛亭　赵振权　张　晖　王永存　董瑞缘　贲国军　张志伟
王子成　梁日清　杨树林　李会来　王长清　张学山　黄福明

李平泉　佟生永　梁立顺　苑宝和　陈学林　李广生　李尚金
张秀文　褚建国　马成文　郭永江　赵学福　杨志佳　陈振邦
牛胜华　鲍希彬　李丰军　连启太　王泽明　何玉超　吴秀清
白友海　韩志峰　闫　生　齐显占　兰景友　张文国　丛子义
魏贵明　王爱军　李凤山　李树卿　于兴龙　张　财　房树森
李国文　王险涛　白锦程　李树奎　杨贺峰　刘　德　赵忠升
李永生　杜国喜　韩向文　黄　利　沈　洵　李晓钊　刘　辉
杨春香　邢玉双　马锡开　马德林　胡敬霞　白玉霞　刘海明
王宏生　佟铁久　李　合　刘学军　张　怀　门兴武　胡永珍
马　海　张志远　高显清　王友亮　陈忠义　毛树文　杨凤先
郭　学　杨秀文　姜　杰　李凤珍　齐全林　曹成军　魏庆阁
李新春　齐友昌　赵新民　姜春珍　张凤山　刘子奇　苏立军
李春明　汤文华　柴文东　段惠军　宋景武　杨润本　杨晓村
陈　明　张　华　李自贤　米秀林　杨士信　朱　贵　贺秀梅
白金祥　张俊杰　李国胜　赵庆祥　周玉霞　于维龙　何占元
赵婉秋　芦秀芬　侯玉兰　陈玉贞　董玉华　曹向春　马伟然
闫石英　朱福东　于兴华　姚秀英　马瑞兰　李春景　肖　琳
谢天强　李文秀　王淑侠　刘占富　刘凤朝　崔殿礼　金宝恒
包玉林　张文忠　高德珍　鄂宝山　秦殿荣　周玉良　郭培利
张书文　李金梅　王清福　于福柱　李华山　郝志强　魏文秀
张佩文　杨玉清　徐晓光　李占勇　王亚琴　陈铁松　胡伟杰
王承孝　刘湘云　薛殿春　徐凤斌　靳国恩　孙胜平　刘兴安
李贺堂　李瑞祥　李志久　李义友　董洪印　李　贵　张凤信
张士文　陈辉起　马兴义　赵洪宾　王子明　杨淑芝　吴贵臣
李　辉　张玺才　刘　雁　李东方　陈立华　崔　双　张荣强
杨桂芝　王志学　沈忠来　翟连富　倪维一　齐　颖　于海波
王正夫　张艳涛　付云辉　宋振元

1996 年：刘贺珍　孟庆阁　孟庆利　马淑芝　刘景田　王恩荣　麻树恒
韩振民　宋丽娟　李　德　王跃忠　程喜凌　张景民　冯海泉
于丛安　吴凤山　赵景仁　董云昌　王锡全　毛国英　冯　广
刘子贵　杨海民　孟凡增　唐长春　栾　辛　曹盛亭　董雨春
董睿缘　刘玉祥　宫海印　杨树林　张学山　李会来　李平泉
刘长江　王春福　李文平　佟生永　陈学林　李广生　褚建国
马成文　郭永江　张秀文　李尚金　朱敬民　才卫国　高德明
赵学福　郭振江　李绍俊　白友海　王振义　梁广喜　王泽明

冯亚军　陈国玺　连启太　李清云　丛子义　张双学　张　启
齐显占　魏贵明　李凤山　王爱军　姜喜忠　房树森　王险涛
刘维清　白锦程　阮惠芹　孟宪友　王东升　赵忠升　杨贺峰
黄　利　杜国喜　韩向文　李永生　李　华　王云江　邢玉双
马德林　由居中　白玉霞　张树清　李玉斌　佟铁久　吴余华
陈景仕　董锡芹　刘学军　刘俊杰　张国栋　郭　学　刘玉财
高显清　王友良　王友亮　马　海　陈忠义　胡永珍　李铁生
姜　杰　杨秀文　刘　福　耿秀云　罗　扬　苏秀珍　张凤山
韩耀辉　曹兴斌　潘玉奎　金晓福　褚银武　柴文东　崔国辉
李景奎　陈　明　杨晓村　张　华　王凤元　杨润本　黄建强
李自贤　米秀林　杜丽君　张学梅　周玉霞　孟宪娟　张俊杰
李传政　张晓贤　管仲元　于维龙　孟凡生　曹向春　姚国华
陈玉真　王　林　李柏春　徐淑珍　林海龙　周化文　李春景
李红丹　陈　凯　孙培香　王淑霞　柴树满　刘　信　刘凤朝
路德海　郝永臣　鄂宝山　刘占富　张继怀　包玉林　王清福
周玉良　李金梅　郭培利　郑春吉　张书文　李建军　靳国恩
王玉和　薛殿春　荆志会　陈铁松　胡伟杰　李　辉　王彩兰
杨桂芝　刘兴安　王景松　董洪印　邓桂峰　李玉梅　王志学
陈亚芬　马兴义　李宝林　李彦龙　张积恒　张荣强　张世文
李东方　耿　志　杨淑芝　陈丽华　王柏芳　刘素生　高松岭
宋振元　方士武　白跃忠　张志文　袁桂芬　徐晓光　丁志敏
张佩文　郝志强　杨玉清

1997 年：高广生　刘宝文　王义坤　徐克学　樊文德　刘国志　洪志臣
夏玉财　王士友　张洪喜　刘升军　张永德　于洲三　魏　东
王海良　于立武　盖丙友　邹传杰　谭国莲　李桂花　李淑兰
马国富　林玉珍　王忠林　赵春元　闫振军　崔海春　初国庆
付春余　孙玉双　田启光　郝建东　王景山　郭相财　牛凤山
崔永坤　孙翠琴　徐成德　王长仁　纪瑞华　崔国锋　王子杰
王桂华　李月华　李凤军　黄恒昌　王晓光　刘汉阁　葛忠学
凌广恩　武振香　于丛安　武淑兰　高宝伟　陈　杰　孙继恩
程喜凌　宿文谦　王　田　张景民　钱洪山　韩振民　郝　江
史忠仁　张志安　郭春雨　张文成　杨海民　唐长春　孟宪馥
刘子贵　康虎明　孟凡增　李贵彬　白占元　刘玉祥　董春雨
王继武　杨树林　陈立君　李会来　张学山　李平泉　佟生永
黄明福　张秀林　褚建国　陈　华　马成文　张秀文　郭永江

	陈学林	李广生	苏　辉	刘景芹	赵殿均	钱永新	鲍希彬
	郭振江	冯亚军	白友海	李清云	连启太	王泽明	张秀峰
	陈国玺	齐显占	张双学	高衍义	钟守财	张敦全	赵福进
	王家瑞	姜喜中	王险涛	白锦程	马玉兰	张　财	迟连众
	刘维清	孙贺林	张福林	杨贺峰	杨　甫	陈　锋	韩向文
	李永生	杜国喜	黄　利	李　华	杨树新	王兆建	牛凤林
	张敏新	马德林	邢晓玲	张树清	于井泉	李玉彬	王立功
	吴余华	刘士广	刘学军	常晓民	刘俊杰	张国栋	刘玉财
	刘文林	赵云田	马　海	高显清	霍云升	单文廷	鲍　新
	刘　庆	杨秀文	赵连成	苑志强	韩国喜	苏秀珍	马成荣
	辛宝恩	邵相福	李井奎	郑雄飞	盖业忠	姜春珍	李来全
	于维良	王凤元	李凤鸣	杨润喜	陈　明	杨晓村	杨宏伟
	罗　扬	单　德	王　林	任　丽	张俊杰	李德元	张学梅
	赵庆祥	贺秀梅	管仲元	张翠兰	刘桂英	李自贤	刘旭东
	黄健强	朱福东	于兴华	蒋玉莹	齐　友	阎石英	王淑霞
	于仁江	李春景	李红昕	王丽华	白淑贤	陈玉贞	孟凡生
	马伟然	姚国华	刘凤朝	刘　信	包玉林	金宝恒	鄂宝山
	郝永臣	路德海	张继怀	崔殿礼	张书文	郭培利	李金梅
	郑春吉	周玉良	王清福	徐凤斌	杨二仓	高艳华	薛殿春
	靳国恩	陈铁松	胡伟杰	李　辉	何东玉	刘淑芬	李东方
	杨淑芝	李桂芹	马兴义	刘兴安	张荣强	孙玉和	邓桂峰
	董洪印	袁　威	李玉梅	王子明	李胜运	邹跃军	卢继声
	王正夫	李彦龙	李　宾	庄铁军	施美华	张积恒	于福柱
	杨玉清	张佩文	周国良	魏文秀	徐晓光	丁志敏	
1998年：	孙秀芹	周建林	李卫东	王泽明	郭雨春	李凯强	黄明福
	张学山	张景民	杨志佳	马成文	韩向文	席英信	毛树文
	佟铁久	郭洪志	路广权	张敏新	赵庆祥	张俊杰	苏兴元
	刘俊杰	姚洪谦					
1999年：	杨树新	杨海民	栾　新	吴英奇	万春田	张秀文	王海林
	黄明福	韩向文	张翠兰	于景泉	张志伟	李树卿	李红昕
	张俊杰	佟铁久	赵铁林	张福林	张文国	刘贵良	毛树文
	牛文忠	罗　阳	王海良	毕敬乐	仝景文	孙秀芹	赵宝华
2000年：	李贺堂	张秀文	张景民	张立新	毛树文	刘贵良	高德明
	张树堂	张庆节	王建章	高文龙	刘树军	李树卿	万春田
	徐向华	刘　弟	燕兆存	伞宏新	王海林	袁清林	赵宝华

王柏川　苑志强　曹兴斌　杨晓村　孙　谦　许春生　卢海青
王云江

2001 年：郭雨春　孟宪馥　张立民　许马岩　张　荣　刘洪欣　马成文
吕　铁　王泽明　张海鹏　陈洪生　赵铁林　钱洪山　王海林
袁清林　王冰岩　张立新　邹传杰　王建章　张兰英　李淑卿
王德敏　董圣英　赵久长　崔建国　于振权　王根全　李德福
刘树年　牛文忠　张国栋　杨贺峰　张俊杰　朴成范　葛忠学

2002 年：刘庆元　王兆建　张衍文　陈殿阁　马成文　钱永新　王柏川
王松林　赵铁林　袁清林　王海林　刘贵良　李海华　王建章
张兰英　李淑卿　王德敏　陈洪清　李自贤　陈　明　胡永珍
王根全　韦宏曼　邢小玲　李会来　王兴利　张成会　葛忠学
舒文景　骆中学　何志宏　杨宏伟

2003 年：孟宪学　孙志涛　张志强　朱兴伟　陈　华　高德明　王国凤
王松林　杨士信　袁清林　于晓宇　于自明　张福林　张兰英
孙忠彬　魏振江　高景志　吴　强　周建国　胡永珍　王占杰
白玉霞　李平泉　路广权　张　军　王国生　杜桂霞　马明路
佟爱国　邹德敏　李瑞祥　王景烈

2004 年：广　才　李学思　王志春　陈　华　郭振江　丁铁学　王松林
王海林　李凯强　原　巍　许世泽　王建章　张兰英　孙忠彬
魏振江　张翠兰　庞　浩　毛凤龙　胡永珍　季术宏　张铁凌
李平泉　王兴利　孟宪娟　王国生　杜桂霞　陈敬军　李瑞祥
张俊峰　何志宏　姜亚铮

2005 年：刘　弟　娄孝权　孙志涛　王志和　阎立新　白友海　张叶刚
杜文静　李凯强　方　宏　吴　强　孙贺林　张兰英　孙忠彬
魏振江　王立娟　吴占华　尹凤玺　陈　明　胡永珍　韦宏曼
徐小宝　李　岩　张俊杰　闫学军　马伟然　褚银武　张俊峰
杨　晋　李　德　白跃忠

2006 年：佟兴东　葛忠玉　杜文静　董广清　孙宏武　倪静峰　方　宏
王国华　陈　华　任　毅　张景民　李文锋　张兰英　刘玉杰
庄俊军　徐小宝　牛胜华　曹凤友　巩　礼　庞　浩　刘福民
张翠兰　柴文东　杨志佳　张玉玺　张凤信　封海洲　曲　罡

2007 年：邵玉斌　贾玉宝　董广清　李殿华　广　才　刘海彬　陈忠海
张宏艳　陈　华　王松林　李　德　何玉超　张兰英　陈志强
庄俊军　朱敬民　刘海明　程向明　孙　江　于　浩　董艳艳
姜兴华　刘素生　王宝杰　冯国柱　何瑞林　祁海雁　李锦方

2008年：广　才　梁　成　杜文静　陈洪清　王松林　张景民　于大勇
张秀文　冯焕霞　张兰英　罗彦银　刘海明　庄俊军　韦宏曼
张　妍　才　杰　杨志佳　李晓森　李瑞祥　金明珠　冯国柱
谭学礼　李晓春　杜丽梅　白立伟　刘升军　王振波　贾玉宝
黄兴军

2009年：邵玉斌　赵鸿武　李　刚　何玉超　董学田　亢建忠　刘宝林
梁　成　张宏艳　吴　斌　王松林　惠鹏程　李春明　张兰英
白东生　刘海明　张利权　柴文东　孙　江　高景志　韦宏曼
杨　晋　白跃忠　徐广喜　马　玉　李锦方　曲顺利　李瑞祥
史林生

2010年：王奇伟　张亚军　许文才　高德明　张云江　董学田　董广清
丁铁学　朱兴益　梁　成　张宏艳　王松林　马志强　刘玉晶
徐小宝　张卫东　韩宏伟　迟树利　柴文东　韩忠义　张杰文
张海忠　董艳艳　张晓健　李瑞祥　蔡祥峰　白雪峰　杨光伟
李锦方　赵洪波

2011年：张文友　李凤军　许文才　郭振江　贾玉宝　李红卫　王洪波
冯向春　董广清　沈虞枫　王松林　路　丰　王海成　艾玉忠
郝思源　刘崇伟　李淑艳　刘玉杰　张卫东　徐小宝　刘旭东
郭德军　柴文东　张国栋　孟庆涛　张续龙　何瑞林　杜东福
王大千　杨　波

2012年：王世伟　邵玉斌　许文才　郭振江　徐洪武　贾文军　董广清
李洪波　曹明志　惠鹏程　路　丰　王云江　李文峰　李淑艳
韩宏伟　万传善　王晓亮　鞠贵权　荣　旭　尹凤玺　盖业忠
夏　刚　李红卫　尚永春　赵洪波　李明君　王　涛　胡东明
曲　罡　于春艳

2013年：刘景明　刘长河　刘　义　谭加学　董广清　周葆辉　陈庆锋
马志强　张　武　林晓娜　张俊峰　郝思源　庄俊军　石志刚
董智勇　辛久海　冯焕霞　陈　华　李国山　蒋海龙　张　鹏
遇晓明　王世伟　王　永　李成成　许文才　陈　立　徐广喜
孙向东　刘智勇　于春艳　肖　成

2014年：刘长河　杜文静　董广清　刘　涛　常明皓　孙立东　孙秀丽
李英东　张卫东　佟德金　郝思源　王学志　韦宏曼　徐小宝
刘海华　陈　华　李国山　孟庆广　李　敬　辛彦龙　乔洪彬
李国军　杜福利　高德明　刘升军　张国彬　封海洲　胡东明
张英丽　张玉琴

2015年：齐鹏举　肖　伟　陈雪松　宋长利　马志强　陈庆锋　段会民
冯焕霞　孙宝春　罗彦银　贾兴武　李　平　李国山　丛日东
王春桥　于湘永　李红卫　李凤军　张　鹏　肖彦文　白志强
李光辉　陈玉凤　张金凤

劳动模范篇

全国劳动模范

宋士田，1931年12月出生，汉族，辽宁庄河人。1950年3月参加工作，中共党员，高级工程师。1988年任凌钢公司经理、党委书记，1994年兼任凌钢股份公司董事长。曾荣获朝阳市特等劳动模范、辽宁省劳动模范、全国钢铁工业劳动模范、全国“五一”劳动奖章、全国劳动模范。第八届辽宁省人大代表。

高益荣，1941年3月出生，汉族，黑龙江尚志人，中共党员，大学本科学历，教授级高级工程师。1996年任凌源钢铁集团公司董事长、总经理、党委书记，2007年退休。曾荣获辽宁省优秀厂长（经理）、辽宁省最有影响的企业家、辽宁省优秀共产党员、辽宁省特等劳动模范、全国“五一”劳动奖章、全国劳动模范，第九届、第十届全国人大代表。

张振勇，1960年2月出生，汉族，内蒙古赤峰人，1982年参加工作，教授研究员级高级工程师，中共党员，毕业于鞍山钢铁学院炼焦化学专业，现任凌钢集团公司董事长、总经理、党委副书记；凌钢股份公司董事长。2003年荣获朝阳市特等劳动模范，2005年荣获全国劳动模范，第十二届全国人大代表。

郝志强，1958年3月出生，蒙古族，辽宁喀左人。1976年10月入党，1982年8月参加工作，大学学历，教授研究员级高级工程师。现任凌钢集团公司党委书记、副总经理。朝阳市有突出贡献专家、辽宁省“五一”劳动奖章获得者、全国劳动模范。

全国"五一"劳动奖章

吴志先，1944 年 8 月出生，汉族，辽宁阜新人。1967 年 7 月参加工作，1982 年 7 月加入中国共产党，中专文化，高级会计师。时任凌钢集团公司副董事长、党委常委、副总经理、总会计师，现已退休。朝阳市特等劳动模范、全国先进会计工作者、全国"五一"劳动奖章获得者。

沈洵，1961 年 7 月出生，汉族，辽宁海城人。1983 年 7 月参加工作，1990 年 10 月入党，大学学历，高级工程师。现任凌钢股份公司总经理（集团公司常务副总）、党委书记。朝阳市劳动模范，朝阳市"五一"劳动奖章、全国"五一"劳动奖章获得者。

苑成德，1949 年 7 月出生，汉族，辽宁庄河人。1968 年 10 月参加工作，毕业于辽宁电视大学党政专业，中共党员，高级政工师、高级经济师，时任凌钢公司副董事长、党委副书记、纪委书记兼工会主席，现已退休。2003 年获朝阳市劳动模范，2006 年被授予全国"五一"劳动奖章。

全国钢铁工业劳动模范

卢亚东，1960 年 5 月出生，汉族，辽宁喀左人。1982 年 7 月入党，1982 年 9 月参加工作，大学学历，高级工程师，朝阳市有突出贡献专家。现任凌钢集团公司副总经理、股份公司副总经理、党委副书记、国贸公司党委书记。2008 年荣获全国钢铁工业劳动模范称号。

辽宁省劳动模范

张学卿，1936 年 7 月出生，辽宁凌源人。1963 年 8 月参加工作，1976 年 3 月加入中国共产党，大学文化，高级工程师。时任凌源钢铁公司副经理、总工程师，于 1997 年退休。朝阳市劳动模范、朝阳市“五一”劳动奖章获得者、辽宁省劳动模范。

郭瑞芹，1947 年 1 月出生，女，汉族，辽宁凌源人。1967 年 1 月参加工作，1979 年 3 月入党，大专文化，高级政工师。时任凌钢集团公司党委副书记、纪委书记、工会主席、凌钢股份公司监事会主席，现已退休。1995 年荣获辽宁省劳动模范称号。

辽宁省“五一”劳动奖章

闫清军，1963 年 9 月出生，汉族，内蒙古赤峰人。1987 年 7 月参加工作，1991 年 10 月入党，大学学历，高级工程师，现任凌钢集团公司纪委书记、工会主席兼股份公司纪委书记、工会主席。曾获朝阳市特等劳动模范称号、朝阳市“五一”劳动奖章、朝阳市首批优秀专家、辽宁省“五一”劳动奖章。

朝阳市劳动模范

郭洪儒，1935 年 11 月出生，汉族，辽宁凌源人。1960 年 2 月参加工作，1970 年 3 月加入中国共产党，中专文化，高级工程师。1988～1996 年任凌源钢铁公司副经理。朝阳市劳动模范。

王彦廷，1955 年 1 月出生，辽宁喀左人，1982 年 9 月参加工作，中共党员，教授级高级工程师，时任凌钢集团公司董事、党委副书记、纪委书记、工会主席、股份公司监事会主席，现已退休。2011 年荣获朝阳市劳动模范称号。

源于专注 成就多彩人生

——记全国“五一”劳动奖章获得者、科技质量部副经理李彩云

李彩云，1972年出生，1996年7月参加工作，毕业于包头钢铁学院钢铁冶金专业，高级工程师，中共党员。现任科技质量部副经理。2011年、2013年获科技贡献一等奖，2012年获朝阳市“三八”红旗手，2013年获辽宁省“五一”巾帼标兵，2013年获全国“五一”劳动奖章。

李彩云自1996年参加工作至今，在炼钢一线的转炉平台上工作整整12年，在四千多个日日夜夜中，她倾注了青春和激情、智慧和汗水，积累了大量的实践经验和管理经验，为她成为炼钢高级专家奠定了坚实基础，也让她从一名普通的女大学毕业生到核算员、摇炉工、成长为作业长，乃至现任的炼钢高级专家。

2008年开始，李彩云专注于炼钢技术研究和管理推进，多次主持技术攻关和新技术应用推广工作，公司级的技术攻关中，降低钢铁料消耗、降低合金料消耗、降低铁水消耗全部取得优异成绩，她制定的转炉冶炼操作模型，重新建立的转炉热平衡和物料平衡制度，对降本增效起到决定性作用。

2010年，她提出并主持了公司级技术开发“少渣冶炼技术的应用”，渣量由原来的138kg/t降低至110kg/t；2011年，主持“留渣操作新技术应用”，现100t转炉留渣比例50%以上，品种钢生产全部留渣操作，转炉实现了低磷冶炼，否则很难保证品种钢质量要求。2013年，主持应用精炼渣回收工艺和石灰石替代部分石灰工艺，行业内认为最大替代量不能超过30%，易造成炉衬的过度侵蚀，现替代量超过了50%，也实现了炉衬零侵蚀，已成为转炉冶炼核心技术。

李彩云通过对转炉过程渣系和终点渣系研究，应用动态控制技术，实现了炉衬零侵蚀，结束了长达20年的转炉贴转大补炉和喷补作业历史，最高炉龄35000次以上，达到行业先进水平。2014年末，高炉配加外矿，致铁水磷增加一倍以上，针对地方高镁石灰不利于化渣现状，由李彩云负责做专题攻关，重新设计了氧枪喷头工艺参数，制定了操作模型，因磷高造成的废品量由每月900t降低至零废品。2008年、2012年，主持了3座120t转炉调试和热试工作，通过前期的充分准备，一次热试成功。

（文/杜文静）

收获源于点滴的勤奋

——记全国“五一”巾帼标兵、第二轧钢厂技术科科长张宏艳

张宏艳，1977 年 12 月 11 日出生，1999 年 7 月毕业于本溪冶专金属压力加工专业，中共党员，现任第二轧钢厂技术科科长。曾荣获全国“五一”巾帼标兵、辽宁省“五一”劳动奖章、朝阳市优秀共产党员，多次荣获公司劳动模范、优秀共产党员、生产能手荣誉称号。

张宏艳自 1999 年 7 月参加工作以来，一直在中宽带工作，先后从事轧钢作业区核算员、技术员、技术科工艺员、轧钢作业区副作业长、高线生产作业区副作业长、第二轧钢厂技术科科长。作为生产技术人员，在品种钢生产中勇担重任，亲力亲为，形成了中高碳钢稳定的数字化生产模式。

2011 年，中宽带机组生产中将品种钢分成五大类，由技术人员承包控制，张宏艳负责难度较大的 65Mn、60Si2Mn、40Mn、40Cr、20Cr 等类似钢种的生产。从 1 月 10 日本年度第一次 65Mn 生产开始，到 12 月 30 日最后一次 65Mn 生产结束，近两百个班次的生产，她不分白班夜班，不分周末，现场生产 65Mn 和 60Si2Mn 等中高碳钢，都会有她的身影。指导职工调水、调规程、检查实物质量、测量温度、跟踪性能化验。一组组理化实验数据，验证了加热时间和脱碳层之间的控制关系，形成了《中高碳钢的温度控制结点》，优化了原有 6 项轧制制度、明确了 4 处温度制度、形成了 30 个精轧参考轧制规程，使每批次性能指标都控制在稳定的范围内。

作为轧钢作业区副作业长，以规范的管理手段和不断创新的工作方法，在对标挖潜中发挥了“管家”的作用。张宏艳修订了《轧钢作业区奖金分配方案》初稿，并在职工之家重新布置了各类公示板。班组间具体数据的公开对比，也推进了岗位、区域和班组之间比学赶超的激情和动力。轧钢作业区职工之家的明示作用在 2011 年作为全公司 5 个典型的职工之家接受了公司领导和各分厂领导的检阅。

成绩的背后总有无数的汗水和心血，张宏艳工作上的勤奋付出和执着奉献，生活中留下了很多遗憾给丈夫和孩子，一家人很少享周末休闲，去看看老人、朋友，她用一名专业技术人员的孜孜以求，奉献着挚爱着凌钢。

（文/白　玉）

从普通工人到全国钢铁工业劳动模范

——记全国钢铁工业劳动模范、保国铁矿劳动服务公司经理魏东

魏东，1967 年 10 月出生，1983 年 1 月参加工作，中共党员，现任保国铁矿劳动服务公司经理。2002 年、2003 年、2005 年、2006 年获得公司级劳动模范，2008 年获得全国钢铁工业劳动模范。

魏东是保国铁矿选矿车间生产四班一名普通的班长，自 1983 年参加工作以来，一直在选矿生产一线工作，从选矿过滤工、磁选工、磨矿工到班长，25 年如一日爱岗敬业。

“虽然岗位不同，但是企业内处处有创新的空间”，这是魏东常说的话。在别人看来似乎是不经意的，但魏东却是时刻用这样的思维引领自己的工作。随着企业的技改创新和引进新设备，自动化程度较高，魏东每天早来晚走，耐心细致地对设备工艺进行观察、研究、分析、调整，由他创出的“魏东操作法”应用到选矿生产工艺流程后，使铁精矿品位创出了历史最好水平。

2003 年以来，由魏东带领的生产四班连续 5 年打破产量、质量、吨精矿单耗等各项指标的纪录：铁精矿由过去的年产 40 万吨跃升到 90 万吨，铁精矿平均品位达 69.5%，产品质量创国内同行业领先水平，磁性矿回收率达 98% 以上。2006 ~2008 年魏东带领全班职工通过提质和增产降耗等措施，累计为企业多创效益超 4000 万元。

在管理上，魏东不断探索班组管理的有效机制，健全考核办法，以生产指标为依据，从生产任务、完成指标、劳动纪律等项进行考核，并与岗位工作考核相挂钩，极大地提高了班组职工的劳动热情。工作中魏东把修旧利废作为节支降耗的主要抓手，要求全班职工都要从细微入手，从节约一度电、一滴水和一颗螺丝钉做起，在实际工作中找死角、挖潜力，2003 ~2008 年生产四班仅节支降耗一项就为企业节省资金达 3000 万元。

（文/曹志明）

精品棒线材基地建设的领路人

——记全国钢铁工业劳动模范、股份公司副总经理王运琪

王运琪，1963 年 11 月出生，1987 年 7 月参加工作，中共党员，高级工程师，毕业于北京科技大学轧钢专业，现任股份公司副总经理兼优特钢事业部部长，曾获得朝阳市优秀党务工作者、朝阳市劳动模范等称号，2014 年获得全国钢铁工业劳动模范。

他恪尽职守、孜孜以求，完成了凌钢棒线材生产改造的每一次重大任务；他竭诚奉献、敢于担当，带领职工为凌钢产业结构调整、淘汰落后产能作出了突出贡献。

2008 年为适应企业发展需要，公司先后决定：400/250 机组异地改造，建设年产 90 万吨 2 号新棒材生产线；钢管厂搬迁，建设年产 50 万吨高速线材生产线；三期技改建设年产 80 万吨的小棒和年产 110 万吨的大棒两条生产线。他带领党员、技术骨干、职工，调研国内外市场及设备技术，设计、审核图纸，精细组织技改施工，组织试产达产，无数个不眠之夜换来了一个又一个的喜讯。2 号棒材机组 2008 年 9 月热负荷试车成功。高线机组 2010 年 8 月热负荷试车成功。小棒机组 2012 年 8 月热负荷试车成功。大棒机组 2012 年 10 月热负荷试车成功。4 年多的时间里，他带领团队，为一个又一个技改顺利竣工试产提供了强有力组织保证，开创了第一轧钢厂生产发展的一个又一个里程碑。

多年来他坚守着那份职责，是他对钢铁事业的执着与热爱。从技术员到科长，从厂长再到副总，无论在哪个岗位上，他都兢兢业业、恪尽职守。2013 年，钢铁企业形势依旧严峻，公司发展举步维艰的时刻，他带领工程技术人员、财务人员开会分析、讨论，制定了一轧厂进一步深化对标挖潜方案，不留余地，一挖到底，不讲客观坚决执行，5 月份实现了吨钢成本降低 21.33 元，前 5 个月完成超创利润 2000 万元，完成全年计划的三分之二。

如今王运琪负责凌钢优特钢开发工作，任务艰巨又充满挑战，他充分发挥团队的技术优势和实践经验，为凌钢壮大发展而倾情奉献。

（文/杜文静）

劳模精神是最强正能量

——记全国钢铁工业劳动模范、检修中心轧钢站站长万传善

万传善，1968 年 10 月出生，1987 年 7 月参加工作，中共党员，毕业于辽宁科技学院机电一体化专业，现任检修中心轧钢站站长，高级技师。2014 年获得全国钢铁工业劳动模范，并多次获得集团公司劳动模范，“工人技术创新”一等奖等荣誉。

用实际行动去感召，以人格魅力去驾驭，拿专业知识去指导，凭丰富经验去处理，万传善用言行诠释着劳模精神，释放着正能量，打造出一支拉得出、顶得上、打得赢的专业检修队伍！

多年来，他利用创新解决技术和管理难题，利用推广应用新技术和新工具提高效率、减轻劳动强度。他的建议成功修复了 1 号棒材 6 号轧机主减速机箱体磨损的情况，660 固持胶的应用填补了 15 号轧机箱体的间隙，这两项便节省了 6 天的工期和近百万的费用，2 号棒材冷剪机箱体轴承孔磨损的在线修复，更是减少轧线整月的停产时间，避免了 10 万吨的钢材产量损失。大发明离不开小创新，看似普通的“小改小革”却能够起到“四两拨千斤”的作用。他的 20 余项创新项目都是通过实践摸索出来的，也是最可行的、最有效的，有时仅仅是一个打破常规、新技术应用的想法，却能起到事半功倍的作用。万传善把创新思维植入自己的脑海，融入自己的工作，通过劳模创新工作室这个平台，把创新推广，鼓励和支持更多的职工参与创新、改善设备、降低成本。

自己是党员、是劳模，他深知一个人的能力和精力是有限的，所以他注重挖掘和培养集体的力量。他精心部署全站思想政治工作，充分发挥党员的模范带头作用，开展了青工座谈和比赛活动，稳定了青工队伍，制定《新职工快速成才培养办法》，组织管理人员将设备技术资料、经验方法发给新职工，组织学习、培训和比武，普遍培养、重点选拔、因材施教，以更快地提高技术水平，培养了一批又一批优秀检修骨干，增强了全站的凝聚力和战斗力。

（文/杨　骁）

青春做伴书写无悔人生

——记全国钢铁工业劳动模范、第二炼铁厂设备科科长倪树奇

倪树奇，1981年1月出生，2005年7月参加工作，毕业于辽宁科技大学，中共党员，现任第二炼铁厂设备科科长。2010年获得朝阳市青年岗位能手称号，2014年获得全国钢铁工业劳动模范，2015年获得凌钢科技贡献一等奖。

倪树奇2005年大学毕业来到凌钢，一路走来的10年间，从对高炉的认识、认知到掌握，不断地磨砺和锻炼，让他在专业技能和创新能力上一路攀升，成为了今天第二炼铁厂的设备管理带头人，是青春赋予的激情，不断创新，一往无前。

履职尽责，专业技术精益求精。在$2300m^3$高炉工程建设初期，对设计院提供的设备订货资料和图纸进行初步审核，在审核过程中发现专业技术问题百余项。在5号高炉出铁场平台土建图纸第二版图纸下发后，详细审阅，发现第一版和第二版的柱子插筋数量不一致，在倪树奇的建议下，确定采用植筋方式，仅此一项就避免二次施工费用约270万元，为整个工程建设的设备质量提供了基础保证。

勤于创新，为生产解决设备难题。积极引领点检员通过技术创新解决设备难题，他自己更是以身作则，身先士卒，多年来，他先后完成了“回转窑干返料系统改造”“1号烧结机脱硫系统改造”“1号烧结机扩容改造”等20余项创新项目，其中“1号烧结机扩容改造”项目获2015年度集团公司科技贡献一等奖，为第二炼铁厂设备稳定运行作出了突出贡献。

倪树奇用他的勤奋朴实、阳光敬业，带领第二炼铁厂设备科团队，在设备战线的稳定顺行中，敢打敢拼，技术专攻，奉献着青春激情和汗水，为生产高效经济运行一直在努力。

（文/杜文静）

坚实的足迹

——记全国钢铁工业劳动模范、保国铁矿铁蛋山矿矿长郭玉阁

郭玉阁，1967 年 2 月出生，1983 年 11 月参加工作，中共党员，毕业于辽宁广播电视大学，现任保国铁矿铁蛋山矿矿长。2014 年获得全国钢铁工业劳动模范。

2012 年，保国铁矿铁蛋山矿在矿长郭玉阁的带领下，全年累计提升矿石 153 万吨，创造了铁蛋山矿矿石提升的最高纪录，平均出矿品位比计划提升 0. 69 个百分点，贫化率降低 3. 33 个百分点，间接为公司创效 150 多万元。

2011 年，郭玉阁担任铁蛋山矿矿长，他坚持把建设一个善战、文明、向上的团队当做自己最大的追求。为了确保 2012 年生产任务的顺利完成，郭玉阁积极组织广大职工认真贯彻公司各项文件要求，始终把安全工作放在首位来抓，分别与各工段签订了“安全责任状”，在全体职工中营造了浓厚的安全氛围。2012 年，铁蛋山矿顺利通过了“国家二级安全标准化”的评审，获得了“国家二级安全标准化”资格，实现了轻伤以上事故为零的目标。

2012 年，铁蛋山矿面临的最大难题就是如何提高系统作业率，从年初开始郭玉阁就组织相关人员深入到井下各个水平进行调查，认真研究，结合各水平生产实际情况，组织人员制定了一系列符合现状的设备运行、维护和检修制度，使铁蛋山矿检修时间由原来平均每月的 75h 左右缩短到现在的 62h 左右，平均每月缩短约 13h 左右的检修时间，仅此一项一年可多提升矿石 4 万多吨。

在铁蛋山矿设备重大检修和施工项目改造过程中，郭玉阁总是坚守在一线，2012 年他先后组织了 -237 破碎机改造、混合井尾绳更换和井下多水平清淤等工作，在郭玉阁的精心组织下，铁蛋山矿系统作业率较 2011 年有较大提高，全年多提升矿石 20 多万吨，创造了铁蛋山矿建矿以来提升矿石的新纪录。

在创高产的同时，为了实现“降本节支”目标，郭玉阁结合铁蛋山矿生产实际，在全矿内加大对标挖潜力度，严格控制生产成本，充分发挥广大职工的主观能动性，使之“人人有标，人人对标”。2012 年，铁蛋山矿全年材料备件消耗控制在 2. 62 元/t 以内，比年初计划降低了 1. 18 元/t，全年节约成本消耗达 180 万元。

（文/曹志明）

矿山发展开路人

——记辽宁省劳动模范、保国铁矿总经理毛凤海

毛凤海，1960年6月出生，1983年7月参加工作，中共党员，毕业于东北工学院，时任凌钢集团公司副总经理、保国铁矿董事长、总经理。2006年获得辽宁省劳动模范。

毛凤海1983年参加工作，先后担任保国铁矿采矿车间技术员、采矿车间副主任、采矿车间主任，自1997年担任保国铁矿总经理后，在毛凤海的带领下，保国铁矿逐步走出亏损的泥潭，创造了一个又一个的“奇迹”，刷新一个又一个的生产纪录。

科学发展，不断提升企业规模。2004年，在铁蛋山主采场即将闭坑的情况下，毛凤海紧紧抓住企业规模提升、效益提高、自我发展能力增强的有利机遇，毅然决定对矿山采、选工程实施全面改造，投资4亿多元的250万吨采选工程，为保国铁矿的又好又快发展奠定了坚实基础。

以人为本，持续发展。作为资源型企业，为避免“矿竭企衰”的命运，毛凤海从企业可持续发展的角度出发，专门成立了矿产资源开发部门并设立了专项资金，在企业内部深化对资源的控制与管理。在企业的生产经营中，毛凤海提出要通过培养与引进相结合的方式加强企业以人为本的管理理念，近三年来保国铁矿累计投入培训资金500多万元，加强了经营管理人才、专业技术人才和操作技能人才这三支队伍的建设，为矿山的后续发展储备了人才力量。

经济效益不断增长，企业实力显著增强。自毛凤海担任总经理以来，通过科学组织、统筹协调不断加强成本管理，大大提高了企业的经济效益。从2003年以后保国铁矿彻底扭转了亏损的被动局面，经济效益逐年提高，2000~2006年的7年间，累计实现利税4.33亿元，其中利润2.17亿元，上缴税金2.16亿元，是国家对保国铁矿累计投入6900万元的3.13倍，企业净资产达到2.14亿元，年销售收入由最初的几千万元，上升到2006年的4.15亿元。2006年，保国铁矿已经成为朝阳市纳税大户，纳税在朝阳市排名第六、北票市排名第一，成为当地财政支柱企业之一。

（文/曹志明）

马育民同志辽宁省劳动模范事迹材料

马育民，1964年9月出生，辽宁凌源人。1988年7月参加工作，1993年7月入党，大学学历，高级工程师。现任凌钢股份公司副总经理。朝阳市“五一”劳动奖章、辽宁省劳动模范获得者。

多年来，马育民努力拼搏，兢兢业业，把自己的全部精力投身到凌钢的生产经营、技术管理、技术创新上，为凌钢生产经营作出了突出贡献。

在生产组织方面，他提出了“动态优化、过程控制、协调有序、精干高效”的生产组织原则，提高执行力，延伸工序管理，坚持生产以经济效益为中心，坚持以销定产，科学计划、科学组织，连续多年，保持了生产年年上台阶。

2012年，凌钢投入大量资金，实行了以600万吨钢为目标的技术改造，马育民是600万吨钢技改工程的主要组织者和参与者。他认真组织协调技改工程和正常生产两条战线同时作战，实现了生产技改两不误，共组织生产和技改各种接口百余项。

在技术管理上，马育民是轧钢技术方面造诣较深的专家，组织起草制订了多项国家级技术标准，凌钢中宽热带、热轧带肋钢筋均获国家金杯奖，带肋钢筋为国家免检产品。凌钢生产的优质碳素结构钢热轧钢带、合金结构钢热轧圆钢、优质碳素结构钢热轧圆钢三类产品实物质量达到了国际同类产品实物水平，被认定为2015年度冶金产品实物质量“金杯奖”；ϕ50mm规格螺纹钢取得了国家质量监督检验检疫总局颁发的“全国工业产品生产许可证”，为公司大规格螺纹钢销售创造了有利条件，公司螺纹钢生产能力和质量迈上了新台阶；获得了朝阳市首届市长质量奖，为公司进一步推进产品结构调整，巩固和扩大品牌影响提供了新动力。

几年来，他把自己的青春奉献给了凌钢，凌钢带给他的是一座座先进水平的高炉、转炉，一条条全连续式生产线，一批批优秀的青年才俊。但每每看到他脸上挂着的疲惫，头上泛白的发丝，让人不禁猛然心痛。

（文/夏治铭）

恪尽职守促发展 全心全意为职工

——记辽宁省劳动模范、保国铁矿党委书记孙洪文

孙洪文，1950年5月出生，1970年2月参加工作，中共党员，毕业于辽宁省北票市函授党校，时任保国铁矿党委书记、工会主席。现已退休。2009年获得辽宁省劳动模范。

四十年如一日为矿山的发展奉献着青春和热血，在工作中他勤奋敬业、创新进取，带领矿山职工以铁人般的意志使企业规模不断扩大，装备水平不断提高，职工收入逐年增加，多年来一直被职工称为企业发展的带头人、职工的贴心人。

自担任保国铁矿党委书记以来，孙洪文带领职工坚持不懈地“抓投入、促发展、抓改造、促优化、抓管理、提素质”，通过对选场进行打破流程的全面改造，淘汰了落后工艺，扩大了产能，实现了工艺流程、产量和管理水平的“三个提升”，铁精矿由原来的25万吨上升到65万吨，加上粗矿加工总产量达到85万吨，劳动生产率、生产要素利用率等一批代表矿山经营水平的主要技经指标得到较大提升，特别是铁精矿品位达到了70%的全国领先水平。

在孙洪文的领导下，2008年，保国铁矿通过开展“降本增效、达产达效”等活动，全年完成投资技改14项，为公司节省资金达850多万元。保国铁矿也先后荣获了全国“安康杯”竞赛优胜企业、辽宁省“五一”劳动奖状、辽宁省级清洁工厂和辽宁省安全生产工作先进单位等荣誉称号。

在企业不断壮大、经济效益逐年提升的同时，作为企业领导者的孙洪文始终高度重视改善生产条件和环境保护工作，把肩负社会责任、创造社会效益确定为企业发展的重要目标。近三年来保国铁矿累计投入1000多万元用于矿区安全环保、生产和生活环境的改善工作，真正体现了职工与企业的共建、共享方针。

（文/曹志明）

坚实的足迹　铿锵的业绩

——记辽宁省劳动模范、公司副总动力师张海明

张海明，1970 年 10 月出生，1993 年 7 月参加工作，中共党员，毕业于沈阳电力高等专科学校，现任凌钢副总动力工程师、动力厂厂长、党支部书记，2012 年荣获辽宁省劳动模范荣誉称号。

2012 年，凌钢开启史无前例的三期技术改造工程，张海明担任工程公辅设施项目经理。技改鏖战的日日夜夜，在每一个改造工地上，他留下的足迹依稀可见。

凌钢三期技改工程规模大，现场繁杂，公辅项目占整个工程量的 1/4。涉及为其他各项目提供风、水、电、气、汽的任务和配套运输系统的建设。公辅项目说到底就是为整体工程开路。路开好了，一顺百顺。否则，整体工程前功尽弃。作为项目总经理、总工程师，张海明根据项目的轻重缓急，制定了总体工作方案和工程进度管制表，对施工总网络计划进行多次优化，保证了工程的有序推进，既节省了工程费用，又大大地提高了施工进度。

技改工程电力先行。三总变工程是三期技改工程的卡脖子项目。张海明连续半个多月，驻守在施工现场，积极协调各方力量。电缆铺设与电缆沟土建交叉进行；高压柜安装与电缆通道交叉进行；电气调试与安装交叉进行；调试与送电交叉进行。为避开白天的运输车队，管道安装工程每天夜间 10 点开始作业，一干就是一晚上。张海明十几天吃住在现场协调、沟通，化解施工难题。

张海明带领项目部一班人，迎难而上，超常发挥，攻克了一道又一道难关。统计数字表明，整个公辅项目历时一年多，总计完成钢结构总量约 4 万吨，混凝土总量约 $70000m^3$，安装设备 700 余台（套），各种管线两万余米，道路 3 万余平方米。公辅工程提前完工，保证了其他各主体项目按期调试及投产。

技改工程建设他是专家，计量信息化管理，张海明同样是行家里手。历时两年，张海明组织建立、完善了凌钢新的计量管理体系。累计安装、更换能源计量仪表等进一步提高了计量器具配备率，实现了空压风、氧气等主要能源的 100% 计量。特别是完善了焦炭、矿粉大综原材料计量手段，首次摸清了凌钢的家底，“两化融合，精准阳光”的目标得以实现，为企业降本增效提供了第一手数据。

（文/李亚明）

建设凌钢的“老黄牛”

——记辽宁省“五一”劳动奖章获得者于丛安

于丛安，1944年2月19日生，汉族，辽宁凌源人。1966年10月参加工作，1976年6月加入中国共产党，初中文化。时任凌源钢铁公司型材厂厂长、党总支书记。曾获公司劳动模范、朝阳市劳动模范、辽宁省和朝阳市双增双节先进生产者，辽宁省“五一”劳动奖章获得者。

于丛安自参加工作以来，他身不离实干、人不离轧机、心不离群众、干不离革新，全身心地扑在轧机事业上。从岗位工、调整工到班长、代班工长至段长，每天来到轧机旁最早的是他，每天在轧机旁工作时间最长的是他，每天离开轧机最晚的还是他。多年来，他几乎没有节假日、星期天。在凌钢被称颂为“于丛安精神”。

他带领型材厂全体干部职工克服生产条件差、安全隐患多、设备故障频发的种种困难，使型材厂各项经济指标连年实现新突破，生产经营连续多年创历史最高水平。1994年，面临着钢铁市场供大于求、销路不畅等恶劣形势，他对内在精细管理、降低成本上下大功夫。全年小型材完成16.3万吨，同比增长7.4%，合格率达99.58%，定尺率达83.91%，负偏差增量37.39kg。开坯完成34.7万吨，开坯合格率达99.89%。成本比计划节约了380%。另外，为了适应市场，恢复生产ϕ10圆小型材，增加了ϕ20、ϕ25螺纹钢规格，拓宽了小型材在市场的竞争能力。小型材质量在市场享有很高的声誉。于丛安实施大胆创新，对小型材实施增速改造，使产量大幅提高，500、650轧机试轧中型材一次成功，为凌钢创出了更多的经济效益，创造出全国同类轧机一流生产水平。1996年以来，他以高度的主人翁责任感和使命感，积极组织、带领全厂职工参加“学邯钢、转机制、抓管理、增效益”，富厂升位创业立功活动，为完成单位超创利润指标作出了突出贡献。

（文/夏治铭）

钢铁意志钢铁情

——记辽宁省“五一”劳动奖章获得者、科技质量部党支部书记郭宝志

郭宝志，1965年12月出生，1989年7月参加工作，中共党员，教授级高级工程师，毕业于东北大学钢铁冶金专业，现任科技质量部党支部书记。2007年获辽宁省“五一”劳动奖章，2010年获朝阳市优秀专家荣誉称号。

他是个性格直爽、做事雷厉风行的北方汉子。他生长在钢铁之家，从小在他的眼里都是钢筋铁骨构成的壮美画卷。毕业后，毅然地来到凌钢，成了一名真正的钢铁工人。他研究钢铁，是凌钢历史上第一个冶金专业研究生；他热爱钢铁，二十年如一日地从事钢铁冶金专业研究和技术管理工作；他埋头苦干，从一名普通的技术员成长为技术创新的带头人；他言传身教，带出了一支能打硬仗、敢打硬仗、善打硬仗的技术攻关团队。

勇于创新，降本增效。在品种钢研发方面，他构建了凌钢完备的品种钢开发体系，多次受到钢铁研究总院、鞍山钢铁公司的专家组成的鉴定委员会的一致肯定，成为国内同类企业产品开发的典范，不仅为企业创造了巨大的直接经济效益，且有力地推进了企业的产品结构调整，实现了凌钢所有轧线均具有代表性和竞争力的品种。更为重要的是他所组织领导的品种钢开发实践为凌钢积累了丰富的新产品开发经验，并逐步锻炼了一支基本适应凌钢发展要求的品种钢研发队伍。

挑战自我，战功累累。开发新的品牌，进一步拓展赢利空间，形成新的效益增长点，是技术中心不可推卸的责任。为此，郭宝志完全投入到品种钢研发中。他以科学严谨的态度大胆探索小吨位转炉和小断面铸机冶金特点条件下的品种钢生产实践。为了获得第一手资料，他接连十几天吃住在现场，分析—讨论—再分析，试验—总结—再试验。创造性地将铁水脱硫技术、成分设计与性能预测技术等新技术、新工艺，成功应用于小转炉、小连铸装备开发高技术含量、高附加值产品的生产实践，把凌钢的品种钢开发工作推上了一个崭新的高度，为实现增长方式转变作出了卓越贡献。

筑梦钢铁，郭宝志坚信自己一直在路上。创新没有终点，研发没有尽头，在凌钢这艘钢铁战舰上，他一直向往着远方……

（文/杜文静　丛日东）

肩担责任　身履使命

——记辽宁省“五一”劳动奖章获得者、第一炼铁厂厂长全守军

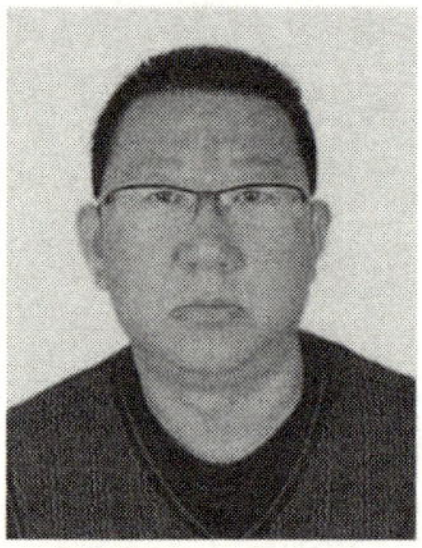

全守军，1972 年 12 月出生，1995 年 7 月参加工作，中共党员，毕业于阜新矿业学院采矿工程专业，东北大学进修钢铁冶金专业，现任第一炼铁厂厂长、党委书记。2011 年、2012 年两次荣获朝阳市劳动模范荣誉称号，2014 年荣获辽宁省“五一”劳动奖章。

一路走来，他以强烈的责任感践行着企业管理者的铮铮诺言；一路走来，他以高度的使命感奋力开创炼铁生产经营和技术改造的新局面。他就是第一炼铁厂厂长、党委书记全守军。

他以提高竖炉和烧结产能、产品质量为目标，实施多项技术改进，有效提高烧结矿、球团矿的产量和质量。在竖炉系统增设了强力混合机和皂土二次配加装置，每吨矿降低皂土消耗约 3kg，提高了球团抗压强度。在 $90m^2$、$180m^2$、$240m^2$ 三套烧结机上推广采用了热风烧结技术、生石灰采用 70℃ 以上热水消化技术、冷返矿自动润湿技术等，提高了烧结矿转鼓强度近 3%。

打破常规，精心组织，使凌钢三期技改工程 $2300m^3$ 高炉和前期配套技改工程 $180m^2$ 烧结机均实现提前竣工投产的目标。2012 年，凌钢三期技改工程启动，全守军作为高炉工程的项目经理，他和其他成员一道，克服了场地狭小、交叉作业等重重困难，打破常规，协同作战，抢工期、保质量，使高炉项目提前 18 天竣工投产。

$180m^2$烧结机技改工程中，他科学管理，精细组织，从拆除、到竣工投产历时仅 234 天，与公司计划相比提前了 25 天。他深入研究，集思广益，在整体推进上优化创新。通过召开 30 余次会议，制定并实施了涵盖工程建设各个阶段的检质、监管标准，包含 11 个系统，27 个设备检查大项，151 个检查小项，使参与技改的工程技术人员手有标准、执行有据，从而使工程建设达到前所未有的顺畅和各个节点的质量优良。

就是这样一位集技术、管理等丰富知识、实践经验于一身的职工带头人，全守军时刻都把责任与使命牢记心中。如今，他正以昂扬的斗志带领炼铁职工奋战在凌钢迎战钢铁“寒冬”的第一线……

（文/王洪波）

铁肩重担　不负使命

——记辽宁省“五一”劳动奖章获得者、国贸公司总经理冯亚军

冯亚军，1971年5月出生，汉族，江苏如皋人，中共党员，高级工程师。毕业于鞍山钢铁学院，1994年7月参加工作。时任焦化厂厂长。曾荣获2005年朝阳市科技进步一等奖、2007年辽宁省优秀新产品三等奖、2014年度朝阳市劳动模范等荣誉称号。

虽然出生在南方，冯亚军的身上却充满北方男儿的豪迈与干练，不论在什么岗位都尽职尽责，将那份责任牢牢地扛在肩上。

落实安全责任，强化安全管理。冯亚军认真贯彻落实“安全第一、预防为主、综合治理”的安全生产方针，认真履行自己的安全职责，强化“严、细、实”管理，认真组织现场应急演练，提高职工的应急能力。强化本单位重大危险源管理，使重大危险源达到受控可控，严抓制度落实，狠反三违，连续10年实现轻伤以上事故为零，使焦化厂连续多年荣获“安康杯”竞赛优胜单位。

优化配煤结构，抓住增效环节。炼焦大宗原材料主要是精煤，而配煤结构是焦化厂降本增效的关键环节。他积极响应公司“降本增效”的号召，身先士卒，积极寻找和探索降本增效的突破口。2014年年初根据市场焦炭、精煤价格对比分析，带领焦化厂工程技术人员先后制定、研发和变更20多次精煤配比方案。停用价格较高的肥煤，用低价煤代替，不但保证了焦炭质量，同时也最大程度地降低了配煤成本，年底焦化厂仅调整配煤结构降本增效达3987.3万元。

投身技改工程，确保达产达效。作为干熄焦工程项目经理的他，面对工期任务紧、施工难度大、安全隐患多等诸多不利因素，全身心投入到技改工程项目中来。在干熄焦初步设计阶段，提出了30余项改进技术方案和设计要求，避免了设计阶段的缺陷。在干熄焦工程项目施工过程中，亲临现场进行监察，对40多项设计不合理或存在安全隐患的地方进行优化，及时提出反馈，并督促落实反馈情况。在他的监督管理下，工程项目于2014年11月16日点火烘炉，12月26日正式并网发电。比计划提前5天竣工，创效60多万元。创造了全国同类干熄焦工程当年招标、当年施工投产、当年达产达效的新纪录。

（文/张凤信）

绿色钢铁的追梦人

——记辽宁省“五一”劳动奖章获得者、能源环保部经理杨怀东

杨怀东，1970年12月出生，中共党员，高级工程师。毕业于东北大学，1998年参加工作。现任能源环保部经理。曾获朝阳市政府科学技术进步奖、朝阳市企业管理进步成果一等奖、朝阳市节能工作先进个人、辽宁省职业卫生工作先进个人、辽宁省“十大节约环保标兵”、辽宁省“五一”劳动奖章。

宝剑锋从磨砺出，梅花香自苦寒来。参加工作18年，他把最美好的青春献给了他热爱的凌钢；他把智慧和汗水留给他热爱的节能环保事业；他不仅把自己从一名大学生锻炼成为一名合格的企业管理者，也为凌钢带出了一支优秀专业的能源环保管理团队。

他先后四次荣获集团公司科技贡献奖；2006年荣获集团公司管理能手称号；2004年、2007年两次荣获朝阳市政府科学技术进步三等奖；2007年荣获朝阳市企业管理进步成果二等奖；2009年荣获辽宁省职业卫生工作先进个人称号、朝阳市企业管理进步成果一等奖；2011年荣获朝阳市企业管理进步成果一等奖、朝阳市节能工作先进个人称号，被聘为省级环保评标专家，省级职业卫生专家。

2014年，凌钢的节能环保工作，在凌钢的改革发展之路上又留下了浓墨重彩的一笔：亲自带队考察论证，选取了先进的循环流化床工艺对3号烧结机、竖炉、回转窑烟气实施脱硫治理，治理效果得到了环保部东北督查中心、省厅、市局的一致好评，主抓的12个环保项目当年全部投入运行，实现了烧结球团烟气全脱硫，环保全面达标；实现了湿法脱硫系统与烧结机同步运行，每年多生产烧结矿29万吨，创效140万元；主持完成《凌钢集团已建成违规项目备案条件符合性报告》，得到了省环保厅领导和专家的认可，为公司节省编制费用100余万元；主抓转炉煤气回收攻关，使吨钢转炉煤气回收由100m^3提高到144m^3，进入行业前五位；主抓发电攻关，自发电比例由22.7%提高到34.7%，创效1.7亿元……

雄关漫道真如铁，而今迈步从头越。2015年，他被公司聘任为能源环保部部长。如今，他正带领这支朝气蓬勃的团队，以矫健的步伐行进在凌钢转型升级的大道上。

（文/李希豹）

凌钢技改领头人

——记朝阳市特等劳动模范、设计研究公司经理徐世通

徐世通，1968年9月出生，中共党员。毕业于青岛建筑工程学院管理工程系，1992年7月参加工作，现任设计研究公司经理，2009年荣获朝阳市特等劳动模范，时任技改部部长。

凌钢每一次跨越式发展都有他的呕心沥血，每一次产能的扩张都离不开他的倾情奉献，他是凌钢技改的领头人，也是凌钢发展壮大的见证人，他就是朝阳市特等劳动模范、凌钢设计研究公司经理徐世通。

2007年,为使凌钢钢材产能再上新台阶,设备配置达到国家要求的新水平,铁钢材产能匹配更趋于合理,生产高附加值产品,凌钢批准了350万吨钢十大项目工程建设,自此掀起凌钢建设史上的新高潮。时任技改部部长的徐世通深感肩上责任的重大。

在工程的设计阶段，他经常与设计管理人员及设计人员进行方案及技术上的探讨，有时讨论到晚上八九点钟，中间都顾不上吃一口饭。正是在他这种忘我工作的带动下，各项工程的设计都非常符合凌钢的实际情况，并且都采用了先进的技术，给以后的生产打下了非常坚实的基础。

在工程施工阶段，他给每项工程都安排了技术过硬的施工管理人员，做到每项工程及每个专业都有专人管理。这样出现问题时可以及时找到工程负责人，使问题得到及时解决，确保工程顺利施工，以保证施工进度。无论是4号高炉大修改造工程，还是转炉炼钢、连铸改造工程、热电厂改造工程、石灰窑工程，每项工程他都亲自到现场进行施工监督。往往是对这个工程刚刚了解完，就马不停蹄地又去了解那个工程，那时他基本办公在现场，吃住在现场，对他来说，没有休息日，不管刮风下雨，天天都在现场，时时掌握工程施工进度，他发现施工有问题或者施工进度缓慢，就亲自找施工单位领导谈话，让他们在保证施工质量的前提下，加班加点保证施工进度。

那时，他就像一个机器人，不知疲倦，天天都上满了劲，白天晚上连轴转，这样下来，他明显消瘦了很多，人也变黑了。正是由于他这种主人翁责任感和无私奉献的精神，各项工程建设都非常顺利，保质保量地完成了每一次技改任务。

（文/孙彦彬）

革命的“老黄牛”

——记朝阳市劳动模范冯广

冯　广，1942 年 10 月出生，汉族，辽宁建昌人。1963 年 12 月参加工作，1964 年 11 月加入中国共产党，初中文化。曾荣获朝阳市劳动模范、辽宁省先进生产者等荣誉。时任凌源钢铁公司炼铁厂调度。

1969 年，脱下军装，告别军旅生活的冯广，毅然决然地来到凌钢，支援“小三线”建设规划。他把革命精神带到了凌钢并在凌钢传承。在生产车间，他以普通一兵的姿态出现，积极肯干、身先士卒、任劳任怨。由他带领的攻关小组，打破了一个个生产桎梏，解决了一个个设备故障，指标节节攀升。行动上，他总是打头阵，带头顶着高温钻到罐里，进行烧罐等工作，为全体职工做了榜样。在右手烧伤的情况下，他仍带伤上岗，坚持工作。后来，手上的伤口被链带机油感染、化脓，但他硬是用细铁丝扎破了脓包，不声不响地继续工作着。他感染着身边的每一位工友，革命的“老黄牛”精神在凌钢传颂。

冯广任炼铁厂调度期间。善于指挥生产的他，带领工段生产形势整体上升，特别是在带领全工段职工攻坚生产难题、迎战提产增效方面作出了突出贡献。

冯广就像是吹响冲锋号的战士，是凌钢人奋斗成长、奉献企业、追求发展、传承凌钢精神的缩影，展示了凌钢人锐意创新、团结协作、催人奋进的正能量。虽然冯广已去，但他的革命“老黄牛”精神在凌钢传承。

为企业发展殚精竭虑

——记朝阳市劳动模范王广志

王广志，1939年10月出生，汉族，辽宁朝阳人。1964年8月参加工作，1978年4月加入中国共产党。大学文化，高级工程师。时任凌钢集团公司副总经理。

王广志在兼任朝阳焦化厂厂长期间，拥护和认真执行党的十一届三中全会以来的各项方针政策，积极参加改革，为朝阳市的城市煤气建设作出了重大贡献。

王广志以深厚的专业理论知识和丰富的实践经验，创造性地组织领导并亲自动手推进了朝阳焦化厂的设计工作，在身患疾病的情况下，节假日不休息昼夜在工地指挥施工、设备制造、安装、调试和投产。仅用一年时间建成了一座投资两千多万元的焦化厂，在国内来说还是首屈一指的。在定额变更、原料涨价等多种不利因素影响下，基本建设一分钱也不超支。两座焦炉的施工质量获得冶金部银牌奖。真正做到了投资省、建设快、质量好。据省有关专家评论，朝阳焦化厂在全国同类型企业中布局最合理，厂内的组织机构最精简，实现了劳动力优化组合，是管理水平较高的单位。

朝阳焦化厂的建成，每天可向市区提供60000m^3煤气，可供4万户居民使用，受到全市人民的好评。

让领导放心职工舒心的好参谋

——记朝阳市劳动模范宿文迁

宿文迁，1953 年 12 月出生，汉族，辽宁辽阳人。1969 年 12 月参加工作，1986 年 5 月加入中国共产党，初中文化。曾获公司劳动模范、朝阳市劳动模范。时任凌源钢铁公司第一轧钢厂调度。

厂调度，是厂长的联络员、参谋，肩负着平衡生产计划、执行厂长指令的责任，并有一定的指挥生产能力。

作为厂里一名调度、共产党员来说，他兢兢业业、任劳任怨，在调度岗位上做了大量工作。1990 年年初，公司要求一轧厂开坯能力必保 18 万吨，虽身在调度岗位，面对 500 加热炉加热能力不足的情况下，他向丙班代班工长建议炉头烤煤，缩短了加热时间，提高了产量。烤煤方案一直延续到 650 轧机上马，确实起到了参谋作用。公司要求一轧厂试验 500 加热炉使用焦油加热方案，焦油管路同公司蒸汽管路混乱，造成公司所有使用蒸汽单位焦油污染，出于一名调度和党员的高度觉悟，他主动带领跟班钳工查管路、找问题。32 个小时的坚守，终于找出了原因，解决了问题。

宿文迁虽然对设备机械知识一知半解，但担任调度工作以来，他处处摸索学习，常常在不经意间提出惊人的意见。在一次 650 减速机维修中，钳工想用焊接方式连接减速机油管，他立即阻止并否定了焊接方案，提出用胶管代替的连接方式，既节省了维修时间，又规避了安全隐患。

宿文迁担任调度期间，协助生产段处理钢锭掉道、加热炉粘钢等大量工作，对调度的业务做到了务实尽责，是厂长的好参谋，是合格的联络员。

凌钢的巾帼英姿

——记朝阳市劳动模范耿志

耿志，1935 年 10 月出生，女，汉族，辽宁开原人。1961 年 10 月参加工作，1982 年 3 月加入中国共产党，大学学历，高级工程师，曾获公司先进工作者、优秀共产党员、辽宁省先进调度长、朝阳市劳动模范。时任凌源钢铁公司科协常务副主席（副总级）。

耿志曾担任凌钢公司企管处处长、总调度长等重要职位。她的勤勉敬业，踏实苦干影响了一代凌钢人，是凌钢公司的女中豪杰。

自 1982 年担任总调度长以来，为搞好企业管理和提高企业的经济效益，双鬓斑白、柔弱单薄的她，扛起了如此重担，穿梭在各个生产厂的她看上去却是精力充沛、朝气蓬勃。她兢兢业业、认真负责，真正把凌钢的生产当成自己家的事来做。

耿志是一名锐意改革、创新，不断进取的人。负责生产调度后，首先进行了改革，她将单纯的生产型管理体制改为生产经营型，实现了总调度室“产、供、销、装、运”一把抓，促进了生产的发展，从 1982 年开始，凌钢的铁、钢、材生产连续四年创历史最高纪录。在当好领导参谋方面，发挥了重要作用。每次公司在管理上做出重大决策时，她常能为领导拿出较好的意见，如生产系统参加订货，解决了订货与生产两层皮的矛盾，公司铁、钢、材产量成倍上升。在向管理要效益中，她提出了小型材负公差轧制，为公司创造了巨大的效益。

耿志用她的领导艺术在凌钢史上书写了浓重的一笔，给凌钢人留下了宝贵的精神财富，在凌钢真真正正地展现了巾帼英姿。

以厂为家当先锋

——记朝阳市劳动模范连启太

连启太，1950年11月出生，汉族，辽宁本溪人。1968年10月参加工作，1981年7月加入中国共产党，初中文化。曾获公司级劳动模范、朝阳市技术革新能手、朝阳市劳动模范。时任凌源钢铁公司第一焦化厂副厂长。

连启太在工作中，不甘心于指令性工作的完成，勇于改革创新，先后进行了天车抓斗平衡架的改造，上料系统堵流子自动停车、报警装置等多项技术革新，降低了材料消耗，减轻了职工劳动强度，改善了职工作业环境，为加快焦油装车速度，提高功效作出了贡献。

他工作到位，主动出击，真抓实干，创造性地开展工作。在生产、设备管理工作中，他从内部改革和挖潜创效入手，制定了“危机点检制”和“岗位承包制”，强化了生产、设备、工艺的管理，提高了职工队伍的维修、操作水平，保证了生产的稳定。以厂为家，全年无休的他，不分黑夜白天，随时到厂处理各种生产、工艺、安全等实际问题。在新焦炉投产后，体制扩大，各种困难迎面扑来。但他没有被吓倒，而是迎难而上，克服了种种难题，最终创造了达产达效的新纪录。在双增双节工作中，连启太带领职工积极开展修旧利废活动，修复旧托辊、废阀门，修补旧运输皮带，全年共实现创效两万多元，为节约原材料、降低消耗作出了贡献。

在整治厂容厂貌、实现安全生产、文明生产工作中，连启太身先士卒，带领职工利用业余时间，用废材料建造了270m^2花窖两个，花坛四个共120m^2，栽种了400余颗葡萄树，既美化了环境，又使广大职工尝到了劳动果实。

多年来，连启太一直以厂为家，有强烈的事业心和主人翁责任感，每天第一个来厂，最晚一个离厂，处理事故不论中午、晚间还是节假日，闻讯即到。据不完全统计，每年义务献工90多个工作日。

凌钢冷轧佼佼者

——记朝阳市劳动模范姜荣

姜荣，1941 年 6 月出生，汉族，辽宁凌源人。1967 年 9 月参加工作，1981 年 10 月加入中国共产党，大学学历，高级工程师。曾获朝阳市优秀包装工作者称号、省质量科技成果奖、朝阳市劳动模范称号。时任凌源钢铁公司冷带厂厂长、党总支书记，现已退休。

多年来，在姜荣的主持下，冷带厂共完成大小技术革新、技术改造项目 158 项，为增加产量创造了条件。其中，三连轧改造工程和优质带续建“增一改二”工程两项较大革新项目，年增效益达 250 万元。通过挖潜、改造现有设备，提高了冷带产量。1986 年（改造前），年仅 2. 8 万吨，1988 年（改造后），一跃年产 5. 32 万吨，是 1986 年产量的1. 5 ~ 1. 8 倍；1987 年，冷带创省优，实现了公司五大产品达省优以上标准。

为适应市场应变能力，在姜荣的倡导下，冷带厂大力发展薄、优、亮产品，先后开发了冷轧带钢片、65 锰弹簧钢片、45 号优质带、20 号甲类优质带、40 锰带钢、20 锰带钢六种适销对路“拳头”产品，此一项便为公司增效 230 万元。

姜荣在抓好产品产量，更新品种的同时，大力加强本厂标准化管理，推动全面质量管理。1987 年，率先引进 8 台 γ 射线测厚仪，价值 12 万元，运用现代化监测手段，提高产品质量。随后，他研究的采用“双阶梯支撑辊法”新工艺，解决了板型平直技术问题。姜荣着力治理“三废”，美化净化环境，新上的利用废酸生产硫酸亚铁工程，收到了较好的环境、社会效益。在他的支持下，先后抽调 3 名技术人员利用半年的业余时间，支援凌源县电镀家具厂粉末喷涂工程，为凌钢赢得了好口碑。

姜荣为凌钢冷轧事业奉献了人生的辉煌，凌钢冷轧的发展浸透着他的辛勤汗水，体现着凌钢冷轧人的精神，凝聚着凌钢冷轧人的心血。如今，凌钢冷轧已载入历史，但是凌钢冷轧人的精神会永远传承。

身先士卒的好段长

——记朝阳市劳动模范张双学

张双学，1950 年 5 月出生，汉族，辽宁本溪人。1968 年 10 月参加工作，1984 年 12 月加入中国共产党，初中文化。曾获公司劳动模范、先进工作者、朝阳市劳动模范称号。时任凌源钢铁公司烧结厂段长。

张双学在工作中不但身先士卒、冲锋陷阵，而且敢于大胆管理，处处以一名共产党员和劳模的形象出现在众人面前。在当时烧结机人员新、设备新、工艺新的情况下，他始终坚持管理管人这一主线，大胆改造了不适应和限制生产的设备和工艺问题，带领全体职工积极组织和协调生产，超额完成了工作任务，为公司作出了贡献。

一是工作到位、身先士卒。他身为调度长，深知自己的重担，千方百计组织好生产。为了将热返矿圆盘的料转净，便于检修，他不顾高温，不顾周边环境狭窄，带头钻进了热返矿圆盘斗内，将热返矿圆盘上的料清净，保证了检修时间、减轻了职工的劳动强度。二是想生产之所想，急生产之所急，干生产之所需。为了稳定烧结矿的碱度，他一面在配料间和配料工共同操作，以找出最佳配料参数，一面和工程技术人员共同计算工艺参数，使二者在理论与实际上达到统一。三是吃苦在前，享受在后，在物质利益和荣誉面前从不伸手。他虽然处处为生产着想，但在个人奖金方面，始终坚持不比别人多拿。体现了一个共产党员吃苦在前，享受在后，不计较个人得失的高风亮节。四是抓住时机做好职工的思想政治工作，陶冶情操。张双学时任烧结机党支部书记，不仅组织生产有能力，做思想政治工作也有独到之处。五是结合生产实际，大搞革新改造，不断提高烧结机的产量和质量。他提出的石灰石粉下料方式的改造和 2 号混料桶改造使烧结机碱度和产量都有了较大改善。

（文/赵舜安）

焊管行业里的高级专家

——记朝阳市劳动模范刘建春

刘建春，1951年2月出生，汉族，辽宁喀左人。1973年6月加入中国共产党，1976年11月参加工作，大专文化。曾获朝阳市劳动模范称号。时任锦西钢管有限责任公司经理。

刘建春毕业后曾先后在凌钢一轧厂、热带厂、设计处、钢管厂和企管处工作。先后参与了热带厂加热炉改造设计工作，焊管负差生产线外定尺和六角包装等新工艺改造。从事技术工作期间曾三次获公司级先进工作者，两次获公司优秀工作者称号。1987年，担任钢管厂副厂长后，先后组织和参与了对1号、2号焊管机组的技术改造，获得较好效果。1989年，任厂长后，在他的精心组织下，从提高设备水平入手，使钢管生产、质量等主要技经指标都达到了新的水平。

刘建春撰写的《提高产品实物质量，适应市场竞争形势》文章曾获朝阳市优秀论文，组织参与的“运用系统工程，提高焊管定尺率”攻关项目取得了朝阳市现代化管理成果二等奖。

刘建春任企管处处长后，认真贯彻党的方针政策及指令，为公司体制改革，特别是“两个根本转变”搞好资本运营起到了积极作用。在现场管理工作中，以管理为突破口，在方法和手段上改革、创新、追求实效，发挥了企业管理的整体效能。在股票上市、深化学邯钢、细化管理、严格考核、全面推行模拟市场核算、实行成本否决新机制等方面又有新发展，为全面实现公司生产经营目标作出了贡献。

工人堆里出来的厂长

——记朝阳市劳动模范陈玉清

陈玉清，1950 年 1 月出生，汉族，辽宁大连人。1968 年 5 月参加工作，1984 年 8 月加入中国共产党，初中文化。曾获公司级劳动模范、朝阳市劳动模范称号。时任凌源钢铁公司第二炼钢厂厂长、党总支书记。

陈玉清是一位地地道道工人堆里出来的厂长。1968 年，仅有初中文化的他，来到了凌钢当上了一名炼钢工人。从炼钢岗位工到班长，班长到炼钢段长，再到副厂长、厂长，他一步一个台阶，一步一个脚印，也传播了他的人格魅力。

当上厂长的他，仍然与工人们搅在一起，甩开膀子大干起来，与工人同呼吸共患难。办公室里看不见他的身影，天天守在生产岗位上，指挥生产，及时处理生产问题。他带领本单位技术骨干组成攻关组，解决了多种攻关难题，为提高产量、质量创造了有利条件。他用人格魅力调动职工的生产积极性，深挖内部潜力。面对生产任务重、劳动强度大、技术人员缺乏的困难条件，他冲在最前头，以身作则，不畏苦、脏、累、险，带动身边职工走在生产前沿。多年来，他周末无休，废寝忘食，不计报酬，使二钢的生产大幅度提升，一月一个台阶，生产记录连连刷新。陈玉清的品格感染着身边的每一位职工，凝聚了二钢的大干精神。

陈玉清的大干实干换来了丰硕的成果，炉前、铸锭、连铸生产有条不紊，他的无私奉献、同甘共苦换来了职工的真心实意，一个个铆足了劲，跟定了这位工人堆里出来的厂长干。

因为热爱　所以执着

——记朝阳市劳动模范张振龙

张振龙，1947 年 5 月出生，汉族，辽宁凌源人。1969 年 9 月参加工作，1984 年 8 月加入中国共产党，中专文化。曾获公司级劳动模范、先进生产者、朝阳市“五一”劳动奖章。时任凌源钢铁公司钢管厂厂长。

张振龙对工作认真负责，勤勤恳恳，长期和广大工人打成一片，他为钢管厂提高生产效率、提高经济效益，作出了很大的贡献。敢于严格管理，不怕得罪人，对违章违纪人员严格按规章制度进行严肃处理，为钢管厂创造了良好的工作秩序。他工作沉稳，每天坚持工作在生产一线，对各机组设备运行情况都了如指掌。每次检修他都亲自制定检修计划，亲自在检修现场解决问题。每台机组每月都要有两次以上较为彻底的检修，由于他认真组织，工作到位，每次都保质保量，按时完成，为钢管厂完成目标任务作出了突出贡献。

张振龙还十分注意安全生产，狠抓安全管理，对违反安全规章制度人员敢于处罚，坚持把安全生产贯穿维修工作始终。他在各项工作中坚持以身作则，严格要求自己，每天上下班通勤 50 多里，早来晚走，下班后设备出现故障他坚持处理完故障正常生产后才离开车间，在晋升国二工作中，他星期日主动上班，几年来他从未休过一天干部季度假，从不计时间和报酬。在当时 2 号机组改造期间，他既要维护好两台机组生产，又要抓机组改造，几乎白天晚上都在现场。他还自制设备 15 台，坚持改造和修旧利废。他严格控制维修费用，把成本分解到班组。张振龙为钢管厂生产和改造作出了突出贡献，充分发挥了共产党员先锋模范作用。

炼钢厂的“领头羊”

——记朝阳市劳动模范杨树林

杨树林，1951 年 4 月出生，汉族，辽宁北票人。1974 年 12 月参加工作，1986 年 5 月加入中国共产党，初中文化，冶炼技师。曾获公司劳动模范、朝阳市劳动模范。时任凌源钢铁公司第二炼钢厂副厂长。

他始终坚持两个文明一起抓，两副重担一起挑，圆满地完成了公司各项工作任务，连续四年获得产量、质量第一。

1985 年的转炉炼钢厂在杨树林的带领下，心往一处想，劲往一处使，克服一切困难，勇于开拓，为全年生产经营总目标作出了应有的贡献。特别是 7 月份，他带领职工战高温、夺高产、保质量，成绩显著。8 月份再创新成绩，完成合格钢锭 2854t。在 9 月份开展的全国质量月活动中，努力做到高产稳产，把好质量关，创出全年无废钢、无跑钢，受到公司的表彰。10 月份、11 月份生产更上一层楼，连续两月创历史最高水平，11 月份突破班产 3000t 大关，合格率全月达 100%，为全厂经营目标和提高经济效益作出了贡献。在连铸投产期间，他顶着巨大压力，为了保证连铸工序平稳过渡，杨树林跟班作业，哪有问题到哪里，亲自带队，亲手操作，创造出了连铸达产达效的最佳纪录。

杨树林在实际工作中，身先士卒，处处起到模范带头作用，有较强的革命事业心，组织生产，指挥生产有条理、有措施，注重效果，他善于发挥每个人的长处，能调动各方面的积极因素，在生产中起到了中流砥柱的作用。他吃苦耐劳，主人翁精神突出，对待下属职工奖罚分明，敢于坚持原则，被职工群众亲切地誉为“领头羊”。

首屈一指的企业家

——记朝阳市劳动模范李庆文

李庆文，1961 年 11 月出生，汉族，辽宁省建平县人。1981 年参加工作，中共党员，工程师。曾任凌钢总调度室调度长、凌钢经销公司经理、凌源钢铁股份有限公司副总经理。现任朝阳浪马轮胎有限责任公司董事会董事、总经理、党委书记。

2002 年，原辽宁轮胎集团由于生产经营陷入困境，进行破产清算，在这种极端困难的形势下，朝阳浪马轮胎有限责任公司全资收购辽轮集团全钢丝载重汽车子午线轮胎生产线。李庆文全程参加了改制工作并担任重要职务，是朝阳浪马轮胎有限责任公司成功收购辽轮资产的主要负责人之一。

2003 年 2 月 6 日，公司开始投入生产。李庆文带领浪马公司全体员工，多年艰苦创业，取得了骄人的经营业绩：到 2015 年 11 月，近 13 年来，公司总资产由公司成立之初的 3. 4 亿元，增长为 13. 1 亿元；经过技术改造，年产能由当年的 35 万套发展到现在的 220 万套；实际年产量由成立前的 17. 7 万条增长到 220 万条；企业已累计实现利税近 9 亿元；出口创汇近 13 亿美元；企业员工由当年的 600 人，发展到现在的 1600 人，员工年均现金收入由不足 9000 元提高到 45000 元。公司年销售收入由 2003 年的 2. 45 亿元提高到近 20 亿元；年出口创汇达 1. 7 亿美元。到 2015 年 11 月，由于国内产能过剩，国内销售市场受经济下行的影响，非常艰难，公司全力开发国际市场，本年实现出口创汇 1. 68 亿美元，年税费总额 4000 万元。

企业被市政府连续多年授予“朝阳市功勋企业”。公司在世界轮胎行业 75 强中排名第 60 位，是辽宁省“百强民营企业”之一。产品被评为辽宁省名牌产品。企业获得了“全国石油和化学工业先进集体”、“国家质检总局绿色通道企业”、“中国质量诚信企业”等荣誉。是辽宁省 35 户重点出口工业企业之一、商务部重点联系企业、中国外贸出口先导指数（ELI）样本企业。公司获得辽宁省“五一”劳动奖状。公司“LONGMARCH”商标被认定为“中国驰名商标”。

在平凡中破茧成蝶

——记朝阳市劳动模范、保国铁矿选矿车间副主任刘升军

刘升军，1963 年 5 月出生，1981 年 12 月参加工作，中共党员，现任选矿车间副主任。1999 年获得朝阳市劳动模范，连续五年获得公司级劳动模范，2009 年、2015 年获得公司级优秀共产党员。

不积跬步，无以至千里，不善小事，何以成大器。1981 年，刘升军来到选矿车间，成为一名一线岗位工人。

2009 年，刘升军担任选矿车间磨选系统作业长，当时正值新投产项目混合矿工艺系统改造的关键时期，面对精矿品位低、尾矿品位高、产量低、能耗高等种种难题，刘升军以忘我的工作奋战在生产岗位上。为了尽快走出困境，刘升军带领专业技术骨干，调动岗位点检员和岗位工人在混合矿生产系统内打响了攻坚克难保卫战。每天刘升军都要带领技术人员走现场、查实情，逐项取样，分析研究。针对混合矿精矿品位不达标的实际问题，他自行设计和改造了“离心机上、下料斗”等大小改造项目 40 多项，从中挖掘出了混合矿生产系统的潜能并收到了显著效益。在此基础上，刘升军还对离心机整体系统进行了改造，取消了二段离心机的使用，从而有效减少了金属流失，使离心机的作用得以发挥。在他的组织带领下，磨选生产系统超额完成生产计划，全年生产铁精矿 92. 18 万吨，每吨精矿电力实际消耗 87. 31kW · h，与目标 108. 04kW · h 相比，下降幅度为 20. 73kW · h，仅此一项就创经济效益 858. 30 万元。

通过 20 多年不断地摸索和努力，刘升军成为了解决生产工艺难题的行家。为了更好的连接选矿工艺流程系统，做到科学运转，节约资金费用，他制定出了整套“预磨运行方法”和工艺改制，减少了两台球磨机的循环量负荷，停用了 3 台柱磨机，不但每月可降低维修成本近 3 万元，也使直径 5. 5m × 1. 8m 自磨机原矿处理能力每小时提高 10t，铁精矿产量提高 4t，为公司创造了可观的经济效益。

（文/武小静）

汗水锻造荣誉　贡献铸就丰碑

——记朝阳市劳动模范、怡山矿业公司副经理侯柏宇

侯柏宇，1969年4月出生，1992年参加工作，中共党员，毕业于辽宁职工大学金属压力加工专业。现任怡山矿业公司副经理。2006～2010年连续5次获得公司级劳动模范称号，多次获得科技贡献一等奖，2006年获得朝阳市劳动模范称号，时任第一轧钢厂厂长助理。

在第一轧钢厂乃至凌钢集团公司，只要提起侯柏宇的名字，大家的眼前就会浮现出一个浓眉大眼，高挑身材，飒爽英姿的形象。在他的20年工作历程中，从一线生产操作工到技术攻关的尖兵，再到公司、朝阳市劳动模范，明晃晃的荣誉是对他工作的肯定，他历经一次次技术攻关的洗礼，不断攻坚克难，最终实现了完美蜕变。

挑战自我，主动攻关。在第一轧钢厂工作期间，他用孜孜不倦的努力、主动攻关的态度及追求更好的精神，逐步成为技术带头人。他善于把握当前核心技术及发展方向，做到理论联系实际，独立完成中型材半连轧工厂设计及孔型、导卫设计，使濒临停产的生产线重新焕发活力，为凌钢新产品开发打开了一个突破口并形成一个新的效益增长点，使凌钢圆钢产品由原$\phi 12\sim40$形成$\phi 12\sim100$系列。省市进步奖1号棒材圆钢孔型修改及12螺纹钢三切孔型设计，解决了1号棒材生产12号制约环节，为稳定优质高产提供基础。

勇于创新，降本增效。他自主完成的窄带一火成材工厂设计及孔型、导卫设计，使凌钢窄带形成$(89\sim175)\times(2.75\sim3.5)$系列产品，扩展凌钢窄带品种，同时为二轧厂（钢管厂）创造了诸多条件，热带一火成材项目在获得朝阳市政府科技进步一等奖的同时还为公司节约了不少生产成本。

饮水思源，他深知荣誉与使命的神圣，成绩仅代表过去，不断的进步才能创造美好的未来。

（文/王　磊）

情系矿山永不悔　甘于奉献铸辉煌

——记朝阳市劳动模范、保国铁矿副经理刘志新

刘志新，1956年11月出生，1982年7月参加工作，中共党员，毕业于朝阳师范学校，现任保国铁矿副经理、工会主席。2009年获得朝阳市劳动模范称号。

自1982年参加工作以来，刘志新当过老师，做过办公室秘书、办公室主任，从2003年起开始担任保国铁矿副经理，在领导的岗位上他十几年如一日，工作兢兢业业、无怨无悔，把最美好的年华都奉献在了保国铁矿这片热土上。

要以全国行业先进指标为标杆，以行业先进水平和创历史水平为目标，真正把对标挖潜、降本增效活动落到实处，这是刘志新经常挂在嘴边的话。为了把活动开展的扎实、见成效，从5月份开始刘志新就把办公室搬到了基层，他不仅听取各单位关于降本增效相关措施的座谈会，还亲自参与到降本活动的具体措施当中，矿区内的各个生产班、操作岗以及每一个机台都有他奔波忙碌的身影。

为了真正落实降本增效活动，使活动开展的横向到边、纵向到底，在刘志新的领导下，各单位围绕生产经营实际大力开展了“我为降本增效献良策”、“降本增效、从我做起”以及“节约一度电、一滴水、一滴油、一块布、一斤煤、一张纸”的六个一节约活动。铁蛋山矿生产班、选矿生产班、运输车间汽车段更是大力开展了生产劳动竞赛，通过活动的有力开展，使得保国铁矿采矿成本、选矿加工成本、干选矿石成本等都比计划有较大降低，全年实现降本增效达600万元。与此同时，保国铁矿各项技术经济指标都提高到了一个新水平，5号自磨机利用系数创铁矿历史最好水平，作业率全行业排名第六，混合矿衬板单耗低于行业标准排名第一，磁选磨机作业率比行业高8.43%，铁精矿品位继续保持全国先进水平。

（文/曹志明）

大胆管理甘奉献　开拓创新勇担当

——记朝阳市劳动模范、国贸公司储运部副经理郭宝奇

郭宝奇，1967年9月出生，1986年8月参加工作，中共党员，毕业于东北工学院。现任国贸公司储运部副经理。2006年获得科技贡献一等奖，连续多年获得公司劳动模范荣誉、2009年获得朝阳市劳动模范荣誉。

从2001年开始，他连续7年获得公司“劳动模范”称号，连续多年获得公司“科技贡献奖”，主导研发的多项科技成果，获得朝阳市政府颁发的“科学技术成果一等奖”。他在突破中大胆管理，在奋进中甘于奉献，在创新中勇挑重担，他就是国贸公司储运部副经理郭宝奇。

自参加工作以来，郭宝奇一直工作在炼钢岗位，具有丰富的炼钢生产经验和生产组织能力。带领有关人员统计了上千组生产过程数据，创立了新型三炉对三机、三炉对四机模型，经过实施—优化—完善，形成了适合凌钢状况而又可操作性强的匹配模式，匹配率达到90%以上，创建了一项具有重大意义的凌钢专有技术。郭宝奇组织开展了点检定修模型，冶炼操作模型，铸机拉钢模型，冶炼的“7分钟工程”、“1650工程”等，为炼钢提高生产节奏，实现产量效益最大化作出了贡献。

2008年，炼钢厂面临两项重大任务，一是小转炉系统稳产顺行；二是大转炉工程必保年内投产，使炼钢具备年产350万吨的产能规模，这是关系全公司生存发展和广大职工长远利益的大事。面对巨大压力，郭宝奇认真谋划，将铸机与转炉匹配，定修与生产结合，用最少的铸机实现产量最大化。制定了具有可操作性的生产组织模型，修改了冶炼系统操作制度和规范，稳定装入量，稳定生产操作，这些措施为2008年实现转炉钢铁料消耗完成1067kg/t，冶金石灰消耗51.6kg/t，氧气消耗52.4m^3/t，转炉炉龄达22875次创造了条件。在生产技改交叉作业和受金融危机影响限产的情况下保证了生产高水平。

（文/郑天野）

平凡岗位中的不平凡

——记朝阳市劳动模范、第一炼钢厂冶炼作业区合金工董学田

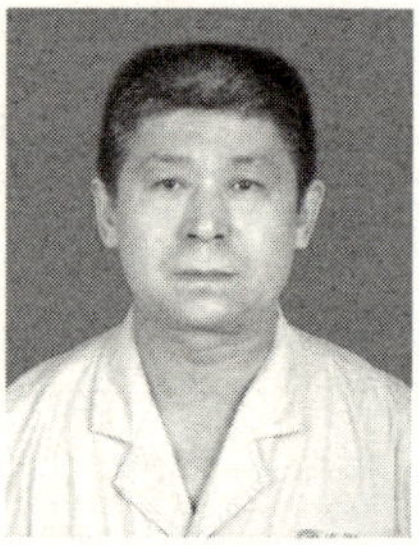

董学田，1966 年 8 月出生，1987 年 9 月参加工作，中共党员，现为第一炼钢厂冶炼作业区合金工。曾先后荣获 2011 年朝阳市劳动模范、2010 年公司级劳动模范、2010 年和 2011 年公司优秀共产党员等荣誉称号。

在一般人看来合金工作是一件极其简单平常的工作，但在实际的生产过程中却并非如此。合金工作的每一个环节都是理论与实际的结合，细心与耐力的较量。为了保障生产的顺利进行，董学田每天总是第一个上岗，提前了解询问上个班所生产的钢种和合金料的使用情况。

炼钢老区生产节奏较快且受外界影响，冶炼操作难度偏大。为了准确判断每一炉的合金加入量，董学田时刻注意观察吹炼的状态，装入量以及有无喷溅、散落等现象。在冶炼过程中，他还得考虑终点碳和温度以及吹炼时间，然后区分好所用合金以免出错，真正将生产准备工作做到了胸有成竹。

出钢和成分调整是合金工作最关键的过程，合金工不仅要忍受高温、灰尘，而且需要把合金准确加入钢包，之后拿着钢样去化验室进行化验。因生产节奏紧，每一炉往返于化验室和炉后平台时几乎都是一路小跑，甚至连一顿完整的饭都吃不上。在对标挖潜，降本增效的旗帜下，董学田曾获得 3 个季度的合金能手，在作业区所有合金工中名列第一，辛勤与汗水的付出赢得了领导和工友的一致称赞。

董学田深知凝聚力是一个班组最重要的元素，他用自己的实际行动来团结每一名工友。“跟老董搭伙，在合金成分上绝对放心”“他是我的老大哥，学习的榜样，他从来没有因为私事耽误过工作，别人需要他时他总是第一个伸出援手”“董师傅无论从工艺技术还是为人处世来讲，都是我学习的楷模。他耐心教我操作规则、工艺流程，并鼓励我亲手操作，在所有的学徒中我是第一个熟练掌握脱氧合金化工艺流程的。这完全得益于董师傅的教导。”工友的一句句肺腑之言道出了董学田为人和善、忠于职守、无私奉献的高尚情操。

（文/杜文静）

心系企业　无悔人生

——记朝阳市特等劳动模范、检修中心烧结站站长徐小宝

徐小宝，1962年出生，1980年参加工作，毕业于北票市第二中学，高中文化，中共党员，高级技师。现任检修中心烧结站站长。先后7次获得公司劳动模范，4次获工人技术创新一等奖，3次获得优秀共产党员，曾获辽宁省委创先争优优秀共产党员、朝阳市特等劳动模范称号。

提起徐小宝，凌钢人几乎无人不知，无人不晓，多年来，他兢兢业业，心系企业，勤勤恳恳，带出了一支敢打敢拼，强而硬的检修团队，为企业守望着一片蓝天。

精细管理，做企业的主人。徐小宝提出打破工种界限，培养一专多能的人才，集中力量打一点，遇到重要抢修时，从每个班组只抽调精干力量来参加重要会战，这样既能保证会战的绝对实力，又不至于削弱原有的单元实力。如在2015年2号烧结机主减速机柔性传动故障检修中，他成立了以党员为代表、各班组抽调工人骨干组成的“铁人突击队”，7天8夜的轮班奋战，圆满完成了备件短缺，人力不足等情况下本该外委的检修项目，一次性为公司节省人工费10万元。

2015年下半年，钢铁市场严冬依旧，公司为降低成本，设备包保队伍逐渐撤离，具体工作转移到相应的区域站，徐小宝从本不富余的劳动力中，硬抽出人手组成维修六班，硬是承揽了施工队近60人的工作量，仅此一项为凌钢减少纯支出20万元/月，一年就是240万元。

勤奋苦干，做检修的强人。作为高级技师的徐小宝，不仅熟谙钳工的知识、技术，还领略车工、起重工、架子工、焊工等各工种的技能技巧。每逢检修中遇到难题，他总是凭着多年积累的经验，凭着一股韧劲，总能让问题迎刃而解。2015年10月1日，回转窑链箅机主减速机发生故障，造成全线停产，面对复杂的故障，又无备件可换，徐小宝采用将主轴断开，把两侧带半轴的减速机移至检修平台拆解，再加工轴套，采用过盈连接的技术方法将主轴复原。通过72小时的坚守，终于让减速机恢复正常运转。

2015年公司创建了以徐小宝名字命名的“劳模创新工作室”，作为培训基地，影响着、教育着、鼓舞着一代新人的成长。

（文/牛国才）

挑战中历练出的一线劳模

——记朝阳市劳动模范、第一炼铁厂原料管理班班长郭向才

郭向才，1974 年 10 月出生，1995 年 8 月参加工作，毕业于凌钢技校，中共党员，现任第一炼铁厂原料管理班班长。曾荣获“朝阳市十佳青年岗位能手”称号，2012 年荣获公司劳动模范称号，2014 年荣获朝阳市劳动模范称号。

郭向才一直在直面各种挑战，有对自己的挑战，还有在带领团队中的挑战。也正是一波又一波的考验，让他如璀璨的星星绽放异彩，与奔流的铁水交相辉映。

在 2012 年的技改工程建设中，郭向才在确保 4 号高炉上料系统正常前提下，积极参与了 5 号高炉的建设工作。7 月份开始进入技改工程现场，直至高炉达产不分昼夜的工作，在开炉期间吃住在现场长达 20 余天，解决了多项生产难题。

四号高炉称量班组包括称量、卷扬、电除尘、出铁场除尘 4 个岗位。郭向才在班组管理上以“管理”和“帮带”为主要手段，实施了“三招治班之策”。一是“充电强技招”，针对上料系统设备多，故障率高等特点，对本岗位设备建立故障预案汇编。借鉴其他高炉所发生的故障，网上案例等，分析其原因，处理方式等结合本岗位设备特点，进行总结。二是“带头创新招”：针对上料设备磨损快的特点，郭向才带头创新，在转运溜槽、筛下溜槽、振动筛落点等重要部位取消了衬板，采用料盒的方式，振动筛落点用废旧运输带替代，仅此项改造就节省衬板费用 8 万元，且延长了检修周期。三是“细化职责招”，明确岗位职责，细化工作内容。他提出，针对于主卷设备、电除尘风机、出铁场除尘风机、炉顶设备等重大设备除岗位日常点检外，白班自己必须进行一次系统巡检，从而降低了设备故障的漏检率。

面对跨行重新做起的挑战，他以实干巧干叩开了二次提升的大门。2013 年，郭向才走上原料管理班班长岗位，与原来的岗位没有相通之处，虽都涉及原料，但此时已是把住进入炼铁厂原燃料质量的一道关。郭向才深知责任重大，如何在新的岗位上履职尽责，他实干加巧干，经过现场研究，提出并实施了自己的管理思路。

（文/王洪波）

轧线上的领军人

——记朝阳市“五一”劳动奖章获得者、第二轧钢厂生产副科长王云江

王云江，1962 年 9 月出生，1980 年 6 月参加工作，中共党员，高中文化，高级轧钢技师，现担任第二轧钢厂生产科副科长。曾多次被评为公司劳模，2004～2006 年连续 3 年荣获公司工人技术创新一等奖。

2005 年，对于中宽带厂来说，是具有决定意义的一年。凌钢要实现由产能扩张向品种质量转变，中宽带作为品种钢生产的主战场，肩负着凌钢 80% 以上的品种钢生产任务，而轧钢作业区作为中宽带的主体生产工段，工作的成败又与中宽带厂能否完成全年的品种钢生产指标息息相关。

作为轧钢作业区的作业长，王云江首先组织班工长认真学习公司、厂两级职代会精神，统一思想，统一认识，要求每名班工长总结去年工作的经验，寻找差距，转变思路和工作作风。同时组织工长以上人员，根据中宽带厂的总体要求，修改了 2005 年的经济考核责任制，将考核质量的比重加大，将品种钢生产考核与普碳钢区分开，让职工在进行日清日结过程中，明确现在的工作方向：向品种质量要效益。进一步明确了岗位人员的责任，将工作细化到每一件事都有人干，利用日清日结管理手段，加大一级对一级的检查和考核力度，改变了以往以说代做、只停留在嘴上、浮于表面、流于形式、工作不彻底的作风，通过抓小事、从细节上下功夫，小到每颗螺丝的松紧程度、细到记录中不允许勾抹写错，这样的失误都将被考核。通过强化管理，来提高职工的责任心，也让轧钢作业区的各项工作在 2005 年年初就有序的开展，顺利的由产能向品种质量方面转变。

中宽带在 2005 年实施了品种钢开发生产工作，厂成立了 4 个品种钢开发生产推进组，王云江利用自己多年的经验，指导品种开发生产，完善现场的工艺条件。如 4 月份，生产集装箱板用钢 SPA-H，此钢由于含有的稀有元素较多，成本较高，生产的余料必须与其他钢分开放置，而且，必须冷装入炉生产，轧制过程中，各环节的温度控制都较低，这些都给生产带来了很大的困难。针对这些问题，王云江对如何取样、如何调水量等细节问题提出自己的意见并付诸实施。

（文/白　玉）

全面强化管控水平　提高生产运营效益

——记朝阳市“五一”劳动奖章获得者、保国铁矿副经理吴占富

吴占富，1966 年 10 月出生，1987 年 8 月参加工作，中共党员，毕业于鞍山钢铁学院，现任保国铁矿副经理、党委副书记、工会主席。2005 年获得朝阳市“五一”劳动奖章。

2004 年，时任原料厂厂长、党支部书记的吴占富紧紧围绕集团公司 200 万吨钢的总体工作思路，积极推动技术进步，强化企业管理，通过强化生产管理、工艺管理、成本管理以及优化资源配置，加强和完善制度建设等有力措施，2004 年带领职工全年生产冶金石灰 16.17 万吨，中和料场输送混匀矿 231.58 万吨，分别超计划 1.09% 和 0.25%，土窑石灰和制粉生产创历史最高水平，全年实现超创利润 742 万元。

原料厂承担着 3 套烧结机用混匀矿和炼钢、烧结用石灰的生产和加工任务，为保证烧结、炼钢用料，吴占富带领广大科技人员积极推动技术进步，组织、开展技术攻关 8 项，打通了生产的限制环节，全年创效 466 万元。近两年来，原料厂组织工程技术人员对中和料场增能、两座矩形竖窑燃烧系统和 $80m^3$ 竖窑除尘系统进行了大规模的技术改造，解决了制约生产的“瓶颈”问题，满足了铁矿年产 200 万吨钢的需要，3 项改造累计创效 641 万元。

为了实现设备的高效运行，原料厂在设备管理中纳入了全新的管理机制，狠抓设备点检与考核工作，深化设备管理责任追究制度，保证了设备的稳定运行。2004 年原料厂全年共点检设备异常 620 次，下发委托检修单 550 份，主要设备开动率达 99.34%，全年单位维修费用降低 2.36%，设备作业率提高 1.21%，为生产顺行创造了条件，为集团公司年产 200 万吨钢的实现奠定了坚实基础。

（文/曹志明）

技改工地上的磐石

——记朝阳市“五一”劳动奖章获得者、计量信息部党支部书记李建华

李建华，1956 年 10 月出生，1975 年 8 月参加工作，中共党员，毕业于本溪钢铁学校，高级工程师，时任计量信息部党支部书记。2006 年获得朝阳市“五一”劳动奖章，2011 年获得朝阳市创先争优优秀党务工作者称号。

当东方的朝阳升起，晨间的工程例会结束了。他从办公室座椅上站起来走到窗前，看着远处热火朝天的技改工地，又看到玻璃窗前映出紧缩的眉头和那张黑黑的脸上写满“克难制胜”的决心，他摇摇头笑了。他就是原动力厂厂长、党支部书记、三期技改公辅项目副经理李建华。屈指算来，他在这个办公室已经工作了 10 年。

2012 年，凌钢开启史无前例的三期技术改造工程，动力厂在技改工程中承担着风、水、电、气能源供给，涉及为其他各项目提供风、水、电、气、汽的任务和配套运输系统的建设。李建华担任技改工程公辅项目副经理，他把工程质量管理放在重要位置，以严谨苛求的工作态度进行质量管理。

为将可能发生的工程质量问题消灭掉，每天 7 点 16 分亲自组织召开工程例会，详细了解工程进度，优化施工方案。在他负责的公辅项目、污水处理项目、炼钢水处理项目、棒材水处理项目、转炉煤气回收项目和 TRT 发电项目三期技改建设中，他带领项目部一班人，迎难而上，超常发挥，攻克了一道又一道难关。紧锣密鼓的三期技改工地上，你听到的是他掷地有声明确工程节点的命令；你看到的是他统一规范工程文档管理，完善工程管理奖惩制度的严谨。

为使各项工程按期顺利投产，他要求领导班子“早七晚十，周六周日义务献工”。特别是工期紧张时他每天深入现场进行巡查和指导，工作到半夜，吃住在现场。对有疑义的问题跟踪到底，鼓励工程技术人员积极提合理化建议。在三总变组建、二期污水处理工程、炼钢水泵房项目技改工程中，提出并实施合理化建议 342 项，为保证工程质量作出了突出贡献。

（文/周晓红）

岗位上的强者　生活中的好人

——记朝阳市“五一”劳动奖章获得者、第二轧钢厂热卷工应春富

应春富，1975 年出生，1997 年参加工作。1995 年毕业于凌钢职业高中电工班，同年考入凌钢技校轧钢班，现在热卷箱岗位工作。2007 年获得朝阳市“五一”劳动奖章及公司劳动模范称号。

应春富 1997 年从凌钢技校毕业，分配进入凌钢中宽带厂。此时，恰逢中宽带建厂后试投产阶段，被分配到中宽带热卷箱岗位后，积极参与到热卷箱设备的调试运行工作。他虽然是生产操作工，却对当时正在调试的自动化程序兴趣颇浓。工作时间里在完成本职工作之余，时常在北京自动化院调试人员旁边跟着学，跟着看。

随后几年，中宽带生产工艺、设备发生改变时，这个工作应用程序画面自然跟不上新的需求，需要不断对其升级、优化，而这些应春富已完全能自己根据生产需求进行适当的改进，以不断适应生产的新需要。最终使生产岗位工始终拥有一个界面友好、功能实用、与时俱进的生产操作应用画面，有利于企业生产顺行。

2004 年，在与本地网友青海湖（网名）交谈中，发现两人都有强烈的想做义工的内心意愿，而凌源当时还没有这样的公益组织和公益活动，也找不到类似的民间团体，两个好朋友于是酝酿起了心中的计划。

于是他通过群、凌源在线网站从网友处获取了各种需帮扶的对象信息后，组织者迅速实地考察，从八间房孤寡老人卢老太太开始做起。义工群组织人员定期去探访 92 岁的卢老太太，入冬前为其平房窗户订塑料布御寒，帮其修理门桌，修理电灯，寻做一切力所能及的事情。

凌源义工群每周末都会组织活动，例如去金花山、南山公园，在山径小路及景区周边捡拾白色塑料垃圾，最后做集中处理。他在了解到小城子一高中生李文博特殊的家庭情况后，在群里组织捐款，连续 3 年对其直接定点帮扶，供其考入大学。连续几年义工活动中得到了本地网友（含外地网友）及单位同事、领导的大力支持，无论是捐款捐旧物还是环保活动，认识了很多朋友，充实了自己的人生。

（文/白　玉）

引领发展　直面挑战

——记朝阳市“五一”劳动奖章获得者、第二炼铁厂厂长马晓勇

马晓勇，1974年9月出生，1997年7月参加工作，中共党员，高级工程师，毕业于东北大学钢铁冶金专业，现任凌钢第二炼铁厂厂长、党总支书记。2006年、2007年两次获得公司级劳动模范称号，2008年荣获朝阳市“五一”劳动奖章。

马晓勇1997年大学毕业后，扎根一线岗位，刻苦钻研，迅速成长。自2002年3月开始，一路向前，带领筹建管理450m^3、750m^3、1080m^3、2300m^3高炉并迅速达产达效。他深厚的技术功底和丰富的实践经验，成功开启了凌钢从小型高炉到中型高炉再到大型高炉的先河，创建了独特的高炉操控理念和管理模式，从一名基层技术人员逐步成长为一名中层管理者，得到了广大职工的拥护和各级领导的认可。

2007年3月，马晓勇调任3号高炉工段段长，全面参与管理750m^3高炉改扩建工程，750m^3高炉是凌钢首座中型高炉，技改工程中的重中之重，面对责任和挑战，他带领工段生产骨干，全力以赴投入到工程中，认真审核图纸，控制工程质量，到莱钢培训学习，制定合理方案，昼夜兼程，开拓创新，克服了诸多困难，确保了新3号高炉实现提前顺利投产，并迅速达产达效，有力地保证了凌钢全年生产经营任务的完成和经济效益的提高。

与此同时，马晓勇的技术水平和全面管理能力快速提升，3号高炉不但实现了长期稳定顺行，而且各项技经指标很快达到国内先进水平。2008年4月，他带领的3号高炉工段获得了全国“五一”劳动奖状。2008年7月开始，挑起1080m^3高炉建设重任，他的先进管理方式和专业水平得到充分发挥。4号高炉提前开炉并迅速达产达效，得到高水平同行的赞誉和佩服。

马晓勇近20年厚重的炼铁工作经验积淀，以及以身作则、率先垂范的工作精神，使他打造、培养了一个个过硬的炼铁攻坚队伍。凭着优异的生产成绩，他始终奔跑在凌钢炼铁发展的潮头。从450m^3高炉到750m^3高炉、从1080m^3高炉到2300m^3高炉，每一座高炉的设计、施工、投产、达产和稳定运行，都融进了他的心血和汗水，在每一份令人满意的答卷上，都书写着一名炼铁管理者对炼铁的追求和对凌钢的挚爱。

（文/杜文静）

大灾面前铸诚信　危难时刻显忠诚

——记朝阳市“五一”劳动奖章获得者、沈阳凌钢钢材销售公司业务员魏潭英

魏潭英，1983 年 11 月出生于甘肃省白银市，2006 年 7 月参加工作，中共党员。毕业于辽宁科技大学机械设计制造及自动化专业。现任沈阳凌钢钢材销售有限公司业务员。2008 年获得公司劳动模范称号和朝阳市“五一”劳动奖章。

有一种责任叫做冲锋在前，有一种使命叫做义无反顾，灾难面前，不同的人有不同的抉择。当历史的指针定格于 2008 年 5 月 12 日，面对举世震惊的汶川大地震，一个来自凌钢的年轻人用毅然坚守生动地诠释了什么叫工作担当，用实际行动让凌钢精神绽放出了耀眼光芒，他就是当年就职于中宽带钢厂的一名普通的技术员魏潭英。

2007 年末魏潭英独自一人进驻中国二重集团监制设备制造，工作中他尽职尽责，每天到生产一线查看设备制作情况，不放过每个细节，及时与领导沟通汇报进展情况。大地震发生时，他正在四川德阳中国二重集团监制中宽带生产线改造所需的设备，当其他单位的设备监制人员在震后纷纷撤离之时，他毅然坚守自己的工作岗位，履行着一名设备监制人员的职责。

魏潭英很少跟别人谈起那场灾难。因为他不愿意翻动记忆中的灰色底片。他记得非常清楚，那是 5 月 19 日、20 日的两天，救护车、消防车、警车，不停地穿梭于市区街道，刺耳的警笛声此起彼伏。当地的电视台、广播电视台不间断滚动播出同一条消息：今晚有强震！那两日，街头巷尾人们见面时，平日的问候语，变成了灾情通报：今天哪儿震了？震级多少？有没有人员伤亡？那是一种传导到人们心底的恐惧。有的人精神被击垮，在大震中余生，而在余震中选择了轻生。更加难熬的是晚上，在魏潭英所住的防震棚内，只有他一个外地人，那段时间，他用精神作为生命的燃料，熬过了一个又一个不眠之夜。

就是在这种环境中，魏潭英仍不忘却所肩负的责任，每天往返于广场地震棚与二重的生产车间，并及时反馈相关消息，使凌钢能在第一时间向二重伸出援助之手，不仅树立了凌钢职工的形象，也展现出了企业精神。最终真情换来感动，设备制造按时完成，为顺利完成 350 万吨钢技改工程奠定了基础。

（文/郑天野）

平凡岗位奏响学习创新之歌

——记朝阳市“五一”劳动奖章获得者、第一炼钢厂生产调度宋大伟

宋大伟，1975年3月出生，1994年7月参加工作，毕业于鞍山钢铁学校，现任第一炼钢厂生产科调度，凌钢第一批评聘的工人技师、高级技师。曾获“朝阳市职工读书自学成才者”“朝阳市十佳技术能手”“第二届辽宁省十大优秀青年技师”荣誉称号；2009年被评为朝阳市“创争”标兵，并授予朝阳市“五一”劳动奖章。

宋大伟于1994年毕业分配到第一炼钢厂连铸作业区生产一线工作，担任多年班工长，因工作突出，2008年调入生产科任1号120t系统生产调度。他扎根基层，潜心工作，坚持学习工作化、工作学习化，不断总结创新，解决生产中遇到的难题，为企业创造了可观的价值。

铸坯的实物质量是炼钢的生命。板坯内部质量缺陷——三角区裂纹，严重影响中宽带轧材的产品质量。宋大伟为深入了解其成因，在生产过程中曾多次冒着高温铸坯的辐射和高温蒸汽的灼熏，深入铸机扇形段观察设备运行状态、二冷水嘴的分布、喷雾及其冷却效果，发现原设计中存在着一定的问题，提出自己的建议，采纳后收到很好的效果。

2008年，投产的1号120t系统采用“铁水一罐到底”新工艺，为生产的组织协调增加了难度。宋大伟密切跟踪铁水罐状况、盛铁量、铁水成分和温度，优化创新操作法，使能直兑的罐“一罐到底”，其余利用铁水称量车往标准大罐折铁，充分利用天车、道线、罐位及实际生产节奏，进行科学、统筹操作，既保证转炉铁水及时准确供应，还满足了炼铁高炉兑罐出铁的要求，使“一罐到底”操作得到完美的实施，实现了较大的能耗效益和产能效益。

宝剑锋从磨砺出，梅花香自苦寒来。宋大伟多年的辛勤耕耘，硕果累累：荣获公司工人技术创新二等奖5次，三等奖3次；2004年获“朝阳市职工读书自学成才者”称号；2006年获“朝阳市十佳技术能手”称号；2008年获“第二届辽宁省十大优秀青年技师”称号；2009年在朝阳市“创争”活动中被评为“创争”标兵，授予“朝阳市‘五一’奖章”。让我们祝愿宋大伟继续拼搏，勇于创新，为凌钢的美好未来贡献自己的青春和力量。

（文/杜文静）

铮铮草原汉　尽是钢铁情

——记朝阳市“五一”劳动奖章获得者、建平磷铁矿业公司总经理杨金忠

杨金忠，1965年4月出生，1990年7月参加工作，中共党员，教授级高级工程师，毕业于青岛建筑工程学院机械专业，现任建平磷铁矿业有限公司总经理、党委书记。曾获得“全国设备管理优秀工作者”，朝阳市特等劳动模范，朝阳市“五一”劳动奖章，凌钢科技贡献奖一、二、三等奖等荣誉。

杨金忠，一个出生在内蒙古赤峰市克什克腾旗草原的汉子，1990年从青岛建筑工程学院毕业，在凌钢建安公司短暂工作1年后，在凌钢机动部一干20年，从助理工程师到教授级工程师、机动部部长，奉献了青春年华，见证了凌钢设备管理的每一个进步的台阶。他以设备基础管理为落脚点，带领本部门人员通过完善制度手段，强化故障统计分析和责任追究，加强设备状态检查诊断和隐患排查治理，进行设备故障攻关，开展下机资材鉴定等多项有效措施，有力地保障了设备良好的经济运行状态，设备事故显著减少，2007～2009年平均每月故障停机分别为69.2小时、55.6小时和55小时；他积极推进设备管理理念提升和维修管理方式进步，加强设备系统文化建设。他以推进全员生产维修为目标，循序渐进地开展三项达标活动，使全员维修意识、设备状态环境均有较大提高，为提高检修效率和实现专业化的维修管理创造了条件。他带领部门人员开拓性开展了下机资材鉴定和资材标准化工作，积极创造条件推进入厂资材检验、资材配送和区域维修包保工作。这些基础工作的加强，为现代化的维修管理奠定了基础。在他的带领和努力下，公司设备管理水平稳步提升，设备技术经济指标不断实现新突破，为保证公司设备稳定、生产顺行和设备管理水平的提升作出重要贡献。

疾风知劲草，板荡识诚臣。2011年6月，他被任命为建平磷铁矿业有限公司总经理，他把全部精力都投入到矿山建设发展中，使这个凌钢控股前仅磷、铁精粉23万吨产能的矿山，3年间发展为年产80万吨的大型矿山企业，创造利润1.68亿元，成为建平县域支柱性企业之一。公司连续4年被建平县委授予先进党委荣誉称号，连续两年被评为朝阳市功勋企业，连续3年被建平县委、县政府授予纳税突出贡献企业。

（文/张　侠）

从业务入手　向管理要效益

——记朝阳市“五一”劳动奖章获得者、保国铁矿总会计师宋晓辉

宋晓辉，1968年9月出生，1985年5月参加工作，中共党员，毕业于辽宁刊授党校，现任保国铁矿总会计师。2010年获得朝阳市“五一”劳动奖章。

2006年，宋晓辉从朝阳焦化厂到保国铁矿就职，20多年来一直与财务打交道的他对数字特别敏感，为了落实好“对标挖潜、降本增效”活动，宋晓辉率先垂范带领铁矿财务人员、核算人员长期坚持深入基层，完善、落实经济责任制。针对采、选两大单位制定了专门的对标指标和降本方案，通过优化生产工艺、强化矿石管理制度和降本提质等有效措施，2010年保国铁矿全年实现“对标挖潜、降本增效”达8000万元以上。

为了使“对标挖潜、降本增效”活动真正落到实处，宋晓辉主动放弃大部分双休日和节假日，坚守在岗位。在整理“对标挖潜、降本增效”方案中，为了收集、整理、分析各项指标，提出对标计划和“严、细”考核细则。2010年上半年，宋晓辉和有关财务人员每天起早贪黑，以“超人”的精力和敬业之心为保国铁矿的可持续发展作出了突出贡献。在宋晓辉的辛勤劳作与付出下，保国铁矿磁选铁球单耗、混合矿铁球单耗较2009年大幅降低，单耗值居全国同行业第五名，铁精矿品位全行业第一。

为了把“经济责任制”和“对标挖潜、降本增效”活动的检查、考核落到日常工作和实际行动中，宋晓辉不仅每天到车间、单位了解情况，参与各项指标的对比和优化，查找差距、制定措施，还亲自组织开展了生产劳动竞赛、党员先锋工程以及工人技术创新等活动，在全公司内营造了“人人为生产、全员作贡献”的浓厚生产氛围，为公司“对标挖潜、降本增效”活动注入了新活力。

从公司的财务入手到统抓生产经营的各项指标，宋晓辉用开拓进取、务实创新的精神在岗位上勤奋工作，向“对标挖潜、降本增效”要效益，向“精细化管理、资金合理使用、向计划管理、向压缩开支、向非生产性费用管理”等要效益。在宋晓辉的统筹管理下，2010年保国铁矿总费用比计划指标降低了4.3%，全年缩减费用支出近1300万元。

（文/曹志明）

奔动的青春创造非凡业绩

——记朝阳市“五一”劳动奖章获得者、第一炼钢厂运转副作业长陈雪松

陈雪松，1982年出生，2005年7月参加工作，中共党员，毕业于湖南工程学院。现为第一炼钢厂运转作业区副作业长。先后获得凌钢十佳青年、公司劳动模范及朝阳市“五一”劳动奖章等荣誉。

陈雪松毕业参加工作后恰逢凌钢350万吨钢工程建设，作为年轻毕业生，他在工程建设中不怕苦、不喊累，处处带头，甘于奉献，很快从100余名毕业生中脱颖而出，担任炼钢干法除尘班班长，也为青工成长成才起到模范带头作用。干法除尘是个全新的工艺技术，应用高压电场除尘原理，比老式湿法除尘其优越性无可比拟，能源消耗及除尘效果都属于目前整个钢铁行业除尘方面的顶级水准，而凌钢干法除尘是国内继莱钢之后第二套以国产部件为主体的设备，没有经验可循，一切从零开始，这对于陈雪松这个刚走出校园不久的大学生来说，是个非常严峻的考验。

2008年12月，120t转炉投产之后，在最初的两个月里，干法除尘设备事故频发，一度影响生产步骤。汽化系统的泄漏、电场的跳电、连续泄爆、输灰系统的卡滞，问题一个接着一个，常常这个问题还没处理完，那个问题又出现了。然而，陈雪松坚信，再尖端的设备也一定有规律可循，别人能做到的，凌钢人也一定能做到。在最初的一个月里，每天十几个小时工作在生产一线，工程调试期间，他曾经连续50多个小时工作在现场。为了得到第一手资料他随身带着笔记，以便随时记录和查阅。所有的工作他都是第一个冲上去，就是为了能够亲身感受设备的点滴信息。

2010年年初，干法除尘系统检修周期由原8天延长至20天，由于部分设备达到疲劳周期，陈雪松进行了大胆的创新和改造，并制定了符合炼钢生产节奏的干法除尘工艺操作法，解决了多项故障点。2010年和2011年，干法系统实现了连续两年零故障。并使设备检修周期有效延长，为企业创效益1200多万元。陈雪松在3年中大小技术改造20余项，累计创效730余万元。

（文/杜文静）

无私奉献的时代楷模

——记朝阳市“五一”劳动奖章获得者、保国铁矿动力车间党支部书记张洪涛

张洪涛，1963年2月出生，1983年7月参加工作，中共党员，毕业于鞍山钢铁学校，现任保国铁矿动力车间党支部书记。2012年获得朝阳市“五一”劳动奖章。

从一名普通的电气技术员成长为一名出色的专业带头人，这与张洪涛勤奋好学、进取创新是密不可分的。作为保国铁矿动力车间党支部书记兼电气工程师，张洪涛对工作履职尽责，以过硬的专业技能和认真严谨的工作态度始终坚持工作在技改创新的前沿。

多年来，张洪涛先后参与、设计并实施大小技改项目多达300项，总投资额达2500万元，为保国铁矿的技改创新、节能降耗和实现企业又快又好发展作出了重大贡献。2009～2011年，张洪涛设计并组织实施了保国铁矿66kV总降压变电所、6kV铁蛋山变电所、7MW燃煤锅炉自动化控制系统等10余个项目，燃煤锅炉自动控制改造后，每年可节约燃煤200t；全矿6kV电网结构优化改造后，不仅电网结构更加合理，供电可靠性大幅提高，同时每年可节电达600000kW·h，3年来累计为企业创效达200万元。

在铁蛋山矿副井6kV终端线路的改造中，由于工期紧，难度和危险性大，在招标和外委无人接应的情况下，张洪涛勇挑重担从设计方案到实施，全部自行承担，带领相关人员又快又好地完成了任务。在工作中张洪涛把自己的技能毫无保留地应用在企业的生产建设中，为了保障矿山生产的正常输送电，在现有的基础条件下实现“增容”，改造后保证了矿山生产的电力需求，此项改造在朝阳也仅此一家。

在250万吨采选联合改造项目中，如何在不停产的情况下将装机容量8000kV·A的总降压变电所改造成装机容量25000kV·A的变电所是制约整个工程的瓶颈，为了解决这一难题，张洪涛数十次深入一线了解设备运行情况，并根据现场实际制定出了一套切实可行的技术方案，经过两个月的艰苦奋战终于顺利地完成了总降压变电所改造工作，为250万吨采选联合改造项目的竣工投产奠定了坚实基础。

（文/曹志明）

生产一线上的高技能班长

——记朝阳市“五一”劳动奖章获得者、第二轧钢厂高线轧钢工长刘玉晶

刘玉晶，1972年出生，1991年参加工作，中共党员，凌钢技校毕业，现任第二轧钢厂高线生产段轧钢工长，高级轧钢技师。曾获得朝阳市“五一”劳动奖章，公司劳动模范，优秀共产党员称号，工人技术创新一等奖等荣誉。

表奖台上，刘玉晶胸前的徽章映衬着他憨厚的微笑，他极力平抑着获奖的喜悦和骄傲，却再也抑制不住脑海中翻腾的往事，和朝夕相处的伙伴们攻坚克难的场景，这些又都一幕幕地闪现在眼前，照亮他胸前的正是这些点点滴滴汇集成的光源。

高线刚生产时他带的是一群娃娃兵，班组平均年龄不足26岁，多数都是当年的技校生和应往届毕业生，他相信他们的朝气，也担心他们的经验不足，每次堆钢他总是第一个冲上去，时常在割钢时不知不觉地烧着了鞋带裤脚，烤糊了手套，手背经常烤出大泡。风冷辊道及收集区是当时最艰苦的岗位，卡钢频繁也难处理，轧线没事他就会坚守在那里，边干边耐心地指导他们怎样操作，卡钢他就身先士卒地去处理。

刘玉晶识大体、顾大局，在他心中最重的永远都是集体利益。钩子供不上，他就去帮外委的单位推钩子，打包线断了他就爬到穿线平台上去穿线，链子卡停他就顺着整个F线查找故障，自动化部的称计量不准了，他会跑前跑后的借工具、凑人手。最感人的一次是运卷小车的液压缸坏了，维检人员遇到了难题，150多斤的液压缸在小车的底部，天车用不上，多人抬，下面的空间还站不开，刘玉晶看在眼里，当即站出来，“我来试试”，他只身钻到小车底下躬身扛起液压缸挺到更换位置，一扛就是10来分钟，直到安上为止。

最难得的是他一身过硬的技术，多年的轧钢经验教会他思考问题的全面性和独到之处。如试生产时，7号活套内的频繁堆钢，他几经观察就找出问题的出处，1号活套连外请的专家都恢复不上，是他和班组的小兄弟们把故障排除。一般新规格的开发，领导都会刻意安排到他的班组。他总结的一些操作方法及调整思路，大部分被公司认定为创新项目。2012年，他被公司提名为朝阳市有突出贡献高技能人才的候选人，获得2012年朝阳市“五一”劳动奖章。

（文/杜文静　白　玉）

心怀大局身兼使命的“钢管通”

——记朝阳市“五一”劳动奖章获得者、凌钢销售公司经理周国峰

周国峰，1970 年 12 月出生，1991 年 7 月参加工作，中共党员，高级工程师，毕业于东北大学金属压力加工专业，现任凌钢国贸公司副经理、凌钢销售公司经理，2012 年荣获朝阳市“五一”劳动奖章。

在辽西、在朝阳、在凌钢，他心怀大局，深谋远虑，以凌钢人特有的追逐梦想的精神，带领北票钢管公司，在市场低迷的环境下，通过拼搏进取，带领企业走上了正常的发展轨道，实现了凌钢战略布局，他就是朝阳市“五一”劳动奖章获得者，凌钢销售公司经理——周国峰。

他对钢管进行无缝化改造，自行研制水压机、平头机等设备，开发了管线钢和热轧流体管，并获得了 API 会标使用权及压力管道制造元件许可证；2009 年，钢管公司搬迁至辽宁省北票市冶金工业园区，公司由原来的 5 套机组增加到现在的 9 套机组，从而形成了普通焊管、管线钢焊管、热轧流体管、中低压锅炉用管、螺旋焊管、热扩管、热镀锌管、三层 PE 防腐管等多元化的发展态势，他也成为名副其实的“钢管通”。

2010 年，根据公司的发展需要，结合公司年产 20 万吨、打造东北精品焊管生产基地的生产经营目标，周国峰提出“一年做实、两年做好、三年做强、四年做大”的宏伟发展目标。面对极其恶劣的经济形势，对内强化管理，通过深化对标挖潜，使公司各类消耗累计比年初计划指标降低 140 余万元，对现有设备不断进行改进，一年内开发了从 ϕ48mm 至 ϕ1420mm 共 29 个规格的新产品，满足了不同客户对各类规格产品的需求。对外拓宽销售渠道，开发管线管市场。一个成立刚刚两年多的企业顺利完成抚鞍线浑南段输油管线、西气东输末端南通段天然气管网、浙江嘉善至上海天然气管线、山西中原煤层气主管线等招标工程项目，可以说如此的发展速度是一个奇迹。这些业绩证明了钢管公司具备了生产高附加值钢管的技术力量和机组装备能力。在周国峰的带领下，凌钢钢管被广泛运用于奥运“水立方”“鸟巢”等国家重点工程，还出口到美国、加拿大等国家，并应用到全球第一高楼迪拜塔的工程上。

（文/路英姿）

坦诚做人　严谨做事

——记朝阳市“五一”劳动奖章获得者、检修中心主任张国栋

张国栋，1966年9月出生，1988年7月参加工作，中共党员，高级工程师，检修中心主任、党总支书记，1988年7月毕业于大连理工大学电气自动化专业。2013年获得朝阳市“五一”劳动奖章。

参加工作以来，张国栋凭借踏实肯干的工作精神，从一名基层技术人员逐步走上中层管理岗位，深得广大职工拥护和各阶层领导的认可。二十几年来，分别在炼钢厂、炼铁厂、原料厂、检修中心工作过，尤其担任单位“一把手”工作以来，破解多项管理瓶颈，为实现凌钢降本增效目标，提供了坚实的区域保障。

2009年，被任命为原料厂厂长后，他深入生产一线，全面了解和掌握生产、设备运行状态，在掌握第一手资料后，针对制约生产的环节大胆提出改进措施，大幅度提高了系统混匀料产量，使中和料场由原来年产310万吨提高到380万吨，改善了烧结机用料条件，为稳定烧结矿质量起到了保障作用。组织完成了混匀料冬季防冻措施攻关，大幅度降低混匀料防冻费用，其中仅防冻剂一项即由原来的年350万元降低到40万元。对四合一料场输料方式进行改善，年节约运输费、电费150万元。多方采取措施提高石灰石产量、质量，实现了麦窑模型化操作，仅喷枪使用寿命就由原来的3个月提高到12个月，提高了设备作业率，降低了生产成本。

2011年，他接任检修中心主任职务后，将工作重点确定在设备优质高效检修维护的同时，兼顾确保检修安全、职工技能培养和提高工作主动意识方面。通过强化基础管理工作，实现产值收入7237万元，超计划增收产值501万元。积极开展备件修复工作，修复备件1965台套，创效1992万元。2012年，继续深化设备区域包保管理机制，强化巡检补位和重点区域设备故障时间攻关，降低设备故障时间3674min，完成产值收入8600万元，其中外委检修费用超出计划指标430万元。通过开展技能培训、技术比武、师带徒培养等工作，职工技术水平显著提高，不但有效地确保了凌钢各主体厂设备的高效经济运行，更为后续人才培养提供了坚实的保障。

（文/庄俊军）

“邓大姐”的情怀

——记朝阳市“五一”劳动奖章获得者、自动化部检斤副作业长邓玉芝

邓玉芝，1966 年 10 月出生，辽宁省北票市人，1987 年参加工作，中共党员。现任自动化部检斤作业区副作业长。2014 年荣获朝阳市“五一”十佳标兵，授予朝阳市“五一”劳动奖章。

我身边的“邓大姐”有着前辈邓大姐的影子。她细腻温婉的性情成了自动化部检斤作业区 86 名女工的贴心人。

邓玉芝现任凌钢自动化部检斤作业区副作业长，29 年的工作时间她经历了从原来的电子化衡器、数字化衡器、大型衡器联网直到现在的远程无人值守检斤的过程，见证了检斤计量工作在不断地往更高的水平发展，也见证了整个公司的物流、信息流、系统化、网络化整体上了一个新台阶。每一次变革都是一次重新学习的机会，她凭借着自己多年丰富的工作经验和过硬的业务能力，得到了大家的信服和肯定。在产线检斤到远程无人检斤试用期间，她每天都与计量大厅检斤员一起学习讨论，跟踪发现问题后整理出来供软件开发人员解决，满足检斤流程中各个环节的需求，为 4 月份远程无人值守检斤正式上线打好坚实的基础。

邓玉芝为了防止计量异议的发生，针对 1 号棒、2 号棒、5 号棒材多支少支现象，制定措施，规范操作，确保数据准确，减少了计量异议的发生。为了金属平衡把方坯标定工作作为工作重点，本着随机标定，并对所标定的方坯全程跟踪，如果用户有异议，无论什么时候都能第一时间到达现场，了解情况，自检自查，做到公平、公正，协调生产，确保检斤工作正常进行。

怎样协调管理，搞好团结，做好带头人，是她工作之余考虑最多的事情。女人堆里闲事多，为避免发生矛盾，她平时细心观察，与姐妹们沟通、协调、交谈。热心为姐妹们解决实际困难，亲情化安排搭配每个班组成员，同时全面掌握员工的思想动态，细心观察，高效配置人员，新老搭配法让每个班组都注入新鲜血液，充满朝气，同时又有老师傅的沉稳，使工作在一片和谐愉快的气氛中展开，体现出班组的团队精神，她的管理理念为自动化部培养出一批有责任意识、自律意识、服务意识的新一代检斤女工。

（文/周晓红）

技改战线排头兵

——记朝阳市“五一”劳动奖章获得者、第一轧钢厂高级轧钢专家史富春

史富春，1973年5月出生，1995年7月参加工作，中共党员。毕业于沈阳高等专科学校，电气工程师。现任第一轧钢厂厂长助理，凌钢高级专家。2008年、2009年、2011年、2012年被评为公司劳动模范，2010年、2012年获凌钢科技贡献奖一等奖，2013年获得朝阳市“五一”劳动奖章。

参加工作至今，史富春参与并负责了多个重大技改项目，解决了凌钢轧钢建设与生产中出现的大量电气问题，创造了显著的经济效益。他在工作中敢于尝试，勇于创新，创造了轧线上的多项奇迹。

2号棒材机组是凌钢350万吨钢大技改的重点项目之一，轧线主传动第一次采用交-直-交变频传动系统。在此次项目中，史富春负责电气部分从项目筹备到技术交流、协议起草、设计审查、设备安装、调试和试生产。在设计审查时，针对中冶京诚水处理高压供电系统不合理设计方案，提出自己的意见，减少了7面高压柜，节省投资40万元。在2号棒生产过程中，他发现对传动装置不能进行方便有效的监控和查找问题，于是通过对SIEMENS系统应用软件研究，增加必要的监控手段，编写组态软件，组态轧线上的每一台传动装置，实现对自动化生产线的每一台传动装置技术参数、状态进行时时监控。

善于应对复杂任务，是他能力的具体体现。大小棒工程是凌钢600万吨钢大技改的两个重点项目，生产装备起点高，设备控制系统复杂。大棒生产线首次引进的DANIELI可逆轧制开坯机，由于开坯机是凌钢第一次使用，且控制较为复杂，如何做好各系统可靠衔接是保证设备是否可靠的重要保证。开坯机区域设备供货、安装、调试单位涉及12家，接口多，自动化程度高，史富春事无巨细，既从技术角度保证设备可靠衔接，又从组织角度确保设备安装调试顺利进行。由于SIEMENS传动产品更新换代，新产品应用不是很稳定，通过对传动产品的研究，建议并采用ABB交-直-交变频传动系统，投入使用后，设备运行稳定。设备制造过程中，积极同厂家沟通，解决问题，督促工期，保证设备按期供货，为大小棒按期投产提供了保证。

（文/包彩凤）

凌钢人的楷模　正能量的典范

——记朝阳市“十大”好工人、第一轧钢厂技术科科长路丰

路丰，1985 年 10 月出生，2008 年 7 月参加工作，毕业于辽宁科技大学金属材料工程专业，工程师，中共党员。现任第一轧钢厂技术科科长。连续两年被评为公司优秀共产党员，2013 年被评为凌钢劳动模范，2014 年荣获朝阳市“十大”好工人称号，授予朝阳市“五一”劳动奖章。

自 2008 年 7 月来到第一轧钢厂 1 号棒材中、精轧工作，岗位实习期间，师傅突然转走，路丰便很快独立顶岗，调整技术还不全面，面对压力他没有屈服，很快成长为整条轧线的“调整尖兵”。在他担任调整工的 4 年时间里，3 年各项指标均排名第一。

2012 年，年仅 28 岁的路丰被任命为 1 号棒生产作业区作业长，面对一条 10 多年的老生产线，而且生产规格小、技术难度大，他没有畏惧，全身心投入生产组织。他对轧机导卫装配、料型控制和速度调节要求十分严格，层层把关，生产什么时候顺了，他才放心地回家，若是太晚了，就睡在工段办公室的沙发上。经过半年的摸索，2013 年 1 号棒的综合成材率提高到 101.898%，比同行业目标值高 0.238 个百分点，尤其是在 ϕ12mm 螺纹的生产中，单规格成材率指标达到了 102.28%，达到行业领先水平，全年创效 453 万元。在他的带领下，1 号棒生产成品材 58.8 万吨，超公司计划目标两万吨；成材率指标完成 102.295%，较行业目标高 0.395%。

路丰以过硬的技术全身心投入到技术攻关工作中。2014 年，他担任一轧厂技术科科长，出色完成了 1 号棒加热炉和精整区的改造，成功开发 ϕ14mm 三切分工艺。对 ϕ12mm 四切分的孔型进行了优化，制定了 ϕ14mm、ϕ16mm 三切分和 ϕ12mm 四切分岗位作业指导书。有效降低了热轧废，提升了各项技经指标。2015 年，路丰带领工艺技术人员，刻苦攻关，成功开发出了 ϕ50mm 螺纹，并因此获得了 ϕ50mm 螺纹的生产许可证；成功开发出 ϕ20mm 锚杆钢筋，并成功走向市场。

（文/包彩凤）

“特殊领域”的核心领跑者

——记朝阳市“五一”劳动奖章获得者、氧气厂厂长杨明利

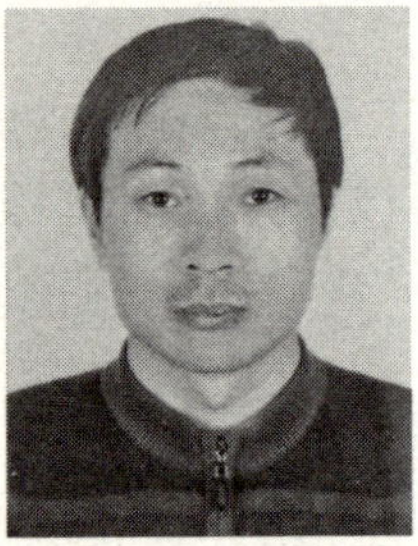

杨明利，1964 年 10 月出生，1987 年 9 月参加工作，中共党员，毕业于开封职工大学制氧专业，工程师，现任氧气厂厂长、党支部书记。曾荣获公司劳动模范称号，市国资委系统优秀党务工作者称号，2015 年获朝阳市“五一”劳动奖章。

他是“氧气”这个钢铁特殊领域的核心领跑者，熟悉制氧专业的他在这个领域一干就是 29 年。2010 年，由于工作业绩突出，他接任氧气厂厂长，从此他带领制氧人完成了一个又一个挑战。

身为厂长，杨明利深知自己所担负的责任与重担，他不断加强自身的学习修养，以提高工作效率和质量。2012 年年初，30000m^3/h 制氧机进入建设阶段，作为整个技改工程的重要组成部分，工程质量丝毫不敢懈怠。杨明利作为项目经理，从审核图纸、制订方案到改进创新、节省工程投资，没日没夜地忘我工作，并深入工程现场跟踪指导，发现各类问题 30 余项，对工程质量、施工进度起到了积极作用。在设备调试、试生产过程中他与工作人员连夜奋战，一次开车成功，于 2012 年 12 月 26 日 11 点 30 分顺利生产出合格产品。

氧气厂作为危化品生产单位，安全是最大的效益增长点，也是做好其他工作的前提和基础。他将历年氧气厂事故案例编制成册，不定期对职工进行安全教育，以警醒职工安全工作时刻不能放松。他还时时向职工通报兄弟单位发生的安全事故，并结合氧气厂实际，要求全过程控制，做到安全操作和安全检修。他细化安全工作，加强液体罐车的管理，确保液体充装、运输安全。对液体充装危险性较大的作业，采取双保险的并联保障措施。通过全员管理，提升了安全工作管理水平，连续多年实现了安全生产事故为零的目标。

在杨明利的带领下，氧气厂的管理水平有了明显的提高，各项生产指标也有了质的飞跃，产品质量可达行业先进水平。2014 年 4 月，朝阳市人民政府授予氧气厂“先进集体”荣誉称号，这是对他工作最好的嘉奖。

（文/杜文静）

以身作则的好厂长

——记朝阳市“五一”劳动奖章获得者、第二轧钢厂厂长侯宏

侯宏，1968 年 8 月出生，1993 年 7 月参加工作，本科学历，中共党员，毕业于鞍山钢铁学院，高级工程师，现任第二轧钢厂厂长、党总支书记。曾多次获得公司劳动模范称号、科技贡献奖等荣誉，2015 年获得朝阳市“五一”劳动奖章。

侯宏自担任第二轧钢厂厂长以来，始终牢记自己是一名党员、一个集体的带头人，他带领第二轧钢厂全体党员及广大职工，不断完善内部管理，转换经营机制，挖掘内部潜力，使第二轧钢厂各项工作进入了健康发展的轨道。

自 2013 年调入第二轧钢厂以来，他紧紧围绕公司工作思路，以“对标挖潜、结构优化、资源开发”三大任务为重点，全面经营生产。两年来面对钢铁行业寒冬，他顶住压力，团结带领广大职工积极进取，奋力拼搏，主要技经指标明显改善，产品成材率和一级品率指标创出了历史最好水平，生产线产能和产品质量全面提升，品种规格进一步扩展，成为国内同类型产品质量最好的生产线。在他的带领下，第二轧钢厂目前已在试验润滑纳米强化技术，升速轧制工艺，R2 精轧连轧工艺，热卷箱直接成卷工艺等。并已成功推广 R1、E1 轧辊激光强化工艺，变频调速控制风机，并准备向其他区域推广。高线细晶粒钢筋轧制和部分品种钢（HRB500E、460B，45 号等）生产也取得突破。

在厂长、党总支书记的位置上，能坚持民主集中制，摆正角色、维护大局、注重团结、以诚待人。平时工作中任劳任怨，扎实细致，遇有轧制新产品时更是跟班监控，直到轧完才下班。在工程外委、项目改造、规划安排、人事问题等方面从不以权谋私，自觉遵守领导干部廉洁自律的有关规定。经常深入生产一线，他总能与技术人员一起，认真深入调查研究，冷静分析工作的重点、难点，理清工作思路，按照工作的轻重缓急，制定相应工作措施。工作中，他以身作则，为人表率，吃苦在前，常常加班加点。

侯宏注重调动和发挥全厂职工的工作积极性，时常开厂办会议请大家为工作出谋献策，集思广益，工作既有分工又有合作，全厂一直保持团结、务实、高效的工作局面。

（文/白　玉）

心存高远　志在蓝天

——记朝阳市“五一”劳动奖章获得者、能源环保部环保科长于春艳

于春艳，1968 年 4 月出生，1991 年 7 月参加工作，中共党员，高级工程师。毕业于西北纺织工学院，现任能源环保部环保科科长。曾获朝阳市科学技术进步奖、企业管理进步成果奖、“十大”节约环保标兵称号、朝阳市“五一”劳动奖章。

“奉献不言苦，追求无止境”是她的人生格言。22 年，她伴着凌钢的环保发展而不断成长进步，从一名普通技术人员成长为环保科主管，负责公司环保综合管理、职业卫生、放射卫生和危险废物管理工作。在工作中，她本着爱岗敬业，务实、虚心学习和在实践中不断探索的态度，以高度的责任感、使命感和工作热情，认真负责地做好每一项工作。可以说，在凌钢环保工作取得巨大成就的背后，都记录下了她的执着和奉献。

2014 年是凌钢环保投入最多、环保项目最多的一年，为确保项目的顺利实施和投运后效果，她从未把自己当作女同志，甚至不顾及自己的孩子即将参加高考，从项目参标技术、厂家选取、协议签署、施工验收，每天深入现场，对施工过程进行跟踪管理，及时掌控项目进度，从而保证了环保设施与主体工程同时投入运行并达到应有效果。这些项目的实施，不仅使凌钢年减少烟粉尘排放 1080t、二氧化硫排放 4227t，改善了凌钢大气环境质量，也使凌钢的环保装备水平和环保管理水平得到了进一步的提升。

环保核查和已建成环保违规项目备案这两大工作，事关凌钢的生存和发展。面对企业的经营困境，为了给公司减少资金负担，她主动请缨，亲自组织编写了《凌钢核保核查报告》和《凌钢已建成违规项目备案条件符合性报告》，给公司节省委托编制费 200 多万元。她充分发挥自己的对外沟通、协调能力，利用国家相关优惠政策，两年为公司争取“蓝天工程”补助资金 440 万元。

（文/李希豹）

续写新篇章的轧机人

——记朝阳市“五一”劳动奖章获得者、优特钢事业部技术科长刘利明

刘利明，1977 年 6 月出生，2001 年 7 月来凌钢工作，毕业于鞍山钢铁学院，中共党员。现任优特钢事业部技术科长。连续 4 年被评为公司劳动模范；2012 年、2014 年获公司科技贡献一等奖；2015 年获朝阳市“五一”劳动奖章；2015 年聘为凌钢高级技术专家。

刘利明 2001 年 7 月满怀梦想来到凌钢棒材厂，轰轰的马达声给他留下了深刻的印象。自那时起，他暗下决心，拼搏工作，虚心向老师父学习请教，把理论全部融入于实践，功夫不负有心人，他的业绩得到职工的好评、领导的认可。2003 年起先后担任一轧厂技术员、2 号棒材机生产作业长、技术科长、厂长助理。

2012 年，在凌钢三期技改工程大棒、小棒轧钢项目的改造中，刘利明是工艺专业的负责人，时间紧，工程任务重。刘利明夜以继日克服各种苦难，积极组织先期的设计交流并参与设备的选型、订货，并在整个工艺布局中提出多项可行建议，得到中冶京诚设计院的采纳。

为了满足产品销售的需要，2013 年 5 月初刘利明通过外出学习考察，设计研发了 ϕ14 ~ 50mm 规格螺纹的余热处理工艺（即螺纹钢控轧控冷工艺），且所有规格均一次研发成功，为出口英标螺纹钢生产打下了坚实的技术基础。在同年 10 月份，他负责设计了 ϕ12mm 螺纹四线切分和 ϕ16mm 螺纹三线切分轧制新工艺，并一次性开发成功，使凌钢具备了采用多线切分轧制工艺的生产能力。

2014 年，为了满足公司生产经营需要，快速抓住市场机遇，刘利明用短短 1 个月的时间完成了 3 号、4 号棒材机组的出口方钢生产工艺设计，并亲自组织生产调试，一次性开发成功。

2015 年，为了提高产品实物质量和降低生产成本，刘利明再一次大胆设计研发 3 号棒材机组 240mm × 200mm 坯料的所有圆钢的工艺参数、孔型设计以及两火成材工艺，为优特钢的生产和品种研发起到了关键的作用。

（文/孟庆权）

路对何惧路远

——记朝阳市“五一”劳动奖章获得者、自动化部软件开发员李佳

李佳，1987 年 1 月出生，2010 年 11 月参加工作，毕业于渤海大学电子商务专业，现为自动化部信息中心软件开发人员。2015 年参加朝阳市计算机程序员大赛，获得技术状元，授予朝阳市“五一”劳动奖章、朝阳市“三八”红旗手标兵、朝阳市青年岗位能手标兵等荣誉。

随着信息技术的迅猛发展，各种新技术变革日新月异，不想被时代淘汰就得拼命的紧跟发展的脚步。李佳作为一名软件开发人员，她一直从事着这样的事业，她说“只要路是对的，就不怕路远”。

“成事不在于力量多少，而在能坚持多久。”对于这句话，李佳深有感触。2015 年，她参与了人力资源系统业务外委模块的开发。该模块需要在宝信的 iplat4J 平台上进行自主扩展开发，在程序设计开发的过程中遇到了不计其数的困难和问题，更有防不胜防的挫折和失败，而成功都是用每一次的“坚持再坚持”换来的。很多时候就为解决一个问题，可能连续十几个小时甚至几十个小时坐在计算机前不停地工作。如果不能坚持下来，那么就前功尽弃。很多时候在工作的过程中总会有这样那样的事情被打断，思路断了，又要从头再思考，从头再对程序进行理顺，然而这样的被打断是不可避免的。一个问题解决了，又有其他的问题出现。有时候人就像着了魔，吃饭做梦都是在思考如何解决问题……在她与同事的不断努力下，该系统终于初见雏形。有人说，从事这样的工作也太累了，她笑笑说“世上最累人的事，莫过于虚伪的过日子。”这样的工作更能让她感到踏实、满足。

2015 年 10 月，李佳代表凌钢参加了朝阳市总工会组织的职工技能大赛，取得了程序员组的第一名，同时被评为朝阳市三八红旗手标兵，朝阳市青年岗位能手标兵，朝阳市计算机程序员大赛技术状元，是朝阳市“五一”劳动奖章获得者。

2016 年，李佳担任凌钢统计直报系统的负责人，她兴奋地表示，这样的学习机会来之不易，一定会倍加珍惜，用心学习。相信她一定能继续发扬一贯的工作作风，为凌钢的信息化发展贡献自己的力量！

（文/周晓红）

青春因奋斗而闪光

——记朝阳市“五一”劳动奖章获得者、检修中心高级钳工技师李奈

李奈，1991年6月出生，满族，2007年毕业于辽宁冶金技师学院机电系，2011年参加工作，2012年被朝阳市总工会授予“朝阳市技术能手”称号，2015年参加朝阳市钳工职业技能大赛获得第一名，并授予朝阳市“五一”劳动奖章。

李奈，检修中心钳工，90后的年轻人，用他的青春和激情，用力争上游的韧劲，用立足岗位刻苦学习的钻劲，成功获得朝阳市钳工职业技能大赛第一名的骄人业绩，是青工中的楷模和榜样。

作为一名设备维修人员，努力提高自身素质，不但可以确保设备高效经济稳定运行，更为凌钢生产实现高质量、低消耗，增强市场竞争力起到至关重要的作用，他下定决心立志让自己成为一名真正合格的钳工，无愧于新一代凌钢人的使命。进入班组后，师傅们告诉他说：“只有吃尽万般苦，才能获得万般甜。”在他们精心指导下，他每天除了积极工作外，就自己走到钳工工作台旁，拿起自己心爱的工具，继续自己的钳工梦想，推挫虽说是基本功，但是练好了真不易，开始学时弯着腰弓着背，累得满头大汗，不小心还可能要挂点彩，一块键料要锯的笔直，有时竟然崩断好几根锯条，锯口歪的不成样子，想把料挫成一个平面，却怎么端也端不平锉刀，一边高一边低，一边合适另一边尺寸又小了，好不容易把尺寸搞好，表面粗糙度又过高，一整天下来腰酸背痛，一件活都没干完。经过师傅的讲解，才知道自己的加工姿势有误，经过调整后才慢慢进入状态，渐渐地总结出下料时锯口尽量留小余量，否则推挫时费上一倍或几倍的时间和精力，才能把工件做好，操作中时刻注意尺寸公差的控制，以及平面度、垂直度的协调。在师傅们精心的分析指导下，通过自己认真琢磨和不断的练习，当他把一个个符合图纸要求的工件顺利做出来时，才真正感觉到，自己不但收获了课本上学不到的知识，更可喜的是锻炼了体力、耐力，成为一名优秀钳工。

（文/张秀林）

精益求精　业无止境

——记朝阳市“五一”劳动奖章获得者、检修中心烧结站焊工潘海波

潘海波，1980年5月出生，1996年参加工作，初中文化。现为检修中心烧结站维修二班焊工。2015年参加朝阳市技能大赛，获得焊工比武第一名，授予朝阳市“五一”劳动奖章。

一直从事检修中的焊工作业的潘海波，凭着一股韧劲，一腔对职业的热爱与忠诚，演绎着不平凡的人生，耕耘必有收获，开花必要结果，实际的工作中，潘海波也正是这样干的。

检修中心烧结站维修二班共有5名焊工，小潘是工作中的主心骨。别看年龄不大，绝对是年轻的老师傅。论割、论焊都是顶尖高手。2015年7月，1号烧结机环冷风机由于叶轮磨损严重造成全线停产。在备件未到的情况下只有对叶轮进行修复，这任务当仁不让的落到了负责本区域维护的小潘及工友身上。这任务说量大，仅D256堆焊条用了近120kg，对14片叶片进行了堆补；说难，风机内狭小空间可想而知，每焊一处不知要变换多少次焊姿，再加上焊接烟气的熏呛与烘烤；要说精，堆焊得不好，动平衡很难做，况且也用不持久。但困难没有难倒他们，硬是用24小时啃下了这块硬骨头，经动平衡略进行打磨后，一次试车成功，为企业避免了损失，获生产厂好评。10月更换2号烧结机台车主减速机时，必须将涨套切割除掉，这在平日说来得心应手的切割作业，在这里却难于施展，作业现场不但环境空间有限，而且作业部位也极为狭窄，要用1m长的割炬将轴套沿中心螺丝孔环切一周后再径向分段切割，轴套间隙仅40mm，割炬要探入孔内200mm深度切割，同时要求切割时不能伤及与之紧密相连的主轴表层和齿轮内径表面。因割炬在孔内的活动范围很小，工作难度可想而知，最难割的一段从晚上5点一直割到次日清晨5点，足足12个小时才完工，经过艰苦作业一气呵成，得到了站领导的高度赞扬。

名师出高徒，小潘的3个徒弟经一年带培均合格出徒，像他们的师傅一样，在工作中逐渐变成主角，常与师傅一起研讨更新的知识，探索未知的路，力图为企业作出更大的贡献。

（文/牛国才）

凡人中的不平凡

——记朝阳市“五一”劳动奖章获得者、检修中心高级焊工技师于国祥

于国祥，1971 年 10 月出生，1991 年 8 月参加工作。凌钢技校焊接专业毕业，高级焊工技师。2012 年在朝阳市职工职业技能大赛电焊工比武中获得第一名，授予朝阳市技术状元荣誉称号，同时授予朝阳市“五一”劳动奖章。

1991 年参加工作的于国祥，经历了凌钢从 20 万吨钢直至今日的 600 万吨钢的大跨越，伴随新设备不断的引进，要求检修工人只有掌握过硬的技术，才能完成新设备的日常维护和检修。

理论是实际操作的有力保障，为了练就过硬的本领，于国祥利用闲暇时间通过阅读有关焊接方面的书籍，充实了焊接理论知识上的不足。他经常利用下班、双休日和年假时间到“三冶安装公司”“朝建安装公司”向同行师傅们虚心请教二氧化碳气保焊、氩弧焊及高压管道手工电弧焊等焊接技术，来填补自己专业技术上的空白。

工作中于国祥虚心向从事焊接作业的前辈们学习，与工友们共同探讨焊接技术的同时，在班组中他带领青工“学技术、练本领”，形成良好的学习氛围，通过对青工技术的指导，在找出焊接技术缺点的同时，也找到自己技术中的不足，不断完善自己焊接技术，并把更完善的技术教给他们，这样以点带面共同提高技术本领。师傅们常说的一句话“焊工是用焊条堆出来的”，他从中领悟了深刻的道理，在训练的时候为了使每一个焊件都达到技术标准，要求自己每一个焊接动作必须标准，哪怕焊渣溅到胳膊上动作也不能乱，每一道焊缝都要达到技术标准，一道缝没焊好，就再焊一道，焊件没有了，就再割一个继续练。“玉不琢不成器”，于国祥经过刻苦的训练，终于成为一名技术过硬的“骨干”。

青春总无悔，事业总年轻。平凡的事业、平凡的岗位、平凡的人，谱写出一曲动人的歌。一件件小事就像一串串晶莹的珍珠，闪耀着鲜活的人格魅力。于国祥用自己的行动感动着大家，平凡的岗位也能干出不平凡的业绩。爱岗敬业、无私奉献，平凡中创造着美丽的人生。

（文/张秀林）

走在信息化建设道路上的巾帼专家

——记朝阳市“五一”巾帼先进个人、自动化部信息中心主任董艳艳

董艳艳，1975 年 8 月出生，1999 年 7 月参加工作，中共党员，高级工程师，毕业于抚顺石油学院计算机科学与技术系软件专业，高级专家，现任自动化部信息中心主任。2010 年荣获朝阳市“五一”巾帼先进个人。连续三年获得公司级劳动模范，连续两年获得公司优秀共产党员称号，2014 年获得公司科技贡献一等奖。

董艳艳毕业至今，一直在自动化部信息中心从事软件开发工作，自 2005 年开始聘任为自动化部信息中心主任以来，在研发高新技术的路上，她带领凌钢这支信息化团队，刻苦钻研，呕心沥血，不断创新，昼夜不息，开创了凌钢一次次的信息化革命，为企业信息化发展作出了重要贡献。

2011 年，凌钢三期技改中，她带领团队，规划实施研发中心门禁系统 8 套、新区置场 4 套门禁系统及老区铸造门和西门门禁的移位安装工程，全部实现与原门禁系统无缝对接，为凌钢的治安保卫提供有效可追溯的工作平台。同时根据三期技改公辅项目建设要求，在地处偏远、地域辽阔、安防人员较少的新区置场架设安防监控系统。在新区远程集中计量系统扩容 10 套衡器，在电力、供暖等设施不健全的前提下，4 天完成首个系统设备安装调试，10 天确保现场具备计量条件。

自 2013 年 3 月开始，凌钢信息化建设一期全面启动，董艳艳付出了她积淀的全部技术储备和实践经验。经过需求分析、系统设计、系统测试、上线培训 4 个主要阶段。从 2014 年 1 月 1 日专项系统启动上线到 4 月 1 日产供销系统、各 MES 系统及配套检化验、计量系统、铁钢轧配套 L2 数采系统等 26 个模块相继上线运行，标志着凌钢信息化一期建设实施成功。此次项目规模空前，从主体业务角度涵盖 15 个部室和 10 多个分厂，系统建设级别划分跨 L1 基础自动化改造、L2 数据采集、MES 系统及 ERP 层级，实现了凌钢生产一级计划、一贯制质量管理、一级成本核算，构建了统一的采购供应管理业务平台，确立了以销定产的营销模式，为决策支持系统、大数据提供基础业务平台和数据支撑。

（文/周晓红）

与高炉为伴　谱写青春之歌

——记朝阳市先进工作者、第二炼铁厂副厂长刘海彬

刘海彬，1974年11月出生，1998年7月参加工作，中共党员，毕业于辽宁科技学院，现任第二炼铁厂副厂长。2009年被评为公司级劳动模范，2010年、2011年获得公司科技贡献一等奖，2012年被授予朝阳市先进工作者称号。

他勤奋务实、勇于创新，参加工作以来始终与高炉为伴，一步一个脚印，从一名生产工人逐步成长为专业技术人员，凭借丰富的操作经验和高超的专业技能，成功开启凌钢第一座2300m^{3}大高炉，成为行业领域高技术人才，他就是第二炼铁厂副厂长刘海彬。

自从毕业后，刘海彬在生产一线工作了15年，他呕心沥血、孜孜以求，创建了自己独特的高炉操作管理方法。

2012年，公司三期技改工程全面启动，由于工作经验丰富，专业技术精湛，刘海彬担起了2300m^{3}高炉筹建、开炉、达产达效工作。他带领高炉团队从项目审察、施工检质到高炉烘炉、开炉，昼夜奋战在施工现场，组织并提出了热风炉废气管道入口移位等300余项设计隐患及合理化建议。他主动提出并实现了2300m^{3}高炉自主开炉，为公司节省了聘请专家开炉费用约300万元。开炉出铁第二天，由于炉体灌浆料漏入炉内造成高炉严重炉凉，所有人都丧失信心认为炉缸冻结已经无法处理，他毅然决然联系并指挥两台钩机连续奋战96小时，彻底扭转了炉缸冻结的被动局面。针对大型高炉的管理，他推出了“标准化作业、精细化管控”的管理理念，落实班长区域承包并进一步细化到每一名职工，实施“包区域”“包设备”“包责任”的管理办法，使每一片区域都有人管，每一台设备都有人负责，细化分工，责任明确。在他的带领下，一个全新的团队很快就驾驭了这个“庞然大物”，高炉各项指标稳步提升。

自担任副厂长以来，刘海彬深感使命光荣，责任重大，他时刻以党员标准严格要求自己。在系统稳定高效、技术突破、安全管理等方面，深入研究、严抓细管，正在为打造第二炼铁厂“绿色、团结、务实、高效”的团队而努力。

（文/杜文静）

一份责任　一份担当

——记朝阳市先进工作者、项目咨询公司经理张俊武

张俊武，1956年4月出生，中共党员。毕业于锦州工学院，1983年8月参加工作。时任项目管理咨询有限公司经理。2012年，被评为朝阳市先进工作者。现已退休。

2012年，凌钢“十二五”结构调整技术改造工程全面启动，张俊武担任200万吨球团工程项目副经理、总监理工程师。

张俊武以高度的主人翁责任心和使命感，积极投身工程建设的管理工作，成立了集团公司“工程质量检查专家组”，积极主持专家组的活动，全年各专业共查出工程施工中质量不符合项300多项，提出合理化改进措施200多条，并安排各项目总监及时整改，使现场建设工程的实物质量得到了及时有效的控制，所有工程项目都达到了规范及设计标准。

主持制定了《材料报验制度程序》，从源头控制工程的实物质量；不合格材料，一律不准进入现场；主持成立设备监理机构，多次派出监理人员到设备制造厂监制设备制造，使进场设备验收关口前移，避免了设备现场解体、检查验收，节省了工程安装时间；主持编制《工程投资控制措施》，开展合理化建议活动，通过审查不合理设计，控制工程变更，材料代换，工程现场会签等措施，共为工程节省投资620万元。

特别是在球团工程施工中，顽强拼搏、忘我工作、无私奉献，为工程的提前投产，作出了突出的贡献。球团项目是建筑物最多，最复杂的一个项目，建筑面积约60000多平方米，建筑物楼高层多，交叉作业，场地狭窄，客观因素造成了工程管理复杂，质量控制难，组织协调相当困难。在工程的施工管理中，他既是业主方的项目代表，又是总监理工程师，承担着双重职责。为了工程的早日竣工，不分白天昼夜，坚持工作在现场，协调解决工程制约问题。帮助施工单位清理路障，填埋深坑，互让场地，清理障碍物，疏导现场交通，在工程上遇到重大技术难题，不好解决时，他总凭借丰富的工程经验和理论知识使问题一个个的化解，使球团工程提前10天竣工投产。

心系技改

——记朝阳市先进工作者、造价中心主任张艳涛

张艳涛，1958年4月出生，中共党员，毕业于凌钢电视大学，1979年12月参加工作。时任设备材料部部长，现任造价中心主任。2012年被评为朝阳市先进工作者。

“十二五”技改工程是凌钢有史以来投资最大、任务最艰巨的工程项目，工程顺利完工，实现了凌钢600万吨钢跨越式发展。时任设备材料部部长的张艳涛，坚决贯彻公司大于一切、高于一切、先于一切的技改工作方针，科学组织，深化落实，克难制胜，圆满完成各项任务，取得突出成效。

管理上有重大创新。为应对技改艰巨任务，他充分调动干部职工积极性和创造性，实施“管理责任一贯制”和“网格化管理”。一是以技改工作为核心统一调配力量，重新布局业务和仓储人员工作职责，按技改工程项目设定专职负责人；二是强化管理责任，以业务工作为主线，专职责任人一肩挑，保证了上下游工作秩序；三是突出部门领导和管理科集中管控和协调职能，提高部门内部沟通协调效率和集中办大事、集体推进的模式，确保各项目工作齐头并进；四是加强部门间及与项目部的支持与协作，全面落实设计、技术、招标、监制、验收、存储、配送、调试等各项工作。依靠科学管理，确保了物资保障系统的有效运行。

节约投资成本成效显著。他坚持依靠市场的原则，发挥多年诚信经营管理的优势，实现供货厂家协议垫资1.1亿元；凭借对市场的深入了解，准确把握价格规律，他采取强化竞争、深化合作、市场换利润等办法，2012年度降低采购成本6725万元，其中设备降价4443万元，备件降价228万元，电气降价948万元，一般材料降价494万元，耐火材料降价611万元。以采购成本的降低，确保了技改工程建设的低成本。

（文/丁　林）

青春无悔书写凌钢技改精神

——记朝阳市先进工作者、机动部工程科科长曲顺利

曲顺利，1980 年 6 月出生，辽宁大连人，中共党员。毕业于辽宁工学院工程管理专业，2004 年 7 月参加工作，现任机动部工程科科长。2008 年被评为公司劳动模范，2009 年被评为凌钢十佳青年，2010 年被评为公司优秀共产党员，2012 年荣获朝阳市先进工作者称号。

曲顺利，凌钢技改部工程科一名勤奋进取，勇于创新的普通管理者。在 2008 年 350 万吨钢改造工程中，主要负责公辅工程及炼钢工程土建施工管理工作。

炼钢工程是凌钢三期技改工程中工程量最大、投资最大的技改项目。作为该项目的副经理，曲顺利每天深入施工现场，发现问题、解决问题，起到模范带头作用。炼钢工程 2011 年 10 月桩基开始施工，2012 年 9 月竣工投产，共计 11 个月。累计完成桩基 2700 根，混凝土近 10 万立方米，钢结构 3 万吨。在施工过程中，曲顺利结合现场实际情况，充分发挥自己专业特点，解决了很多现场中遇到的技术问题，在保证施工质量的同时节约了工程投资。

在炼钢工程施工中他对工程进度、工程质量、工程投资，认真负责，严格按照公司规章制度及施工合同执行，打破常规，勇于创新、勤于思考，善于发现和解决具体问题。桩基施工过程中，八机八流小方坯连铸机配水室桩基位于原冷带轧机基础区域内，砼强度极高，拆除困难极大，且原有基础较深、较大，经与中冶连铸设计人员现场勘测计算，决定原有轧机基础利旧，节省原有砼拆除及桩基施工工期 20 天，降低工程造价约 120 万元。

在凌钢三期技改施工过程中，曲顺利每天起早贪黑，不辞辛劳，深入施工现场，协调解决工程施工过程中出现的任何问题，很好地发挥了凌钢技改人“决战决胜”的技改精神。也正是他的这种坚持保证了炼钢工程 9 月 18 日提前竣工投产。

路，在脚下延伸……

——记朝阳市先进工作者、凌钢运输部主任刘志勇

刘志勇，1968 年 3 月出生，1991 年 11 月参加工作，中共党员，毕业于北方交通大学铁路运输专业。现任凌钢运输部主任。2009 年获得朝阳市优秀党务工作者称号，2012 年获得朝阳市先进工作者荣誉。

有道是："不谋全局者，不足谋一域。"这句哲言深刻地阐述了这样的一个道理，整体与局部细节之间内在的联系，从一定意义上讲把握了细节也就等于掌握事物的全局与主动权，而时任运输部主任的刘志勇，就是一个善于把握细节的人，这个特点在凌钢三期技改工程中得以真实地展现。

铁路工程进度完成要求不一，原料站仓储区 11 道、12 道、13 道、14 道，2012 年 1 月 28 日开始通车使用，原料站站场 8 月 21 日正式开通使用，这样一来给原料站、工厂站"咽喉"地段交叉渡线及一渡两交道岔铺设工作带来了困难。为了既不影响行车，又能保证施工进度，他提出了安装遥控道岔以及铺设便道等方式，巧妙地躲开了问题碰撞的冲突点，保证了工程进度与节点要求准确对接。

轨道衡施工时，先浇筑基础，后用水钻打孔，锚固螺栓，这种方式既缩短了施工时间，又防止了因螺栓与基础钢筋连接所造成的红光带，这一招可谓一举两得、颇具匠心。

取消原设计固体道床钢轨固定方式，采用轨道衡处固定方式，保证正常轨距等措施，保证了铁路工程与主体工程同步，未因铁路工程进度慢而影响炼铁、炼钢、轧钢等主体工程投产。

10 月 13 日，5 号高炉投产出铁，这是铁路第一次真正意义上重负荷运行，虽说前期线路已经多次通过"压道"检验，但仍不能掉以轻心，为保万无一失，运输部生产科、车务、机务、工务等工作人员随车而行，几乎是用徒步引导的方式，将铁水罐车送达第二炼钢厂。其后，生产科科长赵成文、副科长白成国连续三天不分黑白地跟班作业，同时对对罐方式、安全作业要点等进行了实战摸底，也为形成科学的运输生产组织模式提供了第一手材料。至此，铁路运输技改工作在刘志勇的带领下交上了一份出色的答卷。

（文/李炳华）

用汗水浇灌奉献凌钢的梦想

——记公司劳动模范、第一炼铁厂2号烧结机段长陈忠海

陈忠海，1971年11月出生，1995年7月参加工作，中共党员，毕业于鞍山钢铁学院，现任第一炼铁厂2号烧结机段长。三次荣获公司劳动模范称号，2008年公司优秀共产党员称号。

从技术员到班工长，从班工长到段长，在成长的道路上，他用自己的付出诠释着一位凌钢基层骨干的风采，他用自己的智慧闪烁出党员奉献凌钢的光芒，他用劳动模范的感召力带领职工创造出一个又一个佳绩。

敢于攻关，在生产一线主战场上攻坚克难。2006年3月，陈忠海走上3号烧结机段长岗位，生产运行效率较低成为扼制生产经营的“拦路虎”。他深入现场，与职工共同研究，提高运行质量的良方一一实施。分别针对配料混匀矿下料不稳定、烧结机料面间断堆料易拉沟、系统漏风等问题，提出相应的针对性强的技术措施，有效地提高了烧结生产效率。2008年，走上竖炉段长岗位后，他针对竖炉运行状况，又提出了多项保障竖炉炉况稳定运行的措施，把工艺改造作为关键环节来抓，把造球机上的球团转刀由旋转改为固定；对7号皮带机增设混匀装置，对入机皂土进行预搅拌，保障皂土均匀，控制皂土结粒；对烘干机皂土上料由机前改为机后添加，最大限度地避免皂土与矿粉同时进入烘干机，减少制粒产生，为竖炉生产持续高位奠定了坚实基础。

算精细账，从配料到造球、看火、布料，每道工序都涉及哪些费用消耗，陈忠海把指标一一落实到岗位，让每名职工肩上有指标，处处都要节支降耗。每个职工的工作考核上都有重要的费用考核在跟进，是盈是亏，每天都一目了然。

拓宽思路，成为他带领职工挖潜创效的又一途径。把1号、2号、3号竖炉挡风墙砌筑由过去的外委，全部改为段内经验丰富懂土木施工的职工自己砌筑，不但砌筑标准有重大提高，而且经久耐用，可谓一举多得。

这就是一位凌钢劳动者的先进风采，把自己的执着追求与凌钢紧紧联系在一起，用汗水浇灌着自己与凌钢的发展梦，他的脚步坚定地迈向未来。

（文/王洪波）

伴随高炉成长的专家

——记公司劳动模范、第一炼铁厂4号高炉段长徐洪明

徐洪明，1971年5月出生，1995年7月参加工作，毕业于东北大学，现任第一炼铁厂4号高炉段长。荣获2010年、2014年公司劳动模范荣誉称号。

多年来，徐洪明一直从事高炉冶炼生产工作，潜心钻研高炉冶炼规律，屡次解决生产中的难题，一路走来，日臻成熟的他从当年的大学生华丽转身，已然成为操控大高炉游刃有余的炼铁专家。

深化管理，勇于创新。他以深化管理为指挥棒，为高炉生产稳定顺行保驾护航。在徐洪明的推进下，加强了对送风系统的点检，依据设备在生产中变化的特性，有针对性加以改善，保证了送风系统正常。对2号热风炉出口打浆位置及膨胀节的调整，成功解决了该部位钢甲炸纹、烧红的问题，至今运行良好。利旧的送风火管存在与风口配合不好的问题，通过在上部加设拉紧装置，很好地解决了更换风口时间长的问题，使更换风口控制在45min左右，缩短了休风的时间，大幅降低了4号高炉休风率。

受空间限制，4号高炉南场冲渣系统出铁时排渣不畅，几乎每炉都出现跑渣现象，高炉被迫堵口，严重影响高炉生产。徐洪明通过仔细观察研究，集思广益，在粒化塔、冲渣沟、冲制箱、冲渣水4个节点加以改进，彻底解决了堵渣的问题，保证了渣铁排净，为高炉顺行及强化生产创造了条件。

直面挑战，敢于超越。面对经济炉料下如何实现高炉稳定运行的新课题，徐洪明直面挑战，勇于超越，深入探索千立级高炉的操作制度、调控手段，力求高炉的稳定运行，燃料成本的降低。在装料制度上，逐步实现与风压、顶压相匹配的大矿批，通过不断探索多环布料的科学合理，形成了合理的料面形状和在炉喉直径上合理分布，从而改善了煤气热能和化学能的利用。

天道酬勤，正是他恒久的付出和探索未知的道路上的深耕，成就了我们面前这个技术精湛业务纯熟的高炉掌控者，让我们为他点赞，点赞他的果敢，点赞他的睿智。

（文/王洪波）

管理有实招 挖潜有新为

——记公司劳动模范、第一炼铁厂竖炉段段长李建飞

李建飞，1975 年 10 月出生，1999 年 7 月参加工作，中共党员，毕业于沈阳理工大学，现任第一炼铁厂竖炉段段长。曾荣获公司劳动模范，科技贡献三等奖等荣誉。

一副眼镜后面透射着睿智的目光，多年的实践与专业理论的融合，让他在生产管理上思路清晰、组织科学，书写出管理有实招、挖潜有新为的精彩篇章。在他担任 2 号烧结机段长期间，不仅实现了烧结机产量前所未有的新攀升，更实现了烧结配加石灰石粉、钢渣尾渣新课题质的突破。他就是第一炼铁厂竖炉段长李建飞。

强化责任，夯实管理基础，为烧结机的高效生产提供有力保障。李建飞从落实每一道工序责任入手，创新实行了生产操作管理日清日结，细化、明确了职工日常操作规范。

开拓思路，直面挑战，迈出“经济烧结”实践的新步伐。烧结机配加石灰石粉替代部分生石灰，配加钢渣、尾渣替代部分含铁原料，可创造非常大的效益。但也存在不利因素，石灰石粉、钢渣尾渣黏结性差，降低了混合料的成球性和水分的稳定性，而且石灰石在烧结过程中分解吸热，造成烧结料层传热阻断，降低垂直燃烧速度，不利于烧结液相的生成，使烧结机产量下降，烧结矿质量变差。面对这一全新课题，李建飞带领工段生产骨干积极应对，深入实践，不断探索，实现了配加石灰石粉和钢渣、尾渣的顺利配吃，同时为高炉提供了优质充足的烧结矿，烧结机配加石灰石粉工艺改进后，仅在 2013 年 3 ~ 11 月，创效达到了 1402 万元。配加钢渣、尾渣工艺操作优化，在 2013 年 6 ~ 11 月，创效 698 万元。

创优秀业绩，行无悔付出，李建飞做到了，用他勇克难关的智慧、高度负责的责任感绘就了一线劳模的先进风采。

（文/王洪波）

他手握开启“迷关”的钥匙

——记公司劳动模范、第一炼铁厂4号高炉管工班班长冯文兴

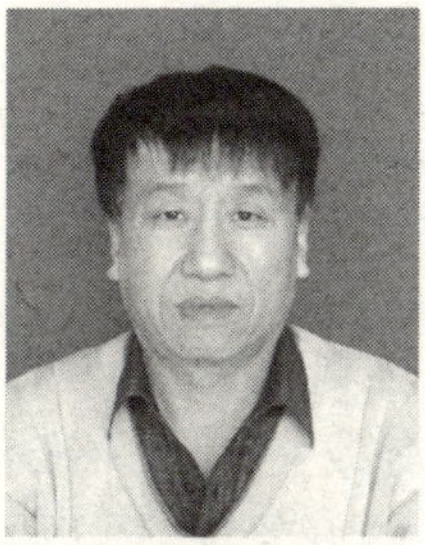

冯文兴，1965年6月出生，1986年12月参加工作，毕业于凌源高中，现任第一炼铁厂4号高炉工段管工班班长。2013年度荣获公司劳动模范称号。

冯文兴，4号高炉管工班班长，原本默默无闻，2013年公司劳模的榜单上赫然在列，他吸引了别人的目光，而熟悉他的工友却没有一点诧异，老冯当劳模，名副其实，当之无愧。

2013年，第一炼铁厂4号高炉正处炉龄末期，面临诸多安全生产难题，尤其解决高炉冷却壁漏水问题迫在眉睫。高炉生产中冷却壁漏水是难点，尤其是炉腹和炉腰部位，冷却壁若大量向炉内漏水，势必会影响高炉生产，恶化高炉顺行和危及高炉安全生产。他深入摸索，仔细排查出冷却壁每根水管的漏水情况，在高炉炉皮外部设立一根假体管道与高炉冷却壁进水管连接，使炉顶到炉底冷却水畅通，冷却效果明显。同时通过改造已知坏死的冷却壁水管，采用倒通水的方法，利用高炉内部的压差实现了高炉冷却，从而实现了与4号高炉生产现状极其适应的整体协调的合理冷却，既满足了高炉生产，又保证了炉缸的水顺利通向炉顶达到了密闭循环，达到了延长高炉冷却壁使用寿命及延长高炉炉役的目的。按同期高炉由于漏水现象造成炉况波动进行计算，仅避免一次漏水现象就挽回损失40.6万元。

进入2015年，高炉小套进出水管采用的软连接，长时间连续高压状态作业，损坏情况十分突出。如果发现小套任意一根软连接出现漏水或者断裂，更换不及时造成的后果难以想象，甚至导致休风停产，为能够合理及时更换坏损的小套软连接，并在安全、快捷的基础上进行处理是亟待寻求的。冯文兴又出妙招，对高炉风口小套回水管实施“接阀手术”，改变了过去更换软连接时盲目断水的做法，既避免了断水作业的危害，也降低了内压对小套体的破坏性冲击，有效预防高温对小套底端内壁冲刷的侵蚀，同时这个方法又保障了更换操作中的安全性，进而实现了更换坏损小套软连接的迅捷、安全。

（文/王洪波）

唱响设备高效运行的欢快劲歌

——记公司劳动模范、第一炼铁厂高炉点检员赵华泽

赵华泽，1967年9月出生，1986年9月参加工作，中共党员，毕业于凌钢技校，现任第一炼铁厂高炉点检员。荣获公司2014年度劳动模范称号，2011年、2015年分别荣获公司工人技术创新优秀成果一等奖。

赵华泽是第一炼铁厂高炉点检员，他既是高炉年修技改为高炉按期投产、保证设备高效运行奋战一线的冲锋者，又是降低维修费用中锱铢必较精打细算的好管家，以他缜密的思维弹奏着设备管理中最激越的音符，唱响设备高效运行的欢快劲歌。

4号高炉年修技改工程工期短，保证炉前、炉顶设备在较短的计划工期内安装并调试完成，成为此工程的关键环节。赵华泽根据工程进度对炉前开口机、泥炮、炉顶放散阀、气密箱的安装调试时间做了管制表，与二十冶施工人员一道密切合作，积极排查安装尺寸，解决施工方提出的开口机、泥炮定位问题，保证了高炉泥炮、开口机一次安装到位，并率先组织液压、电气专业人员，主动承担调试工作，使炉前、炉顶设备比计划工期提前3天安装完成。在4号高炉使用的冷却壁质量验收上，他带领点检科人员对每一块冷却壁的进出水管进行现场测量，共查出23块不合格的冷却壁，及时联系处理，保证了高炉冷却壁的质量及投产后高炉的稳定顺行。

为了降本增效，赵华泽带领点检人员，对原料系统长皮带根据损坏程度采用分段更换的方法，使皮带寿命延长了1/4。由于1号、4号高炉顶温控制规范，干除尘箱体过滤面积比较充足，布袋使用负荷小，针对使用到期的布袋箱体，他每周组织进行手动检测，根据箱体布袋的漏灰现象判定能否继续使用。经过这种方式操作后，延长了两座高炉布袋的使用寿命近两个月，节约布袋费用12.9万元。组织对布袋除尘器的脉冲阀定期进行总体检，由岗位人员、机动科、点检科共同检测运行状况，改变了以往脉冲阀整体更换的模式，采用了解体检查，更换膜片，综合进行校正、修复，节约脉冲阀220个。

（文/王洪波）

炽热的心让他与高炉邀约相伴

——记公司劳动模范、第一炼铁厂4号高炉热风炉班班长谭志伟

谭志伟，1969年7月出生，1987年8月参加工作，毕业于北票高中，现任第一炼铁厂4号高炉热风炉班长。荣获公司2015年度劳动模范称号。

多年来，他扎根一线，埋头苦干。多年来，他始终如一，伴随高炉，以炽热的心，铿锵的步履，为巍巍高炉奉献着自己的智慧和汗水。他就是4号高炉热风炉班班长谭志伟。

积极参与由中冶京城设计的热风炉自动烧炉工艺，他提出将煤总压设为自动跟踪，达到了节省煤气、提高风温的效果。改进后在原基础上节约煤气5%，风温维持在高水平运行。同时在兼职渣系统班长岗位上，谭志伟深知，在高炉生产中，渣系统设备故障极易影响高炉正常生产，顺畅运行成为首要。他积极对渣沟、冲制箱、内外筛网等实施小改小革等10余项，创出效益10万余元。特别是针对冬季生产皮带托辊结冰造成皮带打滑压皮带事故，他提出了利用渣池热水冲刷皮带结冰处的“金点子”并予以实施，及时消除了设备隐患，为高炉稳定生产创造了有利条件。

2015年年初，2号高炉大修改造，谭志伟利用自己多年来的工作经验及掌握技术，积极参与热风炉烘炉工作。由于工期紧，两座新炉和一座球炉处于正常生产送风，而3号热风炉在生产过程中需要烘炉。在准备烘炉时，发现炉内成正压，无法保证烘炉安全。面对这一难题，厂有关人员几经论证，但没有好的解决办法。谭志伟眼光独具，大胆提出在下部人孔加一根直径500mm、高30m的管道当做临时烟囱的建议，解决了烘炉问题。

在2号高炉投产后，渣系统生产不畅严重制约高炉生产。谭志伟蹲守一线，针对诸多难题一一采取针对性强的措施予以解决。通过一系列改造，使渣系统在短期内达到了顺畅运行，保障了2号高炉的正常生产，创效11万元。

脚印踏过，路在延伸。谭志伟以自己执着的信念，在历练中成长，在无悔中付出，无形中，他朴实无华的亮点已点缀人生精彩，让我们注目。

（文/王洪波）

烧结机旁的“实干家”

——记公司劳动模范、第一炼铁厂3号烧结机段段长崔海龙

崔海龙，1971年6月出生，1992年7月参加工作，毕业于鞍山钢校，现任第一炼铁厂3号烧结机段段长。荣获公司2015年度劳动模范称号。

凭着踏实苦干、务实求真的精神，他带领3号烧结机工段在完成各项任务中迎难而上，奋力拼搏，2015年3号烧结机烧结矿完成84万吨，与计划比超产两万吨，烧结矿转鼓强度完成74.37%，最高月平均完成75.03%，达到了前所未有的优良水平。

拼搏进取，追求一流，全面践行精细服务高炉理念。2015年，公司提出“适应经济新常态，实现质量新跨越”的号召，以此为契机，在崔海龙的组织下，3号烧结机工段把“送到高炉的每一吨烧结矿都是优质矿”作为上下一致共同践行的操作理念。在烧结生产中，他始终把烧结矿质量管理放在首位，与凌钢烧结实践深度结合，利用班前会、班中向职工讲解“铁酸钙”黏结相形成的机理与条件，使岗位操作人员提高了驾驭能力。同时，针对现有生产模型，积极完善操作标准，使职工遵守“操作有标准、调整有依据、判断有数据”的“三有规范体系”，使成品矿质量明显提升，烧结矿转鼓强度最好时达到了77%。

2015年，钢铁行业进入严寒异常。崔海龙带领3号烧结机工段义不容辞地承担起经济外矿在烧结生产上工业性试验的重任。经过边生产、边积累经验的不断摸索，探索出不同配矿条件下的最佳配水、配碳以及负压、机速调整等数据、模型，都在生产中一一实施。崔海龙对比烧结参数变化情况，深入分析对烧结矿转鼓强度、FeO等物理化学性质的影响，采取措施消融到最低。在探索出生产操作有效手段后，及时推广到1号、2号烧结机，使公司的优化配矿措施以最快的速度得到成功落实，取得明显效果。

当前凌钢又面临着严峻考验，作为基层管理人员，崔海龙积极响应，直面挑战，在担子更重、标准更高的工作任务面前，他一如既往、全身心地投入到生产、工作中去，为凌钢走出钢铁“寒冬”再立新功。

（文/王洪波）

让力量凝聚 让激情迸发

——记公司劳动模范、第二炼铁厂1号烧结机段段长刘宝林

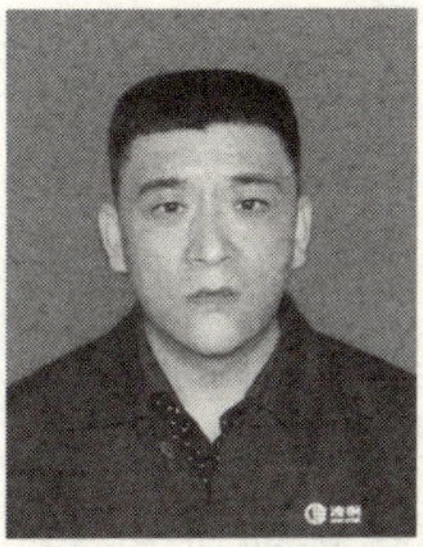

刘宝林，1971年1月出生，1992年7月参加工作，中共党员，毕业于凌钢技校，现任第二炼铁厂1号烧结机段段长。曾获公司劳动模范、优秀共产党员、工人技术创新一等奖等荣誉。

多年来，他执着无悔，拼搏奉献，从管理90m^{2}烧结机到240m^{2}烧结机，一路走来，让力量凝聚，在创先争优中践行着承诺，用自己的热情与豪迈在生产一线打拼；让激情迸发，带领职工攻关夺隘，用自己的智慧和汗水书写着瑰丽篇章。他就是第二炼铁厂1号烧结机段长刘宝林。

进入2011年，公司对烧结系统实施较大调整。原52m^{2}烧结机拆除，在原地改建为180m^{2}烧结机，90m^{2}烧结机暂时终止生产运行。这对于刘宝林来说又是一次考验。作为90m^{2}烧结机段长，一方面要处理好职工面对换岗带来的思想波动；一方面在确保正常生产的同时，做好90m^{2}烧结机的保护性停产要求，为日后能迅速恢复生产打下良好基础；而另一方面为了能更好地为生产服好务，还要对新建180m^{2}烧结机进行前期介入。

刘宝林深知，与原来的小型烧结机相比，180m^{2}烧结机更多了一些先进技术。要让职工迅速接触并在最短时间内完成对先进技术的熟练掌握。集中润滑是职工没有接触到的，他们向点检人员请教；液压疏堵机的操作是第一次接触，他们向厂家人员学习；一些辅助岗位形成了自动化控制流程，他们结成对子学习计算机的基本操作。如果说180m^{2}烧结机是原52m^{2}烧结机的涅槃重生，那这过程中的阵痛我们不能忽视。由于岗位的变动，使一部分职工从高岗位流动向低岗位，他们都是生产中的骨干，心理上产生了落差。刘宝林看在眼里，记在心里，与职工坐下来亲切交谈，一名一名地去做思想工作。正是他细致入微、事无巨细的全身心地投入，2011年11月，90m^{2}烧结机的职工进入新的工作岗位，职工的思想不但没有发生丝毫波动，而是用昂扬的斗志投入到了崭新的烧结机工作之中。更引人注目的是，180m^{2}烧结机在投产运行后，仅仅用了半个月的时间就完成了从调试到达产达效的目标转换，刘宝林交上了一份满意的答卷。

（文/杜文静）

他展示着劳动模范的先锋风采

——记公司劳动模范、第二炼铁厂回转窑段段长王中宝

王中宝，1976 年 12 月出生，1998 年 7 月参加工作，中共党员，毕业于本溪冶金专科学院，现任第二炼铁厂回转窑段段长。2012 年荣获公司劳动模范称号。

从看火工、瓦斯工到烧结班长、高炉工长，在历练中不断成长；从班组管理到驾驭大型烧结机，在考验中创出佳绩。2012 年，他以对工作高度负责的敬业精神，拼搏进取，勇于攻关，实现了 1 号烧结机各项指标前所未有的大幅提升，烧结机利用系数达到国内先进水平，承担对标指标焦粉消耗完成 38. 40kg/t，与目标相比降低 4. 29kg/t；新水消耗完成 0. 0139t/t，与目标 0. 014 相比降低 0. 0002t/t。

转变观念，优化制度，向同行业先进企业看齐。王中宝带领职工转变观念，优化操作模型，到唐钢等钢厂学习，借鉴操作经验，把提高烧结矿强度、优化粒度组成、提高碱度稳定率、降低烧结矿 FeO、降低固体燃料消耗作为重要攻关项目。提出并实施了与凌钢大型烧结机相匹配的操作观念和操作制度，降低烧结机烟道废气温度，通过调整机速及料层厚度，合理控制烧结终点，保证终点在倒数第二个风箱等，为高炉进一步降低消耗创造了条件。

积极探索，敢于突破。停用澳矿全部使用精矿，以降低配矿成本是公司在降本增效大背景下采取的重要决策。面对这一前所未有的全新课题，王中宝通过精确分析后，调整工艺操作，强化制粒将烧结机机前混合料水分提高 0. 2%。完善松料器，增加松料棒根数，提高料层透气性。降低制粒机转速，强化混合料制粒效果等。2012 年，1 号烧结机实现了与计划相比吨烧结矿配矿成本降低 30. 76 元，保质保量地满足了高炉用料需求，创效达到了 2226 万元。

无论是在烧结机段长岗位上，还是如今的回转窑段长岗位上，王中宝热爱凌钢的情愫丝毫没有改变，一如既往奋战一线，展示着凌钢劳动者的先锋风采。

（文/杜文静）

蕴情炼铁　擎帜前行

——记公司劳动模范、第二炼铁厂2300m³高炉段段长张宝付

张宝付，1974年10月出生，1998年7月参加工作，中共党员，毕业于辽宁科技大学，现任第二炼铁厂2300m³高炉段段长。2013年获得公司劳动模范称号，2015年获得公司科技贡献一等奖。

他从进入凌钢的那一刻起，以对钢铁事业的热爱、对凌钢的忠诚，立足一线，刻苦钻研，完成了从高炉瓦斯工到2300m³大高炉管理者的完美蝶变。张宝付，蕴情炼铁，擎帜前行。

他倾情高炉，诠释精细理念的管理之道。2300m³高炉是凌钢第一座大型高炉，对于张宝付来说属于全新事物，没有经验可循，没有任何操作参数可以借鉴，他带领高炉团队边学习提高，边研究创新。12本工作日记记录着自2013年5月以来每一天高炉的“阴晴冷暖”，专业数据、图像曲线、感悟心得，密密麻麻的字迹中，积累着他的勤奋、汗水，更展示着他对精细管理的笃守。

在原燃料质量变化监控上精细化，实施原燃料质量正常检测与不定时抽检相结合，动态把握原燃料质量状况，超前调剂，减少原燃料质量波动对高炉炉况的影响。在设备管理上精细化，建立岗位职工与设备管理人员的“全员设备管理机制”，将区域内每台设备全部承包到每名职工，提高设备运行质量和效率，系统运行连续两年零故障。在高炉掌控上精细化，学习借鉴宝钢、武钢、承钢高炉操控经验，融入到2300m³高炉的生产实践中，实现了技经指标达到国内同行业先进水平，高炉燃料比在喷吹25%以上比例褐煤前提下，达到520kg/t，煤气利用率达到44.5%以上。

建立大高炉操作模型及精细化操作预案，为高炉降低成本提供技术保障。以“平台+漏斗”宝钢布料模式为基础，他不断优化布料矩阵，最终形成1.5m宽度平台、0.5m深度的漏斗料面，使提高煤气利用率这一重点指标稳步提高。提出提高入炉焦丁比例的建议，并实现均匀与矿混装入炉，促进高炉上部间接还原，降本成效显著。

把自己的激情与高炉炼铁深深相系，高擎创新进取的旗帜执着前行，张宝付用扎实的脚步演绎着凌钢这片热土上一名炼铁人的忠诚情怀。

（文/杜文静）

行进的脚步没有停歇

——记公司劳动模范、第二炼铁厂生产科科长刘义

刘义，1974年出生，1998年参加工作，中共党员，毕业于本溪冶金专科学院，现任第二炼铁厂生产技术科科长。2013年荣获公司优秀共产党员称号，2014年、2015年连续两年被评为公司劳动模范。

他总是在一线，或指挥生产或管理巡查，在5号高炉的彤红铁流前、回转窑的运转机组旁，在1号烧结机的检修现场、新区原料置场的物料倒运时，你时常看见他忙碌的身影。那专注的眼神，认真的态度，告诉我们，他是一个深谙管理、敢于挑战、甘于奉献的人，他就是第二炼铁厂生产技术科长刘义。

第二炼铁厂生产技术科，是集生产调度系统和技术系统于一体，是各个生产系统之间的“枢纽”。刘义既是生产调度长又是技术科长，两个系统的管理事项异常复杂繁琐。正是凭借着多年的炼铁管理经验和不懈的进取精神，他屡创佳绩。

2015年，“钢铁寒冬”正寒之际，凌钢的生产经营遇到了前所未有的挑战。第二炼铁厂作为主要生产分厂，必须更加努力的完成降本增效任务。褐煤喷吹成为降本增效的又一课题摆在了二铁人的面前，如何把一项极具挑战性的设想变成现实，转化成“真金白银”。刘义深度参与、苦心钻研褐煤喷吹技术。鉴于褐煤本身存在高挥发分、低燃点的特性，在技术性和安全性方面难以保证，刘义严格论证，缜密考究每个环节，制定可行性方案，最终实现了褐煤喷吹技术试验成功，实现了全年安全稳定的低成本运行。

“要专注每一个细节，才能进步。”这句话在刘义的身上得到了验证。为了保证高炉的稳定顺行，他提出原燃料质量管控方案，制定焦炭备垛、取料管理细节，保证了入炉焦炭质量稳定。密切关注烧结机、回转窑生产运行状态，跟踪球团矿及烧结矿质量并做分析记录。一系列管控方案的有效实施，为5号高炉全年的稳定运行提供了坚实的基础。

2016年，第二炼铁厂的生产任务压力很大，刘义身负新使命，笃定前行，看着他坚实的背影，让我们投去点赞的目光，赞许他前行的脚步深耕不辍，没有停歇。

（文/杜文静）

岗位创新彰显劳模风采

——记公司劳动模范、第一炼钢厂天车作业长杨明

杨明，1960 年 2 月出生，1978 年参加中国人民解放军，中共党员，毕业于辽宁电视大学，1987 年 7 月来到凌钢，现任第一炼钢厂天车作业区作业长，2011 年被评为公司劳动模范。

他提出“打造标准化团队”的工作理念，他倡议“我用起重机操作手柄托起他人的幸福平安”的天车工誓言，他带领天车作业区内练操作基本功、外学专业技能、优化管理方法，圆满完成了各项工作任务，他就是公司劳动模范、第一炼钢厂天车作业区作业长杨明。

来到凌钢就与天车结下了不解之缘，眨眼已过 29 载，期间多少辛苦、多少付出，无人知晓，大家只知道炼钢厂的天车领头人叫杨明。

天车在生产线上覆盖面广，遍布整个炼钢厂房，安全操作的重要性不言而喻。他提出改造并制作的万向节连接方式，安全方便；改造主、副钩防掉槽防护罩，并在滑轮轴上设计安装护磨轴套，避免钢丝绳浪费或更换钢丝绳而制约生产；改造天车原主钩制动轮等。他提出的“我用起重机操作手柄托起他人的幸福平安”的天车工誓言，成为每名天车工标准操作的信念。

为了降低润滑油的使用成本，杨明将原减速机使用的 20 号机油润滑油改为低温防漏耐用的润滑油，为公司节省大量资金。面临全国各企业在天车起升系统上使用的制动器装置全部是长杆式电磁铁制动系统，缺点是耗电量大易损坏，成本高维修频繁，他通过查阅资料发现该制动器制动时间比液压制动时间相差 0. 3s。经过反复的对比研究后，他将液压制动增加一补偿系统来解决时差，从而结束了电磁铁在起升机构使用的历史，节约大量资源。

他主张学习，以全员标准化操作为工作理念，力争打造“理论知识强，操作基本功过硬”的团队，用他的话说：“要么就不做，做了就做最好。”他借鉴国家天车工专业技能题库，拟定培训教案，分阶段对职工进行理论培训，设立比武场地，引导职工理论与实践全面发展，在他的带领下，天车工的操作水平逐年提高。

（文/卢　超）

连铸设备系统的驾驭人

——记公司劳动模范、第一炼钢厂厂长助理杨德荣

杨德荣，1969 年 10 月出生，1991 年 7 月参加工作，中共党员，毕业于朝阳工校后自学完成辽宁省党校建筑企业管理本科学业，现任第一炼钢厂厂长助理兼设备科长、连铸点检长，2012 年、2013 年获得公司劳动模范称号，2007 年、2008 年获得公司科技贡献一等奖。

炼钢系统 5 台连铸机就如他的兄弟，他熟知每台连铸机的脾气和特点，他总能用各种方法让连铸机平稳高效顺行，在快节奏的炼钢生产中，娴熟的驾驭着他们，他用睿智的思维方式、勤奋敬业的工作作风、和善平实的为人态度，成为连铸点检作业区当之无愧的领军人物，他就是第一炼钢厂厂长助理、连铸点检长——杨德荣。

伴随着凌钢的跨越式发展，2010 年炼钢厂打响了日产万吨钢的攻坚战，进入 2011 年，如何稳固日产万吨钢成为了工作的重中之重。漏钢现象这个制约连铸生产的重大难题，困扰着连铸作业区全线生产人员，解决漏钢现象也成为杨德荣 2011 年技术攻关的首选课题。他经过长时间的跟踪调查和反复实验，发现只要改进原有的管道，配合调换调节阀及流量计，提高原有过滤网的精度，同时将原有的 DN80 过滤器改为 DN100 的过滤器，增加总过滤面积就可解决漏钢问题。改造后不但铸机各段二冷水水量大幅度提升，水循环效果也得到了提升，铸机拉钢速度有了明显提高，为生产的稳定顺行提供了有力保障。

随着公司技改工程生产规模的不断扩大，产品不断增多，生产任务加重，日常维修任务也随之而来，2011 年的年修任务就是摆在连铸点检面前的巨大课题，如何在不影响生产的前提下对 3 号铸机进行保护性拆除，拆除后对 2 号铸机冷床改造，成为了此次年修任务中的一个难点。杨德荣带领点检团队仅用了 22 天时间就顺利完成了 1 号、2 号铸机及冷床改造的年修任务，为生产顺行提供了强有力的保障。

杨德荣用自己的行动向日产万吨钢献礼，用激情传递着力量，用兄弟般的情谊凝聚团队，打造出了一支具有亲和力、战斗力、创造力的优秀点检队伍。

（文/卢　超）

情系炼钢

——记公司劳动模范、第一炼钢厂生产科科长柳海中

柳海中，1972 年 9 月出生，1995 年 7 月参加工作，毕业于东北大学，现任第一炼钢厂生产科科长，连续两年荣获公司劳动模范称号。

他一心扑在工作上，各项工作想在前、干在前，充分发挥着一名管理人员应尽的义务和责任。他就是第一炼钢厂生产科科长、公司劳动模范柳海中。

2014 年，公司深化挖潜、降本增效任务加剧，第一炼钢厂以控制生产经营成本指标为目标，全面细化、深化分解的各项生产任务逐步展开。如何以生产组织满足安全生产、质量控制原则的前提下，形成了科学决策、精准协调、精益求精、组织严密、安排科学、统筹全局、保障有力的集成化高档次生产指挥系统，最终实现生产经营目标，成为柳海中心中时刻牵挂的一件大事。

他提出生产上以稳定顺行是最经济的为原则，以双无双零为主要工作抓手，以降低事故率和返水量为突破口，全面推进生产组织内涵转变，将系统大生产的理念贯穿整个工作中，提升生产管理水平。根据内外生产条件，坚持以经济炼钢为中心，稳定、高效、科学组织生产，立足系统经济、区域合理的原则，不同阶段根据不同条件、特点确立了不同的生产组织原则。注重抓关键环节、优化过程控制。坚持以“双无双零”为最基本原则组织生产和检修。以深化“五精管理”“模型控制”为基准，以推进“四个标准化”管理为手段，以确保“双无双零”为核心，平稳提升了第一炼钢厂生产管控水平、实现了效益最佳、产量最大化的目标。对原料系统、冶炼系统、吊包系统、天车系统、连铸系统、转炉点检定修和连铸点检定修 7 个系统制定了详细的管控模型以及基本要求，通过优化生产组织模型等管控措施，全面实现了生产稳定顺行，确保了公司降本增效任务的完成。

忘我的工作态度，甘于奉献的精神，使柳海中在凌钢这个大舞台谱写着忠诚之歌。在这个舞台上，他在实现自己人生价值的同时，也留下了一串串闪光的足迹！

（文/卢　超）

务实勤奋讲奉献　创新管理勇担当

——记公司劳动模范、第一炼钢厂连铸作业长谭加学

谭加学，1981 年 7 月出生，中共党员，2003 年 7 月参加工作，毕业于包头职业技术学院机电一体化专业，现任第一炼钢厂连铸作业区作业长。多次获得公司青年岗位能手称号，2007 年获得辽宁省优秀团员称号，2008 年、2013 年获得公司科技贡献四等奖，2013 年获得公司优秀共产党员、优秀作业长称号，2014 年获得公司劳动模范荣誉称号。

2014 年，面对日益严峻的钢铁市场形势，为降低生产成本，保证铸坯实物质量，降低岗位工的劳动强度，谭加学通过外出学习考察，在 35t 系统方坯连铸机投入液面自动控制系统，他与设备技术人员编制液面自动控制操作规程和要点，研究实践塞棒半锁死状态的拉速调整方式，改造中间罐及罐车，调整放射源安装高度，确保水口的浸入深度在 65 ~ 95mm 之间，改善后每月减少漏钢 4 次，每月减少截纹、结疤缺陷坯 300t，减少了人为因素对拉钢操作的影响，同时降低了职工劳动强度，保证了铸坯质量。

为提高产品附加值，他带领专业技术人员在方坯连铸机成功开发 Q235-B、Q275-B 出口方钢、矩坯生产。根据铸坯表面的矫直温度，三次优化温度拉速表，使铸坯角部矫直温度大于 920℃，2014 年共生产出口方钢 62975t，合格率达到 99. 2%。为提高铸坯质量，与设备专业技术人员研究了方、板坯中间罐溢流槽改造及中间罐放渣技术，中间罐使用 8h 后渣层厚度大于 80mm，给钢液带进颗粒尺寸大的夹杂物，严重危害钢的力学性能；中间罐内钢渣聚集不能及时排出，减小中后期的罐容，影响钢水质量；在方坯罐体进行改造，在生产过程中进行中间罐排渣。改善后中间罐渣层厚度控制在 80mm 以内，提高铸坯质量，增加中后期罐容，减少大包剩水，降低了钢铁料消耗。

“成绩不属于我自己，属于我们每一名争气、拼搏、奉献的连铸人!”他时常这样告勉自己，也正是这种精神的支撑，他带领连铸团队在钢铁严冬中，用勤奋和执着创造着一个又一个奇迹。

（文/卢　超）

铸机上的“守护神”

——记公司劳动模范、优特钢事业部连铸作业长李殿华

李殿华，1975 年 12 月出生，1999 年参加工作，毕业于辽宁科技学院，中共党员。现任优特钢事业部连铸作业长。2008 年评为公司优秀共产党员；2009 年、2012 年、2014 年、2015 年评为公司劳动模范。

连铸是降低成本的主战场、提高定尺率的根据地。身为连铸作业长的李殿华深知承担的任务艰巨，他带领团队拼搏进取，攻克难关。

8 号铸机的投产及生产模式发生变化，对生产事故产生较大冲击，他通过对职工的培训，并倾向于增加班长操作技能，使事故及时得到遏制，最大程度保证了生产，降低了成本。同时他带动职工进行工人技术创新活动，给连铸作业区带出了较多的降本措施，如连续测温管重复利用、顺序化更换水口、多次变渣线操作提高耐材寿命等，月平均降低辅料成本 1.2 元，超计划完成降本目标。针对 20（GP）质量异议频发，他对炉次进行调查，发现多为开浇、停浇、换罐及换水口炉次，通过与技术中心及专家团队交流，建议将开浇、换罐、停浇炉次的切废长度由 3m 增加到 6m，换水口炉次下线 16 支铸坯进行改判，从而提高了 20（GP）钢的质量稳定性，降低了质量异议数量。

8 号铸机投产后，生产组织模式发生变化，原有的两台铸机人员需要生产 3 台铸机，如何实现 8 号铸机顺产达产、3 台铸机稳定顺行、产品质量稳步提升以及低成本运行是摆在优特钢事业部面前的难题。作业区积极应对，及时采取措施，制定新的管理措施，一是原有人员进行合理优化，确保生产优钢铸机的操作稳定，同时保证产品质量能够得到稳步提升。二是将中间罐、钢包烘烤用煤气改为 35t 回收的转炉煤气。三是优化生产计划的安排，确保每台铸机开启后至少生产 3 浇次以上，减少轮转的次数，从而降低运行成本。

李殿华怀着与企业一同发展、一同进步的信念，继续以规范化的管理、勇于创新的精神、认真务实的工作态度、光明磊落的人格魅力充分发挥着劳动模范的带头作用。

（文/孟庆权）

用精湛技术引领特钢发展

——记公司劳动模范、优特钢事业部技术科科长张国新

张国新，1974 年 12 月出生，1998 年 7 月参加工作，毕业于鞍山钢铁学院，中共党员。现任技术科科长，2014 年被评为公司劳动模范，2015 年被评为公司科技贡献一等奖。

面对公司严峻的生产经营形式以及“普转特”生产的艰巨任务，作为生产技术科的科长，张国新根据公司生产模式的变化优化协调组织生产，在确保安全第一的情况下，以生产顺畅为基础、质量为核心、降本增效为原则、新技术推广应用为突破口展开工作，创效无数。2015 年评为公司科技贡献奖一等奖。

2013 年 5 月份炼钢厂一厂变两厂后，他重新制定了生产组织管理控制模型，细化环节控制，优化过程控制。根据公司 9 月份以来“普转特”生产的新要求，他通过夜以继日的摸索演练，严把各工序时间节点，详细制定了科学的生产模型保证生产的稳定顺行。作为生产技术管理的第一责任人，他以严格的生产周期为中心组织各工序生产，以科学严谨的组织和时间节点优化来实现产量最大化。根据生产组织模式的不同，严格推行点检定修制，强化设备维护、检修工作，同时他每月都会组织调度会议，总结经验查找不足，让调度献计献策，并且深入听取一线职工意见，使 10 多项的合理化建议得以实施。

技术引领，科技创效。他先后负责主持了特钢开发技术攻关，成功开发了高碳硬线钢系列、齿轮钢 20CrMnTi、轴承钢、冷镦钢等共 15 个特钢钢种，此项攻关创效 582. 25 万元。为减少优钢在生产过程中出现的裂纹、夹渣等质量缺陷，他负责主持了优钢（减少夹渣、裂纹）提质技术攻关，此项攻关创效 2715. 35 万元。

张国新用科学的角度进行组织管理，用尖端的技术引领科技，实现特钢最大程度的提质、降本、增效，为凌钢稳步前行奉献属于自己的一份力量。

（文/孟庆权）

艰难漫漫优钢路 俯首甘为孺子牛

——记公司劳动模范、优特钢事业部产品研发室主管魏玉箫

魏玉箫，1974 年 9 月出生，陕西西安人，重庆大学钢铁冶金专业毕业，钢铁冶金高级工程师。1998 年 7 月参加工作，现任优特钢事业部产品研发室主管，曾多次获得技术能手、科技贡献奖和劳模荣誉。

为了优特钢的研发，魏玉箫扎根基层，夜以继日，收集大量数据，为新产品研发奠下坚实基础。2009 年，为攻克 HEB500E 热轧带肋抗震螺纹钢筋强塑性匹配，魏玉箫整理上千炉 HRB400E 数据，运用数学回归方法，分析各元素含量与强度和韧性的关系，设计化学成分，全程跟踪冶炼、连铸、轧制和性能检验，总结分析、优化工艺，经过十多轮“试验—总结分析—优化—试验”，成功研发出铌钒复合微合金化抗震钢筋 HRB500E。

2013 年，随着大方坯、大棒材的相继投产，为摸索出缓冷坑温降规律，他忍受高温烘烤，每隔两小时测一次坑内温度，经过多个浇次试验，摸索出缓冷温降规律。为尽快掌握专家生产含铝钢 LF 精炼造白渣诀窍，他和工人一起加料、调渣，观察钢包顶渣取样状态，同时虚心向专家请教，为优化和制定工艺打下基础；为提高钢水洁净度，他不畏辛苦，往复于 LF 精炼平台和 16m 多高大方坯连铸高位平台之间，指导大包工覆盖剂和碳化稻壳加入时机和数量，测量中间包钢水液面高度，对比不同软吹氩情况夹杂物变化趋势等，最终摸索出一套合理品种钢工艺路线和工艺制度。

虽然优特钢开发初见成效，可是成本却很高。为了降低成本，魏玉箫对生产数据做了大量统计与分析，在保证产品成分与质量的前提下，努力创新。2010 年，他采用氮化钒铁代替铌、钒微合金化工艺生产 HRB500E，较原工艺降低成本约 150 元/t。首次创造性地在中宽热带采用氮化钒铁微合金化工艺，低合金钢、管线钢吨钢成本降低 15～150 元不等。

扎根在轧线　奉献在凌钢

——记公司劳动模范、优特钢事业部5号棒副作业长马占东

马占东，1962年5月出生，1980年7月参加工作，中共党员，毕业于北票市保国铁矿中学，高级轧钢技师。现任优特钢事业部5号棒副作业长。2008年获得“马占东 ϕ12mm 带肋钢筋三切分最优调整法”的命名殊荣；2013年评为公司劳动模范。

2012年，是马占东当工长的第二十五个年头了，如今的他是全作业区经验最丰富的轧钢工，也是全作业区唯一的高级轧钢技师，他了解轧线上的每一个设备，听声音就知道正常不正常。面对紧迫的市场形势，公司给1号棒下达了成材率指标上浮0.3%的工作任务，但面对一条10多年的生产线，面对本身生产规格小技术难度大，面对从来没见过的高指标，他像听到冲锋号的战士，无所畏惧地向前冲，他暗暗下决心，就算这是一块不好啃的骨头也要将它拿下。

对于棒材轧制来说，各项经济技术指标提高的根本就在于减少热废，但对于切分轧制短时间内降下热废并非易事。他仔细观察，认真分析，对不同规格的堆钢原因进行汇总，对每一种堆钢形式进行分析。他根据观察发现 $\phi12\times3$ 螺纹在更换半成品槽时中线打滑的堆钢事故十分频繁，制约生产，便提出了改变半成品孔型的建议，孔型改造后因为打滑而产生的堆钢事故再没有发生过，其孔型也一直沿用至今。他对1号棒切分导卫冷却水管进行改进，大大减少了因黏刀而产生的堆钢事故，有效地降低了热废。针对 $\phi14\times2$ 生产过程中时常发生“转劲、肥头和切偏”而导致的堆钢事故，他又提出了将15号料型进行“加宽变薄”的建议，实现了 $\phi14\times2$ 螺纹的各项指标的大幅上升，成材率指标由2011年的年平均值101.49上升到101.64。他就是通过对每一个规格细化操作来减少热废，并带领班组连续6个月经济指标获得第一，稳步提高成材率，完成公司下达的指标。

（文/张维兰）

轧机伴人生

——记公司劳动模范、第一轧钢厂2号棒工段丙班轧机工长王海成

王海成，1971年11月出生，1988年10月参加工作，中共党员，高中学历，轧钢技师。曾荣获公司劳动模范、工人技术创新一等奖、优秀共产党员、朝阳市优秀班组长等称号。

王海成，现任第一轧钢厂2号棒生产工段丙班轧机工长。作为轧机的老工长，工作经验丰富，善于勤奋钻研。

在担任1号棒材机组工长期间，班产始终名列前茅，并不断刷新高产纪录。在生产之余还善于钻研问题，1号棒材机组因1号、2号飞剪切头尾影响成材率0.3%以上。偶然一次1号飞剪没有切尾，轧件依然顺利通过了中轧、精轧。受此启发，王海成大胆提出一个设想：取消1号飞剪切尾，就能提高成材率。经过反复观察试验，严格控制2号飞剪切尾、粗轧料型，第七道次控制在59.5~60.5mm之间，精细调整粗轧堆拉关系；严抓粗轧导卫装配、调整质量，确保轧件尺寸与导卫间隙在2~3mm范围内，尤其是6号轧机导卫扭转角度，保证轧件以最好角度进入7号轧机，轧件尾部不出现耳子和倒钢现象，提高成材率0.075%以上。

在生产实践中，他摸索出很多有效实用的操作方法，解决了倒钢、堆钢、热废等问题，提高了成材率和定尺率。他把自己多年的调整经验、操作方法传授给新人，并同他们就某些调整问题展开讨论，集思广益，提高整体操作水平。他所带领的轧机班组也成为最有实力的班组。

作为班组带头人，王海成在工作期间，尽职尽责，注重技术创新与实践的结合，取得突出的工作业绩。多年来，他始终用特有的严谨和坚韧的精神感染着班组和身边的每一位职工，带领他们一步一个脚印的向前迈进。

（文/包彩凤）

做职工群众的标杆

——记公司劳动模范、第一轧钢厂1号棒作业区轧机工长汤德生

汤德生，1969年12月出生，1989年12月参加工作，轧钢技师，现任第一轧钢厂1号棒作业区轧机工长。曾获公司劳动模范称号。公司工人技术创新一等奖获得者。

汤德生是第一轧钢厂1号棒作业区轧机工长。在他的带领下，1号棒机组形成了“比、学、赶、超”的良好氛围。在开展的劳动竞赛中，带领班组创造了$\phi12\times4$螺纹切分最高班产1038t和$\phi14\times3$螺纹切分最高班产1080t的纪录。他在平凡的岗位上，实现了自己的人生价值，他用自己辛勤的汗水赢得了同事的尊敬和认可。

汤德生在班组中有较高的威望，不仅因为他技术过硬，更令人钦佩的是他脚踏实地和开拓创新的精神。他总结提出的合理控制料型方法，有效解决因料型控制不好而造成的频繁堆钢，降低了热废，提高了成材率。他通过同技术人员一起日夜奋战，精细计算，总结生产实践，得出了符合轧制需要的料型尺寸，有效解决成品出口顶导卫的故障，使$\phi12\times4$切分成材率提高0.2%。在生产$\phi14\times3$切分轧制的试轧过程中，他通过现场调整试验，与技术人员一起改造了预切分孔型和相关料型，有效解决成品三线差的难题，既提高了成材率，又提高了定尺率。同时，也大大减轻了大剪剪切人员的劳动强度。

2015年，他作为一名轧钢工人，轧材系统的劳动模范，充分发挥模范带头作用，工作中身先士卒，用创新的思维，去指导生产组织和管理，使班组职工劲儿往一处使，团结一致，共渡难关，带领本班创造了连续10个月产量、成材率等各项指标第一的好成绩，综合成材率完成103.09%，比上一年提高0.2%。

汤德生，一名普通的轧钢一线工人的代表，他在平凡的岗位上，创造了不平凡的业绩。他把自己的劳动岗位作为展现人生的最佳平台，在生产一线轧钢最前沿，倾注自己全部身心和汗水，他用自己的辛勤努力，拓展了广阔的空间，展现着凌钢劳模精神。

（文/包彩凤）

激情燃烧的岁月

——记公司劳动模范、第二轧钢厂开发科科长张殿民

张殿民，1965 年 4 月出生，1983 年 11 月参加工作，1997 年 12 月入党，专科学历，现任第二轧钢厂开发科科长，多次荣获公司工人技术创新一等奖、生产能手、劳动模范。

在每年的公司工人技术创新光荣榜上都会看到他的名字，他善于创新、善于钻研，将一名技术工人的优势发挥得淋漓尽致，他就是第二轧钢厂开发科科长张殿民。

在 2006 年技改工程中，他夜以继日，身先士卒，整日整夜的与职工摸爬滚打在检修现场，在 40 天的年修技改工作中，每天深夜 12 点前检修现场一直有他的身影，次日 7 时又已看到他忙碌在现场，进入调试阶段，他与专业调试人员及技术人员一道相互研究，互相学习，解决了一个又一个调试工作中遇到的难题，同时也锻炼了自己。他不仅在管理上下功夫，在技术上也有过硬的本领。今年 3 月份对热卷箱网络通信系统进行改造后，由于通讯网速与改造前相差较大，整个热卷箱控制发生较大变化，运行极不稳定，做网络通信改造的厂家又不懂控制原理和思路，无法进行问题的处理。他及时组织电气技术人员对热卷箱控制系统进行修改，每天亲临现场，有时调试到凌晨两点多才下班，对修改的每一个环节、细节都严格审核把关，经过近两周的艰苦努力，终于将控制系统修改完毕，修改后的设备运行稳定性远远超过改造前。

同时他还积极率领作业区人员进行小改小革及技术创新活动，在他的带领下，作业区全年共完成小改小革项目 47 项，完成技术创新项目 26 项，都不同程度的在厂里受到了表彰，其本人的技术创新成果“E1 辊道、E2 前辊道运行方式改造”“2 号加热炉换向阀控制系统改造”创效达 27 万余元，并获得厂技术创新成果一等奖。

（文/白　玉）

有声有色的青春　无尽无休的追求

——记公司劳动模范、第二轧钢厂厂长助理赵济烈

赵济烈，1972年8月出生，1999年9月参加工作，毕业于东北大学材料科学与工程、金属压力加工专业，中共党员，现任第二轧钢厂高级技术专家兼厂长助理。三次荣获公司劳动模范称号，多次荣获公司科技贡献一、二、三等奖。

赵济烈为人热情、执着，作为当年凌钢“双学历”的一员，他是唯一一名留守在中宽带生产线上的轧钢技术人员。时间在变，但是他执着的进取精神始终未变，特别是对轧钢技术的研究更是与时俱进。

2013年，中宽带精轧机系统改造，由中冶赛迪来完成，虽然系统大部分借鉴原有北科大的控制程序，但是由于中宽带现场没有二级控制，所有参数都需要靠操作工的输入来完成，流程的任一环节不完善，都有可能造成后续生产不能顺利进行。9月份年修，10月份试轧，连续40多天，赵济烈没有休过一天。停产时他在现场，除了布置作业区人员进行内部检修工作之外，就是跟踪精轧机系统改造，他经常说，轧钢操作，不单单是辊缝、速度等参数的简单输入，要想轧好钢，必须要明白具体的控制原理。

他的坚持，不仅让他掌握了赛迪设计的程序控制精髓，更重要的是，他发现了很多不完善之处，如换辊时台上台下的信号转换缺少、压下台半自动画面不能传规程、APC画面需要增加轧制力棒图……他发现的问题会同现场职工发现的各类问题，先后两次以书面提交中冶赛迪人员进行改进，对现场的顺利生产起到了至关重要的作用。

质量是企业的生命，更是我们的饭碗。中宽带品种多达18个，规格多达1455个，每一支钢从加热、轧制、卷取到成品出库，经过的环节也多，要想确保每支钢质量都100%合格，难度可想而知。但是，赵济烈说：“产品是从我们的手中出去的，不管有多难，我们都要尽我们100%的能力，确保送到用户手中的是合格产品，做到不合格产品不出厂。”

一分耕耘，一分收获，由于勤奋努力和踏实肯干，赵济烈多次受到领导的肯定和同志们的赞扬。科技贡献奖、劳动模范、生产能手等荣誉纷至沓来。

（文/贾亦凡　白　玉）

忘不掉的是那份责任

——记公司劳动模范、第二轧钢厂加热作业区作业长张武

张武，1968 年 5 月出生，辽宁凌源人。1991 年 7 月毕业于鞍山钢校，2003 年入党，现任第二轧钢厂加热作业区作业长，曾获公司劳动模范、优秀党员、管理能手等荣誉，多次获公司技术能手称号和科技贡献奖。

1991 年 7 月毕业于鞍山钢校的张武来到凌钢，满怀着对未来的美好憧憬，开始了他人生新的历程。他先在热带厂实习，随后任中宽热带厂工艺科技术员、调度值长、加热技术员、加热副作业长，直至现在的第二轧钢厂加热作业区作业长。

2008 年 3 月份由于生产 08Al 产品需要，进行 1 号加热炉拆除，工期 15 天，土建两个月，设备安装和加热炉本体施工两个月，所有施工进度保证与轧线改造同步完成。时间紧、任务重，在改造工程中，他每天早 6 点到晚 10 点进行现场协调，对施工记录、材料备件和施工质量进行检查，在检查过程中发现许多问题，及时得到改正，保证了加热炉施工质量和按期烘炉生产。合理控制 2 号加热炉检修时的材料备件消耗，对部分阀门及时进行检修利旧，对所有换向阀进行检修利旧，对周期性检修材料备件合理提出和使用，杜绝浪费，此项节约资金 30 万元。

在降低煤气消耗方面，对 2 号炉的操作进行优化，摸索出钢时板坯头尾温差，两炉交替半炉号出钢，改变加热炉换向时间，调整两侧烧嘴开度，通过上述措施保证头尾温差由原来 60 ~ 80℃降到现在 40 ~ 50℃，保证轧钢温度和成品质量。在检修待料时间上也做了更为严格的保温方案，长时间故障停机，降低炉膛温度 900℃以下且分段加热，有待料、检修、长时间换辊时，提前做好准备，减少板坯在炉支数，降低加热炉温度，降低煤气消耗。制定合理的热装考核制度，有条件尽可能热送热装，缩短板坯在炉时间，降低了煤气消耗。

（文/贾亦凡　白　玉）

信念在坚守　责任在担当

——记公司劳动模范、焦化厂设备科科长罗彦银

罗彦银，1969 年出生，1992 年参加工作，中共党员，毕业于冶金高等专科学校，现任焦化厂设备科科长。3 次获得公司技术能手称号，2008 年获得公司优秀共产党员称号，三次被评为优秀作业长，三次获得公司劳动模范称号。

多年来，身为设备科长，罗彦银爱岗敬业、乐于奉献。他积极学习业务，坚持学以致用，抓好设备安全运行，影响带动身边职工降本增效，在他的带领下，点检作业区形成了一个团结互助、纪律严明、技术过硬的战斗集体。

2006 年 4 月，罗彦银初升点检作业长，深知责任重大的他对自己高标准，严要求。为使设备更加稳定运行，他建立点检周期，采取专人包机制，对设备进行精密点检，通过这种新的管理模式，使煤气鼓风机、龙门吊、四大车、提升机、装入装置等重点设备运行状态得到了有效监护，最大限度减少以至杜绝突发故障。

2009 年，他提出对下线资材进行 100% 解体修复，至此，每一个下线备件他都亲自参加组织鉴定。查阅资料，制定修复方案。2009 年共修复抓斗 4 台，粉碎机锤头 4 套次，电液推杆 8 台，减速机 6 台，接触器、开关电气元件 28 件。使资材修复范围覆盖了备件到接触器所有资材。2009 年修复累计创效 78 万元。维修费用降低 223 万元，降低 21%。库存资金较年初降低 31 万元。回收备件 260 余件，可利用管、型材二十几吨，这一工作的有效开展在降本增效中发挥了巨大作用。

2010 年是焦化厂技改投入运行的第一年，设备投入运行以来逐渐暴露出的与实际工况不相适应的问题，部分设备故障频繁，维修量骤然增加，作为点检作业长，罗彦银做到了“以厂为家”干工作。只要设备出现故障不管白天还是黑夜他总能在最短的时间内到达现场组织处理，故障一刻不解决，他就一刻不放松。他要与时间赛跑，避免给单位造成更大的经济损失，一年来他放弃了休息时间、节假日，时刻以任劳任怨的精神为焦化厂设备稳定运行，达产达效默默奉献着。

（文/张立微）

工作战线上的领路人

——记公司劳动模范、焦化厂回收作业长郝思源

郝思源，1979 年出生，毕业于辽宁工学院，中共党员，现任焦化厂回收作业区作业长。曾获公司劳动模范，优秀共产党员、朝阳市十佳青年技术能手、凌钢“十佳”青年、公司科技贡献奖等荣誉。

2003 年他从大学毕业，进入了凌钢焦化厂工作。别看他貌似孱弱书生，身上却有一股做事不服输的牛劲儿，正是这股牛劲儿，使得他在工作中锐意进取，勇于创新，2006 年被提为作业长。他成长的历程就是不断学习、进取、默默奉献的过程。他就是焦化厂回收作业区作业长——郝思源。

2008 年，他发现采用传统的热氨水清扫电捕的方法存在清扫时间长，清扫不彻底的缺点，对后部工序影响较大。他查阅了相关资料，果断地将传统的电捕热氨水清扫改为蒸汽清扫，解决了这一难题。在工人技术创新工作中，郝思源深知靠一己之力是不够的，只有把全体职工一同发动起来，全员参加，用集体的力量才能解决生产中更多疑难问题，才能保证生产有序、稳定、高效地顺行。在他的鼓励和指导下，回收作业区的工人技术创新硕果累累，仅 2015 年获得厂工人技术创新三等奖以上项目 21 项，约占作业区职工总人数的 1/3，并获得公司工人技术创新二等奖 1 项，三等奖 8 项。

在工作中，郝思源始终保持着端正的工作态度，严守工作纪律，扎实肯干，是所有职工的表率。2014 年冬季的一天，硫铵大母液泵出口管道突然破裂，大量的含酸母液喷射出来，大母液泵的控制开关就笼罩在喷射出的母液中。现场岗位工被这突如其来的一幕惊呆了。郝思源恰好在现场组织工作。他二话不说，只用棉衣挡了一下脸就一头冲入了母液中。由于他的果断、勇敢，避免了较大的损失和煤气大量泄漏的安全隐患。正是他这没有官架子，凡事亲力亲为的作风感染了职工，在他的带领下，大家干劲十足，出色完成各项生产任务，得到了厂领导的一致好评。

这就是郝思源，立足于生产一线的基层管理者，以他勤奋、果敢、阳光、向上的人格魅力感染着身边每一名职工。

技术＋责任　成就一次次的完美

——记公司劳动模范、焦化厂技术科科长吴春雷

吴春雷，1967年出生，1987年参加工作，中共党员，毕业于辽宁电大，现任焦化厂技术科科长。2009年、2014年被评为公司劳动模范。

2009年，焦化技术改造工程涉及新建50孔焦炉、新建回收系统、扩建备煤系统以及公辅设施新建等繁琐工作，项目难度大风险多。改造前期吴春雷负责技术设计交流工作。区域狭窄，而且设计任务还特别紧，他顶住压力，多方查找资料，逐个细节分析，将改造设计和技术交流工作有条不紊地开展完成。在拆除过程中，他三次修改预案保证了在拆除煤气管道和粗苯系统等易燃易爆区域过程中没有发生着火和爆炸事故。

2010年，钢铁形势进入寒冬期，降本工作刻不容缓。这时吴春雷主动请缨，成立配煤比优化攻关组，围绕“优化配煤结构，降低配煤成本”这一课题，开展降本增效工作，焦化厂投入了40kg小焦炉实验设备，那时在他的生活里已经没有休班一说，除了日常工作外，他都会仔细观察焦炉实验数据的变化，逐个数据进行分析。特别是周末，他更是紧跟小焦炉实验。在他的这份执着中，焦化配煤成本逐年降低，近几年，每年累计创效在3000万元以上。

2014年，焦化厂承担公司级技改项目——干熄焦工程。前期他先后走进5个单位进行考察，潜心钻研，使得他对干熄焦有了很深的认知。参加建设阶段，针对设计不合理的地方提出反馈建议5项。如干熄炉一次除尘器挡墙原设计垂直墙为单体结构，改为嵌入式，使一次除尘器挡墙更为坚固。经过近9个月的施工，从2014年11月16日开始，干熄焦进入烘炉阶段。那段时间，单位成了他的家，办公室就是他小休的旅馆，由于天气冷、气温低，烘炉有一定难度，他制定相关解决预案，使干熄焦一次烘炉成功。

（文/张立微）

情系焦炉　彰显“钉子”精神

——记公司劳动模范、焦化厂炼焦作业长丁铁学

丁铁学，1972年出生。1993年参加工作。现任焦化厂炼焦作业区作业长。公司首批工人技师，三次荣获公司劳动模范，多次获公司工人技术创新二、三等奖。

经历3座焦炉建设，丁铁学将焦炉建设、生产管理经验不断用于实践。从1994年30孔焦炉开工建设开始，他边学习，边实践。从焦炉打基础到砌炉墙，再到铁件安装，最后到焦炉烘炉，热态，装煤投产，他逐渐掌握了焦炉建设中的每一个环节的要点和难点。从事焦炉生产23年来，他历经了42孔焦炉，50孔焦炉的焦炉建设、施工、投产。可以说他对焦炉的每个部位、每台设备、每根管道、每个工艺都熟知熟记，了然于胸。这为他日后有效解决生产难题奠定了坚实基础。值得一提的是在2009年50孔焦炉建设中，他根据30孔焦炉和42孔焦炉设计、施工、生产运行存在的问题，在50孔焦炉建设中都提出了合理的解决办法和建议。

随着焦炉炉龄的增长，30孔焦炉和42孔焦炉炉头部位开始出现不同程度的剥蚀和溶洞，有严重的炉头甚至出现炉头砖碎裂，严重影响正常环保和生产顺行。每次遇到有炉头墙出现大洞情况他都带领热修瓦工顶着高温，忍受着灼烫炙烤以最快速度补好墙洞，使生产恢复正常。在多次补炉实践后，他创新发明了一整套补炉头墙的操作法，包括如何做好补炉前的准备工作，如何使用自己创新设计的一系列工具砌筑挡墙，如何在高温下扒掉坏墙砌筑新墙，效果良好。

众所周知，焦炭的成本主要取决于配煤的成本。为找到经济合理的配煤比，截至2015年底，他在厂领导和工艺科、备煤作业区配合下先后做了200多次单孔炉实验，取得了上百个实验数据，根据这些数据调整配煤比降低焦炭成本，仅2015年就为公司创效5000多万元。老焦炉炉头温度低，不易调整是焦炉调温工作中的一个老大难问题。为此他和焦炉调温班相关人员经过研究，提出对炉头进行补充加热并制定了具体可行的方案，效果非常好。

2016年，钢铁寒冬依旧，丁铁学倍感压力，但他有信心和广大职工一起共克时艰，逆境求生存，为凌钢早日扭亏为盈努力拼搏。

（文/王　朋）

从平凡起步 助力生产顺畅

——记公司劳动模范、焦化厂生产调度长何玉超

何玉超，1956 年出生，1975 年入党，1976 年参加工作。曾获公司优秀共产党员、劳动模范等荣誉。

何玉超常说他只是一个平凡的人，他做的都是该做的事。带着这份平凡，他凡事都身先士卒，亲历亲为。在其影响和带动下，科室人员都能以高度的责任感和使命感，勇做战“寒冬”的排头兵，助力焦化实现了安全、生产双赢。

作为生产安全科科长，工作中他始终把安全放在第一位。2015 年，他推进职业健康安全管理体系和危险化学品安全标准化复审达标；突出重大危险源和重点区域安全专项治理；持续开展隐患整改“回头看”，建立了“五级”隐患排查防控体系；严格规范检维修管理，突出危险作业管控。正是有了安全这一有力保障，焦化厂全年圆满完成了硫铵水封、干熄焦焦罐车更换铺板、上升管、桥管更换、干熄焦定修、焦炉烟气余热利用、2 号焦炉地下室煤气管道更换等多项施工检修任务，实现了焦化厂持续持久的零事故零伤害。

新区煤场担负着焦化厂单种精煤的卸、储、转运职责，关系到炼焦配煤比的精确度，进而影响焦炭质量。他亲自带领科室人员对外卸煤场实行了 24 小时监控，无论是卸煤还是倒运都有人进行监管，提前干预，强化过程控制，全年新区储备、转运精煤 7 万多吨，无一差异。在堵塞源头漏洞的同时，对配煤环节也进行监察，随时检查上煤情况，保证了单种煤的纯度，最大限度地保证了入炉煤的质量，使焦炭一级品合格率达到了 100%，创造了焦化厂有史以来最高水平。

工作中，何玉超就像自己家过日子一样，凡事都会精打细算一番。他合理安排焦系统检修时间，制定出“小项随修，大项协同”原则，即小的检修项目充分利用焦炉检修间隙进行，大的检修项目并入干熄焦及焦炉检修中同时进行，周密安排，使全年累计减少外排焦炭 6 次，节约运费近 8 万元，为对标挖潜工作的进一步深入开展打下了坚实的基础。

（文/庄玉敏）

老劳模的三部曲

——记公司劳动模范、原料厂麦窑作业区作业长董智勇

董智勇，1970 年 10 月出生，1992 年 7 月参加工作，中共党员，毕业于鞍山钢铁学校，现任原料厂麦窑作业区作业长。四次荣获公司劳动模范称号，2014 年被评为公司优秀共产党员。

董智勇在原料厂技术科长、竖窑作业长、麦窑作业长 3 个岗位上演绎了人生的三部曲，以实际行动诠释了一名凌钢劳模勤奋敬业、无私奉献的精神与风采。

初露头角谱新曲。2006 年 1 月，董智勇被任命为原料厂技术科长。接任技术科长后，接到的首要任务就是 $200m^3$ 2 号竖窑特护和年修，这是 $200m^3$ 2 号竖窑自 2001 年 9 月 17 日投产以来的首次大修，直接关系公司石灰系统的平衡及生产大局。面对重任，他主动出击，深入研究新型护炉措施，借鉴其他炉窑经验，提出并实施了应用打包法处理炉皮烧红的特护建议，取得了良好效果，扭转了频繁停窑灌浆和处理灌浆料烧结块的被动局面，保证了连续生产。

转战基层奉献曲。2007 年春节刚过，董智勇被任命为竖窑作业区作业长，一个个新举措陆续出台：取消除尘运行维护班，由横班管理；在看火岗位打造复合型人才，与天车工捆绑式考核，弥补天车工不足的问题；对日清日结工作由宏观考核改为实际业绩考核，建立工长、副段长、段长三级考核复审公示制度；针对外部条件变化，制定了高炉煤气柜停运期间、大修期间、石灰石化学成分变化等 11 个生产操作模型，石灰质量明显改善，综合等级提升为 2.70 级，较上一年 3 个月的先进水平提高 3.81%。

超越自我创新曲。2013 年 1 月 28 日，他被委以麦窑作业长的重任，从此学技术、找课题，到处可见他忙碌的身影。他带领职工对 1 号麦窑采取一系列特护运行措施，有效地保证了炉役末期的稳定运行，使炉衬使用寿命达 6 年零 3 个月，超期服役 15 个月，直接创效 33.62 万元；积极开展“延长喷枪使用长寿命攻关”，2014 年两座麦窑喷枪使用寿命双双突破 500 天，分别达到 509 天和 503 天，较原来最高水平分别提高 107 天和 101 天，降低成本 30 多万元，这一年他收获了第四次公司劳动模范的殊荣。

（文/黄　也）

一丝不苟肯钻研　脚踏实地甘奉献

——记公司劳动模范、原料厂工艺科科长曹凤友

曹凤友，1963年3月出生，1982年7月毕业于重庆科技学院，1982年8月参加工作，中共党员，现任原料厂工艺科科长。2012年、2015年获得公司劳动模范称号。2007年被评为公司优秀共产党员。

多年来，在原料厂中和料场、石灰生产现场经常看到曹凤友仔细钻研的身影，在两座麦窑建设上多次提出合理设计方案，为麦窑顺利投产、提前达产付出了辛勤劳动。他细心搜集技术数据和影像资料，特别是在外方专家现场指导的有限时间内，那些文字、图片资料在麦窑大修、生产上弥足珍贵。他善于研究，在日常工艺管理、提质创效方面也取得了丰硕的成果。

2012年，2号麦窑建设紧锣密鼓，作为工程现场总协调人，他在技术交流时结合1号麦窑的经验教训与外方进行了大量改进及更新谈判，最终在工程引进费用上为公司节约60万元，而且功能、质量都有所更新。在建设期间，他每天连续工作十几个小时，对2号麦窑耐火材料设计进行了改进，对92项材料逐项进行了核实，针对场地狭小、石灰周转输送不顺畅问题，多次提出改进成品仓设计方案，为使工期提前一个月优质高效完成建设任务，创效100多万元。

2015年，1号麦窑首次大修，为节省外方高额服务费公司没有聘请外方专家指导，任务责无旁贷落在了曹凤友的肩上。凭借过硬的技术功底，他从物资材料计划和优化、施工单位招标、施工指导、质量跟踪、施工方法改进等方面做了大量细致的工作，结合麦窑特点，制定了详尽的施工网络。作为大修现场总负责人，他每天要开两次会：16点的工程例会，协调解决当天存在的问题和下一步工作要点；19点对夜班人员进行技术交底，有效地避免了重复施工。提出保留32层以下冷却带砌体层不拆除的方案，不仅节约了耐火材料，而且加快了施工进度；在整个砌筑过程中共出具技术指导书30多份，顺利地完成了各个难点的砌筑，保证了施工质量；通过优化耐材、工期提前、减少外购灰等实现效益488万元，被评为2015年度公司劳动模范。

（文/李子飞）

把责任变成习惯

——记公司劳动模范、原料厂生产安全科科长刘海明

刘海明，1964 年 8 月出生，1981 年 12 月参加工作，中共党员，现任原料厂生产安全科科长。三次获得公司优秀共产党员称号，两次获得公司劳动模范称号。

2012 年，是原料厂 2 号麦窑技改投产的第一年，石灰系统的正常生产是满足转炉全部使用活性石灰、实现品种钢开发的关键，刘海明规范生产组织，严格控制竖窑、麦窑的非计划停窑，精心组织协调 1 号麦窑生产与 2 号麦窑技改施工的关系，保证了生产、技改两不误。2 号麦窑投产后，与 2 号麦窑生产配套的新成品仓投产相对滞后，他凭着多年的生产经验和对工艺设备的全面掌握，进一步摸索出更加规范的出灰时间和新老石灰系统的出库，并积极与下道工序沟通，缓解输送到成品仓的压力，保证了 2 号麦窑提前竣工投产。

2013 年，混匀配料增加了高炉返矿、磷铁矿、内蒙古矿等品种，增加了生产组织的难度，他科学组织，在物料条件极差的条件下，使混匀料产量、质量均创造了历史最高水平。同时，认真协调，使火车、汽车物料受卸达到了最大化，全年受卸物料 450 多万吨，为公司减少车皮延时发挥了积极的作用。

同年，配合公司深入挖潜、实施低成本战略要求，他与相关单位组织实施了"混匀料单独配加高炉返矿"工程，为公司节省四合一加工费 154. 6 万元；组织处理烧结机头除尘灰 4067t，解决了烧结机头除尘灰外排污染环境、含铁料流失的难题，综合效益显著；完善物料运输管理制度，严格控制二次倒运，降低运输费用，2013 年全年降低运费实现了 20% 以上。

如今，刘海明担任原料厂调度长已达 26 年，他敢于担当，率先垂范，把自己当成工人，把生产当成责任，无论严冬还是酷暑，他总会坚持早 6 时 30 分到办公室，查看生产日报，了解生产情况。真正体现了一名凌钢劳模热爱凌钢、忠诚凌钢、奉献凌钢的精神与风采。

（文/王学智）

制氧机施工现场的工人专家

——记公司劳动模范、氧气厂调度长张卫东

张卫东，1963 年出生，1987 年参加工作，中共党员，高中毕业，现任氧气厂调度长。曾两次获得工人技术创新二等奖，多次荣获公司优秀党员、先进工作者、生产能手、管理能手等称号，2008 年荣获公司劳动模范称号。

2008 年，凌钢四大技改项目之一 20000m^3/h 制氧机组竣工投产，它是氧气厂的工作重点，是制氧人的“天字号”工程。面对新设备、新工艺、新要求，一贯以严谨好学名气在外的张卫东，被领导任命为该项工程的施工员。无数个未知的参数，厚厚的安装图纸，让这个氧气厂业务尖子也不禁感觉到了“挠头”。静下心来，还是要从头学起，于是他利用业余时间，学习了《杭氧安装标准和技术要求》、一般钳工常识和焊工标准、20000m^3/h 制氧机工艺流程等各方面资料，把它作为本次施工员的工作指南。在 20000m^3/h 制氧机组施工现场，他同杭氧服务部人员和三冶总工程师一起进行清点、检查 270 多箱制氧机的设备和部件，坚决做到严、细、实，发现并清除了油迹阀门的重大设备隐患，保证了该机组投产的安全。

三冶组装 20000m^3/h 制氧机冷箱板阶段，他每天都对塔板进行认真的检查，发现许多处冷箱板有气孔，避免了投产冷量泄漏事故的发生。安装时，他严格按照安装标准要求施工方将冷箱塔板骨架连接螺丝、上塔梯子台阶螺丝执行点焊作业，为今后安全生产打下牢固的基础。在冷箱内 4 个塔，需要在安装过程中组合，组合标准非常严格，组焊返工不能超过两次，他认真学习组焊全部要求，跟踪全过程，每天五十几米高空爬来爬去到凌晨两点半左右，经过三天三夜组合塔全部合格，凌钢人这种敬业精神，打动了三冶工人的心。

为了使三个塔能够稳固，塔顶设有拉架，由于在冷状态下，塔要下沉，所以对拉架预留的高度要求非常严格，为测好这一高度，他在 58m 的高处爬上爬下，发现了滑板安反错误，避免了投产后滑板脱落，塔倾斜的重大设备隐患。塔内安装后，打压查漏工作也非常关键，由三冶总工制定打压方案，划分 7 个系统，他审查此方案时，修复了 3 个阀没加盲板的错误，使打压工作顺利进行，保证了打压过程的安全可靠，没有出现超压等严重后果。

保障制氧机稳定运转的创效先锋

——记公司劳动模范、氧气厂技术科调度魏曙光

魏曙光，1975 年出生，1996 年参加工作，中共党员，凌钢技校毕业，现任氧气厂技术科调度。曾三次获得工人技术创新三等奖，多次荣获生产能手称号。2012 年、2015 年两次荣获公司劳动模范称号。

30000m^3/h 制氧机技改期间，魏曙光深知身上责任重大，边学习边工作，他认真学习《大型空分设备安装技术要求》《冷箱内管道安装技术交底》，结合钳工的一些工作经验，控制好每一个安装环节。

2015 年，三套大型制氧机全部进行年修，设备数量多，工期紧、自承担任务重。作为工艺负责人他提前从安全、质量、备件资材和检修工具等方面做了充分的准备。他负责的检修小组，承揽了零工队所有苦脏累险的工作。通过分析、比较、筹划、制作了整个检修进程表，使整个检修工作有了指导方向，保证了检修工作井然有序地进行。

30000m^3/h 机组空分塔排液主管道竖直段高 40m，因停车排放液体量较大，加之低温液体的急剧汽化造成排液主管道竖直段发生变形，建议对排液主管道进行改造。消除对空分塔排液阀及管道的拉力，保证了安全运行。

2015 年，制氧机运行方式变化较多，每次开车前他都做充分的准备工作，现场指挥操作确保一次开车成功。停产后的设备做好保养，保证复车成功。加强操作管理，规范了氩系统的操作方法。参与修改完善了对操作具有指导性的工艺文件 6 份，提高了操作人员技术水平，保证了用户氧、氮、氩气的供应。

适应新常态，搞好生产管理降本增效。他每天对生产进行分析，细化指标，力求最大限度节电，降低运行成本。2015 年 11 月下旬 1 号高炉停产后，造成氧氮气放散量增加，经过他测算可以停运 20000m^3/h 机组，运行 10000m^3/h、6000m^3/h 机组，在保证氧气供应、氮气接近零放散的前提下降低运行成本，单月可降低成本 60 余万元。

无愧于劳模的称号

——记公司劳动模范、动力厂风水一区巡视工王立仁

王立仁，1960 年 10 月出生，中共党员，北票八中毕业，1980 年 11 月参加工作，现为动力厂风水一区巡视工，连续三年获得公司劳动模范称号。

没有惊天动地的伟业，没有轰轰烈烈的事迹，只有默默中的无私奉献，平凡中的兢兢业业，他就是动力厂风水一区巡视工王立仁，时任朝阳焦化厂车间主任。他以优秀的品质和模范行为，践行着一名共产党员神圣的职责，在平凡的岗位上创造出了不平凡的业绩。

朝阳焦化有限责任公司是凌钢集团公司的全资子公司，主要任务是保证朝阳市民煤气供应，同时为集团公司高炉输送优质焦炭。2005 年之后，焦炉进入超期服役的年限。焦炉老化日益严重，焦炉特护运行成为头等大事。时任车间主任的王立仁，首要任务是细化炉体诊断工作，掌握焦炉现状的全面数据。王立仁组织人员对焦炉进行了彻底全面的检查、诊断，用了一个月的时间，对焦炉加热制度、炉体状态、护炉设备到煤气及废气系统等两万多个数据进行重新测量，掌握了大量宝贵的数据。

焦炉炭化室墙面出现剥蚀、凹陷现象，多年采用传统的湿法喷补，补料黏结力差，挂料时间短，含水量大，对炉体容易产生危害。王立仁大胆引进半干法喷补设备，带领补炉工进行反复试验，并多次对喷嘴和操作方法进行改进，最终确定以半干法喷补料为主料，配入磷酸后进行抹补。实践证明，此法挂料时间长、稳定，挂料效果比原来传统的抹补料挂料时间长达 3 倍以上，同时含水少，对炉体危害小。这项技术的运用填补了朝焦公司在补炉方面的空白，为炉体维护工作打下了坚实的保障。一系列护炉措施的推进，减缓了焦炉衰老的速度，使朝焦两座 66 型焦炉的使用寿命延长了 5 ~ 6 年，而焦炉每延长 1 年使用寿命，可节约资金近 300 万元。

“装满煤、心踏实”。一句普通的话语，道出了一名劳动模范、一名共产党员朴实无华的情怀。

（文/李亚明）

技改情结

——记公司劳动模范、动力厂技术科科长李淑艳

李淑艳，1964年10月出生，中共党员，辽宁广播电视大学毕业，1985年5月参加工作，现任动力厂技术科科长。荣获公司劳动模范、优秀共产党员称号。

2008年，对于李淑艳来说，是一个不平凡的年份。这一年，当属公司技改工程建设的一个高峰年。厂领导将2号连铸水处理移位改造等10个工程，一股脑儿交到她的手中，让她负总责，决非一时冲动。因为，熟知李淑艳的人都清楚，她不仅属于专业出身，同时具备20多年从事技改管理工作的经验。果不其然，面对多个项目，她忙而不乱，有序推进工程各项管理工作。开工那天起，李淑艳从方案编制，到具体方案落实都积极地参与其中，她的脚步走遍施工现场的每一个角落。土建施工坚守在工地，几天几夜不回家休息。设备安装、调试，她和施工单位员工一样，现场办公解决施工难题。工程验收，她一丝不苟，坚持原则。特别是在2号连铸水处理工程设备安装、调试的冲刺阶段，李淑艳带领相关技术人员连续10多天，24小时奋战，超常规工作。当时厂房没有封顶，雪花飞过，天气异常寒冷，但丝毫没有影响调试进度。

作为一名合格的工程技术人员，在管理工作中有独到的见解，可以最大限度地节省工程投资，压缩工期，提升工程质量。李淑艳尽职尽责，用实际行动证明了这一点。在连铸移位改造施工中，她提出将结晶和冷媒系统放在一个泵房内，设备和二冷系统放在一个泵房内，两套连铸同一种水共用一座吸水池，供水泵独立运行，有效降低了工程造价。

如果说李淑艳有扯不断的技改情结，那是她对工作的赤诚。2010年，公司污水深度处理改造工程开工，李淑艳全身心投入工程管理。连续两个多月，她没有回家为丈夫和女儿做过一顿像样的饭菜，母亲重病期间，她依然没有时间回去看望和尽孝。

为保工程提前投产，她不分昼夜坚守在施工现场，协调、解决现场存在的各种复杂问题。为了减少软化水的二次污染，她提出对相关的软化水池全部糊玻璃钢进行防腐处理。超滤、反渗透设备，都是技术含量非常高的高科技产品，驾驭难度可想而知。工程完工的时候，她说有两项收获，一是工程投产带给她的喜悦，二是因辛勤忙碌身体瘦了一圈，实现了自然减肥。

（文/李亚明）

无怨无悔为技改

——记公司劳动模范、动力厂设备科副科长于立庚

于立庚，1972 年 11 月出生，中共党员，辽宁建筑工程学院毕业，1994 年 8 月参加工作。现任动力厂设备科副科长，2011 年荣获公司劳动模范荣誉称号。

于立庚经常对职工说的一句话是，点检工作最重要的不是能力和水平，而是责任心。平心而论，谁也不比谁高多少，只要大家团结协作没有解决不了的问题。刚到设备科时，于立庚的第一项工作就是动员各作业区排查设备存在的问题，统一上报，逐项与点检员落实，寻求解决办法，共解决设备存在的问题 22 项。

新区炼钢水处理 6 号铸机和 7 号铸机冷媒水冷却塔共用一条 DN1200 回水管道。由于设计和施工存在问题，致使 6 号机冷媒塔从底部塔体溢水，只能控制流量防止溢水，直接影响到结晶水的供水温度，给生产带来较大影响。针对这一实际情况，于立庚提出在 6 号机冷媒塔回水管新接一条 DN800 回水管道至冷媒水池，利用炼钢停产时间先在冷媒回水管上加一个 DN800 阀门，然后再进行管道施工，没有对生产产生任何影响，顺利地解决了存在的问题。减少停产时间 15 天，创效 500 万元。仅 2012 年，他先后参与了 8 项改造工程，共解决技术难题 25 项。

2011 年 8 月，于立庚受领导指派，带领电气、机械和现场管理 7 名人员，连续 3 个月奋战在技改现场，从修路到八间房置场围墙，从施工打水井到施工单位接水接电，从伐树到地上建筑物拆除，从打桩基础到地下管线移位，技改现场到处都有他和同事们忙碌的身影。

2012 年 6 月，公辅项目给排水、热力、煤气外线开始施工。于立庚发现设计图纸主管道和分支管道上，没有设置检修阀门，势必给将来的运行和检修留下隐患。他组织各专业技术人员对图纸进行审查，和设计部门联系增加多个检修阀门。在施工阶段，由于交叉作业，公辅外线施工难度很大，现场到处都是临时工棚、耐火砖、钢结构件等障碍物。为了给其他工程让路，给排水外线多在夜间施工，他和点检员轮流值班，在蚊虫叮咬和泥泞的工地上坚守着施工质量和进度。

（文/李亚明）

心中的目标

——记公司劳动模范、动力厂热电二区作业长孙宝春

孙宝春，1964年9月出生，中共党员，凌源五中毕业，1988年10月参加工作，现任动力厂热电二区作业长。连续两年荣获公司劳动模范称号。

热电二区两台25MW发电机组，是当年凌钢最大的发电机组。2014年年初，孙宝春组织相关技术人员开始立项攻关。他连续十几天都坚守在岗位上，查看运行规程、日常运行日志及投建时的调试记录。通过不懈努力，使锅炉超负荷运行达产方案成为现实。通过限制两台机组高压加热器的进汽量，保证锅炉排烟温度不低于125℃，约有9t/h的蒸汽继续做功，两台机组的负荷均由22.5MW增加至23.5MW，每台机组多发电1000kW·h；在保证锅炉安全运行的前提下，锅炉按5%超负荷运行，增加锅炉产汽量11t/h全部用于发电，使两台机组在煤气充足的情况下负荷均达到24.75MW，每台机组多发电1250kW·h；锅炉根据煤气压力及时调整炉膛负压、含氧量。冬季，合理控制循环泵运行台数，厂用电率由年初的10%左右降至设计9%，现在降至8.5%左右。通过这一系列措施，使热电二区两台25MW发电机组在煤气充足情况下实现满发，煤气不足情况下煤气利用率达到最大化。

烧结余热发电1号、2号锅炉自投产运行以来，二段烟气温度偏低，烟风量不足，造成余热锅炉供热量不足，严重影响了锅炉产汽量及机组发电量。孙宝春几项措施并举，提高二段烟风温度、风压。将1号、2号余热锅炉二段烟气温度提高至300℃左右，机组补汽温度提高到155℃左右，压力提高到0.2MPa左右，烟风量提高至80000m^3/h（标态），增加了锅炉蒸发量，余热机组每小时就可多发电1000kW·h。同时循环风机转数由750～800r/min降至650～700r/min，每小时就能节约厂用电100kW·h，降低了厂用电率。他发现烧结余热发电机组，受烧结生产节奏的影响，机组启停频繁。孙宝春提出，从主管网由热电机组向余热机组增加补汽，能增加发电量1000～1500kW/h。提高了热电锅炉的蒸发量10t/h左右，提高了供汽机组真空，供热机组发电量提高1000kW/h。使热电锅炉每小时可多消耗高炉煤气10000m^3/h（标态），降低了煤气管网高炉煤气的放散。

（文/刘学明）

王兴和他的伙伴们

——记公司劳动模范、动力厂风水一区作业长王兴

王兴，1968年7月出生，凌源二中毕业，1989年11月参加工作，工人技师，现任动力厂风水一区作业长，2014年被评为公司劳动模范。

认识王兴的时间，是2012的春天。那时，他是第一轧钢厂检修工段一个横班的大班长，是全公司为数不多的管工技师。

2014年，动力厂生产和技改两条线并驾齐驱，生产经营任务异常繁重。动力厂的生产岗位遍布凌钢厂区，大大小小各类水池不下百余个。这些大型水池，每隔半年，池内聚积的泥渣量非常多。不及时清理，就会对相关生产厂的生产形成制约。多年来，由于动力厂没有专业的施工队伍，泥渣清除作业危险性大，需要由外委施工队伍承担，年支付工程费用100多万元。

王兴主动请战。他找到厂领导，风水一区成立大型水池泥渣清除作业队，承担动力厂所有水池泥渣清除作业任务。他向厂领导提出的唯一条件是，购买部分泥渣清除作业需要的工具。3月份，恰逢第一轧钢厂2号棒材系统停产。清理2号棒浊环热水池泥渣的战斗拉开帷幕。动力厂大型水池泥渣清除作业队的队员们，在队长王兴的带领下披挂上阵。2号棒浊环热水池，深达十几米，池内聚积的泥渣1~3m。井下作业，受场地限制，大型吊装设备用不上，只能采用人工土办法。王兴率先带头进入井下，查看情况，检测井内空气浓度。泥渣清除作业队的队员，大多是50岁以上的老职工。他们身穿水叉专用服装，站在没腿的污泥中，用高压水枪稀释泥渣，然后再用水泵将稀释后的泥渣一点一点抽到指定地点。

整整一年时间，动力厂大型水池泥渣清除作业队的队员们，在队长王兴的带领下，经受住了脏、险、苦、累的考验。共清理大小水池30多个，节省工程费用57万元。从2014年开始，动力厂彻底结束了大型水池泥渣清除工程外委的历史。

（文/李亚明）

一名普通党员的本色

——记公司劳动模范、动力厂煤气防护站站长白东生

白东生，1967年8月出生，中共党员，凌源二中毕业，1988年10月参加工作，工人技师，现任动力厂防护站站长，2013年荣获公司劳动模范称号。

28年时间，在一个岗位上度过，这本身就蕴含着一种力量。28年，由一名普通的员工，成长为一名作业区的作业长、优秀共产党员、公司劳动模范，依靠的是一种坚如磐石的信念。他就是动力厂煤气防护站站长白东生。

防护站员工负责全公司煤气管网维护、抽堵盲板作业，以及煤气系统应急事故处理。苦脏累险一应俱全。每年全公司系统检修，最先和最后一项作业，必定是防护站员工抽堵煤气管道盲板。而此时，白东生总要冲锋陷阵，一马当先。

2013年的公司系统检修，从3月13日开始，持续近1个月。白东生接连1周没有回家，吃住在现场。职工分组在煤气高危岗位作业，安全工作非同寻常。他要制定出安全可靠的作业方案，布置、检查，丝毫不能懈怠。因为作业人员在现场掉个扳手、掉一个螺丝都有可能引发大火、煤气爆炸。系统年修结束，职工完成抽堵盲板和眼镜阀作业160次，保质保量，安全无事故。2013年，防护站全体人员抽堵盲板及倒眼镜阀1090次。

公司两台25MW发电机组投产前，煤气管道必须和新区煤气主管道连接并网。需要在煤气主管道上一块直径为2.2m的盲板。这块盲板是我公司建厂以来所抽堵的最大的一块盲板。由于作业空间窄小，吊车无法使用。白东生决定带煤气手工作业。750kg重的盲板，两三个人很难控制。人多场地又站不开，他带领4名盲板作业人员，用两个倒链做牵引，实施盲板抽堵。作业时盲板和法兰不能有轻微的磕碰，否则就会引发煤气着火事故。白东生沉着应战，精心指挥。经过两个小时的努力，盲板稳稳的送到位，使新发电煤质管道和主管网成功实现对接。

（文/李亚明）

技改战线上的一面旗帜

——记公司劳动模范、动力厂污水处理中心作业长迟连众

迟连众，1968年8月出生，中共党员，刊授党校毕业，1986年3月参加工作，高级技师，现任动力厂污水处理中心作业长。连续四年被授予公司劳动模范称号，曾荣获辽宁省“优秀班组长”称号和朝阳市“有突出贡献高技能人才”称号。

2007年，凌钢最大的一台变压器——一总变5号主变散热器，在安装过程中出现振动现象。通过持续观察，迟连众发现振动源来自氧气厂的制氧机和空压机。变压器散热器的振动极易造成连接法兰渗漏油，严重时可能造成散热器本体开焊断裂，殃及变压器整体发生重大事故，造成公司大面积停产，后果不堪设想。迟连众经过对其他几台变压器散热器的观察与思考，形成了一个改善方案：在变压器吊臂和风扇之间加一条悬臂，采用斜拉法，利用三角形稳定性，将30×3扁钢一端与刀闸拉杆焊接在一起，加M16螺栓可调松紧，另一端钻孔做形环固定在变压器吊臂上，通过螺栓的松紧来调整悬臂的拉力，保证作用在变压器散热器上力的平衡，使变压器散热器上的振动得到了彻底改善。

迟连众最为得意的技改项目，当属2008年组织实施的“6kV系统电缆及电缆沟改造”。工程采用他的改造方案后，二总变馈出电缆沟、电缆长度都相对缩短，敷设难度减少，检修和巡视更加方便，同时节省了有效占地面积，为新转炉施工赢取了宝贵时间，节省了两千多米高压电缆和电缆施工费用100多万元。

2012年，凌钢“三期技改工程”建设，迟连众全身心投入其中。由于施工队伍多人员复杂，施工过程中多次造成施工电源发生故障跳闸，高低压电缆事故抢修共30多次。6月16日下午5点，他接到施工电源电缆故障的电话。这条电缆所带负荷非常重要，包括公路桥、铁路桥、大棒、小棒、球团等10台施工变压器都在这条电缆上面。由于该电源电缆分枝较多，当时天又下着大雨，故障点极其难找。迟连众没有顾及这些，冒雨连夜进行查找故障点，他把分支电缆一个个拆除，一段段测试，直到第二天周日早晨5点，才找到故障点。为不耽误第二天施工用电，迟连众继续带领工作人员进行抢修，7点之前恢复施工电源送电。

（文/李亚明）

无法忘却的责任

——记公司劳动模范、动力厂热电一区作业长韩宏伟

韩宏伟，1969年8月出生，辽宁党校毕业，中共党员，1989年3月参加工作，现任动力厂热电一区作业长，2015年度公司劳动模范。

3年来，47岁的韩宏伟始终重复性地做着一件事情：提高动力厂几台发电机组的产能。近年来，全国钢铁企业不约而同地将挖潜目光锁定在同一个目标：提高企业自发电比例。凌钢也不例外，3年上了3个发电工程，提高企业自发电比例的步伐明显加快。照理说，按照职务范畴划分，身为动力厂热电一区作业长的韩宏伟，工作地点应该在动力厂办公楼的大院之内。但实际上，他的工作场地，遍布凌钢整个厂区。25MW高压发电机组和80MW高温超高压发电机组设在西区热电院里。

干熄焦发电机组和余发电机组分别设焦化厂和炼铁厂。生产管理职责所在，人们时常在这些工作场地见到韩宏伟忙碌的身影。2015年，凌钢80MW高温超高压发电机组和65MW高温超高压发电机组，同时开工建设，成为当年凌钢规模最大的技改工程。

韩宏伟受命出征。每天，他奔波在几个工程现场，检查、指导、协调工程进度，有条不紊地推进工程建设。更为重要的是，他结合工程实际，确定的设计整改建议，多次被施工单位执行采纳。80MW高温超高压汽轮发电机组循环冷却水冷却方式，拟采用钢混逆流机制通风。韩宏伟提出对原有的25MW机组双曲线自然通风冷却塔实施改造，变为“一塔对双机”模式，缩短工期一个月，降低工程费用108万元。到2015年年底，4台发电机组相继投产，韩宏伟提出工程设计完善建议12项。

提高发电机组自发电比例技术攻关，是动力厂2015年降本增效一大亮点。针对新区两台25MW次高压机组锅炉蒸发量不足现状，韩宏伟牵头组织技术攻关，经过充分认证，攻关组采取了两项技术措施，使发电负荷由22.5MW提高至24.75MW，每台机组多发电1000kW·h。

（文/李亚明）

朴素的品质　闪光的足迹

——记公司劳动模范、运输部调车员张海忠

张海忠，1971 年 11 月出生，1990 年 12 月参加工作，中共党员，毕业于凌源市第二中学，现任运输部调车员，曾获得公司劳动模范、公司优秀共产党员等荣誉。

在运输生产最前沿的调车员岗位上，张海忠一干就是十多年。

虽然调车员的工作每天只有简单，甚至枯燥的重复操作，但他深知不能有半点闪失，这样才能把调车员工作真正干好。去卸煤、卸矿粉货位时，晴天灰尘会没过鞋面，雨天泥泞难行，坑洼处积水覆盖钢轨，最令人头疼的是冬天的冻块，不知从哪里猝不及防地冒出来……这样繁琐的环节，都必须靠实打实的徒步检查、观察，才能一一关照到。在保证安全的前提下，展开下一步作业。

2011 年 1 月 4 日夜班，时值数九寒天，张海忠带车去竖炉精矿仓取空车皮，这时已是后半夜 1 点多钟，厂房里只有远远的几束灯光，周围的一切昏暗不清。他和往常一样，一丝不苟地作业，当走到顶头时，发现这节车皮因天车卸车操作不当，车体与台车分离，中心盘被拔出。如果不被及时发现，难逃行车脱线厄运。他果断做出处理，一颗“定时炸弹”被有惊无险地拔掉了。

“一个规范的工作习惯，可以受用终身。”他经常用这句话去教导他的徒弟，作为师傅他做到了传帮带作用，他毫不保留地将自己多年的工作经验一点一点地传授给了他的徒弟们——孟令刚、柯楠，到 2009 年 1 月，俩人都成了独当一面的调车员，看着他们成长，他的脸上露出欣慰的笑容。

工作中他注重降本增效，在最短作业时间内，干最多的活儿。将作业程序安全标准化，转化成实际工作中的一举一动：给标准信号，司机根据车辆数量，合理控制运行速度，停行得当，杜绝无用功；在机车从厂内站向编组站运行时，借用机车惰力滑行，节省油耗。聚沙成塔，集腋成裘，他所在的调车组对标挖潜指标一直名列前茅。

低调严谨　时刻奉献

——记公司劳动模范、运输部调车员刘俊杰

刘俊杰，1970年7月出生，1994年6月参加工作，中共党员，毕业于凌源市五家子中学，时任运输部调车员，曾获得2004年公司优秀共产党员，2010年、2011年公司劳动模范荣誉称号。

刘俊杰给人的印象是做事认真、做人低调。这简单的几个字，是他在多年工作中坚守如一的品质，一流的工作业绩是对他职业最好的诠释。他的名字不止一次地出现在公司劳动模范、优秀党员的光荣榜上。调车工作是运输工作中劳动强度最大，环境最复杂的工种，野外作业，不管是风吹日晒，还是雨雪交加，他都时刻不忘安全生产的重要性。

2010年5月7日，他领机车去给轧材4对8节车皮，当时正在二棒施工，就在快要到道口的时候，突然窜出一辆机动车，千钧一发之际，他立即给出停车信号，司机迅速采取非常制动，一场有惊无险的事故就这样避免了。2010年10月6日，在3号高炉挂罐时，铁水罐车上有些铁水新痕迹，怀疑铁水出满了，登上去，果然不出所料，将这一情况汇报给值班员，然后一路徒步引导，把铁水罐送达目的地。2011年5月9日，刘俊杰领车去中宽带线对8车，路过一处无人看守道口时，忽然有一辆平板拖拉机抢道，他迅速发出停车信号，避免了一起与拖拉机相撞事故的发生。

厂内铁水运输是生产的大动脉。若出现大事故，后果可想而知。他曾担任运转三段的调车值班长，面对班组人员的违章行为，不论关系亲疏，站出来，纠正错误行为，在制度前当好这个“黑脸”，将对生命的一种尊重渗透到工作的点滴之中。

他始终恪守党员承诺，辛勤的汗水洒遍了每一节钢轨、每一根枕木，他常说这样一句话：“不管工作多么艰苦，他都会坚持下去。”体现了一名老调车员和优秀共产党员的优良作风，在实际工作中，他以严谨的工作态度，对新来学生的实际操作进行现场指导，时刻发挥老师傅“传、帮、带”的作用。在生活上，他对新人的关心和照顾更是无微不至，每逢佳节都邀请独身的青年工友到家里做客，让他们感到家的温暖。

（文/修　辛）

连接点与线的人

——记公司劳动模范、运输部技术员周明洁

周明洁，1981 年 12 月出生，2004 年 7 月参加工作，毕业于沈阳工业大学，现任运输部工务技术员。2012 年度公司劳动模范。

大家都知道铁路线路铺设施工没有固定的施工场地，随着钢轨的延伸，施工在不断的前移，这是铁路线路铺设施工独特的方式。从编组站到工厂站再到原料站绵延 3.5km，想要对线路进行一遍检查至少要沿铁路线步行 7km。他每天都会对新铺线路至少检查一遍。铁路线路施工没有节假日，铁路运输生产没有节假日，设备安全运行没有节假日，负责施工质量监督和新铺线路状态检查的他就跟着没有节假日。铁路施工场地受条件限制，周围没有遮风挡雨的建筑物，风天一身土，雨天一身泥，晴天晒掉一层皮，有时一天连口水都喝不上。工厂站紧邻大凌河，站场路基整体垫高 5.5m。新铺线路对雨水的耐受力较弱，大雨天、连雨天是最为危险的，渗透极易造成路基塌方、滑坡。这时，每次机车通行他都要到位蹲守，保证铁路运输安全。

夏天中午 12～14 点这一时段是轨温最高的时段，最高轨温能达到 60℃，这段时间最易发生胀轨跑道现象。上面顶着炎炎烈日，下面钢轨炙烤，工作服湿了又干，起了一层层汗碱。新建炼铁站 9 道铺设至 JD4 曲线时发现与原有线路厂区 2 道线路线间距 4m 左右，不符合规范要求，他通过与设计单位联系后，将原设计 JD4 曲线半径 150m 改为 185m，解决了两条线路同时行车存在的侧面事故隐患。

编组站至工厂站走行线处砼枕线路由于场地限制曲线半径由原设计的 200m 改为 160m。通过两个多月的使用部分砼枕的挡肩破损，并有逐渐增多的趋势，轨距变大，轨距超限造成机车车辆脱线的危险，他看在眼里，急在心上，经过仔细钻研，提出将砼枕更换为普木枕，适当调整轨距，减小机车车辆在小半径曲线处对铁路线路的侧向冲击。经过多方面协调，更换为普木枕后取得了良好效果，并将更换下来的砼枕利旧，节省了工程材料费用约 50 万元。

情系调车

——记公司劳动模范、运输部调车员韦洪曼

韦洪曼，1971 年 2 月出生，1994 年 7 月参加工作，中共党员，毕业于凌源市河东中学，现任运输部调车员。2012 年获得公司劳动模范荣誉称号，2009 年、2010 年被评为公司优秀共产党员。

调车员是运输工作环境差和劳动强度最大的工种，常年趴在车皮上，顶酷暑、冒严寒，经受着风霜雪雨的洗礼，艰辛可想而知。他在这个岗位上一干就是 21 年，他凭丰富的实际经验，实际过硬的操作本领，把一起起危险性事故消灭在萌芽状态之中。在生产上，他积极配合值班员工作，科学灵活的头脑，精于细节的把握，成为拿得起、放得下的生产骨干。接受调车作业计划，在给各货位置场对车时，总是对其他货位置场的车辆装卸情况进行观察、估算。同时与值班员联系，反映作业情况，凡是自己能解决的问题，立即处理好，为下次作业创造条件。该注意的环节，详细地汇报给值班员。

安全生产是铁路运输工作的重中之重。作为一名老调车员的他，不仅是生产上的一把“好手”，更是安全工作上的一把“硬手”。2012 年 5 月 6 日，他所带领的机车挂 8 节车皮去给轧材 4 对车。途经型棒材道口时，停车后，他下车徒步引导列车通过道口。正当列车快到道口中间时，突然有一个人骑自行车从他身后闯向道口，他手疾眼快，一把拽住那个人，给出停车信号。车停下后，那个人还有点儿不服气，经过耐心地教育，那个人脸红了，知道自己错了。一场有惊无险的事故，就这样避免了。2012 年 10 月 19 日夜班，他在新炼钢 1 道挂罐时，听见罐架子有异响，及时给出停车信号，检查罐架子没有坐正，如果没有及时发现，将导致铁水罐倾翻事故，避免了一场危险性事故。

在年复一年，日复一日的调车工作中，他给自己立下了“落实制度言行如一，执行标准表里如一，遵章守纪始终如一”的规矩。他总是尽职尽责，勤勤恳恳，凭他多年的调车经验，把调车工作干得有条不紊。在带徒弟方面，更是不辞辛苦，细心、耐心地传授技能。他带的徒弟个个已成为合格的连结员，调车员。经过他耐心的传帮带，有的被评为“青年岗位能手”，有的是独当一面的工作好手。

（文/姜艳秋）

山高人为峰

——记公司劳动模范、运输部调车员贾秀峰

贾秀峰，1966 年 10 月出生，1983 年 5 月参加工作，毕业于凌源市第一高级中学，现任运输部调车员。2013 年获得公司劳动模范荣誉称号。

他凭着爱岗敬业、吃苦耐劳的那股劲儿，在调车员的岗位上，脚踏实地地走出了一串串闪光的足迹。他手持对讲机扒乘在日夜穿梭的车皮上，顶着炎炎的烈日，冒着凛冽的寒风，经受着风霜雪雨的洗礼，一次又一次地出色地完成工作任务。他就是运输部调车员贾秀峰。

作为调车值班长的他，常用这样的一句话来激励自己，“不怕艰辛，越是艰辛的岗位，就越需要人，也越能体现人的价值。”他是这样说的，更是这样做的。技改工程结束后，如何更好地适应运距长、频次高、作业时间长等变化，这对作业技能提出了更高要求。他通过加强学习，熟知《行车工作组织细则》《冶金铁路技规》等，利用休息时间，研究站场设备和作业程序，熟练地掌握了调车工作的作业要领和组织流程。

针对季节和生产等条件变化，他总是提前做好工作预案。那是 3 月份的一个夜班，对矿粉车时，机车刚执行完“一度停车”进入厂房，天车抓斗突然打过来，他果断发出停车信号，立刻把连结员和他的徒弟按下，避免了一起重大的人身伤害事故的发生。5 月份的一个夜班，他带领的机组在给原料 3 对车时，当车列运行到竖炉道口中间时，突然有一个人从厂房内蹿出来，他手疾眼快，一把拽住那个人，随即发出停车信号。在车停下的瞬间，抢道的人几乎撞到了车辆，就这样他又避免了一场人身伤害事故的发生。9 月份的一个白班，他在新炼钢 2 道挂罐时，听见铁水车有异响，立即发出停车信号，检查发现车辆第二位铁水车左前第一根轴弹簧窜出，他通知值班员把铁水车调到厂外检修。

贾秀峰不是共产党员，但在工作和生活中，处处以一名共产党员的标准要求自己。他也会将自己多年积累的工作经验，与他人分享，讲一些过去发生的事故，告诉徒弟和身边人应该注意哪些工作要点及安全隐患。他经常说，在安全生产作业中，安全和生产同等重要。

（文/马　玲）

小字辈中的“佼佼者”

——记公司劳动模范、运输部调车员姚尧

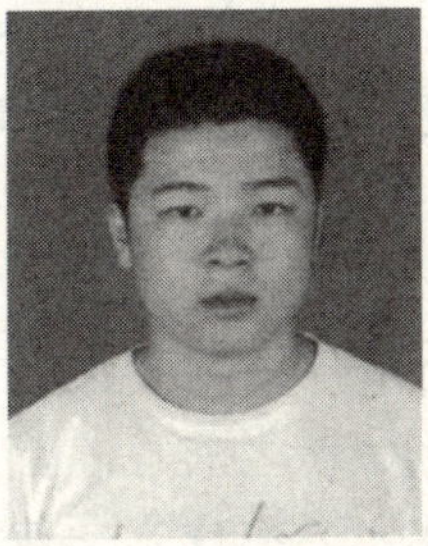

姚尧，1990年3月出生，2008年7月参加工作，毕业于黑龙江交通职业技术学院，时任运输部调车员。2014年获得公司劳动模范称号。

2008年7月份，姚尧来到凌钢运输部成了一名实习连结员，对于这份艰苦的工作，他曾经沮丧过、彷徨过，可他转念一想，不干就意味着妥协和无能，倔强和不服输的个性，没有让他成为逃兵，最终选择了留下。自从决心留下的那天起，他就告诉自己：“要干就要干出样子来，行行出状元。”脏兮兮的工作服不再让他鄙视，看似简单又不起眼的工作不再令他厌烦。刚学徒一个月的时候，车辆距离信号给得晚了一些，他第一次听到“响钩”，师傅告诉他是操作不当所造成，容易撞坏车钩，这使他深深地意识到学习的重要性，任何一个作业动作都马虎不得。

态度决定一切。不管酷暑寒冬，还是烈日炎炎，他都标准地骑在车帮子上，作业中仔细地领会调车中的每一个动作要领，熟练掌握调车工作的技巧，了解车辆各个部位的状态，熟悉各个货位的特性。经过3个月的学徒学习，通过考试，他成为一名合格的连结员，2009年技术比武中，获得调车作业比武连结员第一名，同年正式被提职调车员。他知道调车员的责任大，不仅要保证调运工作的顺行，更要保证调车工作的安全，24小时全天候室外动态作业，作业性质是铁路道岔多、尽头线多、道口多坡道大、建筑物侵入限界多等各种不利因素，而且这些因素在不断变化中，必须时刻紧绷安全这根弦。

“眼观六路，耳听八方”是调车员安全作业的一个法宝，2014年5月11日夜班，按照下达的调车作业计划，运送铁水罐车到炼钢，当他站在铁水罐车上按部就班的领车作业，走到炼钢道口时，鸣笛要道，道口员听到后也发出了白灯的通行信号，这时一辆拉废钢的汽车，距离道口越来越近，但并没有减速的意思，按他的速度根本停不下来，他立即发出了停车信号，眼看着铁水罐车跟汽车在接近，车列最终停了下来，此时距离汽车不足半米，由于停车信号及时，避免了这起事故的发生。

他常说，马马虎虎，麻痹大意的心态是运输工作的大忌，只有精心细心，安全才能保证，工作才有质量。

顾全大局　勇挑重担

——记公司劳动模范、检修中心炼铁站站长刘华

刘华，1969 年 9 月出生，1987 年 3 月参加工作，中共党员，高中学历，检修中心炼铁站站长，焊工高级技师。三次获得公司劳动模范称号，2006 年获得公司工人技术创新一等奖。

从任命他做站长的那天起，刘华就将解决制约设备故障、提高检修效率作为目标与动力。2006 年之前，凌钢高炉更换料车钢丝绳的一贯做法都是在料坑下垫枕木，然后用 5T 导链再拉紧钢丝绳牵引料车到料口合适位置，再用特制长卡扣把上，更换完料车钢丝绳用时 6 小时，不但作业时间长、工人劳动强度大，还因为料车钢丝绳没有可靠数据，每次换时都得多放 20 ~ 30m 钢丝绳，造成浪费。经过细心观察，反复研究，并同炼铁厂有关技术人员探讨，提出了改造炼铁厂高炉更换钢丝绳实施方案的创新项目，此项目已完全区别于其他钢铁企业更换钢丝绳通用法，被公司命名为“刘华更换高炉料车钢丝绳操作法”。同时将此方法细化推广至安装新钢丝绳方案中，大大缩短了钢丝绳安装时间。这项方案实施，每年可创效 20 多万元，尤其是 2 号高炉年修，河北安装公司因没有安装料车钢丝绳经验，无力承担更换料车钢丝绳任务，公司将更换钢丝绳任务交给炼铁站，刘华利用此更换方法只用两天便将钢丝绳更换调试完毕，为施工进度提供了保障。

2015 年 2 号高炉年修，炼铁站主要承接 2 号高炉称量系统所有机械、电气及高炉本体、热风炉仪表等设备安装项目，是历次高炉年修炼铁站承接项目最多的一次。针对施工日期提前、年修备件准备不充分等实际情况，刘华积极与第一炼铁厂设备管理人员积极沟通，合理安排施工时间，制定年修工程进度表及详细的施工方案。在他的领导下，经过全站职工近 3 个月的艰苦奋战，圆满完成了工作任务，为 2 号高炉年修工作奠定了良好的基础。

为了保障炼铁厂设备的稳定运行，他找准设备关键点提出技术创新立项，多次获得公司一、二等奖，累计创效 400 多万元，他经常放弃休息时间加班加点。有时候深夜设备出现问题，一接到电话他便立即顶风冒雨赶到检修现场，组织人员进行抢修，设备不动，他就不走。每次大型检修，他都会和职工共同奋战在检修一线。

“头雁”李平

——记公司劳动模范、检修中心炼钢站站长李平

李平，1970 年出生，1988 年 9 月参加工作，中共党员，毕业于本溪技工学校，工人技师，2006 年获公司工人技术创新一等奖，2014 年获公司劳动模范称号，2015 年被评为优秀共产党员、专业能手。

作为检修中心炼钢站站长，主要负责第一炼钢厂转炉区域以及特钢厂转炉区域、连铸区域的设备维检工作。

2014 年，李平带领炼钢站不仅出色地完成了区域包保的各项工作，还承揽了多项外委检修项目：2013 年年末回收了 35t 转炉氧枪包保工作，年创效 72 万元，组织本站年龄较大的职工，回收了新区二次除尘包保工作，解决了年龄较大职工承担设备检修工作吃力问题，年创效 73. 2 万元。2014 年 3 月，新老区转炉系统相继进入年修阶段，根据炼钢站实际情况，他不仅承担不在年修范围的天车系统及 LF 炉脱硫等系统的检修工作，还承担了氧枪系统部分下料系统的年修工作，新老区共创效 20 多万元。他从年初又开始筹划 120t 转炉副枪包保回收工作。副枪系统维护是一项技术性很强的工作，副枪运行的好坏，直接影响钢水的质量。以前一直是生产厂家在新区包保。为了回收副枪系统，李平决定积极组织职工学习副枪的原理及故障处理方法，成立了以站长为组长的攻关小组，从技术员、区长、班长到技术骨干各负其责，各工种提前介入，安排技术骨干 24 小时跟班维护，逐步掌握设备维护要点。在同年 4 月 15 日副枪系统维护检修工作正式移交给炼钢站。李平亲自组织技术骨干对副枪设备进行了全面检查，对有隐患的部位及时处理。实现了设备运行的平稳运行，副枪使用率达到了 98. 52%，年创效 70 多万元。在 2014 年的基础上，2015 年又承接特钢厂连铸区域包保工作及特钢转炉 RH 真空炉和上料皮带的包保区域工作。

李平严谨的工作作风、勤奋好学一丝不苟的工作态度，给炼钢站职工起到了表率作用，职工不论是检修质量、技术技能、工作表现、降本增效等方面每年都有不同程度的提高。在李平带领下，炼钢站工人技术创新成果、金点子、降低设备故障时间、完成降本增效指标、职工技能大赛等每年在中心排名始终保持领先。用他自己常说的一句话：“我所追求的工作目标是没有最好，只有更好。”

李平，工友们更喜欢称他为“头雁”。

业务谋创新　管理重团队

——记公司劳动模范、保卫部交通科交通管理员段会军

段会军，1971 年 6 月出生，1989 年 3 月参加工作，中共党员，毕业于辽宁大学，现任保卫部交通科交通管理员。2009 年获得公司劳动模范称号，曾获得公司优秀共产党员、服务能手、工会积极分子等荣誉称号。

2009 年，时任保卫部巡逻队中队长的段会军，带领巡逻中队成员，针对凌钢新的治安形势和盗窃分子实施盗窃的不同特点，创新工作思路，提出在全公司实行岗位区段联保责任制，与各生产单位签订联保责任制 112 份，全年下发整改通知单 19 份，使一些重大安全隐患和防范漏洞得到及时堵塞。同时针对一些重要防范部位建议安装了监控设备，并通过录像破获盗窃案件 10 余起，为红山派出所提供破案影像证据6 起。进一步加大了打击盗窃的力度，对不法分子形成了强有力的震慑力。

2009 年，保安大队为巡逻中队下达了全年工作目标，为了全面完成大队下达的任务，他把各项指标分解到 3 个分队，并明确了具体的责任人。因责任明确、目标清楚，工作质量显著提高，并取得了好的成绩。2009 年，巡逻中队共抓（破）获盗窃案件 154 起，直接追赔经济损失 191230 元，打掉盗窃团伙 14 个，上交治安案件 20 起，刑事拘留 10 人，治安拘留 6 人，抓获车辆盗窃 18 起，收缴违章违纪及人员盗窃卡 15 张，多次受到保卫部的嘉奖和表扬。

“一个团队的强大才是真正的强大。”这是段会军常常挂在嘴边的一句话，在工作中他也是这么做的。他着重培养保安员的团结协作精神，鼓励和引导大家发扬军人的光荣传统和优良作风，工作上有困难一起上，生活上有困难一起帮，只有大家握紧拳头，拧成一根绳，心往一处想，劲往一处使，才能在打击盗窃中发挥最大威力，才能确保公司财产不受损失，才能将巡逻中队打造成一支和谐坚定的团队。而今，虽然段会军已不在巡逻中队，但这种精诚协作的团队精神却仍旧保持着。

（文/金　鑫）

技改守护神

——记公司劳动模范、保卫部保安消防大队中队长柴文东

柴文东，1970年9月出生，1989年3月参加工作，中共党员，毕业于辽宁刊授党校，现任保卫部保安消防大队中队长。2012年获得公司劳动模范称号，四次获公司优秀共产党员称号，2009年获得朝阳市国资委优秀共产党员称号。

柴文东所带领的巡逻中队主要负责公司技改1号门等7个门卫及临时增开的5个门卫的管理，还有新、老厂区、技改区域的巡逻、物资（设备）看护，交通疏导，突发事件处置等工作。2012年，全年查获违章违纪行为450起，直接追赔经济损失29.4万元，上交公安机关案件8起，收缴无效卡120张，查获车辆盗窃56起，查获不符票物1起。

2012年，公司三期技改进入攻坚阶段，柴文东意识到自己肩上责任的重大，他带领巡逻队员昼夜巡逻，重点部位重点看护，不给不法分子可乘之机。经他们的严防死守，先后查获大型盗窃案件3起，抓获嫌疑人8人，缴获桑塔纳轿车一台，结构件600kg，铜线250kg，直接追赔经济损失5.4万元。技改施工期间，车流量大，施工人员多，道路堵塞现象随时发生。为确保大型设备顺利进厂，柴文东带领中队人员克服春季尘土飞扬、夏季酷暑炎热、秋季道路泥泞、冬季寒风刺骨的恶劣环境，风雨无阻，想尽一切办法保障道路畅通。

在旋流井工程进行一次性混凝土浇筑过程中，柴文东主动组织人员提前介入，疏导交通清理障碍，经过24小时的工作，为一次性浇筑成功提供了有力保障。为确保技改期间有一个安定的施工环境，巡逻中队参与处置各类大型上访和因占地引发的群众纠纷事件40余次，为维护厂区的工作秩序发挥了重要作用。

对于工作，柴文东无愧于心，可对于心爱的女儿，他心里却充满愧疚和歉意。自三期技改开始，柴文东很少在家照顾重病在身的女儿，把一切家务交给了妻子。当时记者采访时，他对记者说："等技改结束后，回家一定好好陪陪女儿，弥补父亲对女儿的一份亏欠。"因技改工作的需要，他连续放弃了两个年度的年休假，义务献工100多个。

（文/曹兴斌）

发挥纽带作用　为生产服好务

——记公司劳动模范、保国铁矿动力车间调度长刘希和

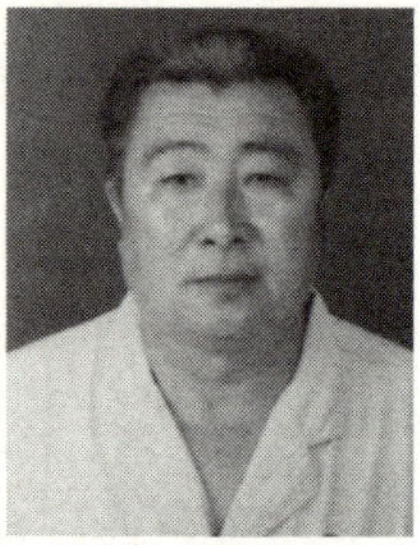

刘希和，1958年2月出生，1976年1月参加工作，中共党员，现任保国铁矿动力车间调度长。2004年、2007年获得铁矿劳动模范称号。

2007年以来，运输车间（现动力车间）的生产任务和工作性质都发生了较大变化，由一线的生产工作逐步向保障生产服务转变，工作方式的转变打破了运输车间原有的固定模式，可谓是边生产、边服务两手抓、两手都要硬。工作内容的改变对运输车间生产的组织和指挥工作提出了更高要求，不仅要求生产任务要保质、保量地完成，车辆服务的调配工作也要及时、准确。在这种形势下，运输车间调度长刘希和及时转变思路和管理理念，每天提前半小时到岗查看生产任务完成情况，同时对各单位用车做好合理安排，在全年的车辆调配工作中，汽车吊出车4342.5小时，服务车出车6141.5小时，为铁矿生产及改扩建工程的顺利进行提供了有力保障。

2007年运输车间圆满完成各项生产指标，全年运送矿石99.68万吨、岩石65.25万吨，为选矿车间倒运废石23.65万吨，原料科倒运落地矿33.33万吨，完成干选运输量610万吨。

2007年年初，针对运输车间工作性质的改变，刘希和对各项生产工作及各部环节进行了深入摸底，组织工程技术人员针对各种隐患制定了相应措施，使安全工作有的放矢。5月份是各项工程改造及改扩建工作最繁忙的阶段，运输车间一方面要保障选矿车间矿石供应、干选运输量及二次倒运工作；另一方面要积极配合选矿工程及井采工程做好各项工程的建设。为了确保人员和设备的安全，刘希和每天都要两边跑，矿石运输线上、厂房内、工程建设现场到处都有他忙碌的身影。在他的周密安排下，运输车间不仅圆满完成了各项生产任务，同时全年安全工作顺利地实现了“七个零”。

刘希和以“白+黑、5+2”的工作方式在调度长的岗位上一干就是十几年，在刘希和的脸上永远都看不到疲惫，有的只是憨厚的笑容。

（文/包卫华）

青春献矿山　虽苦心亦甜

——记公司劳动模范、保国铁矿生产安全科副科长刘建民

刘建民，1974年出生，1992年参加工作，中共党员，现任保国铁矿生产安全科副科长。2008年、2009年获得铁矿劳动模范称号。

2007年铁蛋山矿（原井采车间）开始投产试运行，试运行期间由于井上和井下的作业设备还不稳定，作为调度长的刘建民把大部分的时间都奉献给了他的岗位。3年间，他没有休过一个完整的双休日和节假日，每天都是提前半小时到岗，对井上、井下巡视，然后开始安排一天的工作。

工作中，刘建民处处身先士卒，脏活、险活、累活抢在先、干在前。2009年3~11月，铁蛋山矿主溜井共堵塞了11次，刘建民凭借多年积累的经验，制定了“安全预案和处理办法”，亲自指挥溜井的疏通工作。每次疏通溜井的时间不等，最长的时候需要持续十几天，作为疏通溜井的主要负责人，刘建民早晨入井后，在井下一干就是十几个小时，困了就在办公室睡上一觉，醒了后继续工作，直到溜井疏通恢复生产。

刘建民总能在细节中发现问题。在提升机的作业过程中，刘建民发现罐笼为了井上、井下的一些小事都要频繁升降，而每升降一次的费用就需要80元，为此制定了“罐笼运行使用办法”，科学合理地按“生产、人料”分主次排序和集中使用，从而大幅降低了罐笼的升降次数，全年节省成本20多万元。

为了从根本上实现降本节支的目标，刘建民亲自组织带领职工完成了井下−40m水平到−271m水平主废石溜井支护、80m水平风水管路的安装以及黑山采区1200多米长井口电缆的敷设等7项工程，累计节省人工费30多万元。针对井下电机车作业，制定了一系列成本管理办法，使井下台车和铲运机的油耗大幅降低，2009年，节省油耗近13t，材料费用大幅降低，而产量和机台作业率却大幅提高，全年节约生产成本400多万元。

2009年，井采车间超额完成生产计划，生产原矿80多万吨，完成提升总量达90万吨，原矿生产比2008年同期增产70%，创出历史新高。各项生产指标均创历史最好水平，为保国铁矿年产92万吨铁精矿提供了坚实保障。

（文/曹志明）

工友眼中的“金牌蓝领”

——记公司劳动模范、保国铁矿选矿车间调度长王世伟

王世伟，1975年8月出生，1998年7月参加工作，中共党员，现任保国铁矿选矿车间调度长。四次荣获公司劳动模范称号，2012年、2013年获得公司优秀共产党员称号。

2006年，王世伟开始担任选矿车间生产三班班长。在他的眼里，精矿的质量是头等大事，任何影响质量的事故都是大事故。每当质检科化验出不合格的精矿时，王世伟都会将整个选矿工艺走一遍，不放过任何一个影响精矿质量的细节。正是他这种工作态度，2008年生产三班创造了磁性矿产量最大化和质量合格率的历史性纪录，在生产班组中独占鳌头。

由于原矿量不足，选矿车间生产系统经常出现待矿现象，在这种情况下，频繁停车、转车不可避免。转车不但能耗高，如果操作不当最初的几次也会影响精矿质量。为了克服这种现象，王世伟凭借自己多年积累的经验仔细研究，改变了现有的转车顺序和操作方法，通过优化和调整使磁矿质量和混合矿质量都有所提高。针对混合矿螺精品位低、粒度合格率低的情况，他协同技术人员及检修人员共同对原有设备进行改造，用现有备用陆凯筛细筛对精螺精矿进行筛分，筛上物回流程再筛再选，筛下物为合格精矿。通过以上的调整和改造，2008年磁矿质量达69.41%，比计划高出0.41个百分点，混合矿质量为62.36%，比原计划高0.36个百分点，间接为企业创效200多万元。

面对2015年的钢铁寒冬，已是选矿车间调度长的王世伟感觉重任在肩。为了降本增效，他提出了多项降低生产成本建议，都得到了领导的认可和采纳。如：2010年，为了解决选矿车间环水浓度过大的问题，在选矿38m澄清池投入使用后需要投加絮凝剂才能使溢流水浓度达到要求，可是药量的添加是一笔不小的费用，为此，王世伟提出合理减少混合矿中矿的循环量，使38m澄清池给矿量降低，加大38m澄清池池底流量，通过自由沉降原理，使溢流达到要求并停止絮凝剂的使用。实践证明，这种做法在正常生产中可以使各系统达到平衡，溢流水质和环水水质也符合标准。单絮凝剂的停止使用，每月可为选矿生产节约成本30万元，仅此一项，就为铁矿节约成本360多万元。

（文/李冠男）

善于钻研的调度长

——记公司劳动模范、保国铁矿黑山矿调度长平文伟

平文伟，1970年9月出生，1987年8月参加工作，现任保国铁矿黑山矿调度长。2010年获得公司劳动模范称号、2011年获得公司生产能手称号。

在黑山矿露天、平硐的采矿生产以及井建工程管理等工作中，平文伟以“多出矿石、出好矿石”和“保证工程质量”为己任，每天都是第一个到岗。为了降低矿石的损失率、贫化率，他坚持在井下一线现场指挥协调生产，尽力多出矿以满足生产需求。通过探索实践采用“多段微差爆破以及收集采纳适合的爆破参数”等方法，2010年，黑山采区矿石损失率降低了1.2%，多回收矿石4992t；降低矿石贫化率3.1%，少混入岩石12896t，有益地降低了运、选成本，累计创效达20余万元。

在抓好露天和平硐矿石生产工作的同时，平文伟注重井建工程施工管理力度、严把质量关。由于黑山矿井下岩石裂隙较多，极易风化，竖井、巷道很多处出现塌方、片帮的现象，需要锚网喷混凝土支护。由于岩石松软，钻孔时遇水膨胀成泥状，锚杆孔壁岩石局部塌落，导致锚杆孔内不能装入足够数量的锚固剂，造成锚杆锚固力达不到规范要求。为了解决这个问题，保证锚杆支护工程质量，经过细心研究和实验，平文伟提出采用高标号水泥砂浆代替锚固剂，将水泥砂浆装入自制砂浆罐，在0.7MPa压缩空气作用下，自孔底向孔口连续注入水泥砂浆，然后插入锚杆，保证了锚杆孔内个个都能注满水泥砂浆，待水泥砂浆凝固后，检查插入的每根锚杆都无法撬动，保证了锚杆支护质量。

在主溜井储矿仓钢纤维混凝土支护施工时，细心的平文伟发现井下用小型圆盘搅拌机加入的钢纤维不能均匀地拌在混凝土中，缩短了主溜井储矿仓的使用寿命。对此，平文伟对原来工艺流程做了进一步的改进，使钢纤维能均匀地分布在混凝土中，避免了原来钢纤维呈球团状出现。间接降低维修费用约17.8万元。

在黑山矿的爆破作业中，平文伟经过现场试验和多种爆破工艺的比对，选用多段微差爆破以及合理使用爆破参数等方法，使崩落的矿石块度不仅均匀，而且爆堆更适于铲装，大块率控制在29%以下。在平文伟的指挥和协调下，2010年，黑山矿全年实现露天生产矿石41.6万吨，为铁精矿的优质、高产奠定了基础。

（文/曹志明）

矿山赤子

——记公司劳动模范、保国铁矿铁蛋山矿运输段段长李国军

李国军，1969年5月出生，1990年9月参加工作，中共党员，现任保国铁矿铁蛋山矿运输段段长。2011年获得公司劳动模范称号，2015年获得公司优秀共产党员称号。

李国军是铁蛋山矿运输工段段长，针对运输岗位的实际情况，他合理安排车次配矿、科学规划行车路线，有效地避免了主、副井运输车辆因交叉作业产生的线路冲突，缩短了车辆会车的等待时间，2011年，李国军带领班组职工累计捣固轨道路基6747m，清理水沟4896m，平整运输巷道4428m，运送矿石125.07万吨。

作为一名基层管理者，李国军始终认真履行岗位职责，从小事做起，从大事着眼，为矿山的节能减排、降本增效工作积极献计献策。2011年，李国军针对电机车的司控器、直变器等进行了多次改造，对矿车底板、厢体、尾轮进行了加固，全年累计小改小革40余次，仅修旧利废一项就节约成本达16万元。2015年，李国军提出的“电机车集电弓改造”和“直变器改造修旧”等党员创新项目的实施，全年节省电机车集电弓和直变器各20余个，累计节省成本消耗达20余万元。大力推行使用节能灯具以及节能设备，通过合理安排作业时间，使电机车运行时避开用电高峰，每年节约电能40000kW·h左右。

安全生产是开展一切工作的前提，李国军深知这个道理。为此他十分注重职工安全素养的提升。铁蛋山井下运输中段由+35m向-40m水平转换期间，李国军克服班组内青工多、频繁更换作业溜井等诸多困难，安全完成了作业面过渡的各项工作。在日常的生产工作中，李国军经常组织职工不定期地开展隐患排查治理工作，及时掌握运输作业中的危险源点并第一时间制定事故防范措施，2011~2015年间，李国军所带领的班组从未发生过一起轻伤以上事故，为铁蛋山矿安全事故为零的目标奠定了基础。

作为铁蛋山矿运输工段段长，为更好地完成各项生产指标，李国军未休过一个完整的双休日和节假日，每天都是早来、晚走，以严谨务实的工作态度和无私奉献的敬业精神奋战在运送矿石的第一线。

（文/杨　彪）

坚　守

——记公司劳动模范、保国铁矿选矿车间生产四班班长邢忠敏

邢忠敏，1972 年 12 月出生，1992 年 9 月参加工作，现任保国铁矿选矿车间生产四班班长。2012 年获得公司劳动模范荣誉称号。

在磨选生产工作岗位上，邢忠敏一干就是 20 年。带领磨选生产四班出色地完成了各项生产任务。

2012 年，面对 85 万吨铁精矿的生产任务，邢忠敏一方面以生产劳动竞赛为主要抓手，与其他三个班组比产量、比质量、比电力单耗，通过全班人员的不断努力生产四班不仅很好地完成了生产任务，也几乎蝉联了每月生产劳动竞赛的第一名。另一方面要求班组职工积极落实“节约一滴水、一滴油、一张纸、一度电、一块布”活动，使职工从一点一滴做起，把节能降耗工作落到实处，在班组全体职工的努力下，生产四班的电力消耗和水消耗均低于其他班组。

为了贯彻落实好“对标挖潜，降本增效”活动，邢忠敏在班组中制定了严格的设备点检维护和交接班检查制度，有效保证了磁尾流失率不高于0.28%的目标，同时生产四班 5 号自磨机的台时处理量也创出了历史同期最好水平。

为了适应企业生产发展的要求，促进职工养成勤学技术、爱学技术的良好习惯，邢忠敏在做好日常操作指导的同时，全年利用个人休息时间对本班组职工进行有关生产工艺流程的技术培训 20 多次，把他所掌握的知识和技能毫无保留的与大家共同分享。提高了员工的技术素质，促进了生产指标的提高。

2012 年，生产四班累计生产铁精矿 20.51 万吨，超额完成生产计划。铁精矿品位比计划提高 0.49%；尾矿品位比计划指标降低了 0.47%；磁性铁回收率达到 98.89%，比计划指标提高 0.89%，合格率为 100%；混合矿原矿台时处理量 208t/h，超竞赛指标 8t/h，超设计能力 25t/h；每吨电力消耗比计划降低 5.77 kW·h，水消耗比计划降低 0.51m^3/t，机物料和油脂消耗较 2011 年也有较大幅度降低，在邢忠敏的精心管理下综合各项指标完成情况，2012 年生产四班全年累计创效达 100 万元。

（文/曹志明）

扎根矿山　奉献矿山

——记公司劳动模范、保国铁矿铁蛋山矿调度长姜兵

姜兵，1966年10月出生，1985年12月参加工作，中共党员，现任保国铁矿铁蛋山矿调度长。2012年、2014年获得公司劳动模范荣誉称号。

他一直坚守在矿山生产的第一线，二十多年来从一名普通的工人逐步成长为一线生产的指挥者，矿山留下了他奋斗的足迹。

为了提升井下矿石的供矿品位，姜兵每天都要往返井下采区十几次，从一个溜井到另一个溜井进行矿石质量查看，对井下采掘、爆破、掘进等工作进行监督、检查，严格保证每一道影响矿石质量的工序不出差错。奔波在井下的时间里，他饭来不及吃、水顾不上喝，有时一待就是大半天。在姜兵的精心协调和组织下，2012年，矿石出矿品位由年初制定的21.5%提高了0.69%，间接为公司创效达40万元。

2014年，姜兵又提出从生产源头对矿石质量进行监控，安排人员采取跟班走的方式对采掘作业面进行实时跟踪，了解各进路爆破、出矿和溜井提矿等情况，有效保证了回采的三率指标。2014年，铁蛋山矿矿石回采率实现82.86%，比年计划提高了2.86%，多回收矿石49030t，矿石贫化率实现21.14%，比年计划降低3.86%。在铁蛋山矿每一次设备的检修工作中，姜兵都要亲自参与，特别是重大的检修项目，姜兵更是从头跟到尾，基本把家都搬进了办公室，正是他这样时刻以企业为家的信念，使得铁蛋山矿每一次大的检修项目都能保质、保量提前完工。

自2012年担任调度长以来，姜兵为了在有限的时间内尽可能的“多提矿、提好矿”，制定并实施了“检修工作票”制度，把设备点检工作具体到人，严把设备检修质量关，使得铁蛋山矿主井提升机作业时间大大延长，2012～2014年间累计增加主井提升作业时间1200小时，多提升矿石30多万吨，间接为企业创造经济效益60万元。

（文/曹志明）

检修战线上的“技改尖兵”

——记公司劳动模范、保国铁矿铁蛋山矿检修段段长荣晓军

荣晓军，1968 年 12 月出生，1989 年 10 月参加工作，现任保国铁矿铁蛋山矿检修段段长。2013 年、2014 年获得公司工人技术创新二等奖，2013 年获得公司劳动模范称号。

随着铁蛋山矿提升任务的不断增加，设备的检修和维护工作也异常繁重。为了确保每月提升任务的顺利完成，身为检修段段长的荣晓军每天都是早来晚走，时常连续几个小时在井下对设备进行动态跟踪，掌握设备运行中的“第一手资料”，围绕设备的故障“点”进行攻关、深入研究、寻找“突破点”。

在井下矿石的提升过程中，由于箕斗底门在卸矿站放矿时会有少量矿石通过箕斗底门背面缝隙漏出而落入约 600m 深的井下，落入井下的矿石长期堆积还需定期进行粉矿回收，掉落的矿石还有可能砸坏井筒中设备设施而影响生产。为了攻克这一难题，荣晓军对整个箕斗结构进行了细致的分析，通过研究和比对他提出在箕斗底门漏矿位置加设衬板条，在放矿时通过衬板条形成对矿石的卸载倒流而避免矿石的泄漏，从而真正解决了矿石泄漏的难题。在井下箕斗衬板更换过程中，由于之前一直使用手拉葫芦费时费力，每更换一块衬板就得占用 10min 的生产时间。荣晓军经过多次研究决定以电动葫芦替代手拉葫芦从而节省时间，2013 年，累计更换 80 块箕斗衬板，依此计算每年可增加提矿时间达 13 小时，多提矿石近 4000t，间接为企业创造经济效益 10 万余元。

在铁蛋山矿，每周一和周四都是设备例行检修时间，为了挤时间、抢进度，荣晓军总是提前一天做好各项准备工作，想尽办法合并同类检修项目，在有限的时间内真正实现同步检修、同步施工和同步完成。

2013 年，在段长荣晓军的带领下，检修段累计完成大大小小检修任务 5000 多项，高效、安全的设备运行使得铁蛋山矿超额完成矿石提升任务，实现矿石提升 181.07 万吨，主井全年完成提升总量 191.9 万吨，创造了铁蛋山矿成立以来主井提升量的历史新纪录。

（文/曹志明）

在岗位抛洒汗水　用成绩谱写辉煌

——记公司劳动模范、保国铁矿选矿车间生产二班班长程国辉

程国辉，1974 年 9 月出生，2001 年 2 月参加工作，现任保国铁矿选矿车间生产二班班长。2013 年获得公司劳动模范荣誉称号。

凝聚智慧和力量，在生产中攻坚克难。在 2013 年的生产中，程国辉带领班组职工累计完成铁精矿 32.02 万吨，超额完成生产计划 9238t。其中铁精矿品位 69.48%，比计划提高 0.48%；尾矿品位 5.89%，比计划指标降低了 0.34%；磁性铁回收率达到 98.69%；每吨电力消耗比计划降低 3.49kW・h；金属流失率仅为 0.34%，创出了近几年来的新低，同时磨选生产二班的精矿产量、品位遥遥领先于其他的三个班组，在 2013 年的各项指标综合考核中，磨选生产二班在四个生产班中名列第一，全年累计创效 300 多万元。

发挥“传、帮、带”作用，为企业发展积蓄力量。身为磁选工技师，程国辉不仅自己及时学习新知识、新技术，同时针对班组职工技术水平不均衡的问题，他坚持利用工余时间累计办班 20 多期，通过培训、交流和探讨等方式提高了班组职工的技术水平，为生产二班铁精矿的优质和高产奠定了基础。作为班长，程国辉积极鼓励班组职工参加公司举办的岗位知识培训班，通过更大的平台和更广泛的知识交流来提高班组职工的技术水平，在每年的职工技术比武活动中，前三名都有生产二班职工的名字。

勤于思考，勇于攻坚，为生产排忧解难。在日常的生产工作中，程国辉总能发现工作中的不足之处。如针对 4 号自磨机处理量不达标、产量跟不上等问题，程国辉经过认真研究、仔细比对最终向车间提出向 4 号自磨机加球，使得 4 号自磨机的处理量达到了历史最高水平。在混合矿的生产中，程国辉针对螺筛效率不高这一问题，积极组织班组人员进行了细致的分析和讨论，通过查找相关资料和借鉴兄弟矿山的经验，最终决定将螺筛的振幅从 40 提高到 50，并将原有筛片的密度由 0.15mm 调整为 0.18mm，通过在实际中应用全年增加精矿产量近 7000t，不仅使精矿质量得到了提高，同时也实现了生产效益的最大化。

（文/曹志明）

从技术能手到创新“明星”

——记公司劳动模范、北票钢管公司机动部部长陈君廷

陈君廷，1970年8月出生，1990年8月参加工作，中共党员，毕业于大连理工大学。现任凌钢股份北票钢管有限公司机动部部长。2009年、2010年被评为公司劳动模范，2014年被评为公司优秀共产党员。

在北票钢管公司，提起陈君廷，大家都会对他竖起大拇指，不仅技术精湛，善于钻研，他身上的那股爱岗敬业、拼搏奉献的劲头更令人啧啧称赞。

一路走来，钢管公司飞速发展的路上洒下了陈君廷的汗水，他从一名普通职工成长为一名技术能手，再到后来的创新明星，每一步都踏踏实实、掷地有声。2001年，完成了钢管厂第一套螺旋活套与全自动飞锯的组织、设计、安装、调试的工作；2006～2007年，组织设计安装了具有同行业先进水平的热减径机组；2009年，在钢管厂异地搬迁改造过程中，他精心组织、协调各项工作，严格控制工艺参数，保证了所有的设备、设施按计划保质保量完工，为钢管公司按时投产、达产作出了应有的贡献；2012年，成功组织设计、安装、调试无缝焊管机组生产线，为钢管公司增加新产品，增强市场竞争力奠定了设备基石。

陈君廷注重日常积累，在工作中善于大胆创新，能认真学习吸收同行业的先进技术，自行设计制造的全自动钢管涂油机、螺旋焊管套管机、高压水压机，不但为钢管公司技术创新工作起到了表率作用，而且提高了钢管的产品附加值，增加了市场竞争力。近年来，针对市场对螺旋焊管的需求增大，针对原有小机组产量不能满足市场需求的情况，他充分发挥钢管人产、学、研、制的精神，精心组织，带领技术人员自行设计制造了426螺旋机组，满足了市场对小规格螺旋焊管的需求，为推动公司快速发展起到了关键作用。针对部分机组老化、效率低的状况，他组织工程技术人员对机组进行提速改造，其中76机组、114机组提速20%，219机组提速达到了50%，降低了吨钢成本。

（文/申俊魁）

“叫得响”的钢管生产能手

——记公司劳动模范、北票钢管公司销售业务员单宝廷

单宝廷，1967 年 12 月出生，1986 年 12 月参加工作，中共党员。现任凌钢股份北票钢管有限公司销售业务员。2011 年被评为公司劳动模范。

2011 年，时任钢管公司直缝车间主任的单宝廷，肩负着 76、114、重 114、纵剪机组的生产组织工作，他带领二车间全体员工超额完成 7 万吨生产任务，产量占全公司年总产量一半以上，为钢管公司完成超创利润 3 万余元。2011 年，钢管公司承揽单位在北票附近招的业务外委职工多数都是北票当地的农民，对企业生产设备管理和操作一片茫然，加之新来的大学生和技校生刚刚入厂，给生产带来诸多不利因素，严重制约了二车间生产任务的顺利完成。面对这一难题，单宝廷制定切实可行的操作方案，开展素质教育，让农民工尽快融入到企业中来。他一边组织生产一边开展技术培训，既当师傅又当老师，白天带徒弟晚上合理安排时间讲授焊管技能。他不厌其烦的多次请技术人员现场指导，手把手地从每一套机组开始示范操作，用短短一个月时间将近 100 名业务外委人员全部培训一遍，使其具备了独立操作水平。

“只要你有才华，我就给你提供施展才华的舞台。”单宝廷大胆起用新人，在本车间广泛开展劳动竞赛和技术比武，各机组职工在劳动竞赛的激励下，月产量、质量屡创佳绩的同时，7 名大学毕业生通过自己的不懈努力走向了工长岗位。针对业务外委人员流动性较大的特点，单宝廷提出实施按产量计薪，真正实现多劳多得，以此方式留住人才，稳定业务外委职工队伍。

在工作中他坚持质量和安全意识一起抓，坚持轧机有毛病坚决不生产，发现问题及时解决，绝不允许带病作业。重 114 机组是新设备，试车时经常出现部分钢管质量不合格，制约产品的质量。他凭借自己多年对焊管知识的掌握，在感应器前增加了导向辊，解决了大难题；76 机组测速辊经常丢转，影响了钢管的定尺率，他在原有拉簧悬挂测速辊的基础上，增加螺杆装置，改造后产品定尺率、合格率得到了大大提高，每年能为公司节约成本近 30 万元。

（文/申俊魁）

心系一线埋头苦干的“老黄牛”

——记公司劳动模范、北票钢管公司直缝车间主任高德明

高德明，1964年9月出生，1983年9月参加工作，中共党员，毕业于铁岭技校。现任凌钢股份北票钢管有限公司直缝车间主任。2012年获得公司劳动模范称号；2011年、2014年获得公司优秀共产党员称号；2014年度被评为朝阳市劳动模范。

2012年5月，因直缝325机组轧机生产总是不顺畅，生产成材率低，多次换人调整无果。高德明临危受命，担任直缝车间主任，主管8条生产线。他发现是由于325机组轧机3架、4架、5架平辊轧制底线过高造成，对325轧机成型按3架平辊高30mm、4架平辊高50mm、5架平辊高100mm重新设计，使325机组成材率由87%提高到94%。

2013年11月，高德明被委任螺旋车间主任，兼任直缝车间主任，主管10条生产线。自接手螺旋车间，产量稳步提高，稳定在月平均产量5000t左右。在此期间他着力加强备品备件管理，降低生产成本。直缝车间备品备件消耗由29.2元/t降低到21.6元/t；螺旋车间备品备件消耗由20.9元/t降低到17元/t。他提出的焊管机组改用圆弧刀后，使内毛刺刮屑质量达到了与母体基本平齐的状态，得到了用户的认可和好评。仅此一项，多销售钢管两万吨，创效约200万元。

高德明积极与同行厂家交流，实地考察，努力寻找新的技术突破点。325机组在检修时费时费力，他提出在地面做一个长宽及深度都为1.5m的方形池，在池内安装模具，这样换辊检修时，安装方便，易于操作，安全得到保证。325机组轧机生产时，管体有鼓包现象，经常出现搭焊管和漏管，造成产品成材率低，他通过对调整轧机轧制线及对轧机牌坊底座进行加固处理，325机组再未出现鼓包问题。生产中219机组飞锯在风压不足时经常出现穿车故障，造成产品定尺率及成材率下降，针对这个问题，他在测速辊底部添加3个拉簧，固定在牌坊架子上，飞锯再未出现穿车问题，产品的成材率也得到了有效保证。

高德明深化细化每一项指标，制订了消耗日分析、月统计制度，让成本始终受控，对超出的班组给予相应的考核。直缝车间全年备品备件指标都低于计划指标，节省备品备件约33.5万元。

车间管理的“行家里手”

——记劳动模范、北票钢管公司螺旋车间主任张泽军

张泽军，1962 年 11 月出生，1980 年 7 月参加工作。现任凌钢股份北票钢管有限公司螺旋车间主任。2013 年被评为公司劳动模范，2015 年被评为感动北票十大人物。

在张泽军的心中总有一个信条，那就是“高调做事，拒绝浮躁”“喊破嗓子，不如干出样子”。在他的管理和带动下，螺旋车间的各项工作都走在了前面。他也因此被评为凌钢集团公司劳动模范、感动北票十大人物。

加强车间产品质量管理工作，使产量、质量同步提升是他的不懈追求。螺旋车间建设初期，车间产量和质量一直完不成计划，他首先从职工队伍抓起，组织人员进行培训，涵盖了车间质量管理、安全生产、设备保养等方面内容，制定了一切工作围绕提质、降耗、增效的工作方针。他在车间提出了“人人都是质检员”的口号，鼓励所有职工自查自检，每发现一支漏管奖励 50 元。在这种奖励机制下，成材率由原来的 85% 提高到现在的 92. 48% 。在他的带领下螺旋车间职工上下齐心，年产量突破 5 万吨，综合成材率达到 98% 。产品出库后无一起质量异议发生。

深化对标挖潜，利用有限资源创效益是他的希冀。他利用闲暇时间勤奋钻研，对设备设计上存在的不足大胆尝试改革，例如由于筛焊剂设备设计上的缺陷，每班工作量需要 3 个人完成，并且每月约 4t 焊剂被浪费，筛焊剂时粉尘大，环境污染严重。他研制出了一套焊剂分离装置，仅这一项每年就为公司节约 16 万元。在他的带领下，螺旋车间掀起了“改革”的浪潮，对水压机、辊道、对接板等设备进行了改造，为公司节约成本 10 万元以上。

在煤气发生炉作业区域，电捕焦设备多次采集焦油失败，捕焦率最多只有 20% 。他带领煤气发生炉职工及钳工班组成攻关小组，利用两天时间找到了影响电捕焦效率的因素，瓶颈解决后，不但提高了无缝管的产品质量，也明显改善了煤气发生炉的操作环境。此次攻关费用不足 4000 元，却将捕焦率提高到 90% 以上，每年为公司增加效益百万元以上。

营销团队的“领头人”

——记公司劳动模范、北票钢管公司供销部部长张鹏

张鹏，1971年5月出生，1991年11月参加工作，中共党员，毕业于辽宁广播电视大学。现任凌钢股份北票钢管有限公司供销部部长。2014年获得公司劳动模范、公司优秀共产党员称号。

改变营销策略，拓宽销售渠道，实现效益最大化。张鹏认为今天的钢铁企业已经进入微利时代。他率先提出改变传统销售观念，打破原有协议户模式，加大工程直供用户开发力度，在协议户手中抢占市场份额，实现效益最大化。2014年，协议户合计发货3.8万吨，终端及工程用户合计发货4.3万吨。协议户发货比重降至47%。原有协议户模式的改变直接带来了经济效益，2014年，单位螺旋钢管价差提高150元，单位整体板带价差提高110元，全年直接创效680万元。2015年，面对严峻的市场形势，工程、直供比例大幅提高，协议户发货比例控制在40%以下。为降低库存风险，加快资金周转，他带领供销部销售人员全力降低库存，2014年，成功降库存6000t；2015年，全年降低库存3800t，使原料库存和成品库存保持低位运行。张鹏带领的销售团队，成功中标北票供热管网、燕山湖电厂、凌源供热工程、沈阳热力公司和大连开原管道产品深加工合作等项目，并与朝阳西宁保温建立了良好的合作关系，促使公司产业链延伸，保温管生产能力得到大幅提高。

利用公司销售大平台，增加外购管材经销力度，提高产品市场占有率。钢管公司部分产品规格不全，影响用户订货的信心。他通过多处走访和考察后，商讨、确定多家管材合格供应商，既保证了产品质量，又能掌握最新的价格动态，同时降低了资金风险。2014年，合计采购外购管材4200t，产生利润66万元，间接带动公司产品销售1200t。2015年，外购经销销量和效益翻了一番，合计采购其他生产厂家合格钢管8000多吨，为公司创造效益160余万元。

多元化营销 使企业效益最大化

——记公司劳动模范、北票钢管公司供销部副部长许永林

许永林，1964 年 7 月出生，1986 年 6 月参加工作，毕业于辽宁大学。现任凌钢股份北票钢管有限公司供销部副部长。2015 年获得公司劳动模范荣誉称号。

创新经营理念，拓宽销售渠道，助力企业向实现销售效益最大化转型。许永林提出了“两条腿走路，有效益就是硬道理”的效益营销理念。一条走厂家（经销商模式），另一条走终端直供道路。2015 年，供销部累计销售合格钢管 6.39 万吨，产销率达 115%。

他积极坚持以终端市场建设为中心来运作市场，向有效益市场倾斜。2015 年，公司实现销售工程、直供管比例达 60% 以上。开发直供终端客户 117 个，协议户发货比例控制在 40% 以下，实现了螺旋钢管管带供销差价比同期提高约 26 元/t。2015 年，他带领的团队还成功中标平庄能源、铁煤、龙煤集团、中铁物资集团东北有限公司等物资采购项目，通过与以上公司合作仅 10 月份个人创效高达 66 万元。他推动公司产业链进一步延伸，其中仅凌源供热项目就销售了 80 多千米保温管材。

向现代化物流管理要效益，成功建立物流管理新模式。他建议公司组织多家有实力的物流公司进行合作，通过一年的运行，2015 年单位运输价格较 2014 年平均降低 10 ~ 15 元，直接创效约 90 万元。

他认真推行“谁计划谁销售，谁积压谁负责”的营销宗旨，并大力推进废次材终端销售的营销模式。他带领供销部团队全力以赴降低库存，2015 年积压品比同期减少 80%，全年成品库存比同期降低约 3800t，原料库存和成品库存保持了较低位运行。

2015 年，外购经销成为钢管公司新的盈利点，许永林带领销售团队积极开展外贸工作，通过拓宽外购渠道，和鞍钢、吉林建龙、友发等大型钢厂建立了稳定的合作关系。全年销售外购管材 6500 余吨，平均每吨净利润 225 元，共盈利约 146 万元，使外购经销销量和效益比 2014 年翻一番。2015 年，许永林带领销售团队创效 433 万元，为企业扭亏增盈和实现效益最大化目标付出了艰辛的劳动。

兢兢业业的矿山作业区长

——记公司劳动模范、怡山矿业公司矿区作业长陈立

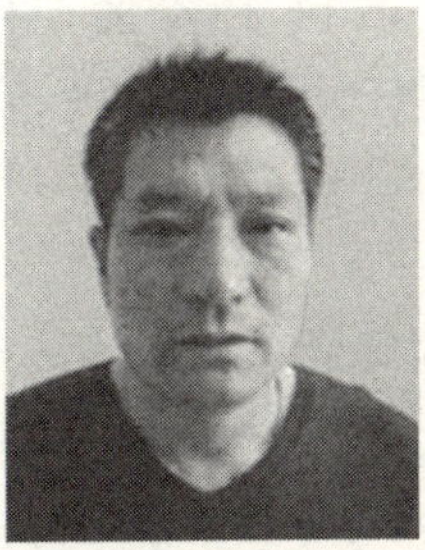

陈立，1968 年 8 月出生，1986 年 8 月参加工作，中共党员。现任怡山矿业公司矿区作业长。2007 年获得公司劳动模范称号。

从 2014 年 4 月生产以来，六选厂破碎振动给料器发生故障，造成两条磁选系统停机 45 小时，为提高设备作业率，提高产能，陈立亲自对破碎机振动给料器进行改造并监督实施。经改造后，每年可提高精料产量 91250t，可节约用电 4820 元，节约资财费用 300 元。

作为矿长，他还对矿区内四选厂的尾矿输送系统进行了改造，把设备改造成一主一备，改造后节约电费 66846. 46 元，设备更换主副叶轮每年可节约费用 47520 元，更换衬套每年可节约 19500 元，更换尾矿系统输送管道每年可节约 23000 元，每年节约总费用 164750. 46 元，增大 3 台球磨机给矿量各 3%，每年能提高铁精粉产量 3350t，同时控制了尾矿跑尾现象，提高了金属回收率。给节支降耗、对标挖潜工作打下了坚实的基础。他的实干令工友们敬佩，更得到了公司领导的肯定。为了提高产量，他还继续查找漏洞，及时提出对球磨机给料器进行改型，由 1200 型改为 1500 型，改型后达到了理想的效果，日产提高铁精粉 20t，全年提高铁精粉 720t。

在 2013 年 4 月中旬以后，公司试生产、达产达效阶段。生产初期由于各家设备性能不稳定，管理人员缺乏矿山管理经验，生产人员技术水平低，导致铁精粉产量、品位等都达不到计划指标。他亲自带领区域职工及外委人员通过认真研究、观察，找有选矿经验的技术人员探讨，在很短的时间内，通过合理配矿，调节高频振动筛的筛片、角度、振幅，改变矿浆的浓度等方法提高了铁精粉的产量和品位。在这段时间，他没吃好一顿饭，没睡过一个囫囵觉，工友们看在眼里，疼在心里，都劝他休息休息吧，他却坚决地拒绝了。他就这样一直坚持到项目完成。用自己实实在在的行动诠释了一名共产党员的誓言。

（文/王　磊）

仓储管理人的风采

——记公司劳动模范、设备材料部仓储科科长赵洪波

赵洪波，1963 年 12 月出生，1980 年 11 月参加工作。东北大学函授学院毕业，中共党员。现任国贸公司设备材料部仓储科科长。曾获公司劳动模范、管理能手、生产能手和公司优秀共产党员荣誉称号。

2008 年，是凌钢发展史上具有里程碑意义的一年，赵洪波带领所有仓储人负责 350 万吨钢技改工程 9 个项目的全部机械设备、电气设备、耐火材料、电线电缆、各类阀门、各种建材、油品等一系列物资出入库工作，同时还要保障全公司所有生产单位正常生产维修、大修、年修、技措等所需备件、材料的仓储保管和出入库工作。350 万吨钢技改工程 9 个项目的机械设备到货数量高达 6358 台(套)，电气设备到货数量为 3211 套，电线电缆 1400000m，阀门 4312 台，耐火材料 23947t，工程用水泥 10 万多吨。按公司总体要求，机械设备要全部送达施工现场 70m 范围之内，其他物资由施工单位自行提货。也就是说机械设备从到货、入库到仓储管理，再到设备出库，每台(套)机械设备仓储科都要对其进行两卸一装，其他物资也要一卸一装，加上大修、年修、技措用备件、材料，计算下来，对将近 70000t 重的物资进行了装卸和运输。

对 350 万吨钢技改工程中超大、超重、超高、超长设备物资进行装卸、运输。其中 50t 以上的起重机 8 台，超过 100t 的 4 台，最大的 3 台是 180t 的。转炉工程的钢水包每个有 17t 重，共有 8 个；铁水罐每个重 19t，共有 20 个；倾翻车单重 47t，共有两台；中宽带工程的立辊轧机和转鼓式飞剪的一部分都达到了 40t 以上，最重的一段达 70 多吨；转炉的炉壳托圈重达 108t；烧结工程的混料筒重达 137t；此外还有超长跨度达 37. 5m 的起重机、怕磕怕碰的铝质制氧罐、炼铁厂总重达 800 多吨的冷却壁、棒材厂配套件超过 1 万件的冷床设备。在装卸和运输这些大型设备之前，赵洪波都要对设备详细资料进行了解，对现场情况实地考察，对到货物资和出库物资时间精准掌握，以此来制定具体的运输、吊装、人员调配方案。针对不同设备的特性、运输和装卸车辆的不同、现场场地的不同现场协调指挥，克服种种困难，使 350 万吨钢技改工程 9 大技改项目的所有设备平稳、安全运送到指定地点。

储运部的排头兵

——记公司劳动模范、国贸公司储运部储运科科长白志强

白志强，1979年6月生，中共党员，河北科技师范学院毕业，2004年7月参加工作，现任国贸公司储运部经理助理兼储运科科长。2014年获得公司劳动模范称号，2015年被评为公司优秀共产党员。

擅长管理的白志强，2014年带领储运科职工完成出入库总量9523480t，共计装火车52887车，日均158车，其中直装21360车（不含合装），水渣8336车。1～8月份直装率完成70.5%，9月份开始大量生产方钢，且4号棒不能直装，因此导致直装率大幅下降。全年综合直装率完成66.16%，较计划提高1.16%，较2013年提高0.76%。2015年，直装率完成69.047%，较2014年提高5%，实现创效30万元，同时拖拉机倒运费用一项就降低65万元。

与运营科密切配合，改变原螺纹钢由理论单重配车的方式，调整为实重配车，最大程度做到满载，装车净载重。净载重由2013年的62.9t提高到64.1t，平均每节车皮多装1.1t。其中，仅方钢装载优化创效90万元。2015年，提高火车发运净载重88448t，创效450万元以上。全力保障方钢出库，为创效贡献力量。公司自9月份开始大量生产出口方钢，为确保方钢的及时出库装船，储运科积极采取一切可用措施，保障所有方钢完成出库集港任务，未出现因出库原因造成堵停产或销售结算不及时情况。

提升服务水平，提高汽运效率。通过成立服务小组，开展“五心”服务劳动竞赛，加强现场装车服务管理，增强服务意识，提升服务水平，优化汽运服务内容，开启延时结算模式，杜绝卡索用户现象，极大地提高了客户满意度。汽车自提效率显著提升，2014年实现汽车发货192万吨，日均5771t，较2013年增加1200t。

走高端物流电子平台的人

——记公司劳动模范、国贸公司储运部运营科科长尚永春

尚永春，1972 年 4 月出生，中共党员，工程师，毕业于辽宁阜新矿业学院，1995 年 8 月参加工作，现任国贸公司储运部运营科科长。被评为 2012 年度优秀共产党员、2015 年度公司劳动模范。

多年来，尚永春始终坚持扎根运输生产一线，潜心钻研钢铁企业物流业务，致力于解决运输生产过程中各种实际问题。针对公司铁路运输接、卸、排、装、运流程环节，优化、捋顺采、销、运衔接关系，完善汽、火、海组合联运操作模式，规范运输生产工艺操作制度，堵塞物流管理漏洞方面做出了大量的基础性、建设性工作。

他亲历了凌钢从 100 万吨钢至 600 万吨钢产能变化的精彩历程，引领运输水平提速的几次大跨越、大提升，亲手组织实施顺应凌钢发展大趋势的运输程序改革，从原始手工请车，到中国铁路货运电子商务系统远程直达运输需求申请，再到凌钢上马宝信自动化信息系统，实现铁路电子商务系统的成功对接。积极牵头处理推进公司运输生产自动信息化建设的具体技术工作，最终达到现行的线上请车，网上运输信息传递共享、运单自动生成打印系列生产技术操作改进提升，基本实现了运输与生产、采购、销售环节的无缝对接，极大地提高了凌钢运输效率，为公司实现运输生产信息现代化作出了重要贡献。

多次参与铁路系统货运装载加固方案编制完善工作。历年编制的凌钢钢材装载方案报请铁路部门共 21 项，其中 8 项经原铁道部核准入编中国铁道出版社 2006 版《铁路货物装载加固定型方案》，目前仍在执行；有 13 项经铁路局审核入编 2011 版《沈阳铁路局货物装载加固暂行方案》，正在执行过程，从法理上，保证了凌钢所有产品发运均有方案装车。其中，通过完善推进凌钢带钢增载、线材合装方案两项工作，每年可为公司提高净载重、降低运费创效 600 万元以上。

近几年钢铁市场低迷、凌钢加强内控管理、加大成本控制的大背景下，通过本部门同事通力合作，积极加强运输基础管理和物流环节优化管控，每年为公司创造 4000 万 ~6000 万元的管理效益。

时刻与运输相伴的李敬

——记公司劳动模范、国贸公司储运部调度科科长李敬

李敬，1979年6月生，中共党员，辽宁本溪冶金高等专科学校毕业，2001年7月参加工作，工程师，现任国贸公司储运部调度科科长。2012年获得公司劳动模范称号，2014年获公司优秀共产党员称号。

加强装、卸车组织工作。李敬通过与阜新车务段及凌源东站沟通，由凌源东站派两名货运员进驻凌钢厂区，专门负责协调装、卸车工作，同时阜新车务段为凌钢安装“铁路客户关系平台”，使我公司得以提前预知各种货物的到达情况，实现提前安排卸车置场，筹划倒运等工作，大大提高了装、卸、排车效率。2012年，公司的铁路装、卸、排车工作屡创新高，全年累计到火车63314车，发35733车，日均装车208车，日卸车301车，均创历史最好水平。

深化对标挖潜、努力降本增效。组织各分厂成立由主管领导挂帅的降低运费对标领导小组，对车辆的使用情况实施专人管理，建立运输业务台账，对运费完成情况进行旬分析、月总结，采取有效跟进解决。全年全公司厂运费实际发生3711.61万元，比对标指标3996.37万元，降284.76万元，降低比为0.7%。提出取消方矩坯与部分入“四合一”物资检斤，重新修订了运输合同，调整了运价，全年节约运费48.2万元。盘活资金，为解决废钢不足，积极组织对罐沿铁、大块铁砣进行处理，全年共处理罐沿铁6265t、大块铁砣429t，组织回收废钢3769t。

全面配合三期技改工程。组织相关单位，协调解决技改工地问题，用一周时间腾空原新区库存冬储精煤和58平置场，协调供销公司完成钢材库、废钢料场的搬迁工作，确保新项目的如期开工和各生产线运输、出库秩序正常。组织召开专业会及现场协调会100多次，协调解决技改征占铁路、公路等相关事宜。建议将新区临时货场、58平置场进行硬化，解决了集中到货时卸车困难的压力，保证了装卸排工作的顺利完成。

积极配合新项目顺利达产。在翻车机与堆取料机没有投入使用前，为5号高炉倒运焦炭89640t、球团矿7170t，保证5号高炉顺利投产；组织新区精矿仓的12万吨矿粉直入储存工作，确保回转窑的原料供应，回转窑生产初期，组织外倒不合格球团12889t等。

设备守护神

——记公司劳动模范、第一炼铁厂设备点检作业长纪颖超

纪颖超，1973 年 11 月出生，中共党员。毕业于辽宁省沈阳工业学院焊接工艺及设备专业，1996 年 7 月参加工作，现任第一炼铁厂设备点检作业区作业长。曾获公司劳动模范、公司科技贡献二等奖、公司技术能手等荣誉。

作为一名作业长，纪颖超的身上有着以身作则、事为人先的精神，要求点检员做到的他首先做到。如设备发生故障后，要求主管点检员要在第一时间到达现场组织抢修，而纪颖超无论是哪个生产系统发生设备故障，他总是第一个赶到现场组织抢修，也总是待设备运转正常后最后一个离开现场，双休日、节假日他的身影总是出现在办公室或现场。

2007 年 3 月 1 日，3 号高炉改造扩建工作开始，作为炼铁厂主管 $750m^3$ 高炉技改工作设备点检作业长，他制定 3 号高炉技改工作计划，建立相应设备点检监管制度，解决施工过程中遇到的难题，优化设计方案，监督施工质量。

他每天奔走在高炉本体、矿槽、热风炉、除尘器等处上下多次，每处的高度都在三四十米，经常几天不回家，吃住在现场。2007 年 6 月 28 日，$750m^3$ 高炉投产，仅用 119 天拆除 $300m^3$ 并新建 $750m^3$ 高炉，使 3 号高炉改造成为我公司所有高炉中建设速度最快的。

在设备安装调试过程中，他熟悉掌握新设备的规格型号、技术性能，做好投产所需的材料、备件准备；开炉后，每天夜间带领点检员值班，巡查设备运行情况，出现小的问题及时处理，使 3 号高炉成为我公司开炉之后运行最平稳、达产最快的高炉，投产后实现高炉稳定运行，第一个月即实现设备零故障。

在纪颖超的榜样作用下，再加上科学的管理、培养、锻炼，作业区迅速成长起了一批新毕业的大学生点检员队伍。

一个高级专家的“心事”

——记公司劳动模范、机动部高级专家冯国柱

冯国柱，1963年9月出生，中共党员。毕业于辽宁电大热工与热能利用专业，1990年7月参加工作。现在机动部从事工程管理工作。多次荣获公司劳动模范，2016年被评聘为工业炉高级专家。

与冯国柱相识相交快二十年，几乎都是在技改和检、年修的现场，他忙碌的身影和疲倦的面容给我留下了难以磨灭的印象，他是凌钢技改人带给我感动与感触较多的人之一，关于他的报道，也都是那种感触型的，或独立成章，或融于工程的报道之中，大概有十几篇之多。

今天的话题当然从面前的加热炉年修改造开始。他向我介绍了简单的情况后，在我的追问下描述起这次加热炉上的改造项目，给我上了一堂热能传导课，原以为钢坯在加热炉内只是烧红的，却原来那只是热传导的方式之一，还有炉墙蓄热体的辐射和钢坯自身由外而内的传导。这次加热炉的改造就与辐射的强度有关。冯国柱说，这是一项新兴技术，在国内企业应用不到两年时间，就是在炉顶内粘上13000个杯体，从而扩大炉顶的蓄热面积，而杯体本身的蓄热和辐射能力更强，所以加热效率和效果更好。凌钢先在一台加热炉上试验，如果真能达到厂家所承诺的节能效果，再在其他加热炉上推广。

受聘公司设备高级专家后，冯国柱有3件“心事”，这是其中之一，如果改造成功，节能10%的话，就可以省下大量的煤气用于发电。作为热能炉窑专业的工艺带头人，冯国柱的另外两件“心事”当然也都与炉窑有关。一个是高炉自用煤气量攻关，冯国柱与第一炼铁厂联手在2号、4号高炉热风炉进行的节能攻关，通过改善加热工艺操作制度等办法，目前吨铁自用煤气量降低了100多立，成效显著。另一件是中宽带加热炉降低氧化烧损，一次中宽带加热炉清炉，一台加热炉清出的氧化铁皮就达400t之多，冯国柱对中宽带加热炉的加热制度进行了修订，要求结合生产严格执行新的加热制度，将烧损降下来，不仅可以节约煤气消耗，对中宽带成材率和产量的提高都会有所裨益。

这就是一个高级专家的“心事”，当此凌钢面临生存危机的关键时刻，“把这三件事办好了，我才无愧于‘高级专家’的称谓。”冯国柱如是说。

（文/孙晓东）

汗水诠释青春无悔

——记公司劳动模范、机动部工程科办事员王博

王博，1983 年 3 月出生，辽宁鞍山人，中共党员，工程师。毕业于鞍山科技大学土木工程专业，2006 年 7 月参加工作。现任机动部工程科办事员。多次获得公司青年岗位能手称号和科技贡献四等奖，2011 年荣获公司十佳青年称号，2012 年被评为公司劳动模范。

王博一直从事公司土建施工管理工作。先后参与中宽冷带改造和 3 号高炉改造工程，随后开始主管中宽带改造、$240m^2$ 烧结机改造、1 号高炉改造、$180m^2$ 烧结机改造工程，负责“十二五”公辅工程、焦化干熄焦工程以及各除尘项目等土建施工管理及现场协调。

翻车机井壁部分平面尺寸为 32.6m×11.4m 矩形混凝土结构，外壁厚 1.3m，地下埋深 -21m。施工单位原计划采用大开挖方式施工，但由于基础埋深太大，需要采取大放坡的措施保证基坑边坡的稳定性，而这样需要产生约 45 万方土方量，另外施工时接近雨季且开挖深度过大需要对边坡进行喷锚等防护措施，也会产生大量费用。经过和有关领导共同认真分析研究，决定舍弃大开挖的方式，转而采用国内比较先进的沉井施工方式进行施工，不仅节省了土方的开挖工程量，提高了施工速度，也大大节约了工程资金。

实际施工中 E5 转运站、NS6 转运站、炼铁站信号楼和部分通廊支架所在场地狭小，不具备桩基施工条件。为了加快施工进度，保证后续工作顺利开展，王博仔细研究地勘报告，反复计算地基承载力，合理取消桩基改为筏板基础，加快了施工进度，并为工程节约投资 83.2 万元。

堆取料机料条原设计表面铺 100mm 厚连锁砖，施工前王博对施工图纸进行详细审核，与老区料条存放物料功能对比，把连锁砖的铺设改为铺放原料渣处理转炉尾渣，降低工程造价 315 万元。

由于 E6、E7 转运站所处位置在道路旁，原设计砼结构施工工期长，占用交通要道，影响其他工程施工，他积极与设计院沟通，建议将其改为钢结构形式。NS4、NS5 转运站柱子原设计为钢管结构，由于采购难度大，再加上库房里有剩余的 H 型钢，经反复计算结构受力强度等，将钢管由 H 形钢替代，不仅保证了工期，还利用了库存。

凌钢的给排水专家

——记公司劳动模范、机动部给排水专业施工员郝玉清

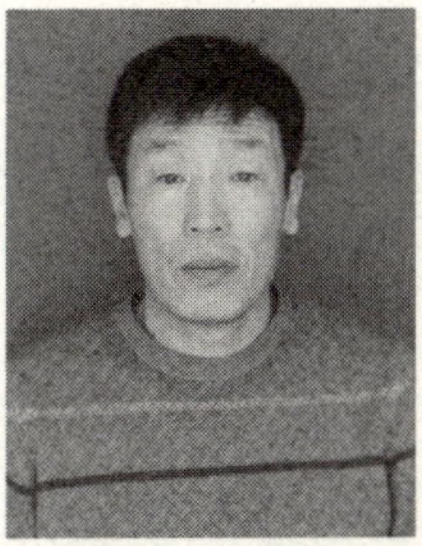

郝玉清，1968年9月出生，毕业于凌钢电大给排水专业，1989年5月参加工作。现任机动部给排水专业施工员。2012年被评为公司劳动模范。

科学组织施工，降低工程造价。三期技改项目2011年10月转入现场施工阶段，由于高炉、球团、炼钢、轧钢四大技改项目均在原有旧址，地下障碍物很多，地下管道路径也不清晰，大部分没有图纸，桩基施工作业面大、作业点多，施工用水困难。而炼钢地下料仓、旋流井、大小棒旋流井等深基础排水不畅，原有排水系统在桩基施工中被破坏，河对岸翻车机沉井处没有排水，降水困难，这一矛盾直接影响前期主体工程的施工进度。郝玉清提出了有压排水的建议，不但解决了施工用水3万吨的难题，而且为生产送水60万吨，直接创效120万元。

优化施工网络确保工程工期。根据各项目部使用各种能源介质时间，编制了总体施工网络计划，分解编制了多个单项工程网络计划，制定周计划、日作业计划，克服了作业点多、工期短、施工作业人员素质参差不齐等不利因素，顶风冒雨，昼夜施工，使各单项工程提前或如期竣工。为主体项目的提前投产创造了条件。一是河对岸料场自2011年7月20日开工，按照工期组织要求，在12月底前交工。要保工期就要现场边设计边施工，共建安水源井8眼铺设氧气管道1200多米，水管道3000多米。二是新区2011年8月桩基础工程开工，当时场地内有两座架空管廊需要拆除，为保工期，现场采取边施工边拆除，共铺设管道3500多米，并且在项目完成时成功投入到厂区给排水管网使用。三是自5月15日厂区给排水及能源介质陆续出图开始，最紧张的外线管网施工进入备料施工阶段。经过二十几天的备料、施工组织设计、排网络计划、现场勘查后，共完成外线管道铺设40000多米。

修旧利废降低工程造价。自2011年工程开工后炼钢地下料仓及旋流井、炼铁施工用水、大小棒旋流井降水排水、球团桩基施工水、河对岸料场施工及生产用水、工厂站排水，管道施工时，利用工程拆除废旧管道，总量约1000t。降低综合成本约400万元。

干就干出个样儿来

——记公司劳动模范、机动部设备科科长史东升

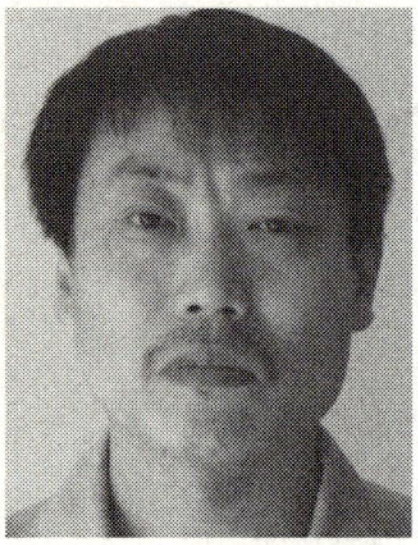

史东升，1974 年 12 月出生，中共党员。毕业于辽宁工学院机械电子工程专业，1998 年参加工作。时任机动部设备科科长，连续 3 年被评为公司劳动模范。

优化维修费用管理，使公司维修费用逐年降低。控制设备维修费用是机动部重点工作之一。作为设备科长，史东升通过合理管控，2012 ~ 2014 年连续 3 年维修费用超额完成挖潜目标。吨钢维修费用由 2011 年 124.25 元降低到 2014 年的 105.35 元。

一是在维修费用加强控制。在财务计划基础上降低 10% 作为设备系统内控指标，对指标进行分解与控制。实现分厂指标分解到工段，机动部内部分解到人，且每月通过统计分析，对后续指标进行调整。二是改变资材计划管控模式，由原来侧重控制领用改为重点控制计划的提出，同时控制领用，加强资材采购计划申报审批管理，制定分厂各月需求申请与审批指标，有效提高了计划准确率。三是严控高标准、高价值资材使用范围，避免功能过剩。四是加强外委检修管理，每月统计每名检修管理人员外委检修合同签订情况，与上一年度进行对比分析，有效降低了外委检修量。

加强库存管理，主动盘活 3 年以上无动态库存，为公司加快资金周转作出贡献。

强化设备运行管理，加强事故故障防范。他先后组织轧钢区域、烧结区域、优特钢生产线等故障目标推进工作，组织参加分厂早会，使各厂故障显著降低。制定《设备总体检管理办法》，组织开展设备总体检工作，及时发现设备隐患，同时促进了分厂自检自查工作，有效避免了大量设备故障发生。通过上述措施，设备故障时间逐年降低，由 2011 年 117 小时，降低到 2014 年 71 小时，为设备稳定顺行作出贡献。

掌上千秋史　胸中百万兵

——记公司劳动模范、设计研究公司工程科科长王占元

王占元，1964 年 11 月出生。毕业于辽宁冶金地质学校，1985 年 8 月参加工作。现任设计研究有限公司工程科科长。2011 年被评为公司劳动模范。

在凌钢“十二五”结构调整技术改造工程中，王占元接到了利用公司现有范围的土地，主体工程项目不出原有厂区的规划总平面布置方案设计任务。因公司曾经多次见缝插针式的改造，建筑密度已达国内同行业最高。如果按常规设计，根本无法布置下公司拟建的项目，总平面布置的难度相当大。

王占元在掌握各单项工程生产工艺流程的情况下，多方收集相应规模的单项工程的总平面布置图，针对凌钢拟建的项目一项一项的优化。先后调整了高炉工程、炼钢工程、链箅机回转窑球团工程、320m^2 烧结机工程、100 万吨焦化工程的单项总平面布置，花费了大量的时间、精力，将各个单项工程的工艺布置，从场地形状及物料运输和生产工序衔接的角度出发，进行拆分、重组、压缩，尽量减少单体项目占地。在充分考虑轧钢厂房较长、铁水运输能否顺畅等因素的前提下，按生产流程，在有限的场地里把各项目紧凑布置、有序组合。在两个多月的时间里，他夜以继日的工作，周日从没休息过，先后做了 6 个可行的总平面布置方案供公司进行研究论证。白天大家开会讨论，没时间修改设计，他就利用晚上画。总图规划方案是一环扣一环的，牵一发动全身，一个项目的调整，其他都跟着变化，从建筑物到道路、铁路衔接都需要重新布置。经过一段时间的日夜紧张工作，终于完成了凌钢“十二五”产品结构调整技术改造规划的基本方案。

王占元作为“十二五”结构调整技术改造工程公辅项目的项目设计管理负责人，为项目的实施做了大量设计管理工作。公辅项目是此次凌钢技改工程涉及面最广的项目。他每天脑子里想着工程，什么时间催设备订货单，什么时间前必须提供施工图纸等都要做到心中有数，为做好工作，他花费了大量的脑力和精力。

在这一年中，王占元也做了大量的设计工作。在各项工程总图设计中，他合理地进行新项目建设场地的竖向布置设计，减少土石方工程量，在保证料场排水的条件下，将料场标高从 411.00m 降到 409.00m，减少区域填方 20 万立方米，通过优化设计为公司节省了大量的工程建设费用。

（文/孙彦彬）

凌钢“活地图”

——记公司劳动模范、设计研究公司张海林

张海林，1964年9月出生，中共党员。毕业于沈阳航空工业学院机械工程系，1988年7月参加工作。现任设计研究有限公司工艺设备科一办。曾荣获公司科技贡献二等奖、公司技术能手等荣誉称号。2012年被评为公司劳动模范。

在“十二五”结构调整改造工程中，张海林是200万吨球团工程、2300m^3高炉工程、保国铁矿铁蛋山矿区技改工程、3号高炉大修改造工程设计管理的项目负责人。他以身作则，全身心地投入到工作中，夜以继日，放弃自己的休息时间，参加了工程从规划到投产的全过程设计、技术洽谈及技术联系、协助设计人员改进设计等各项工作。为缩短工程建设周期、降低投资作出了重要贡献。

2012年是凌钢“十二五”结构调整改造工程的收尾阶段，是改造工程最关键时期。他与设计公司及其他有关工程参建人员通力合作，加强管理，严把质量关。

在各项工程的设计阶段，他周日从不休息，脑子里始终想着工作。设计每进行到一个阶段，他都及时组织专业人员对设计进行审查，尽早发现存在的问题，并及时把问题反馈给设计人员，并与设计人员协商，把问题解决在设计阶段，既避免了浪费，又防止功能过剩现象的发生。同时，他积极与设计人员进行探讨，不断对设计进行优化。180m^2烧结矿运往3号和4号高炉的运输方案设计；2300m^3高炉焦炭和200万吨球团铁精矿运输方案设计；2300m^3高炉烧结矿输送系统和200万吨球团成品输送系统设计等。特别是200万吨球团工程工艺方案，他结合铁精矿球团试验报告和公司资金非常紧张的实际情况，提出暂时不上高压辊磨，仅预留高压辊磨位置的建议，优化精矿仓设计，缩小规模，减少桩基。通过他的努力，既解决了大量工程设计和施工中出现的一些关键性的技术问题，也为公司创造了很大的经济效益。

张海林还坚持定期到施工现场了解工程施工进度，以便做好各项工程的施工和设计的协调工作。他根据实际情况督促设计单位按施工进度要求出图，保证了工程建设有条不紊地进行。

（文/孙彦彬）

一切为了工程质量

——记公司劳动模范、项目咨询公司监理一科科长纪伟

纪伟，1958 年 3 月出生。毕业于沈阳冶金机械专科学校，1976 年 8 月参加工作，现任项目管理咨询有限公司监理一科科长。2012 年被评为公司劳动模范。

纪伟在“十二五”技改工程中，担任公辅工程的总监代表及钢结构专业监理工程师，大、小棒材钢结构专业监理工程师，同时担任集团公司质量检查专家组钢结构专业负责人。

公辅工程一较特殊的项目是能源介质项目中的管道工程。其中氧气、高炉、焦炉、转炉煤气管道工程为易燃易爆气体管道，由他主要承担监理工作。在煤气管道安装中，参建的队伍较多，他对每一道安装焊缝都严格检查，包括对所有阀门的试压都跟踪检查。在氧气管道的吹扫中，他提出采用了爆破吹扫法，在通往炼钢的氧气管道中经过一昼夜的连续吹扫和打压，主管道完全符合设计标准，为炼钢按期投产创造了条件。

公辅工程的钢通廊是凌钢的又一特色。7000 多米的皮带通廊中，部分区域分上下两层通廊，制作安装的工程量非常大，且制作场地多分散，安装场地新区段场地狭窄，起重设备布置困难。在施工中，他对安装方案详细的审查并组织施工单位现场勘察，确定最后的安装方案并实施。钢通廊的成功安装为炼铁工程、球团工程的顺利投产提供了保证，且在整个通廊的高空安装中未出现一起重大人身设备安全事故。

"能人"老何

——记公司劳动模范、运营改善部改善科科长何瑞林

何瑞林，1964 年 12 月出生，辽宁凌源人，中共党员，毕业于东北财经大学。现任运营改善部运营改善科科长。曾多次获得公司科技贡献奖、劳动模范和优秀共产党员等荣誉。

主导效益评价，确保产品结构、原料结构最优，确保公司效益最大化。一是优化组织，做精存量，提出按效益品种产量最大化原则组织生产。提高盈利能力较好的中宽带、普碳圆钢、小规格螺纹钢和出口方钢及螺纹钢产量；根据不同时段的盈利状况，相应减少效益较差线材、优圆和 5 号棒材螺纹钢等品种钢材产量。二是推进炉料结构优化，挖掘成本降低潜力。推进高炉原燃料结构的优化、炼钢消耗铁皮球、烧结提高渣钢配比等。三是对提高铁耗进行调研，改变凌钢传统"节铁增钢"理念，提出提高铁耗建议，铁耗由 890kg/t 提高到 1030kg/t，基本实现了全铁炼钢，炼钢成本进一步降低。四是完善进出口效益评价模型，推进钢材出口和矿粉进口。

提出诸多建设性改善方案，助力公司扭亏。对全公司的非生产性开支和事业性收费进行了全面的统计和研究，提出了大力压缩开支，利用国家政策创效等建议；对各矿山企业的效益和生产状况进行了严谨的测算和分析，建议永山矿业停产、怡山矿业减产，大幅度减少了亏损；组织推进盘活库存，降低资金占用。

开展专题调研，理顺管理流程，完善管理办法，促进各环节高效运行。主要开展了喷涂料调研、轧材系统待料和待煤气等调研、冬储矿粉防冻调研、轧材系统打包机和计数器情况等专项调研，促进了管理的细化，生产效率的提高。完善了运营改善管理办法。

借鉴先进企业经验，提升生产经营运营质量。通过到同类钢铁企业考察，为凌钢进一步深化挖潜提供了参照；为实现铁钢工序联动，系统降低成本提出了建设性意见；对优化炉料结构，改善技术经济指标，进一步降低生铁成本创造了条件。

用责任和忠诚诠释凌钢精神

——记公司劳动模范、造价中心造价科副科长田文阁

田文阁，1970年5月出生，中共党员。毕业于大连理工大学电子工程专业，1988年参加工作。现任造价中心造价科副科长。2012年被评为公司劳动模范。

在“十二五”技改工程期间，田文阁不仅负责整个安装工程的二审工作，电气、仪表等几个项目的一审工作，还承担下达电气、仪表工程的材料计划。白天大部分时间都用在编制材料计划上，为了在规定时间完成预算审批任务，他常利用晚上时间约施工单位审预算。自工程开工以来，他不仅没有休过一个节假日，甚至经常工作到深夜。

他制定了《技改工程预算编报办法》，该办法实施以来，效果显著，没有出现因审批预算工作而影响工程进度现象。

在新公辅工程中原设计动力电缆YJGHV采用硅橡胶绝缘电缆，价格是普通聚氯乙烯绝缘电缆价格的1.3倍，他经与项目部沟通，在不影响工程质量的前提下，采用普通聚氯乙烯绝缘电缆YJXLHV代换。节约投资808万元。公辅工程中，河北安装公司自购桥架采用“热镀锌”报价207万元，经过了解产品性能和比价，最终采用“冷镀锌”定价65万元，节约投资205万元。

严把乙方自购材料价格关，降低工程投资。三期技改中，施工单位自购材料的认价工作，相比往年的特点是数量多、金额大、时间紧。既不能影响施工进度，又要控制工程造价。他坚持至少三家比价的原则，而且深入研究材料结构性能，反复对比，尽可能采用性价比高的材料。2300m^3高炉工程十九冶自购阀门报价270万元，经过比价最终定价150万元，节约120万元；棒材工程二十冶暖气片报价86万元，经过比价最终定价67万元，节省19万元。

利用库存，盘活资金。三期技改电缆总投资约1.5亿元，数量3600km。施工过程中由于设计变更、图纸管线不准确、路径变化等原因，不可避免出现库存。为降低库存、盘活资金，他多次到现场核查情况，和施工单位及时联系，做到能利旧的利旧，能替代的替代。截至11月末共利旧电缆190km，盘活资金607万元。

身负重任 投身技改

——记公司劳动模范、项目咨询公司监理二科科长付国银

付国银，1963年1月出生。毕业于沈阳建筑工程学院，1986年8月参加工作，现任项目管理咨询有限公司监理二科科长。2008年被评为公司劳动模范。

2008年，技改工程任务繁重，付国银担任转炉炼钢及连铸大修改造工程、高架棒材工程、中宽带改造工程、保国铁矿工程等多个项目的土建监理工程师并负责全公司的工程技术工作，多次提出合理化建议，得到了设计、使用单位的认可，并得以实施，为工程节约了大量的工程投资。

在高架棒材工程桩基施工过程中，地下障碍物很复杂，又是冬期施工，付国银昼夜值班，吃住在工地，为了加快工程进度，确保工程质量，对桩的入岩石深度进行深刻研究，由于钻机入岩石每钻1m需6小时，施工进度慢，经核算，在保证桩基单桩承载力不变的情况下，将桩基的有效长度减少1～3.5m，工程桩基共846根，按平均每根桩减少2m，每米桩含成孔、钢筋笼、混凝土等工序造价合计为1000元，共节约资金169.2万元。

在中宽带改造工程中，该工程施工场地特别狭窄，在厂房内设备基础深达10m，原厂房基础边缘与设备基础边缘的距离为零，在采用护壁桩加固措施审查时，经过计算，付国银将原方案中的钢管护壁桩及腰梁进行调整，节约钢材35t，合计资金21万元。既保证了主厂房的安全，又节约了资金，缩短了工期。同时，设备基础螺栓多，设备基础标高复杂、结构复杂，施工中，克服了各种困难，确保了螺栓精度，按期完成任务，在设备安装时，未出现螺栓偏差等错误，为设备安装创造了有利条件。

付国银凭借自己过硬的专业技术和心中的那份责任，在几项工程中共节约工程投资588.2万元，并提前了工期，保障了技改工程的圆满完成，为凌钢实现350万吨钢的目标作出了应有的贡献。

平凡岗位彰显80后风采

——记公司劳动模范、生产安全部计划科科长江明珠

江明珠，1986年9月出生，内蒙古赤峰人，毕业于内蒙古科技大学，2012年7月参加工作，助理工程师，现任生产安全部计划科科长。2015年获公司劳动模范荣誉称号。

2015年，时任计划科长的江明珠，按照公司生产“快节奏、高效率、低成本”的要求，以“公司整体效益最大化”和“以销定产”为基本原则，根据市场变化情况不断优化生产组织模式，结合成品材库存情况和效益变化情况，细化生产计划及组织安排。

加强协调，紧跟市场及时动态调整产品结构。根据公司产品各规格、品种的效益情况，调整生产计划和坯料组织，优化轧材系统各机组生产。要求以月计划所确定的量为准，在生产组织可以实现的情况下，适当调整钢种生产量，特殊钢种按整浇次生产，既避免半成品资金占用，又有利于生产组织。市场形势发生较大变化时，及时召开专业会议，调整生产计划，做到产品结构紧跟市场结构，实现“效益最大化”。

优化生产组织，确保各生产系统利用率最高。面对严峻的市场形势，调整炼钢及轧材系统生产模式，优化铁水兑罐，把握铁水去向，实现系统成本最低。充分利用炼钢能力大于炼铁能力的有利条件，在保证轧材效益较好、机组满负荷生产的前提下，及时安排铸机检修，以保证铸坯质量，并避免突发事故对生产的影响。积极协调，实施钢坯定重定尺，较去年同期综合定尺率提高了0.7%，创效856万元。

加强品种钢生产，合理优化年修、检修。结合轧材系统各项指标，把控炼钢铸坯生产量，合理安排生产计划，全力保证品种钢材的生产量和交货期，从而实现方钢与优碳钢、板坯品种钢比较效益5380万元。年修期间，在保证公司效益最大化的前提下，科学安排系统检修，节省成本约122万元，保证了高炉正常喷煤用量，创效约250万元。

利用信息化系统，进一步组织优化生产。及时准确地掌握各系统生产情况和物料及物流情况，实现了生产计划的直观性，确保了铸坯库存的合理化。通过周计划的优化调整和销售合同的及时下达，进一步优化铸机生产计划的衔接和轧材各机组铸坯库存，提高了物流效率和铸坯的掌控能力。

（文/张凤信）

成型机构领域的干将

——记公司劳动模范、浪马公司成型主手左洪亮

左洪亮，1977 年出生，1996 年毕业于辽轮技校，并入职辽宁轮胎集团，曾荣获“优秀员工”称号。2004 年入职浪马公司，现任成型主手，2014 年被评为“朝阳好工人”，2015 年被评为公司劳动模范。

左洪亮，1996 年被分配到辽宁轮胎有限公司成型车间工作，2002 年企业倒闭下岗失业。2004 年，左洪亮被浪马公司录用，重新回到他喜爱的成型工作岗位。工作中，他痴迷于研究成型机构成和工作原理。他的这份痴迷被领导看在眼里，综合他各方面表现，3 个月后，他被聘用为成型岗位上的技术主手，多年的工作里，他不但对成型机工作的原理熟稔在心，还能及时准确判断出故障的发生部位，老师傅都不由得对他竖起大拇指。

GR6 机台钢圈定位爪松动，是影响产品质量的主要原因，他不分昼夜地蹲守在机台旁，细心地观察卸胎的每个细节，大胆设计出用两个支撑点支撑定位爪的方法，解决了钢圈定位爪时常松动的难题。

2011 年，他在学习零冠带成型技术中发现裁切零度带束层是靠眼睛看、用手指画线的，裁切很不规范，也不准确，他就反复琢磨如何规范准确的问题。在经过无数次的试验后，他制作出了一个一次能画两条相距 40mm 线的画线板。这个发明成本极低，操作起来既简单又方便，彻底改进了零冠带成型的裁切方法，结束了“用眼瞄”的历史。在调试新机台过程中，他提出的改变卷取装置程序、改进检测光电开关和减少胎侧堆料的建议，减少零度带束层拉抻浪费的建议，加装防尘网的建议，胎筒偏歪测量方法的建议，都实现了节能降耗、提高工作效率、增加产品质量的稳定性的目的。

左洪亮从事主手多年来，为公司的可持续发展作出了重要贡献。他用自己的成绩证明，他是当之无愧的“浪马好工人”。

巾帼担重任 丹心写春秋

——记公司劳动模范、朝柴机加厂4D/QD车间主任贺芝

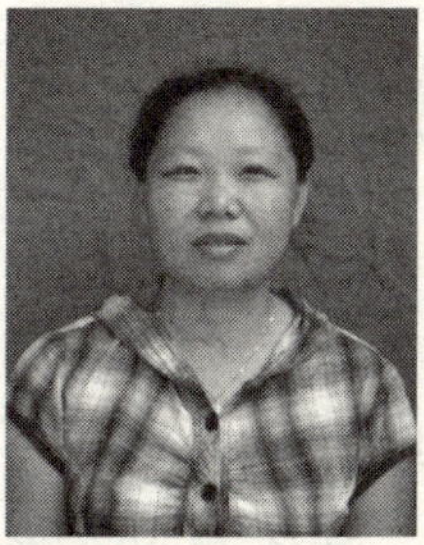

贺芝，1972年出生，中共党员，本科学历，高级工程师，现任东风朝阳朝柴动力有限公司机加厂4D车间和QD车间主任。曾多次获得公司“劳动模范”“模范共产党员”，获得过“东风女杰”、朝阳市五一巾帼“十佳”标兵，辽宁省“五一”巾帼先进个人等荣誉称号。

2015年对于贺芝来说是最为繁忙而紧张的一年，也是收获颇丰的一年。2015年年初，NGD产品被选为纪念抗战胜利70周年大阅兵用车的发动机，光荣而艰巨的生产任务落在了QD车间。而此时的NGD国产化毛坯还未充分验证，生产线还停留在初期新产品试制单兵作业阶段，要想完成批量生产，存在诸多不利因素。贺芝积极与技术中心、工艺部门、采购部门多方沟通，利用现有设备、工装、现有场地，最大限度地减少投资，重新制定工艺布局方案，提出物流改善的实施方案，攻克多项加工质量难题，保证产品如期高品质交付阅兵车的装配。

同年4月4A项目启动，在工程技术人员严重短缺的情况下，贺芝主动请缨，接下编程调试的任务。为了不影响车间日常管理工作，贺芝只能利用晚上下班时间、休息时间，把图纸带回家，消化图纸，编辑程序。后又深入现场，亲自动手进行工序调试，依靠她高超的编程调试技术，在与技术人员积极配合下，在短短的20天内完成了4A项目的样件试制，一次合格率97%。当样件在凌晨终于完整下线的那一刻，她流下了激动的泪水。

随着国家加强汽车尾气排放的监管，公司的产品结构发生巨大变化，新产品量产迫在眉睫。机加厂QD车间和4D车间正是承担公司QD、AZL、4D、6D、NGD五大系列12种产品研发试制的重要部门，近80%的新品都在这两个车间生产。然而面对两个车间只有50人，10条生产线的生产压力，贺芝没有退缩，她亲自参与筹划生产线改造实施方案，通过合并工序，改善物流方式，提高生产线工作效率，从而保障了每条生产线的正常运转。

在她的工作时间表里没有休息日、节假日的概念，每天都穿梭在两个车间进行各种调试。作为一个女儿、一个妻子、一个母亲，贺芝内心饱含着深深地愧疚。据不完全统计2015年贺芝的加班时间达到近千小时，全年工作日达317天。

青春在这里飞扬

——记公司劳动模范、朝阳天翼公司总经理助理赵星程

赵星程，1985 年 10 月出生，2008 年 7 月参加工作，中共党员，大学本科学历，工程师。现任朝阳天翼国基新材料有限公司总经理助理兼销售部部长。2015 年获得公司劳动模范荣誉称号。

赵星程，2014 年 11 月开始任朝阳天翼国基总经理助理兼销售部部长，2015 年，他带领销售部销售镍基合金 156.7t，实现销售收入 1830 万元。其中，焊丝 95.6t，商品坯料 24.5t，耐蚀合金板、管、棒材 30.3t，高温母合金 6.6t，精密铸件 113 件。这些成绩的获得，让他一度成为了领导热议的人物。

加大焊丝市场开发力度。作为销售部部长，他深知自己的责任重大，从上任的那天起，他就立志要把天翼国基的产品推出去，一年中他经常奔波在推广焊丝产品的路上，在他的不懈努力下，现在天翼国基已成为国内焊材唯一上市公司四川大西洋焊接材料股份有限公司镍基合金焊丝优质供应商，天津大桥焊材集团镍基合金焊丝唯一供应商，央企哈尔滨焊接研究所主要供应商。朝阳天翼国基新材料有限公司在国内知名焊材企业具有一定的知名度。

成功打破了石化装备企业批量使用哈氏合金 C276 管材全部依赖进口的局面。以前石化装备企业使用哈氏合金 C276 管材全部采用进口途径获得，他从中又看到了商机，感觉只要努力，他们可以完成哈氏合金 C276 管的研制工作，在他和公司技术专家的协作下，以上乘的质量成功完成了国产哈氏合金 C276 管、棒材的市场推广。与国内知名特材加工企业新兴铸管、石化装备企业新加坡中圣集团建立了合作关系，并成为该企业首家国产哈氏合金批量化合格供应商，填补了石化装备行业国产化批量使用的空白。

以销定产，全程参与管理。今年在他的努力下，使天翼国基又同国内涡轮增压器知名企业山东富源建立合作关系。成功盘活了精密铸造生产线，仅此一项年可创效 187 万元。

科技贡献篇

他用技术之翼展示青工风采

——记公司科技贡献一等奖获得者、第一炼铁厂烧结点检长魏巍

魏巍，1981 年 1 月出生，2001 年 7 月参加工作，中共党员，毕业于内蒙古工业大学，现任第一炼铁厂烧结点检长。荣获公司 2014 年科技贡献一等奖。

技术过硬，不断创新，在攻坚克难的战场上革新改造。2011 年，是凌钢三期技改工程的前奏曲激越交响之年。原 $52m^2$烧结机因不能适应产能需要，进行拆除后在原址建设 $180m^2$烧结机。细捋那段时光里建设中的轶事，不难发现，无论是 $180m^2$烧结机工程提前 25 天投产，还是 $180m^2$烧结机投产当月实现达产达效，这其中都有魏巍的智慧和汗水在交融、叠加。

成功应用新技术。在 $180m^2$烧结机上成功应用了冷返润湿混料技术、焦粉分级技术和新型涡流摇摆式密封装置以及自动智能润滑设备技术，措施助推提前投产。自行设计安装烧结矿外排系统，主持设备单体调试、联动调试等工作，使烧结机、环冷机、混料设备一次调试成功，解决了二次混合机液力耦合器无法调速、混料伸缩装置调整量不足、梭式布料器运行超负荷等问题，缩短调试时间 7 天。通过制定详细的设备安装标准，严格监督关键设备制造厂家的制造质量，完善易发生故障的设备，提高了烧结矿的产量与质量。

心系设备，全力而为，拳拳赤子之心彰显先进风采。不仅奔波在技改现场，他在日常解难题中智慧激溢，哪里出现问题就出现在哪里，积极想办法，提措施，提出多项改造都应用于生产实践。针对竖炉烘干机传动系统不稳定、作业率低等制约竖炉生产问题，利用年修机会，通过利用 $240m^2$烧结机制粒机现有备件对烘干机传动系统进行了改造。在竖炉强混改造工程中，通过前期积极准备，利用日常定修时间对影响接口的工作提前组织施工，并且在施工过程中充分优化施工工序，使影响整个施工进度的混合机拆除工作提前 20h 完成，使强混工程的接口时间由 7 天缩短到 3 天。$240m^2$烧结机经过 3 年运行，机尾密封板已经损坏严重，漏风率非常高，严重影响烧结矿的产量与质量。尤其是 $52m^2$烧结机技改工程使烧结矿的供应产生缺口。魏巍对此制订方案，2011 年 6 月将烧结机机尾密封板更换成新型涡流摇摆式密封装置，并且在原密封板预留位置上单独安装风箱，增加 $4m^2$抽风面积，从而提高整个烧结机的烧结面积，使烧结机利用系数再次提高。

（文/王洪波）

秉承技术服务理念　笃守精益工作原则

——记公司科技贡献一等奖获得者、第一炼铁厂高炉点检长许志远

许志远，1971 年 1 月出生，1993 年 7 月参加工作，毕业于沈阳工业大学，现任第一炼铁厂高炉点检作业长。荣获公司 2013 年科技贡献一等奖。

作为一名技术人员，就要发挥自己的才智，把技术优势转化在技改战场，生产一线。2012 年 5 号高炉建设工程拉开序幕，许志远深度介入，优化设计方案，提出了一系列思路都付诸实际。对比同类型高炉配置，取消了雷达料位计、铁水罐液位计，提出将拨风系统直接移入 AV80 风机的控制方案等，总计降低投资 316 万元。同时在他的主导下，优化自控系统配置方案，对高炉本体、炉顶、热风炉、槽下的自控系统采用了冗余配置，避免自控系统死机造成高炉停产。3 号高炉年修改造完成后，他通过调整整流器的启动信号进而提高料车的最高运行速度、左右焦中间斗制作新溜嘴和提高放料速度等三项措施，使高炉日产提高了 100t 以上。

针对公司供电系统的稳定性不高，他提出高炉拨风系统设计方案，并现场组织实施，解决了风机突然停机造成高炉灌渣隐患，并把控制理论引入到 5 号高炉的风机中，同时在 2013 年成功实施了使用 2 号 AV56 风机给 5 号高炉拨风的优化方案，多次使 5 号高炉避免灌渣。看到上料困难，他又组织实施了原料系统 YZ3-1 皮带机运送球团矿，缓解 YZ3-1 皮带机的工作量，降低了故障率。

强化点检员的点检定修管理，采用了周期寿命控制方式，制定检修周期、方案，达到了充分利用定修恢复设备功能状态的目的。对于存在隐患的设备，集中全体专业点检员召开现场会，共同交流，献计献策，制定特护及检修方案。对于隐蔽设备，利用定修解体检查等有效管控手段，科学规范地确定更换周期和检修周期，使设备达到定修周期零故障运行。

执著的探求，融合着智慧之花，在高炉旁葳蕤，硕果累枝，许志远在展示自己人生价值的同时，更书写出凌钢一线技术人才的可贵品格，那就是求实奋进，不断攀越技术高峰。

（文/王洪波）

连铸机中一颗耀眼的“螺丝钉”

——记公司科技贡献一等奖获得者、第一炼钢厂连铸副点检长张玉龙

张玉龙，1970 年 9 月出生，1996 年 7 月参加工作，毕业于本溪冶专冶金机械专业，现任第一炼钢厂连铸点检作业区副作业长。2008 年荣获公司技术能手称号，2009 年荣获公司生产能手称号，2011 年荣获公司科技贡献一等奖。

自参加工作以来，张玉龙一直以铸机为伴，以铸机为伍，夜以继日“钉”在铸机上，为铸机“把脉诊病、量机定制”，20 年来对铸机提出改造、改善项目数不胜数，铸机作业率 2011 年平均达到 96%，比 2010 年提高了 4.65%。他真的达到了人“机”合一的境界，他就是张玉龙，第一炼钢厂连铸点检员。他对待设备精心细心，就像呵护着自己的孩子那般，“连铸机任何设备少了一颗螺丝钉都会影响寿命和效果，我愿做连铸机设备上的一颗螺丝钉，永远保护它。”

2011 年为确保设备高效、稳产、顺行，完成日产万吨的目标，他主动请缨、迎难而上，对 2 号铸机冷床技改施工提出改造方案：在保质保量的前提下，修改液压站原设计方案，制定机械、液压、电气系统同步安装，液压设备分段分步冲洗相结合施工方案；同时针对 1 号铸机年修具体情况及设备工艺过程提出并实施先集中时间年修确保铸机具备下线生产条件，再分段施工的化整为零方案。在他科学优化、筹划安排下，各项工作进展顺利，缩短年修，技改时间 16.5 天，多产铸坯 3.7 万吨。

为提高铸机作业率，他针对铸机存在的问题负责多项创新改善项目。1 号铸机润滑改造，热送辊道系统优化设计，优化管路布置、接头选型、增加冷却效果解决液压管路振动、温降问题；2 号铸机拉矫机采用油气润滑提高设备寿命，设计冲渣系统解决积渣问题；设计加宽拉矫辊长度及托辊改为水冷辊、增加侧导辊、冷却系统，解决了困扰多年的压痕、划痕铸坯质量问题；优化设计 4 号铸机拉矫辊、托辊相对尺寸提高铸坯接触面积；修改液压缸结构形式提高铸坯摩擦力；重新设计托辊结构形式、增设冷却装置解决滞坯、划痕问题。通过上述技术改造、设备创新、优化设计方案年创效约 1679.74 万元。

（文/卢　超）

青春畅想激情　努力突破自我

——记公司科技贡献一等奖获得者、第一炼钢厂转炉点检长侯海波

侯海波，1983 年 8 月出生，中共党员，2007 年 7 月参加工作，毕业于长春工程学院材料成型及控制工程专业，现任第一炼钢厂转炉点检长，多次获得公司科技贡献奖，2010 年公司十佳青工，2013 年公司科技贡献一等奖，2014 年公司专业能手。

从一个莘莘学子转变为一名优秀的设备管理人员，期间侯海波所付出的艰辛和努力不言而喻。每一座转炉上都有他的足迹，每台炉口旁都出现过他的身影，每一次检修他都坚守现场，他把每一台设备装在心里，他把每一点隐患都记在心上，他用激情把设备创新的火花点亮。

能从一名普通的点检人员成长到一名管理人员，侯海波靠的不仅是谦虚务实的工作态度，还有一种精细严谨的工作精神。正是如此，在 2008 年投身转炉系统设备维护后，他通过现场观察和专业分析，发现 35t 转炉主厂房混凝土梁板、屋面脱落，钢筋锈蚀断裂，液态金属吊运线钢吊车梁腹板出现疲劳裂纹，根据工业厂房鉴定标准，35t 转炉主厂房系统部分构件已经从延性破坏转化为脆性破坏，一旦荷载超过剩余的承载力，将瞬间发生破坏，存在安全隐患。为保证 35t 主厂房加固可以长期使用并最低程度的影响生产，他参与专题会议的研讨，并与专业厂房鉴定机构技术人员共同研究制定 35t 主厂房碳纤维、钢绞线、聚合物砂浆加固的方案，并主张在生产和年修交叉作业的同时以“四阶段方式”进行加固施工。即加固前在不停产情况下进行厂房障碍物清理及搭设脚手架；全停产前对不影响生产的构件进行加固；全停产所有加固项目全面展开，并与 35t 转炉年修、铸锭 4 号车更换等其他检修项目同步进行；恢复生产后对加固完成的厂房构件进行修复及现场清理施工。四阶段的施工安排，有效地保证了年修和生产交叉作业的有序进行，并缩短全停产工期 5 天之久，为快速恢复生产创造了先决条件。另外，在不影响炼钢正常生产的情况下，克服了生产与厂房面板交叉作业、高空、高温、高粉尘的重重困难，顺利对主厂房 12834m^2 面板进行了更换，保证了 35t 转炉厂房系统安全稳定运行至少 5 年以上。

（文/卢　超）

专攻技术促创新　大胆管理展风采

——记公司科技贡献一等奖获得者、第一炼钢厂连铸点检长董海军

董海军，1978 年 5 月出生，2001 年 7 月参加工作，毕业于辽宁本溪冶金高等专科学校，现任炼钢厂连铸点检作业区作业长，多次获得公司科技贡献奖，2014 年获得公司科技贡献一等奖。

每次见到董海军，他的脸上都会挂着憨厚的微笑。无论是转炉扩容、350 万钢工程扩建还是 2012 年的 600 万吨钢工程，他从一线维修工逐渐成长为转炉点检长，运转作业长，至现在的连铸点检长，积淀了丰富的实践经验，练就了高超的专业技术。

第一炼钢厂厂房最高处的钢结构卡口、最低处的地下平车的线路、四座转炉的每个部件、连铸机的每处电器元件开关，他闭着眼都知道在哪里，哪里出了问题，它会迅速推进并解决问题。在 35t 转炉仪电改造过程中，作为主要项目负责人，董海军主动承担了转炉系统的全部调试工作，提出了用编码器替代氧枪主令控制器的方案，并对后续不完善的程序进行了相应的优化及改造，改造后 35t 转炉系统故障率大幅降低。

从 2007 年至 2014 年，先后组织了 35t 三台一次除尘风机、120t 转炉 1 号、2 号二次除尘风机、35t 三次除尘风机高压变频改造项目施工、调试工作，提出转炉炉位与风机提速进行连锁控制，解决了变频器无法过快提速的问题，改造后节电率为 28%，每年可节电创效 200 万元；120t 转炉二次除尘风机提出多步频率控制风机转速的方案，两台风机全年可实现节电 280 万元。

2014 年，提出了通过分时段模拟炉口微差压装置控制风机转速，提高 120t 转炉煤气回收的方案，改造后煤气回收由 116m^3/t 增加到 170m^3/t，创效 527 万元。同年提出全厂供电方案改造，优化调整电气供配电及负荷分配，保证转炉、铸机、风机在同一段高压母线上的匹配运行，可将因高压系统电压波动事故损失降至最低。

作为凌钢的一名工程技术人员，董海军用坚定的信心、不屈的精神，为凌钢设备管理工作奉献着自己全部的热量。

（文/卢　超）

立志品种突破　助力转型升级

——记公司科技贡献一等奖获得者、第一炼钢厂冶炼作业长邓树奎

邓树奎，1980年11月出生，2004年7月毕业于沈阳化工学院应用化学专业，中共党员，现任第一炼钢厂冶炼作业区作业长。2015年获得公司科技贡献一等奖。

为尽快实现中宽热轧带钢产品的升级和结构调整，从2015年5月开始，邓树奎带领几个技术人员成立了“板坯品种钢”开发小组。自此，他便以厂为家，每天晚上都亲自盯在生产前线与工友们一起研发品种钢。根据实际生产情况，他在不断完善非含铝造渣工艺的基础上进一步优化精炼渣系和连铸保护浇铸技术。功夫不负有心人，在大家共同努力下终于摸索出了提升钢水纯净度和内在质量的工艺路线以及具体操作方法。新工艺的运用使钢中非金属夹杂物等级由原来的5.0级以上降低至3.0级以下，实现了夹杂物的控制和变性以及6大系列13个牌号含铝工艺的连续生产。不仅提前两年完成了部分中宽热带品种钢产研计划而且实物质量也有了大幅度提升，质量异议赔付款由去年的0.23元/t降低至0.1元/t。辛勤的付出得到了丰厚回报，在严把质量的前提下，打响了品牌战略的第一枪，实现品种钢比较效益2900多万元。

2015年，铁水条件出现了翻天覆地的变化，由于铁水中Si含量不断波动，使转炉铁耗由900kg/t波动到1040kg/t。石灰作为主原料的传统炼钢造渣工艺在这种条件下不仅满足不了转炉内热平衡的需要，而且大大增加了转炉辅料和转炉渣的使用量，导致炼钢辅料成本和钢铁料成本大幅度增加，传统造渣工艺已然跟不上实际生产需求。在这种紧急情况下，邓树奎作为“降低钢铁辅料消耗”项目的主要负责人，带领攻关小组人员日夜奋战，深入剖析当地的中块石，发现具有钙低且镁、碳酸根高的特点，据此，结合实际生产条件，邓树奎经过反复权衡，大胆提出以中块石为主原料的炼钢辅料生产模型。该模型大大降低了转炉辅料成本，仅造渣辅料一项直接效益达到了286.2万元。同时降低了铁皮球用量和转炉铁水的消耗，累计降低成本1122万元。另外，第一炼钢厂2015年1~11月份消耗石灰石14.6万吨以上，相当于在转炉里完成8.8万吨石灰的生产，减少了大约6万多吨二氧化碳的排放，不仅减少了对大气的污染，而且增加了一氧化碳的回收，在节能环保方面又具有很深远的影响。

（文/卢　超）

主动作为　敢于创新

——记公司科技贡献一等奖获得者、优特钢事业部张晓伟

张晓伟，1973 年 10 月出生，1999 年 7 月参加工作，毕业于本溪冶专，中共党员。现任优特钢事业部运转作业区作业长。多次获得公司科技贡献二等奖、设备系统优秀作业长称号，2009 年获得公司科技贡献一等奖。

纵观近年钢铁行情，我国钢铁行业运行呈“两高、两低”态势。高成本、高产能面对的是生产增值低增长、回报低效益。凌钢也不免深受其害，张晓伟深刻认识到其工作的重要性，他深入基层，同基层职工面对面交流与沟通，紧紧围绕经营生产，设备情况，降本增效作为工作重心，脚踏实地的开展各项工作，积极组织制订方案解决问题，为凌钢的发展奉献自己的力量。

首先在提高 1 号铸机作业率攻关上取得了多方面成效，同时也获得了巨大效益。二段上下辊之间间隙小，出现漏钢或接纹坯，很难将铸坯拉出，只能被迫停浇处理。面对困难张晓伟亲自带队，将二冷一段托辊轴与自润滑轴套间隙加大 0.5mm，辊面加喷水冷却，同时将二冷室格栅板在靠近托辊下的部位增设 400 × 400 的方孔，使得残钢能够直接漏到二冷室下面，避免堆积。在托辊前部和轴端增设防护盖板，防止残钢溅落在辊子上和辊子与支座的间隙部位。避免轴与轴套粘钢造成抱死，将二段托辊上辊抬高 30mm，避免铸坯粘钢后发生卡阻。此项症结解决总创效益达 141.5 万元。

他还通过引进新技术、新材料提高设备使用寿命，优化备件、材料储备结构，合理降低机旁储备，降低消耗。把握好关键资材寿命周期，提高并完善关键备件修复工艺，延长备品备件使用寿命，总创效 386.25 万元。在对振动台的验收安装设备上更是严格按设计图纸，保证安装精度。并编制一系列标准，优化各项指标，增设多处保护设置，定期进行校验，利用线下备件进行系统研究，解决一切出现的问题。通过努力创效 555.4 万元。

（文/孟庆权）

勤学苦干洒汗水　拼搏创新献青春

——记公司科技贡献一等奖获得者、优特钢事业部转炉点检长付德禄

付德禄，1979年11月出生，2003年7月参加工作，毕业于沈阳大学，中共党员。现任优特钢事业部转炉点检长。多次获得公司科技贡献二、三等奖；2009年荣获朝阳市优秀共产党员称号。2012年、2015年获公司科技贡献一等奖。

2003年，付德禄怀揣着梦想来到了凌钢转炉炼钢厂。转眼间十余载光阴悄然已去，付德禄始终以“自强、诚信、求实、创新”的凌钢精神鞭策自己。多年来勤奋学习、刻苦钻研，经过不懈努力，他的业务水平现已达到了一定的造诣，周围人总是亲切的称其为“付专家”。大家的赞许没有打破他积极进取，勇攀高峰的心，而是自我不断加码，满怀激情投身于工作中。

2015年，他根据“从创新要效益，从能源要效益”的新思路，针对转炉设备运行特点，带领团队采取了一系列优化改进措施，如：组织3号120t转炉倾动减速机扭力杆移位改造；科学组织2号、3号120t转炉年修；汽化系统运行压力控制改造等。提高了2号、3号120t转炉系统设备稳定性，降低了转炉系统故障率。全年比较效益创效600余万元。他侧重程序优化管控，通过技术创新，降低了蒸汽、氮气、电力及水资源等能源消耗，全年节能创效450余万元。在技改施工期间，通过科学组织施工，确保了4号LF炉和RH炉的快速投产，实现了精炼设备跨步升级，增补了精炼功能。同时对合金烘烤系统进行优化改造，提高合金烘烤效果，确保去除合金水分，为凌钢高端品种生产奠定了基础。

因为他工作出众，业绩突出，工作至今，多次获得公司及朝阳市褒奖：曾荣获2009年朝阳市优秀共产党员称号、2009年科技贡献奖二等奖、2010年科技贡献奖四等奖、2011年科技贡献奖四等奖、2012年科技贡献奖一等奖、2013科技贡献奖二等奖、2014年科技贡献奖三等奖。2015年，他的勤奋努力再次得到了公司的认可和肯定，又一次获得了公司科技贡献奖一等奖的荣誉。

（文/孟庆权）

当之无愧的设备专家

——记公司科技贡献一等奖获得者、第二轧钢厂设备专家梁守国

梁守国，1970 年出生，1994 年 8 月毕业于辽宁电大冶金机械专业，现任公司液压高级专家。曾获公司科技贡献一等奖、二等奖、三等奖、四等奖和公司技术能手、生产能手、优秀点检员、优秀作业长等荣誉。

2010 年，梁守国实施了助卷辊阀台改造，解决了严重制约生产的问题。2008 年，中宽带卷取机改造后带有 AJC（卷取自动踏步）功能，其控制核心元件是 MOOG 公司的 J079B-272A 伺服阀，两台卷取机共安装 6 台。因设计缺陷和现场水汽较大，2009 年该伺服阀损坏 6 台，2009 年仅伺服阀备件费用达到 65. 8 万元。因该阀台故障造成的停产时间达到 1300 分钟，还因设备进水造成伺服阀放大板、压力传感器、光电耦合器等电气元件损坏。

为了解决这一系列故障，梁守国把家搬到了办公室，研究图纸，去现场拆装阀台。最终找到了故障原因。找到问题的症结所在，他开始行动起来，重新设计制造阀块，综合解决以上问题。此项改造的技术核心是用 D662 伺服阀替代 J079B 伺服阀，D662 伺服阀是二级伺服阀响应 21ms，J079B 是三级伺服阀响应 9ms，当时国内还没有使用二级伺服阀的 AJC 系统。但 D662 伺服阀价格低，容易维护。D662 伺服阀每台新阀 4. 9 万元，J079B 伺服阀为每台 21. 2 万元。他根据 AJC 控制要求建立了数学模型，并到大连理工进行了动态仿真，验证了方案的可行性。通过与 MOOG 的工程师多次沟通，最终选用了与卷取涨缩缸型号相同的 D662 二级伺服阀，方便日后的备件准备。

改造后成功投入使用，证明了 D662 伺服阀能够满足厂 AJC 控制要求，伺服阀使用寿命也从 1 ~ 2 年，提高到 5 年以上。不仅降低了维修费用和故障时间，还为国内其他同类设备的控制提供了借鉴。

（文/白　玉）

勤奋上进成能手　注重实效谋创新

——记公司科技贡献一等奖获得者、国贸公司营销管理部科长刘运松

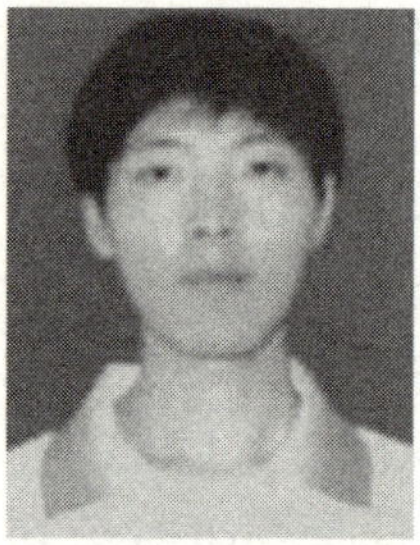

刘运松，1981 年 12 月出生，2004 年 7 月毕业于西安理工大学，中共党员，现任国贸公司营销管理部经营管理科科长。2010 年、2015 年获得公司科技贡献一等奖，2009 年获得科技贡献二等奖，2009 年、2011 年获得青年管理能手荣誉。

从事人力资源管理工作期间，刘运松牵头开展了《凌钢集团公司定员定岗标准》编制工作，理顺了自 2000 年以来企业技改技措带来设备、工艺变化的岗位设置，完成了 160 个工种、1530 个岗位、8300 人定员标准的制定，建立了全体系岗位管理的依据，完善了集团公司人力资源管理；参与组织集团公司涉及 4000 余人、数十个项目的凌钢业务外委工作体系规划、建设和系列开展，减轻凌钢“十二五”改造带来的岗位人员需求。

2015 年，作为营销管理部经营管理科长，他深刻领会在公司降本增效工作中，向市场要效益的重要性。建立集中的经营管控系统在公司没有先例可循，国内的钢铁企业中也很少有这种精细化和集中化的管理，没有既有的例子可以借鉴。而且，构建这个系统既需要对公司内部生产经营各环节的全面了解和掌握，也需要对外部市场信息的准确研判。围绕构建经营管控体系，切实有力的实施减亏创效，他牵头实行了一系列管理创新工作。在前期销售价格市场信息收集、审核的基础上，以制度建设和流程再造为重点，大力实施管理创新，通过对供、销、储、运等经营环节的价格、渠道、政策、资源等经营要素的统筹协调和集中管理，初步构建了公司集约、高效、规范的经营管控体系，大幅度提升了国贸公司的整体创效能力和经营管理水平，确保圆满完成国贸公司 2015 年经营创效 6 亿元的年度目标，有力地抵御了严酷市场环境对凌钢生产经营的冲击。

打造财务信息平台，向管理要效益

——记公司科技贡献一等奖获得者、财务部信息科科长齐建明

齐建明，1977 年出生，1999 年毕业于辽宁省高等商业专科学校电算化会计专业。现任凌钢财务部信息科科长，高级会计师。2011 年获得科技贡献一等奖。

开发思维，拓展思路，如何在“支撑战略、集中控制、精细管理、创造价值”的指导思想下，全面提升集团的财务管控能力，是困扰齐建明的一大心病，他夜以继日的思索，查阅了大量的国内外书籍文献，总结了集团下属各公司财务核算系统，一个公司一套账，存在信息孤岛问题；报表编制效率低，集团层面很难穿透式查询成员单位账，财务制度执行很难真正监督，财务监管力差；决策分析困难，集团领导不能快速了解整个集团合账后的财务信息；核算单位之间数据交互性差。针对这些现状，齐建明大胆地提出了：坚持“一套账”的管理模式，提高集团管控能力；大力推进会计基础工作精细化管理，切实提高财务信息质量；提升财务信息化水平，建立支撑财务精细化管理、集中管控和决策支持的财务管理信息系统；要实现我公司对财务管理的要求，就必须建立集中式财务管理信息系统，集中核算平台也是重点建设内容之一的现代化财务管理思维。

搭建包括基础硬件网络、系统软件、应用软件平台，将集团各子公司、分公司的系统统一规划，实现集团公司财务集中核算业务的网络化管理，建立标准财务编码体系和业务规范体系，实现会计信息实时、动态查询，实现集团“一套账”管理模式，汇总报表自动形成，合并报表大部分自动生成，深化财务核算。主要财务政策集团统一制定并固化在系统中的诸多措施，解决下属不同企业之间业务协同问题，实时处理内部交易，按企业需要自动生成汇总、合并报表，实现信息的及时反馈与汇总分析，适应了集团兼并收购等资本运营需要，实现财务管理的垂直化、动态化，快速处理、实时监控各成员单位的业务运行状况的现代化财务管理模式。

在对标中寻求发展

——记公司科技贡献一等奖获得者、运营改善部办事员杨学斌

杨学斌，1981 年 7 月出生，陕西白水人，毕业于西安财经学院计划统计专业，2004 年 7 月参加工作，中共党员。曾多次获得公司科技贡献奖、钢铁行业统计工作先进个人、青年岗位能手及对标挖潜先进个人等荣誉称号。2015 年被评为凌钢技术专家。

2011 年 9 月以来，公司连续数月处于亏损状态，而同期全国重点钢铁企业中有一半是盈利的。在这种情况下，杨学斌对比国丰、石横、津西和新抚钢四家钢铁企业和行业水平，编写了《凌钢 2011 年盈利水平分析报告》，查找凌钢与其他企业在生产经营各环节的差距，为公司领导查找企业自身存在的差距和改进的目标提供了依据。

制订深化挖潜实施方案，经济效益显著。在分析报告的基础上，杨学斌又制定了《凌钢 2012 年深化挖潜、降本增效实施方案》，提出了优化炉料结构、降低采购成本、改善技术能源类指标、原对标指标再提升等 23 项对标措施和办法，经过近一年的实施和努力，取得了较大的经济效益，同时最重要的是促进了公司生产经营理念的转变：一是解放思想，由精料生产理念向经济炉料转变；二是对标由片面注重生产领域向管理、采购、运营领域并重转变。

大力解放思想，确定 2013 年对标思路。在制定 2013 年对标挖潜实施方案过程中，为进一步转变观念，解放思想，他在方案整体设计上主要体现三个新思路。一是由生产工序指标对标向以工序成本为核心的系统对标转变；二是在目标定位上由原来的按行业指标值达到行业先进水平为目标转变为以铁、钢成本达到行业前十、材成本达到行业前五为目标，为企业不断向前发展、精细管理起到了引领作用。

技术创新篇

敢驭“拦路虎”

——记公司工人技术创新一等奖获得者、第一炼铁厂点检员栾辛

栾辛，1956月7月出生，1977年12月参加工作，中共党员，毕业于凌钢子弟中学，现任第一炼铁厂高炉点检员。2006年荣获公司工人技术创新优秀成果一等奖。

把创新融入自己的工作，更把创新作为挑战难题的有效利器，炼铁厂高炉点检员栾辛靠一股不服输的韧劲，敢驭“拦路虎”。“改进上料速度，提高高炉产量”就是他大胆创新的杰作。

2006年，4号高炉投入后由于操作和工艺的提高，突出暴露了上料时间过长不能大幅提高生铁产量的矛盾。设计单位对高炉上料料车从启动到高速运行，再到拐点低速运行到翻料的设计时间为72s，这个时间赶不上料线，使产量总提不上来，一时间成为扼制生产的瓶颈问题。虽经过几套方案的改进，但效果不是很明显，一时间成为上至领导下至职工都思索的一个课题。

栾辛参加过4号高炉投产时电器设备的调试，有丰富的经验。凭借着超人的胆识和精湛的技艺，接过了这个“硬骨头”。在厂领导的大力支持下，栾辛深入一线，实地研究，有时一观察就是一个小时。为了想到更好的办法，他在桌面上推演过程，仔细计算每个节点的时间。为了一个继电装置的选择，他从厂里想，到家里还想，像着了魔一样。弄得妻子和孩子一直嗔怪他，为了工作，家里的一些事都不管了，俨然一个“甩手掌柜”。就是靠着为了工作不顾家的这股劲儿，栾辛找到了突破口，他先是改进了槽下计算机程序软件，当料车靠近料斗后保证料斗是满的，放料后料车启动到高速运行由11s减少到8s。而下一阶段，高速运行状态到炉顶分歧轨步时就要保证料车减为低速，再把这一过程中的高速运行时间延长，提高了上料速度。这样总体料车的上料时间由72s减少到49s。而为了实现并达到好效果，他自制加装了数码计数，拐点检测等继电装置，通过改造及创新技术的实施，突破了软件不能改动的传统习惯，全面完善了软件功能。

当改造历时4个月完成后，全年运行良好，保障了高炉对上料速度的需求，栾辛的脸上终于露出了笑容，这笑容里有对自己付出之后收获的欣慰，更多的是面对未来挑战的自信和一名点检员再踏征程的淡定。

（文/王洪波）

敢向难题说“不”

——记公司工人技术创新一等奖获得者、第一炼铁厂点检员郑东升

郑东升，1964年11月出生，1982年10月参加工作，中共党员，毕业于北票矿中，现任第一炼铁厂点检员。荣获公司2007年工人技术创新一等奖。

遇到难题科学诊断直面而上。炼铁厂2号喷吹管线改善，堪称郑东升对设备进行改造、优化设备潜能的经典之作。炼铁厂2号喷吹原设计的喷吹压力为1.0MPa。2007年以来，由于高炉高压操作、高炉氮气压力降低、喷吹用户增多等多种原因，致使喷吹能力仅维持在0.8～0.85MPa左右。针对2号喷吹的现状，郑东升不厌其烦地进行实地考察，每天往返于喷吹站与高炉之间的天桥上，查证管道管件，测量管道的种类和数据，分析问题的所在。经验丰富的他，深知此项任务的难度和责任，稍有不妥便会导致高炉停喷，巨大的困难和压力没有让他低头。他反复观察，结合自己多年的工作经验，科学利用系统检修的机会对2号喷吹管线进行改造。喷吹罐开始前的60m管线保持不动，剩余部分分为两段，更换为直径为20mm、25mm的精密无缝钢管，同时还采用了新型喷枪、弹子阀等管件，进一步优化喷吹工艺。经过反复试验，改造后的2号喷吹系统管线达到了要求，喷吹能力达到了13t/h，年创效益175万元。

把点检的责任与创新动力深深相融。无论休息日还是节假日，在生产现场，我们总能看到点检员郑东升的身影。由于第一炼铁厂高炉系统生产能力的增加，要求铁水罐在线使用的数量必须满足生产需求。第一炼铁厂铸铁原有一台烤罐器，现今铁水罐使用量的增加，下线修复的铁水罐数量随之增多，烤罐器烤罐周期长，不能满足铁水罐浇罐后的及时烘烤上线，在线铁水罐制约了高炉的正常生产。郑东升根据自己多年工作经验，提出建议并实施。增设一台9-19-4.5A鼓风机，接ϕ108管道自制烧嘴，一路鼓风，一路煤气，混合煤气燃烧，中间烘烤，火焰增大，使烧罐周期缩短。原烤罐周期为7天，改造后烤罐周期缩短为3天。

看着问题一个个解决，郑东升笑着说了一句话：“咱们点检员的工作就得想办法解决设备问题。”简单的一句话道出了点检人的责任和压力，也诠释了点检人敢于向困难说“不”的爱岗敬业精神。

（文/徐　扬）

叩开迷局之门的创新者

——记公司工人技术创新一等奖获得者、第一炼铁厂班长王宗和

王宗和，1970 年 9 月出生，1988 年 10 月参加工作，毕业于凌源二中，现任第一炼铁厂 2 号高炉热风炉班长。2006 年获公司工人技术创新成果一等奖。

一直以来，王宗和用辛勤的付出、敏锐的思维找寻每个难题背后隐藏的破解之道。

2 号高炉的热风炉属于顶燃球式热风炉，此热风炉的优点是一次性投资少，但也有弊端，就是蓄热球使用寿命较短，而年修换球操作都是人工作业，这样就要求蓄热球的温度要低一些，以便于人工靠近蓄热球作业。2006 年 7 月，3 号热风炉换球只采用正常送风凉炉，由于蓄热球温度较高，人员无法靠近，导致卸球工作延时，耽误生产时间。时间不等人，生产更不能等。面对从未突破过的热风系统，俨然迷局一般让人无从下手。

王宗和根据多年工作经验，循迹而究，大胆提出方案，建议采用冷风对热风炉凉炉方式，通过送风凉炉后，附加冷风凉炉这一可行性方法，效果显著。在蓄热球粘接更为严重的情况下，实现了人工处理时可直接进入炉体内部近距离作业，从而缩短了年修时间 690 分钟。

迷局不仅在高端，有时一个不起眼的门槛也会让人望而却步。热风短管是球式热风炉最薄弱的环节，常常因为窜风，钢甲变形等导致高炉停产。2005 年，因 1 号热风短管跑风，采取停炉砌砖的方法，使高炉停产达 36 小时。针对热风短管常常因为窜风，钢甲变形等导致高炉停产问题，王宗和开动脑筋，新招频出：将变形钢甲割 500mm × 500mm 的方孔，喷涂料轻质砖用专业工具抠出，至四五块砖范围；将轻质莫来石用磷酸搅拌均匀，湿度达 40%，均匀涂抹在开口处并捣实。新钢甲焊好后，在该区域用 8071 泥浆进行压力灌浆，使该区域泥浆饱满，最后再接冷却水进行喷淋。这样做，避免了热风短管的窜风、钢甲变形。创新实施后，改变热风短管以往的砌砖方法，利用计划检修期间处理，避免了高炉停产 36 小时，创造了经济效益 28.62 万元，同时避免了高炉长期休风，保障了高炉稳定顺行。

（文/王洪波）

凌钢喷煤战线上的骁将

——记公司工人技术创新一等奖获得者、第一炼铁厂喷煤段长广才

广才，1960 年 4 月出生，1980 年 7 月参加工作，中共党员，毕业于北票市第六初级中学，现任第一炼铁厂喷煤段长。2008 年、2009 年被评为公司优秀共产党员，2008 年获得公司工人技术创新一等奖。

凌钢高炉喷煤自 1997 年投产，历经几次技改，实施技术创新和管理创新，形成了独具凌钢特色的高炉喷煤技术，2009 年，高炉喷煤比平均达到 172kg，已经跻身国内同行业先进行列。凌钢喷煤发展是在不断研究探索，自我创新，解决各种难题艰苦攻关过程中实施的。广才带领全段职工为提高喷煤量，勇克难关。

技术攻关打开一扇窗——实施了多项改造提高磨机产量。凌钢于 1997 年投产的几台磨机均为 HRM 型，这种磨机生产效率低，吐渣量大。为了提高磨机产量，近年来，广才认真研究磨机的结构特点，对磨机改造多达 20 余项，如“磨机风环处加挡料环”“返渣提升机的技术改造”“振动筛筛片固定方式的改进”“3 号、4 号高炉热风炉烟气互用的技术改进”和“降低制粉系统漏风率的技术改进”等。通过这些改进，全面改善了磨机的生产条件，大幅度提升了磨机产量。

敢于突破走出新路——自主研发出先进的具有凌钢知识产权的自动连续喷吹技术。喷吹系统是高炉喷煤的关键，均匀稳定的喷吹有利于高炉稳定顺行。广才凭借多年的实践经验，陆续把原有的喷吹工艺淘汰，喷吹系统由原来的串罐多支管改为目前的并罐单支管喷煤工艺，实现了喷吹系统的自动连续喷吹技术，在国内同行业处于领先地位。喷吹系统对高炉全自动喷吹，即包括倒罐、加载、输送、煤量计算、煤量调整都实现了全自动。此程序经过多次的调试、检验和修改，完善了运行过程中的控制和连锁，实现了喷煤速率误差控制在 0.5% 以内的攻关目标。

称之为骁将，必要骁勇善战。正是广才的不懈奋战，炼铁喷煤创造了 2008 年喷煤量达到 290845t，2009 年喷煤量达到 499943t 的佳绩，保持了喷煤量持续提升和喷煤比的不断提高，为凌钢的高炉生产降成本增效益创出佳绩。

（文/王洪波）

创新天地绽放异彩

——记公司工人技术创新一等奖获得者、第一炼铁厂生产科科长李广

李广，1969 年 7 月出生，1987 年 10 月参加工作，中共党员，毕业于凌源市刀尔登中学，现任第一炼铁厂生产科科长。2009 年、2010 年获得公司工人技术创新一等奖。

李广在不断完善自己专业水平的同时，心思总是关注生产中遇到的难题，2009 年，他把目光投向了影响生产运营成本的“顽症”——$240m^2$ 烧结机烧结矿外排。

常在一线管理的李广对炼铁厂的上料皮带熟知在胸，脑子里已然形成了一张“原料运输的网络”。如何打通网络中存在的“梗阻”，李广既着眼于现有设备配置，又从改进优化入手，采取了优化上料方案，即利用 3 号高炉槽上一备一用的两条上矿皮带，将其尾轮的三通分料器与 CSK1 皮带机和 CSK2 皮带机之间的连锁取消，在计算机上料程序中对三通分料器采取优化，减少 $240m^2$ 烧结矿外排。创新项目实施后，降低了生产运营成本，减少了运输成本，为炼铁厂创造了显著效益。

2010 年，炼铁厂 1 号高炉扩容改造上料系统因原燃料消耗、资金、场地、运输成本等多方面因素限制，系统改造的难度非常大，但是随着高炉的改造，原料系统的改造必须实施。看到突出的问题暴露出来，李广凭着丰富的经验与过硬的专业技术迎难而上，深入现场观察，经过反复推敲论证，有的放矢，提出了关键性的两项设备及工艺改造方案，一是 JK1 皮带机实施分流改造，从而实现给 2 号高炉上焦炭不通过 JK1 皮带机的目的；二是提高 $75m^2$ 烧结机储料能力改造，为高炉的稳定顺行打下良好的物料基础。通过两个生产环节的创新改造，实现了整个上料系统的突破和优化，一举改变了原有供料通路存在的矛盾，使几处“狭窄的阻塞”变为“通畅的坦途”，为炼铁厂 1 号高炉扩容改造工程圆满成功提供了最通畅的上料渠道。他又一次用自己的创新技能证明了自己。

（文/王洪波）

无悔创新路　不辍耕耘人

——记公司工人技术创新一等奖获得者、第一炼铁厂点检员孟祥民

孟祥民，1969年9月出生，1988年10月参加工作，毕业于凌源高中，现任第一炼铁厂烧结点检员。2012年获公司工人技术创新成果一等奖。

200万吨球团回转窑卸料斗，是在耐热钢铸件组装后，整体用耐火材料砌筑，其中料斗的后挡墙直接接触物料，承受物料的冲击最大。在卸料斗建设之初，原设计后挡墙用螺栓连接到料斗梁上。这种连接方式的弊端是，在较大的热负荷冲击下极易造成变形脱落，会导致整套生产线的长时间停产。

时任点检员的孟祥民，现场研究、考察后，提出对后挡墙的改造思路，决定重新设计一套水冷梁及冷却水循环系统。并实施了将水冷梁与料斗连接后，后挡墙固定在水冷梁上的连锁固定方式。在他的改进下，一举改善了后挡墙的作业环境，提高了后挡墙的使用寿命，消除重大设备隐患，杜绝了长时间停机事故，提高了回转窑的作业率，增产创效78.9万元。

造球系统是制约回转窑生产的关键环节，在回转窑生产过程中，造球系统的物料为闭路循环，物料中的杂物严重影响生球质量，同时对造球盘、辊式筛分机的运行也带来了异常。孟祥民看到生产因此而停顿时，再次蹲守现场，寻求解决办法。在经过几次反复临场模拟，他提出了安装辊式筛分机的改进建议。在几经论证后，在他的主导下，在P-4皮带机头部料斗处设计安装一套辊式筛分机，将物料中的杂物和大块进行筛分，解决了物料中的杂物，提高生球质量，消除设备隐患。提高了回转窑利用系数。提高了造球质量增产创效26.3万元。

无悔创新路，不辍耕耘人。多年来，孟祥民负责的“降低成品球团矿料温，减少皮带烧损和扬尘攻关”“3号竖炉烘干床水梁上升管改进”“竖炉系统蒸汽回收及水梁结构改进”“180m^{2}烧结机热水系统及空压风技术应用”分别获得公司2008年度工人技术创新成果三等奖、2009年度工人技术创新成果三等奖、2010年度工人技术创新成果二等奖、2011年度工人技术创新成果二等奖。

（文/王洪波）

设备的守护神

——记公司工人技术创新一等奖获得者、第一炼铁厂点检员刘建华

刘建华，1970 年 11 月出生，1994 年 9 月参加工作，毕业于凌钢技校，现任第一炼铁厂点检员。2013 年、2014 年两次荣获公司工人技术创新一等奖。

点检员是设备维护的第一责任人。刘建华深知自己的责任，每天一大早就奔波在现场查找问题，小到简单设备焊补、加固，大到台套设备的修理、更换。为了保证维修质量，刘建华都会在现场进行检查和验收，并在检修过程中，提建议，搞创新。

高炉原料上料系统承担着为炼铁厂 4 座高炉上料的重要职责，共有 56 条皮带，14 个转运站，15 个三通分料器翻板，日上料量 14400t，容不得半点闪失。该系统使用的分料器为内置式电动翻板分料器，使用中经常发生因衬板脱落堵料和卡料翻板不动作等现象，因其是内置式翻板，发生故障后维修生产人员处理起来费时费力。随着生产节奏的加快、上料速度的提高、故障的发生制约了原料的供给。同时老区供料系统生产压力大，无检修时间，极易造成高炉断料停产。结合现场实际，刘建华发挥多年的工作经验和技术能力，对关键工序的三通分料器进行改进，从而降低了设备故障率和维修费用，确保了高炉槽存和烧结机的正常生产。

矿 4 皮带机为 650mm 宽耐烧灼皮带，全长 160m，承载着 1 ~4 号高炉球团矿上料任务。因球团高温、量大造成皮带抗高温性能降低，导致皮带使用寿命短，由原来的两个月降低为 1 个月，严重影响了高炉生产，又增加了备件费用。刘建华深入现场，结合实际经过不断地琢磨，对矿倾角皮带机放料装置进行了改进。改造后，实现了消除故障点、稳定料流、降低电耗的“一举三得”。

在环保越来越严峻的形势下，不允许除尘器出现停机和二次扬尘超标现象。刘建华对部分运行效果较差的除尘器实施改进，将原料 5 号球筛分除尘器原有排灰小皮带取消，利用有限空间增设高炉废弃不使用的斗提机、储灰罐，实现了除尘灰的加湿后外排。出铁时当铁水瞬间涌出时产生的烟气最大，由于铁水喷溅的冲击力致使烟尘扩散不能被顶吸罩有效收集，针对问题，刘建华又实施了多项治理措施，为炉前职工创造了一个清洁的环境。

（文/郭成武）

敢向难关问金匙

——记公司工人技术创新一等奖获得者、第一炼铁厂3号炉炉长王吉林

王吉林，1966年出生，1987年参加工作，毕业于凌源高中，现任第一炼铁厂3号高炉炉长。创新项目“调整布料矩阵，稳定炉况顺行降低焦比”荣获公司2014年工人技术创新成果一等奖。

4号高炉2014年3月1日停炉大修，2014年5月1日开炉投产，这预示着这座1080m^{3}高炉第二代炉役的开始。充分发挥无钟炉顶优势，实现效益最大化，一直是炼铁人的追求。正是在这个强大磁力的吸引下，炼铁人历经多次探索，逐步掌握了多环布料规律。

利用4号高炉大修开炉的良好机会，实施多环布料，优化布料矩阵，实现降低燃料比、稳定顺行的目标是每个炼铁人在4号高炉投产后攀越的又一目标。

在众多攻关者中，王吉林颇下功夫，他通过对历次布料矩阵变化效果的总结分析，结合同行别厂经验，积极推进在4号高炉开炉伊始就坚持多环布料的操作思路，进而以多环为核心实施调剂，应对物料变化，求得高炉状态渐入佳境。

挑战往往不期而遇，挑战总是为有准备的人而在。在实施调剂过程中，执行神网推荐的布料环位阶段，料制为KKJJ，α角度为41.3°、38.7°、36.1°、33.4°、28.7°，环数为2、3、3、2、2，取得效果是布料顶温高，6~8月份高炉综合焦比达到了548kg。这与目标渐渐偏离，任其发展还是再求突破，王吉林接受了这一挑战。经过反复探索，根据4号高炉炉况及操作制度，成功探索出了新的高炉料制，实现了顶温低，综合焦比510kg，日产量3250t的可喜效果。通过对比，王吉林探索的高炉料制真正实现了多环布料矩阵的成功优化，达到了高炉消耗降低、产量提升的目的，实现效益327万元。

“多环布料矩阵的成功优化，不仅实现了高炉煤气流稳定、长期稳定顺行，为喷煤结构、焦炭结构优化创造有利条件，促进炉温规范率提高达到铁钢联动创效，更为4号高炉实现高产低耗起到了不可替代的作用。”当听到有关领导如此评价自己不懈付出而收获的成果时，这个不畏难关敢于挑战的炉长，此时却低调了，只是谦虚地颔首微笑。毋庸置疑，这个炼铁汉子已做好准备，手持金匙，开始迎接下一个挑战。

（文/王洪波）

做就要做好

——记公司工人技术创新一等奖获得者、第一炼铁厂安全员刘长和

刘长和，1965 年 10 月出生，1990 年 12 月参加工作，中共党员，毕业于辽宁省教师进修学校，现任第一炼铁厂2号烧结机安全员。荣获公司2014 年、2015 年优秀党员荣誉称号，荣获公司2015 年度工人技术创新优秀成果一等奖。

参加工作20 多年，岁月的痕迹在这个中年人的脸上显露。说起过往，刘长和掰指叙述：从烧结的矿槽工、配料工干起，再到看火工、班长，到现在的工段点检员、现场员、安全员于一身……这其中的滋味也许我们体味不到，但我们感觉、品咂出这过程的厚重，一条诠释着实干内涵的阶梯在面前延伸。是啊，无论在哪个岗位，他全身心地投入到本职工作中，而且做得让人啧啧称赞。

采取“走动式”的班组管理方法，班中哪个环节和岗位出现问题，他总是第一个到达现场，查明原因，协调解决，从而保证生产的顺利进行。正是由于他深入岗位，及时掌握第一手资料，处理问题总是有条不紊。正是这种走在现场的打法，再辅以“日清日结”为依据的奖罚分明的考核，在这“一带头一评比”的实打实的率先垂范下，叠加的效果一并得以展现，在他的班组，既充分调动了全班职工参与生产的积极性，又促发职工发挥聪明才智，想尽一切办法降低成本，多创效益。

无论是以前，还是现在的刘长和，笃信这样一个道理，业精于勤。话简单，理明晰。如今，作为工段点检员、现场员、安全员，原来是关注一个班组，现在要关注一个工段，设备管理、现场管理、安全管理，每一项范畴包含着细小的工作，他的肩上担子更重了。他每天第一个先到达班前会，对各项工作项项落实后，接下来就是每个岗位巡查，每天总是最后一个离开岗位。一本随身携带的日记本记得满满当当：岗位设备漏油需要治理、现场区域还存在死角、安全培训安排在周一……每一个笔痕的后面，无不透射出这个中年人缜密的思维，无怨无悔迈出的每一步，也成就了他现在工作的精彩。

（文/王洪波）

创新跑道上奔跑的黑马

——记公司工人技术创新一等奖获得者、第一炼铁厂点检员马永刚

马永刚，1981 年 12 月出生，2004 年 7 月参加工作，毕业于辽宁石油化工大学，现任第一炼铁厂高炉点检员。荣获公司 2010 年工人技术创新一等奖。

炼铁厂 3 号高炉冷却壁及炉底冷却采用软水密闭循环系统，该系统 2007 年 6 月 28 日投入后，蒸发器管束表面逐渐形成大量水垢，严重影响表面蒸发器的换热效果，导致高炉炉体软水进水温度难以控制。尤其是进入夏季，冷却壁进水温度时常超过上限值 36℃，最高达到 53℃，大幅度降低了高炉冷却壁的冷却强度，尤其是对铁口两侧炉缸侵蚀严重区域尤为不利，影响 3 号高炉的护炉工作和安全生产。

表面蒸发器管束外部结垢后，炼铁厂曾先后与厂家和设计院沟通，没有得到解决，又与同样使用这种表面蒸发器的莱钢联系，寻求解决办法，也没有得到解决。在安全生产的严峻考验下，考虑更换新的表面蒸发器迫在眉睫，而一台表面蒸发器的价格是 2.8 万元，费用开支也很大。能否找到一种在线清垢的方法，成为解决热交换效率低的当务之急，更成为从领导到生产骨干每个人员的目光聚焦点。

马永刚主动请缨，接受了这一难点攻关，开始了“一匹黑马在创新路上的奔跑”。他认真分析表面蒸发器的结垢机理，并对水垢进行采样化验分析，发现症结原因后，马永刚开始了溶垢试验，本着除垢剂既与水垢发生化学反应，能够溶解水垢，又不腐蚀表面蒸发器的原则，选择合适的除垢剂。然后利用现有设备设施，确定喷淋酸洗的清洗方案，即向喷淋水池子中加入适量的除垢剂，形成酸性溶液，用喷淋水泵作为加压泵，使溶液在空冷器管束外壁间隙中长时间循环，酸性溶液与水垢充分接触后，发生反应进行溶解，同时用高压水冲洗。至此，高炉蒸发器管束表面结垢，一个让人头疼在同行业都称之为难题的“生产瓶颈”，在马永刚的努力下，得到了破解。

“3 号高炉正处于护炉阶段，马永刚通过创新实现了表面蒸发器在线除垢，解决了长期以来困扰护炉工作的难题。不仅创造了可观的经济效益，更为重要的是为 3 号高炉的长期稳定运行提供了可靠保障”，听到厂领导如此评价时，这个果敢的小伙子谦虚地说：“这也是一名点检员应该做的”。

（文/王洪波）

创新中前行

——记公司工人技术创新一等奖获得者、第二炼铁厂热风炉班长冯爱军

冯爱军，1970 年出生，1993 年 7 月参加工作，现任 $2300m^3$ 高炉热风炉班长，兼管渣处理。2008 年、2012 年、2015 年三次荣获公司工人技术创新一等奖。

1993 年参加工作，分配至高炉热风炉岗位上。初到岗位的冯爱军，对热风炉充满了浓厚的兴趣。他每天与师傅交流热风炉操作，注重学习热风炉的工艺原理。利用自己的休息时间，到公司图书馆借阅有关热风炉书籍进行学习。同时他积极参加技改工程，逐渐了解整个热风炉内部结构，包括热风炉砌筑用砖的型号、用途及砌筑方式。

2008 年，1 号高炉新建 4 号热风炉，投入使用后发现 4 号热风炉烧嘴温度居高不下，严重制约高炉生产。此时已是班长的冯爱军结合多年工作经验，提出将通冷风管道由冷风支管改至冷风总管，降低冷风阀引射作用，从而降低烧嘴温度至 250℃以下，解决了制约高炉生产的难题，为公司创效 60 余万元。

2012 年 $2300m^3$ 高炉筹备，冯爱军积极参与其中。热风炉在安装冷风管道时发现，原设计图纸存在设计缺陷，冷风管道的位置被烟道主管占用，导致施工无法继续进行。根据现场情况，他提出将冷风管道向 3 号热风炉侧移动 2m，改变热风炉平台及走梯方向，这样可减少两个弯头，从而降低压力损失，并保证热风炉按工程节点 8 月 1 日正式烘炉。此项目获得公司工人技术创新一等奖，冯爱军获得 2012 年度生产能手称号。

2015 年，因 $2300m^3$ 高炉南北水渣置场无渣水回收设施，水渣中沉淀出的水流入下水道排走，造成极大浪费。他提出在水渣置场增设一套渣水回收设施并顺利实施，每天回收渣水约 800t，为公司创效百余万元。为降本增效，第二炼铁厂采用一定比例的褐煤，以降低燃料成本。褐煤具有挥发分较高、易燃易爆等特点，要求在换炉过程中，热风炉烟气氧含量不能超过 6%，否则制约喷煤生产。他多方面查找原因，通过操作技术改进，热风炉烟气中的氧含量得以控制在 6% 以内。2015 年 2 月 11 日，高炉喷褐煤比例由 20% 提高至 25%，大大降低了高炉的燃料成本。此两项创新成果获得了公司工人技术创新一等奖。

（文/杜文静）

他在创新路上孜孜不倦

——记公司工人技术创新一等奖获得者、第二炼铁厂点检员方国玉

方国玉，1969年9月出生，1988年8月参加工作，北票高中毕业，现任第二炼铁厂点检员，工人技师。2008年、2009年、2010年三次荣获公司工人技术创新一等奖。

从钳工到班长，到设备机械点检员，他的每一步成长，都与创新结下了不解之缘。从小改小革达产达效到对标挖潜，一项项创新成果，让他创新之路鲜花绽放，更让他创新激情喷薄竞发，在坚守的路上孜孜不倦尤为让人赞叹。

2001年，公司发出了在一线职工中开展技术创新活动的号召，时任烧结厂设备工段钳工班班长的方国玉，心里立即涌现出一种创新激情，针对当时58m^2烧结机水封拉链故障频发且维修困难的现象，他决定对水封拉链结构进行改造，将原设计水封拉链螺栓连接改造为结构件连接，并将框架加筋板加固，防止了螺栓脱落和框架变形导致故障频发现象，有效提升了设备作业率。这一改进效果的呈现，让方国玉找到了诠释自身价值和回报凌钢的平台。

当方国玉2001年破格抽调到点检科的那一刻，就注定了更加广阔的创新舞台铺展开来。2006年，他的创新项目“52m^2烧结机混料筒及皮带运行结构改善”获公司技术创新一等奖。当时混3皮带分料器是单侧闸板式分料器，由于闸板直接接触磨损皮带，无法保证皮带使用寿命，经常造成停产检修，不仅增加了维修费用，也增加了岗位人员劳动强度。他在现场仔细研究，最后确定改造方案为在1号储料斗上部安装两个改向滚筒抬高物料落差、拆除闸板分料器，在皮带两侧安装两个可调式分料板，物料由分料板滑入储料斗内。改造后效果非常好，不仅提高了皮带使用寿命，还减轻了工人劳动强度，受到岗位人员好评。

一路走来，一路创新；播种希望，收获精彩。2004～2015年，方国玉先后完成了20余项技术创新项目，其中2008年“2号竖炉辊筛、1号竖炉扒辊密封改善”、2009年“240m^2烧结机板式给矿机改善”、2010年“240m^2烧结机冷矿筛板结构改善”三个项目获公司技术创新成果一等奖。2011年度他走上了公司技术创新十大标兵的荣誉领奖台。

（文/杜文静）

敢向难题叫板

——记公司工人技术创新一等奖获得者、第二炼铁厂回转窑班长李文印

李文印，1969 年 10 月出生，1988 年 7 月参加工作，高中文化，工人技师，现任第二炼铁厂回转窑工段设备管理班长，2013 年、2014 年连续两年获得公司工人技术创新一等奖。

李文印入厂后，在炼铁厂原料工段维修班工作，主要负责原料系统设备日常维护。“闲不住、爱琢磨、敢向难题叫板”是李文印给人的最深印象，他经常为研究解决生产中出现的设备问题，加班加点进行小改小革，解决了多项制约生产的难题，他也成了职工交口称赞的“巧师傅”，岗位一有设备难题，都向他请教。“本来设备漏料导致劳动量增大，让大伙受累都有了埋怨，可李文印一到，大家都乐了，因为他把漏料问题解决了”，听着身边工友对自己的津津乐道，看到自己无怨无悔的付出得到大伙的认可，这个小伙子搞小创新的劲儿更足了。随着年复一年的突出业绩，李文印走上了维修班长岗位。肩上的责任担当的更重了，他更注重用自己的创新措施来解决问题。在他的带领下，原料系统设备维护工作逐步提升，为原料系统生产组织的高效提供了保障。

2012 年回转窑建成投产，李文印被抽调到回转窑工段任点检员。向难题叫板的韧劲充盈、鼓荡着这个年轻人的脚步，他又开辟了创新路上的“第二战场”，并战绩丰硕。在这期间，他不断研究摸索存在问题的解决方法，凭借着扎实的设备维护和创新攻坚的精神，多次解决了回转窑生产的瓶颈问题，如窑头扒大块创新、皂土下料斗改进、链箅机布料方式改造、滚压小车和杂物筛冬季水蒸气治理等，不但解决了生产难题，节省了大量资金，更改善了岗位人员作业环境。创新不止，终有收获。2013 年，李文印的“皂土下料斗改造、环冷机后挡墙漏红球治理”和“环冷机风箱改造”项目获得了公司技术创新成果一等奖。

虽然，李文印在创新中收获了荣誉的光环和成功的快乐，但他从不自满，没有半点懈怠。每天依然要全负荷工作，每当回转窑系统出现设备问题，总是第一时间出现在现场组织抢修，与工人奋战一线，加班加点，直到问题解决为止。无论是工作到什么时间，第二天的点检科早会上，李文印的身影总是准时出现，反映夜间设备运行情况，提出设备运行过程中的关注点，保证设备运行信息的通畅，为点检员处理设备问题赢得宝贵时间，为回转窑系统设备稳定运行发挥着他不可替代的作用。

（文/杜文静）

在学习中成长　在成长中快乐

——记公司工人技术创新一等奖获得者、第二炼铁厂点检员武兵

武兵，1974年出生，1993年参加工作，毕业于凌钢技校，现任第二炼铁厂点检员，工人技师。2011年获得公司工人技术创新一等奖。

他学习中成长，考验中历练。1998年，因工作需要武兵从维修岗位调入高炉管工岗位。初到管工岗位，他的善学勤问带来的是同龄人中的脱颖而出。2000年走上了1号高炉管工班班长岗位，在1号高炉扩容改造工程中，他负责给排水项目质量监察，连续20天吃住在施工现场，多次发现并解决施工难题。1号高炉原设计气密箱回水系统没有油水分离器，生产后必将导致气密箱回水中含有废油污染清水池。他及时将情况反映给有关领导，经项目部同意后，自己组织施工人员，在气密箱回水管路上增设了油水分离器，使此问题得到根本解决。2007年，3号高炉开始筹建，为了加强3号高炉给排水工作，武兵奉命抽调到3号高炉管工班任班长，从冷却壁打压到设备安装全程跟踪监制，由于工作认真负责，他负责的项目没有一次返工现象。2007年10月，高炉风口大套和中套之间漏煤气严重，在风口平台作业，存在安全隐患。为了解决漏煤气这一难题，武兵在现场反复观察、研究煤气泄漏原因和治理方案。经过研究，他利用铜质的软度，用钢钎敲击风口中套，使缝隙处产生形变，从而封住了煤气泄漏点。这个方法在几经完善后，在4座高炉上得以推广与采纳，风口漏煤气这个难题得以治理。

他担当中履职，创新中收获。2011年，4号高炉由于炉衬发生变化，致使高炉冷却水水温升高到60℃左右（正常水温在40～42℃之间），严重影响高炉生产。采取变料、换水等措施，水温依旧在60℃左右。武兵看在眼里，急在心上，凭借自己丰富的经验和敢于担当的创新精神，果断采取措施，对“高炉冷却水冷却方式进行改造”，彻底解决了冷却水水温居高不下的状态，从而保证了高炉正常生产。此项目获得年度公司工人技术创新一等奖。

他无悔中付出，关键时创优。2012年，凌钢三期技改期间，他主要负责5号高炉给排水工作，在5号高炉建设期间，他整天忙碌于施工现场。先后发现给排水设计缺陷和施工质量缺陷10余项，在他的督促下全部得到有效解决，没有把问题带到生产中，为5号高炉给排水良好工作奠定了坚实的基础。

（文/杜文静）

创新铸就人生精彩

——记公司工人技术创新一等奖获得者、第二炼铁厂点检员于海伟

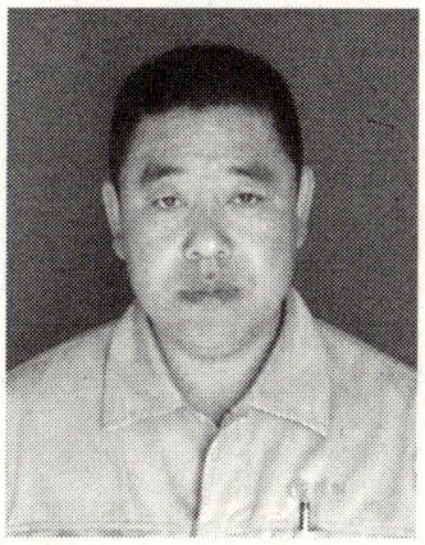

于海伟，1969年7月出生，1987年8月参加工作，高中文化，现任第二炼铁厂设备科点检员，工人技师。2012年获得公司工人技术创新一等奖。

1987年入厂后，第一个岗位是高炉设备维修工段钳工。年轻的于海伟总以饱满的工作热情，每天在现场巡视检查，发现问题，及时处理，不懂就向工人师傅请教，尤其是在每次高炉休风时，他不怕脏、不怕累，在高炉检修第一线都能看到他的身影。每一个检修项目他都盯在检修现场认真学习，把成功经验和失败教训记在笔记本上，回到家或班组时反复研究，积累了丰富的高炉维修经验。

1999年，凭借过硬的技术抽调到炼铁厂点检科工作。新的岗位，给他提供了施展才华的平台，学习点检技能的劲头更加高涨。他认真履行点检职责，认真组织每一次定修，保证高炉的稳定运行。在主管原2号高炉（$100m^3$）点检工作中，首次实现了高炉系统定修周期内零故障运行，受到厂领导和岗位人员的广泛认可。2003年，于海伟参加了2号炉改扩建（$450m^3$）筹备工作，当时高炉首次使用卢森堡串罐无料钟炉顶。为了迅速掌握这一新技术，他每天废寝忘食查阅资料，虚心向专家请教，把这一新技术消化。在施工过程中，他严格按照炉顶大型设备安装标准，为成功实现卢森堡无料钟炉顶设备在凌钢的完美应用做出了自己的努力。在这期间，创新的冲动在他的释放下变成了一项项引人注目的成果，在实践中起到作用，其中对高炉“上下密封阀板的缺陷改造”项目，有效保证了2号高炉长期零故障运行，获得了年度公司工人技术创新二等奖。

在设备改造天地中游弋自如的于海伟，2012年再次迎来了展示精彩的广阔舞台，参加筹建凌钢第一座大型高炉——$2300m^3$ 高炉。他利用自己多年积累的丰富经验，克服工期短，施工难度大诸多不利因素，完成了$2300m^3$高炉本体机械设备的安装工作。在高炉开炉渣粒化投产初期解决了排不了渣等多项技术难题，其中“对粒化机排渣系统的改造”项目，获得了公司2012年度工人技术创新一等奖。

（文/杜文静）

好 班 长

——记公司工人技术创新一等奖获得者、第二炼铁厂班长金华彰

金华彰，1977 年 3 月出生，2003 年 7 月参加工作，毕业于辽宁省财政学校，现任 1 号烧结机脱硫班长。2014 年获得公司工人技术创新一等奖，2015 年获得了凌钢首届“十大好工人”荣誉称号。

金华彰 2003 年进入凌钢后，从皮带工、混料工、布料工到看火工，到现在的脱硫班长，工作中他虚心好学，大胆创新，成为公认的创新好班长。

第二炼铁厂 1 号烧结机脱硫系统由于设计能力不足，系统运行困难，经常会发生跑冒浆现象，不能够确保长期稳定运行，不到检修周期就需要停产检修，同时运行中也不能确保系统数据稳定达标。一道难题摆在面前，意义之大可涉及凌钢环保运行质量。面对从未涉足的脱硫系统，金华彰接过任务的同时，心里更填满了压力和紧迫感，只有蹲守现场，再来一场“学习—熟稔—创新”的赛跑。事实证明，他做到了。一项项改进鱼贯而出：通过改变灰种及配灰方式，将原来生石灰改为消石灰，原来每次配加 1t 灰改为配加 0.5t 左右。改进后一方面能确保消化罐内少积料，另一方面也能保证打入置换池的石灰完全反应。针对排出泵能力不足的问题，将原来排出泵管道分离设置，由原来一用一备改为两台齐用，提高了排出能力，确保了系统正常运行。碱液管道因长时间输送碱液发生糊堵，在原来操作方法上改进，每次加碱不超过三袋，同时打完碱液后要将碱液罐用工艺水冲洗三次，基本确保了碱液系统的正常运行。措施一一应用后，脱硫系统实现了与烧结机同步稳定运行，确保了环保数据达标，同时脱硫专项检修周期由原来的不到一个月延长到 3 个月以上。金华彰又打了一场漂亮仗。

1 号烧结机冷返系统下料落差高，导致到混-1 皮带后扬尘大，撒料多，影响环境，也增大了岗位劳动强度，同时因扬尘过多影响冷返秤的正常工作，影响烧结生产的稳定性。金华彰冥思苦想，让问题得以解决。改进后，使冷返岗位消除了明显扬尘，冷返皮带秤无积灰，减轻了岗位工的劳动强度，提高了冷返系统的稳定性。

金华彰通过创新不仅为炼铁厂创造了效益，而且为班组人员树立了榜样，起到了很好的带头作用，他所带领的班组在创建“创新型班组”中屡次受到表彰。

（文/杜文静）

创新天地显身手

——记公司工人技术创新一等奖获得者、第二炼铁厂点检员顾晓军

顾晓军，1957 年 7 月出生，1980 年参加工作，现任第二炼铁厂点检员，2006 年获得公司工人技术创新一等奖。

2007 年，针对原炼铁厂原料系统分料器经常卡料，翻转困难，有时打不开等缺陷，顾晓军决定对原分料器结构进行优化改造。为解决这一难题，他设计了一种内套摆动溜槽式分料器，这种分料器不受物料的影响，物料在摆动溜槽内通过，物料与三通壳体不接触，皮带机在不停机的情况下，在电液动推杆的作用下，可自由的转换供料方向。在优化工艺流程的前提下，顾晓军的创新措施在一线实施，将转运站的两条可逆皮带机取消，根据现场条件设计安装了两个内套摆动溜槽式分料器。皮带机在不停机的情况下，将物料转换到下道工序的两条皮带机上，节省了物料转换时间。改造后，保证了 4 座高炉的槽存量，缓解了运输紧张的被动局面。

走上第二炼铁厂点检员岗位后，顾晓军一如既往，把自己的创新精神延伸在自己的工作轨迹上。第二炼铁厂高炉所需焦炭全部为外购，焦炭的含粉率及粒度对高炉的冶炼和生产成本起着重要作用。为确保外购焦炭的质量，在焦炭料场安装一套焦炭检测筛的任务交到了顾晓军的手上。他接到任务后，二话没说，马上开始了调查、设计。根据工艺的检测要求，此筛需设计成圆筒滚筛，才能达到检测的精度和粒度要求。他释放创新潜力，将圆筒滚筛在一个断面内分为两层，通过内圆直径、筛网的尺寸差异达到精度检测的准确。在安装形式上，他更是反复测量，仔细计算，一本日记上的记录让我们看出他缜密的思维和付出：滚筛倾角 10°，单轴双轴承座支撑，电动机、减速机皮带轮驱动。安装来料受料斗、焦粉料斗 0 ~25mm 以下、90mm 以上焦炭料斗各一套，合格焦炭导料板，增设两套皮带机。分别检测大于 90mm 以上焦炭筛到 90mm 以上的焦炭料斗内。25 ~90mm 的合格焦炭经焦炭导料板、经两套皮带机将焦炭输送到料场。0 ~25mm 以下的焦粉筛到焦粉料斗内……经过他的不懈努力，焦炭检测筛成功应用在生产中。

这就是顾晓军，在创新天地中释放自己的智慧和激情，为生产顺行时刻做出自己的努力，以精湛的技艺在广阔的舞台上彰显创新的魅力。

（文/杜文静）

助力设备高效运行

——记公司工人技术创新一等奖获得者、第二炼铁厂点检员王泽宾

王泽宾，1969 年 5 月出生，1988 年 10 月参加工作，毕业于本溪桓仁技工学校，工人技师，现任第二炼铁厂点检员，2015 年获得公司工人技术创新一等奖。

立足岗位创新，追求设备零隐患运行。在主管回转窑链箅机、干燥机、强力混合机等设备期间，王泽宾先后完成了“回转窑干燥机筒体头尾鳞片密封改造”“回转窑杂物筛改造”“回转窑环冷机台车卸料装置改造项目”等多项技术创新项目，其中“回转窑环冷机台车卸料装置改造项目”技术含量、经济效益尤为显著，让我们把目光投向王泽宾的这个“经典作品”。环冷机台车卸料装置原设计存在卸料点与后挡墙之间距离过小，使环冷机卸料滞后，导致台车复位之前部分红球通过卸料斗直接落入 Z-3 皮带，Z-3 皮带由于受到红球高温烧烤，导致皮带使用寿命降低等缺陷，王泽宾经过现场反复观察和理论计算，大胆提出了将台车卸料装置后移 500mm 的改造方案，同时对台车强制翻车装置、复位装置等做相应优化调整。不仅有效提高了 Z-3 皮带和台车的使用寿命，而且使环冷机台车布料更加均匀平整，提升冷却效果，对球团矿产质量提升起到了积极作用。

要想解决设备问题，首先要善于发现设备问题。王泽宾在日常点检工作中，精心点检，认真细致地听取岗位人员对设备运行情况的反映，并将每种运行状态记录在工作日志上，从中发现问题，解决问题。他常说，“为生产服务无小事，凡是对生产有制约的设备问题都是大事，一丝容不得马虎，一处容不得疏忽。”他是这么说的，更是这样做的。岗位人员反映回转窑造球机减速机漏油严重，给自主保养带来困难。他精巧创新，施展妙招，利用循环下机方法进行逐台密封治理，取得了良好效果。

在王泽宾的勤勉工作下，我们看到，创新让职工收获价值感的同时，更成为助力设备高效运行的劲帆，为设备稳定运行保驾护航。

（文/杜文静）

守 护 高 炉

——记公司工人技术创新一等奖获得者、第二炼铁厂高炉技师陈洪伟

陈洪伟，1971 年 1 月出生，1994 年 9 月参加工作，中共党员，毕业于鞍山钢铁学校，现任 $2300m^3$ 高炉炉前技师。2007 年、2008 年两次荣获公司工人技术创新一等奖。

陈洪伟参加工作后走上高炉炉前岗位。那时的高炉机械化设备较落后，环境较差，用电动悬挂式开口机开铁口、人工堵渣口、每炉铁后清主铁沟下渣沟的渣……面对这种情况，他没有退缩，不怕脏、不怕累，每天早来晚走，跟着师傅学习炉前各项操作。宝剑锋从磨砺出，陈洪伟迅速成长，他不仅熟稔了炉前操作技能，更具有了攻克难题的精湛本领。

2007 年 2 月，1 号高炉炉前还在使用预制件大闸，由于其制作形式及结构存在多处缺陷，大闸经常出现漏铁现象，严重影响高炉正常生产。结合多年经验，他大胆提出改进原件基础结构，调节部分部位尺寸，从根本上解决大闸漏铁问题，保证高炉生产。同年 6 月，距 3 号高炉扩容后正式生产前的一个月，他被调至 3 号高炉，组织协调高炉正常出铁。生产过程中，他发现新引进的开口机钻杆连接套在更换钻杆时，程序繁琐，时常造成因钻杆无法及时更换，导致开铁口不及时现象，影响高炉生产。根据开口机特点及现场实际情况，他提出将开口机钻杆连接套由螺纹连接改造为销栓连接方式，使更换钻杆简单易行，解决了开口机更换钻杆难题。此两项创新成果荣获 2007 年度公司工人技术创新一等奖。

2008 年，3 号高炉正常生产后，一些问题也相继出现。液压炮炮帽与开口机钻杆支撑套不适合当时的生产情况。结合现场实际情况，他提出将炮帽质量由 50kg 减少至 20kg，同时将连接方式更改为简单易行的螺纹连接，降低更换炮帽难度，保证炮帽及时更换，杜绝堵铁口炮泥现象。由于开口机钻杆支撑套原设计存在体积较大且不能固定钻杆等缺陷，他将开口机钻杆支撑套改造为体积小、能固定钻杆的新式钻杆支撑套，杜绝了钻杆开铁口时跑偏现象。同年 8 月，他又积极参与到 4 号高炉技改工程中。由于 4 号高炉炉前出铁场采用新式出铁场，浇筑式渣铁沟、储铁式主铁沟等，对于操作工来说，都是新事物。他通过网络学习、外出考察与厂家沟通等方式，迅速掌握了新型出铁方式，并摸索出适合 4 号高炉的出铁模式，保证了 4 号高炉出铁沟坚固耐用，为公司创造出了效益。

（文/杜文静）

用经验和灵感守护铸机的明天

——记公司工人技术创新一等奖获得者、第一炼钢厂点检员牛少生

牛少生，1969 年 12 月出生，1988 年 10 月参加工作，毕业于辽宁省本溪市桓仁铜锌矿技工学校，现为第一炼钢厂连铸点检员，负责连铸系统液压设备的点检及日常维护管理工作，2006 年、2010 年获得公司工人技术创新一等奖。

冷床液压系统经常因油泵损坏、油管喷油造成停产，身为液压班长的牛少生意识到必须对其进行改造，以保证设备系统的稳定顺行。他通过现场观察和理论分析，在电磁阀动作时增加 0.3s 的延时得电时间，消耗产生的冲击压力，改造后油泵、油管的寿命大大提高。值得一提的是，这次改造不但投入成本为零、效果显著，而且改造时间仅仅用了 5 分钟，就是这项简单有效的小改小革，将牛少生推向了凌钢工人技术创新的舞台，开始了他连续获奖的光荣历程。

2005 年 9 月，1 号脱硫夹钳液压站的油泵经常发生损坏，达不到使用寿命周期，也是从那时起他接手了 1 号脱硫夹钳液压站的维护与维修，第一次接触设备的他，发现泵的声音不好，泵体发热，同时还有严重的气蚀噪声，多次找正并检查连接吸口密封，都没有发现问题，更让人不解的是即使刚换上的新泵也同样存在这种不良的工作状态，不到 20 天就会造成泵的损坏，而同样的泵在连铸其他系统使用寿命均可达到两年以上。如此一来，备件紧张的窘境直接影响了当时品种钢的生产。针对这个问题，利用检修时间，他打开油箱发现油泵卸荷回油管与油箱最高液面有一定的距离，回油管回油与液面冲击形成气泡掺杂在油液中，泵吸油后产生气蚀振动造成泵体发热，加剧了叶片磨损，从而导致泵的损坏。找到原因后，他建议补焊加长回油管，从而提高油泵的寿命，解决了当时抑制品种钢生产的难题。

同年，刚投入不久的炉前倾翻车液压站故障频发，影响扒渣系统正常工作，无法保证铁水入炉质量。经过仔细的分析和研究备件材料的性能，牛少生又一次解决了这一难题，有效地保证了生产节奏。

自 2001 年工人技术创新的舞台开创至今，牛少生连续 9 届获奖，他用经验和能力诠释了一名点检人员应尽的责任和义务，展现了当代设备点检员的风采。

（文/卢　超）

扎根一线的技术尖兵

——记公司工人技术创新一等奖获得者、第一炼钢厂点检员刘国坤

刘国坤，1970 年 12 月出生，1990 年 7 月参加工作，毕业于凌钢技校，现任炼钢厂连铸点检作业区点检员，五次获得公司工人技术创新一等奖。

作为一名高级技师兼 5 号铸机组长，多年的工作经验和高超的专业技能铸就了他在 5 号铸机设备改造的辉煌成就。120t 5 号铸机弯曲段 2008 年投产以来，在生产过程中轴承时而缺油，因辊子没有冷却水，轴承长期在高温运行下因轴向窜动量小造成轴承抱死，下线的轴承保持架有发蓝变形现象，轴承滚珠转动不灵活。弯曲段轴承为进口轴承，型号 NA6915，每套轴承 1030 元，每月消耗 100 套左右，费用达 10 万元左右，维修成本昂贵。通过在瓦冶矿实地学习考察，此厂具备生产和改造能力，每套轴承仅为 170 元左右，为了降低维修成本，满足现设备使用条件，2011 年 4 月，刘国坤针对弯曲段轴承不利于生产的各项因素对其进行了系列改造：将原设计碳钢保持架改为黄铜实体保持架，将轴承套圈原设计温度 100℃ 改为 300℃，提高保持架耐热温度，为了加强轴承润滑效果、提高轴承在高温条件下长期运行，将轴承外圈加上油槽及注油孔，将轴承游隙由 C1 改为 C4，并且将轴承自由端轴向间隙由 0.85mm 改为 2mm，同时修改了润滑周期由每 8 小时一次改为每 4 小时一次，由原来的注油时间一次 30 分钟改为一次 40 分钟。2011 年 8 月 14 日，将 144 套国产轴承装配到弯曲段上，于 8 月 16 日上线使用，使用效果良好，完全可以替代进口轴承。

5 号铸机振动台、弯曲段、扇形段在线使用多年，设备精度降低，水平度标高误差较大，结晶器接水板通水孔不对中，结晶器漏水，更换时间较长，弯曲段扇形段框架腐蚀严重超过 2mm，框架内水垢较多，二冷水堵塞不畅通，冷却效果不好，影响铸坯质量。刘国坤根据现场实际情况，对振动台修复检测，更换板簧、推杆、避震喉、伺服阀、油缸，更换位移传感器，增设防水装置，校核整体水平度，测标高，加工结晶器接水板通水孔。对弯曲段框架、扇形段框架修复检测，检测腐蚀程度，修补腐蚀部位，更换垫板及调整垫，润滑改造，清理框架内水垢，测标高，校核整体水平度。通过以上修复改造，保证了新双流板坯稳产高产。

“牛人”牛国权

——记公司工人技术创新一等奖获得者、第一炼钢厂炼钢工牛国权

牛国权，1972 年 9 月出生，1994 年 8 月毕业于鞍山钢铁学校，高级技师，现任第一炼钢厂百吨转炉炼钢工、丙班班长。2006 年获得公司工人技术创新一等奖。

了解炼钢的人都知道，转炉炼钢工艺过程复杂，炼钢成本 80% 以上都集中在冶炼，最直接的就是一炉复一炉的炼钢操作，而影响最大的莫过于转炉终点碳的高低，这可是既关乎转炉钢水质量又影响炼钢成本的关键指标。传统的炼钢法大都是终点碳拉到五六个，然后低碳出钢采取增碳的方法，它的好处在于操作简单易掌握，但是成本高、质量不稳定。怎样才能尽可能地提高终点碳，从而实现提高质量、降低成本呢？提高终点碳必须要处理好转炉终点温度控制和吹炼中后期返干等很多棘手的难题。2006 年年初，牛国权一直在不停地思考、推演和尝试着，他利用工作之外的时间查阅多本专业书籍，经常和技术员一起研究一炉钢水吹炼的工艺过程，细心观察每一炉吹炼过程的现象特点和主要工艺技术参数的变化规律，总结生产的每一炉钢水的成败得失，他把积累的这些经验和心得体会在确保正常冶炼的情况下反复不断的尝试和优化调整……功夫不负有心人，经过长期的尝试、积累，他总结和提炼出了“提高终点碳操作法”，把转炉终点碳由原来的不足 6 个提高到平均 8 个以上，并把操作法无私的推广到整个冶炼作业区，给企业带来千万以上的成本降低，钢水质量也得到了较大的改善和提高。公司及厂领导对牛国权的“提高终点碳操作法”都给予了极高的评价，该项目被评为 2006 年公司工人技术创新一等奖。

凭借着扎实的工作作风和高超的炼钢技能，牛国权多次被评为炼钢状元，先后被公司评聘为首批工人技师、高级技师。在公司工会 2012 年开始组织的每年一次的全公司炼钢工技术比武大赛中，2012 年、2014 年、2015 年三次获得炼钢状元称号。

（文/卢　超）

青春与炉火共舞　激情与火焰同燃

——记公司工人技术创新一等奖获得者、第一炼钢厂冶炼炉长许宏生

许宏生，1968年7月出生，辽宁锦州人，1987年参加工作，现任冶炼作业区炉长，中共党员。获得公司工人技术创新一等奖四次，工人技术创新集体一等奖一次。

许宏生与火焰为伴，与钢花共舞三十余载。从2007年“转炉耳轴强化溅渣法”到2008年“冶炼生产要素优化控制法技术”再到2009年“优化转炉炉容比，降低35t转炉喷溅率操作法”，许宏生用技术和经验为炼钢的生产工艺、安全稳定顺序提出了一项又一项宝贵的技术经验，获得了一个又一个创新的奖项；更是凭借2013年“根据转炉表层温度差实现转炉炉型人工成像技术”和2015年“1号120t转炉底吹系统与炉龄同步技术”项目一鸣惊人，“1号120t转炉底吹系统与炉龄同步技术”创新成果同时获得辽宁省科技进步奖。

2015年，随着钢铁行业进入新常态，市场需求进入持续的寒冬状态，要想在这场持久攻坚战中生存下来，苦练内功、提质增效才是硬道理。作为炉长，长年的一线工作经验使许宏生深深地认识到转炉顶底复合吹炼对提高钢水洁净度、安全生产、降低成本意义重大。而1号120t转炉作为凌钢第一座顶底复吹工艺转炉，前5个炉役受工艺、设备及工人操作不稳定的影响，始终未能实现全炉役底吹系统与炉龄同步，炉龄寿命还有很大的提升空间。为此，许宏生牵头主持立项进行底吹系统与炉衬寿命同步技术攻关。

基于多年的经验，许宏生在炉型动态控制、薄渣层覆盖及透气砖堵塞后复通技术及优化氧枪参数等基础之上，提出并实现了转炉底吹系统与炉龄同步的技术。转炉底吹系统与炉龄同步技术应用至今，平均炉龄由4400次增加到9416次以上，减少炉衬砖消耗和修炉费用约200万元；转炉钢水氧性降低约0.01%，使转炉辅料消耗和合金消耗大幅度降低，累计创效1300万元以上；冶炼过程中，喷溅率由2012年的17.23%降低至目前2.18%，提高转炉脱磷能力，钢水有害元素P含量平均降低0.005%，钢中碳氧积达到了0.0025%，实现降低成本的同时，改善了钢水质量，促进了高附加值品种钢开发进程，实现了转炉底吹与炉龄同步达万次以上的历史性突破。

（文/卢　超）

家有一老　如有一宝

——记公司工人技术创新一等奖获得者、第一炼钢厂除尘班班长赵东军

赵东军，1964年1月出生，毕业于凌钢中学，1980年应征入伍，中共党员，1986年来到凌钢工作，时任炼钢厂连铸点检作业区机械点检员，现为第一炼钢厂运转作业区除尘班班长。荣获2007年、2008年公司工人技术创新一等奖。

常言道，“家有一老，如有一宝”。这句话用在第一炼钢厂有着36年工龄的赵东军身上再合适不过了。

1986年，赵东军退伍后来到凌钢，他把军人雷厉风行的作风，以集体利益为先的精神带到了工作岗位上。2007年，他所负责的连铸系统的振动台减速机出现使用寿命过短，而且漏油严重等问题，给单位的生产造成很大影响，需要岗位工每天手动加油，增加了劳动强度。赵东军多次深入现场观察，分析故障原因，凭着自己积累的工作经验，提出了将输入齿轮轴上部卡簧改为锁母紧固。减速机单油封结构，改为油封加隔套和闷盖结构组合的方式，振动台调幅机构加粗，增加强度，同时将各轴承座增加油封等多方面的改造，将振动台减速机的寿命提高了3倍，直接经济创效20余万元。

2008年，2号连铸机增流改造后，板簧位置容易出现窜动，生产过程中频繁出现振动不规则，造成振频不稳，导致振动台左右摇摆，振动台故障率极高，影响生产顺行。

当时技术人员提出了很多改造方案，但是都需要投入较大成本，赵东军凭着多年的实践经验，力排众议，提出了多方位固定的建议：将振动台板簧固定装置拆下进行加工，设置两个板簧纵向定位孔，同时对板簧增加两个上下定位销孔，用定位销进行定位，并对板簧的端部进行加工，增加两个相应的螺栓孔，设置了两条纵向固定螺栓，保证了板簧各个方位的固定。这一方案以最小的投入取得了最佳的效果，赵东军也获得了大家的一致认可。

一个并没有很高学历的“半路出家”的技术人员，硬是靠着不怕苦、不服输的斗志，完成了40多项小改小革，解决了大量的设备难题。也许这就是大家亲切而且敬佩的叫他“实干老赵”的原因吧！

（文/卢　超）

脚踏实地　勇攀高峰

——记公司工人技术创新一等奖获得者、第一炼钢厂冶炼班班长林亚军

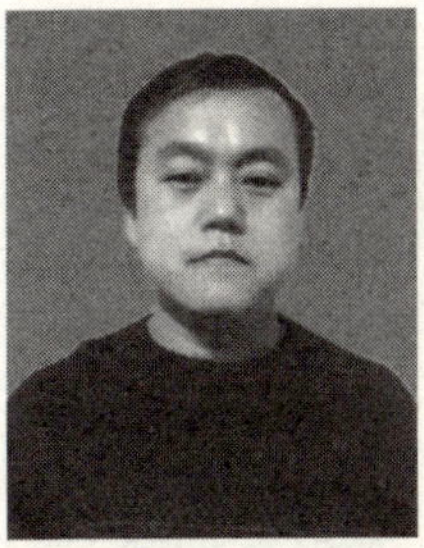

林亚军，1973 年 12 月出生，1994 年毕业于凌钢技校，随后到凌钢工作，现任第一炼钢厂冶炼作业区 120t 1 号转炉丁班班长，曾获得 2009 年工人技术创新一等奖。

林亚军作为一名转炉炼钢工，经过长年的实践和经验积累，使他深刻的认识、了解并掌握了转炉冶炼操作工艺技术。但他并不满足于现状，勇于探索、积极创新是他永不停步的追求。他利用业余时间研究和学习新的冶炼工艺和操作技术，虚心向工艺技术人员请教，使自己的理论知识基础更加的扎实牢固。针对生产中遇到的难题，他经过反复的琢磨推敲，在保证生产稳定的情况下一有机会便进行实验，对实验的数据和效果进行科学的分析，来逐步提高和改进炼钢操作工艺技术。

通过他的不断努力、勇于实践，提出的“优化过程控制，提高 120t 转炉倒炉命中率”的冶炼工艺操作技术，使 120t 转炉的终点控制水平得到了巨大提升，引领了操作技术的进步。强化转炉终点控制，提高转炉终点命中率，有效地降低了转炉冶炼原材料的消耗，使他在对标挖潜、降本增效工作中取得了令人瞩目的成绩，并因此荣获 2009 年工人技术创新一等奖的荣誉称号。

2012 年，由于工作业绩突出，林亚军被提拔为 120t 1 号转炉丁班班长。自此，他更是在工作中严格要求自己，带领班组成员勇于超越自我、敢于挑战难题，精细化控制，标准化操作，“以人为本”的安全生产理念，坚持从我做起，从细节入手，树立零违章理念，避免生产责任事故及安全事故，引领班组全员参与，集思广益，以“高标准、严要求，出问题、快分析、立整改、保安全”这句话为口头禅，通过不懈的努力，不仅实现了冶炼技术的突破，提高了钢水的质量，大幅度降低了冶炼工序生产成本，同时保证了安全生产无事故。

（文/卢　超）

生命不息　创新不止

——记公司十大创新标兵、第一炼钢厂机械点检组长吴刚

吴刚，1970年10月出生，1988年10月参加工作，毕业于辽宁有色金属公司第一技工学校，现任第一炼钢厂机械点检组长。四次荣获工人技术创新一等奖，2011年荣获工人技术创新“十大标兵”称号，2012年荣获朝阳市第二届“有突出贡献高技能人才”荣誉称号。

自从公司开展工人技术创新活动以来，每年的领奖台上都有吴刚的身影。2006年以来完成工人技术创新、改革改造10余项。在机械点检组长岗位上，埋头苦干、扎实创新、敬业奉献、昼夜兼程，每次年修、改造、技术创新，都倾注了他的全部心血，没时间照顾常年重病的父母、倒班的妻子、考学的儿子，可他用一种永不服输、阳光乐观的精神，让事业和家庭全部实现了“完美”。

2013年，120t 1号转炉原定4月份进行年修，公司根据生产经营延后年修至10月份。4月19日，拆检转炉耳轴轴承时发现，游动侧耳轴轴承滚动体折断一个，耳轴轴承承载着整个托圈，炉壳，一、二次减速机，是转炉运行的重要零部件，滚动体折断，会造成轴承损坏，如果发现不及时，轴承损坏后，内圈如果被折断的滚动体研磨破碎，就会直接损伤托圈耳轴，发生严重的设备事故。按标准要求，滚动体折断后，必须更换新轴承，才能保证设备安全运行。通过仔细研究和多次现场勘察，他制定了维护和改造方案。这项改造创造经济效益108万元，并荣获当年公司工人技术创新一等奖。

2009年的“高压氮气吹扫防止转炉烟道结渣”改造，2010年的“120t转炉LF炉钢包车传动机构改造”，2011年的“优化转炉年修烟道安装找正方案”等项目，不但解决了设备存在的问题，还创造了良好的经济效益，并获得公司工人技术创新一等奖。

高超的技术，荣誉的花环，吴刚用自己20多年的工作经验和创新思维不断的创造属于凌钢和个人的奇迹。凌钢为一线工人提供了创新的舞台，吴刚用爱岗敬业、敢于创新、乐于工作的精神，收获到创新的果实，同时享受到了幸福感、荣誉感、成就感。

（文/卢　超）

与铸机为伴　用青春铸就辉煌

——记公司工人技术创新一等奖获得者、第一炼钢厂连铸班长宗军

宗军，1970 年 6 月出生，1988 年 10 月参加工作，毕业于凌源市第一高级中学，现任第一炼钢厂连铸作业区班长，2010 年、2012 年荣获公司工人技术创新一等奖。

28 年的时光，让他从一个愣头青，成长为今天连铸的核心人物，在当班长的 20 年中他推动了一项又一项技术革新，在降本增效的任务中，他更是为连铸系统提出了一项又一项具有历史意义的改革意见，可以说，连铸今天的成绩，是所有连铸老班长、老职工用自己的聪明才智创造出来的，而宗军就是其中一位。

2012 年，4 号铸机中间罐稳流器将中间罐一分为二，造成中间罐实际使用效果为两个分体罐，罐中钢水流动性较差，存在钢液回转死区，经常因罐体问题导致开浇时 1、2 流因存在死区冷钢过多导致丢流或停浇事故，生产过程中 1 流和 2 流下渣、停浇或换罐时中间罐钢液高度不一致造成余钢高度超标。为响应公司对标挖潜、降本增效方针，降低铸机故障率、降低耐材及钢铁料的消耗，宗军对 4 号铸机稳流器进行了改造，改造后的稳流器能保证中间罐液面及两侧温度整体一致的效果，适应生产需要，能达到降低事故率的效果，提高了 4 号铸机的开浇、换罐成功率，创效 70 余万元。

4 号铸机中间罐罐盖由三块组成，在注流口处将两块分开，由于浇注过程中溅钢影响，罐盖边缘钢渣较多，且烤罐时间隙较大密封不好起不到蓄热作用，针对这种情况，宗军将罐盖由原来的铸造件改为焊制钢结构件，中间为结构骨架，外部进行浇注打结，保证在浇注过程罐盖不粘连钢水。将原罐盖的 U 形口改为椭圆形孔，提高中间罐密闭性，并减少烤罐时对横臂的高温影响，增强横臂的使用性能。此项创新取得成功后便迅速被推广到其他几台方坯铸机。

在所有连铸职工当中，在连铸工龄最长的就是宗军，他见证了当初全国学凌钢，学连铸的辉煌，也经历了现在钢铁行业的严冬。28 年的时光，带走的是宗军的年轻模样，但是却把“争气、拼搏、奉献”的连铸精神凝聚在了他身上，在当班长的 20 年中，他的班组走出了很多生产骨干，而在他的班组走出的骨干身上都有一个共同的特点——勤劳、扎实、谦虚、稳重，他们是一代连铸人当中的脊梁，也是炼钢人的精魂所在。

（文/卢　超）

汗水挥洒在转炉炉台

——记公司工人技术创新一等奖获得者、第一炼钢厂冶炼工长刘亚风

刘亚风，1972年11月出生，1994年毕业于凌钢技校，随后到凌钢参加工作。现任第一炼钢厂冶炼作业区丁班工长。2010年获得公司工人技术创新一等奖。

刘亚风作为工长，无论刮风还是下雨，总是提前来到岗位，仔细认真地检查各个炉子的炉况，了解询问当天的生产状况，做到胸中有数。在班前会上，他着重强调当天生产出现的问题，并嘱咐做好预防工作。生产过程如果有突发事故发生时，他身先士卒，总是第一时间赶到现场，迅速而准确地判断事故原因并将事故消灭在萌芽状态。

35t转炉生产能力强、节奏快，经常出现炉与炉相互影响的情况，破坏了生产的连续性，降低了转炉生产效率，对产量也有严重的影响。为了解决这个问题，他开始翻阅相关资料，咨询技术人员，还时不时地与班组人员展开讨论。在生产实践中不断地摸索与总结，功夫不负有心人，他提出了优化调整35t系统节奏控制法。根据转炉、炉况、出钢口、炉底、炉型等不同操作条件，使操作条件较好的炉子优先生产，条件较差的炉况得到维护。

通过对转炉炉型合理维护，严格控制炉底高度，减少三粘，从而减少处理炉口、氧枪次数及时间，最大限度的提高转炉作业率。经过优化调整，加快了35t系统生产节奏，提高了转炉生产效率，进而增加了产量。

对于整个班组的管理，他有一套独特的管理办法。他一再强调班组的劳动纪律和安全，他认为只有保证了班组的纪律和人员的安全，职工们才会踏踏实实的工作。同时，他认为一枝独秀不是春，百花齐放才会春满园，他把自己多年来掌握的技能和积累的经验毫无保留的传授给了其他职工。对新来的青工更是不厌其烦，一有空就手把手的教，让他们真正感受到了在工作中理论与实践相结合的重要性。在保证生产顺利进行的情况下，适时安排青工交换工作岗位，学习并掌握不同岗位的安全知识和操作技能。在刘亚风的带领下，不仅提高了班组的整体操作水平，而且还为不同的工作岗位储备了后备人才。

（文/卢　超）

立足岗位　勇于创新

——记公司工人技术创新一等奖获得者、第一炼钢厂连铸班长孙占国

孙占国，1975 年 8 月出生，1993 年 9 月参加工作，毕业于凌钢技校，现任第一炼钢厂连铸作业区班长，2011 年获得公司工人技术创新一等奖。

自从事拉钢工作以来，孙占国把自己全部的精力都放在了技术革新上。每次年修，都有他忙碌而又不知疲倦的身影，每次技术革新，都有他的辛苦付出。2006 年以来完成工人技术创新、改革改造 30 余项。

2011 年，1 号机出现数次塞棒不控流的情况造成的生产事故，严重制约着铸机的生产稳定。他通过观察烘烤器火焰状态，发现现有的煤气状态和烧嘴结构，造成火焰很难烘烤到中间包下水口和塞棒头部区域，不能对上水口内部的锆质层进行有效的烘烤，导致所烘烤的上水口温度不稳定。同时通过对比测量使用后塞棒头部侵蚀数据和水口扩径数据，发现了塞棒头部与水口的烘烤温度低以及烘烤不均是导致不控流的主要原因，基于此他自己设计并参与制作了方坯负压烘烤装置。使用此装置后，烘烤后的中间罐水口的内壁下部温度均能达到 300℃以上，实现烘烤的均匀性，消除了烘烤盲区，使中间罐水口的烘烤效果明显提高，使用后的水口内壁及塞棒头部冲刷均匀，且水口扩径范围都在 1.2mm 以内，有效减少罐役中后期不控流事故发生，平均中间罐龄提高 0.96 小时，创效 40 余万元。此项创新取得成功后便迅速被推广到其他几台铸机。

2009 年，对 2 号铸机结晶器水套与密圈进行改进，有效地解决了结晶器渗水问题，2010 年，他推出一套在线调整中间罐塞棒启闭机构的方法，把塞棒卡头放大，增加塞棒的行程，达到控流的效果，此方法获得 2010 年工人技术创新公司级二等奖。

担任班长这些年里，他严格执行规章制度，做到公平公正的处理问题。在生产操作方面，把自己的好经验和操作方法告诉身边的工友，这些换来的是在 2010 年取得班组产量全年第一的好成绩，2011 年前 9 个月无责任性事故的佳绩。

（文/卢　超）

驾驭煤气用“双刃剑”创造效益

——记公司工人技术创新一等奖获得者、第一炼钢厂点检员姜信国

姜信国，1969年9月出生，1988年9月参加工作，毕业于辽宁本溪技工学校，现任第一炼钢厂转炉煤气点检员，连续多年获得炼钢厂工人技术创新一等奖，2012年荣获公司工人技术创新一等奖。

煤气是一把“双刃剑”，利用好，它可以为经营指标上台阶披荆斩棘，驾驭不了，不仅存在较大的安全隐患，还可能发生祸患。自从事煤气管理以来，他秉承干一行、爱一行、钻一行的职业操守，先后研读了《工业企业煤气安全规程》《煤气基础知识》《煤气安全防护技术》等专业书籍，使他的专业技能有了质的提升。2010年以来，从推进设备本质化安全、保障作业人员安全、提升设备功能精度等方面，先后实施防泄漏型自动排水器在35t转炉回收系统的应用、烘烤器明火泄水、煤气加臭技术的应用、120t转炉煤气回收攻关等技术创新、改革改造20余项，牢牢驾驭了煤气这个人们谈之胆战的“魔鬼”。

慎思缜行，扎实进取，致志效益。2012年，炼钢全系统使用转炉煤气，姜信国主动请缨，实施优化转炉煤气使用攻关项目。“转炉煤气使用”是一个系统的工程，它涉及物、机、人、法多个方面，是一个持续改进的过程，尤其是混铁炉使用转炉煤气，是一个新的尝试。经过仔细研究和多次现场勘察，他制定出了具体翔实的措施方案。首先，在“物”的方面，进行设备、设施改造，将所有烘烤设备改造成适应炼钢厂实际的转炉煤气专业烧嘴，消除设备缺陷的制约。在“机”方面要优先考虑两座600t混铁炉，既要保证有效化渣，又要避免出铁口耐材吹损，重新调整煤气与助燃风的配比，将出铁口烧嘴煤气与助燃风由原来的1∶1.5调整为1∶1.2；端墙烧嘴煤气与助燃风由原来的1∶1.5调整为1∶1.35。在“人”的方面，动态监管各点的煤气使用状态，对部分区域的煤气管道安装截流环，杜绝浪费。在“法”的方面，将供给煤气管道做环绕式伴热保温，防止煤气降温过大产生冷凝水，遏制因煤气含水造成耐材粉化和烧嘴熄火现象。通过采取这些有针对性的措施，实现了炼钢全系统使用转炉煤气，年创效300多万元。

（文/卢　超）

不做设备的“救火员”

——记公司工人技术创新一等奖获得者、第一炼钢厂点检员赵井军

赵井军，1982 年 4 月出生，中共党员，毕业于内蒙古科技大学给水排水工程专业，2006 年 7 月参加工作，现任第一炼钢厂转炉点检作业区点检员。2007 年、2009 年、2010 年获得公司科技贡献四等奖，2014 年荣获公司工人技术创新一等奖。

刚入厂就接触和从事了对炼钢水系统的点检维护工作，这对于赵井军来说是没有想到的，虽然学的就是水系统设备维护，但理论知识和实际工作还是存在着差距。10 年的磨砺锤炼，让他从一名理论知识丰富的学生成为一名实实在在的设备能手；10 年间与设备的摸爬滚打，让他立足岗位、扎根炼钢，他用预防先控的超前意识，防控着每一个可能出现的安全隐患，他用“救火员”的理念在点检岗位上抒写着自己的无悔青春。

赵井军的点检工作在“细”字的基础上还多了一个“精”字，他每天都要点检 100 多个点，防患于未然，用他的话讲：“我不做设备的‘救火员’，我要将我能想到的、看到的、知道的安全隐患全部消灭在萌芽中。”多年来，他扎根生产一线，解决制约生产的隐患、难点，积累了丰富的设备管理和维护经验，终于在 2014 年登上了公司工人技术创新领奖台。

2014 年，为了增加 120t 1 号转炉汽化冷却烟道的使用寿命，延长转炉的年修周期，赵井军通过上网搜集相关资料，出外考察学习，凭借着多年对设备的了解，发现了汽化冷却烟道使用寿命的制约点。于是，他主张从强制循环各段冷却水流量分配和汽化冷却系统运行压力两方面着手，通过仔细研究和多次现场勘察，制定了改造方案：通过增设强制循环调节阀旁通，对强制循环的汽化冷却烟道冷却水流量进行调整，解决强制循环各段冷却水流量分配不合理问题，保证流量监测的准确性；调整运行压力，增设管道弹簧支架、吊架等、对管道焊口进行强化处理，采用性能较好的阀门、密封垫片，从而解决系统提压造成的各种问题。项目改造后，不但解决了循环水分配不合理、系统运行压力低、循环能力差的问题，使汽化冷却烟道使用寿命由 1 年延长至 1.5 年，而且转炉年修周期也由 1 年延长至 1.5 年，保证了设备的稳定运行，为安全生产提供了有力的保障。

（文/卢　超）

干一行 爱一行 专一行 精一行

——记公司工人技术创新一等奖获得者、第一炼钢厂摇炉工杨振宇

杨振宇，1972 年 5 月出生，1994 年毕业于凌钢技校后进入凌钢参加工作。现任第一炼钢厂冶炼作业区 1 号转炉摇炉工，曾荣获 2014 年工人技术创新一等奖。

他憨厚质朴，脸上始终挂着平易近人的微笑，他工作起来总是一丝不苟，聚精会神，他技校毕业起点不算高，却有着一股不达目的不罢休的干劲，凭借自身的努力和坚持成了冶炼作业区一位名副其实的摇炉精英……他就是第一炼钢厂 1 号转炉摇炉工杨振宇。

“加废钢、兑铁水、吹炼、检验、出钢……”这一连串的动作之后，火红的钢水顺利出炉，流向了下一道工序，这就是摇炉工每天都要重复的工作。看似简单，但在转炉炼钢工艺来说，摇炉工却是一个比较难学难懂难操作的工种，它抽象，需要很深的思考与理解，更需要有特别专注的精力，根据吹炼状态不断调整辅料加入量和枪位，否则一不留神就会出现严重的喷溅、冶炼终点不满足浇铸条件、漏炉等失控情况。

炼钢工是一个神圣而光荣的职业，在工作的 10 多个年头里，他坚守在自己的岗位上，加班加点、不断学习、不断积累、聚沙成塔、集腋成裘，终于成了工友们心中的摇炉能手，也实现了自己多年心中的一个小小梦想。

在摇炉时，他严格要求自己，特别重视摇炉操作水平和经验的提高，而且注意不断总结经验教训。在响应公司“降本增效”的号召下，他提出了转炉留渣操作的方法。转炉留渣操作就是在确保钢水质量的同时，将上一炉中部分或全部高温、高碱度、高氧化亚铁的炉渣继续留在炉中，使下一炉的初期渣快速形成，以此提高前期去除硫、磷的能力，可以大大降低钢铁料的消耗。

自 2014 年实行留渣操作方法后，不仅减少了对炉衬的侵蚀，提高了炉衬的寿命，而且还取得了可观的经济效益，尤其是石灰的消耗，比单渣节约 6.3kg/t，钢铁料消耗降低了 5kg/t，为降本增效工作的开展奠定了坚实的基础。

（文/卢 超）

创新路上永不止步

——记公司工人技术创新一等奖获得者、优特钢事业部工长贡海飞

贡海飞，1970年9月出生，1988年10月参加工作，毕业于凌源市内蒙古族高级中学，中共党员，现任优特钢事业部5号棒乙班工长，2009年被评为轧钢工人技师；2007年获公司工人技术创新成果一等奖。

2007年，炎热的夏季使高温轧线的操作更辛苦，每换一次槽子，汗水就会将衣服浸湿，而遇上堆钢，整个人更像刚从水里捞上来一样。在生产ϕ16圆钢时总让轧钢工倍加谨慎而辛苦，因为成品轧机处特别容易发生堆钢，而检查又总是发现不了问题。贡海飞看见这种情况急的满嘴都是泡，他知道堆钢不光是轧钢工辛苦，更多的是产量的减少，成材率的降低，煤耗电耗的增加，直接影响经济效益。他下定决心要解决这一问题，他相信办法一定会比困难多，为此每天干活时，他总会随身带一个小本子，把每次调整的各种参数都记下来，观察咬钢情况，堆钢次数。这次入口导卫加个小垫，下次把辊缝放开一点，当小本子上密密麻麻记满了时，他利用休息时间分析总结，并不断修正所记参数。终于整整两个月，他所调整的圆钢没有一次堆钢，生产ϕ16圆钢时，成品是因为打滑造成的堆钢，而试轧时合理控制料型是关键，由于19号轧机入口导卫间隙不易过紧，按标准辊缝缩小0.2～0.3mm，避免了18号轧机料型过充满而导致19号轧机不易咬入造成的堆钢。不要小看这缩小的0.2～0.3mm，这一调整方法在生产任何规格的圆钢时都通用，而只要过一支钢调试，产品就能完全合格，提高作业率，减少热废表检废的发生，各项指标大幅提高。他又无私地将这一方法向四个横班介绍，使整个棒材的指标和产量大大提高，他的这一操作方法得到了领导的认可和同事的好评，并获得2007年度公司工人技术创新成果一等奖。

2008年的“负差轧制的最佳调整法”获工人技术创新三等奖，2009年被评为轧钢技师，2010年担任工长并获得“五型”班组，2011年被评为生产能手，2012年的“优化换辊换槽提高产量和成材率”获工人技术创新三等奖，2014年的“解决小规格导卫衬板易黏方法”获工人技术创新三等奖，2015年的“利用活套高度减少圆钢头尾耳子”获工人技术创新二等奖。

（文/张维兰）

勤奋的工作只为换来自己的踏实

——记公司工人技术创新一等奖获得者、优特钢事业部班长郑红生

郑红生，1972 年 1 月出生，1991 年参加工作，中共党员，毕业于凌钢技校轧钢专业。1999 年担任 1 号棒材丁班加热炉班长。2009 年获得公司工人技术创新一等奖。

1 号棒材加热炉的炉门口每天都闪着红亮的火光。每天都会有一个熟悉的身影认真的检查着加热炉的设备。不时停下来摸摸这，看看那。他就是 1 号棒材加热炉丁班班长郑红生。看似平凡、枯燥的班前检查他坚持了 10 年，没有一天松懈。提前发现故障苗头，及时解决，为班组的正常生产、零事故运行提供了坚实的保障。他还经常提起一句话："设备就是我们双手的延伸，我们熟悉和使用设备，就应该像熟悉和使用我们的双手一样。"也正是这种坚持和这种对设备的独特理解，为他的创新之路打下了坚实的基础。

2006 年，1 号棒材加热炉由原来的燃烧混合煤气改为燃烧高炉煤气的蓄热式加热炉，改造后节约了燃料，提高了热效率，但也由于设计的原因埋下了一个故障隐患，即蓄热箱换阀阀板易松脱，脱落后造成换向系统无法正常工作，不但造成燃料大量浪费同时煤气进入排烟管道，存在安全隐患，阀板脱落时必须停炉处理，加热炉有 3 组煤气换向阀，与之对应的有 3 组空气换向阀，每组换向阀的内部有 4 个阀板，由于是密封在蓄热箱内故障难以判断是哪个阀板脱落，如果每个蓄热箱的人孔都打开处理，影响生产时间长，费时费力。郑红生通过一段时间的摸索，检测正常生产中换向阀工作时的排烟温度，空气煤气的进气量，炉内温度的变化规律，总结出了一套快速判断故障部位的方法，有效地解决了这个难题。采用此方法判断故障后，改变了落后的检修判断方法，使密封阀板脱落的故障诊断变得简单，缩短了处理时间，提高了生产效率。

郑红生一路勤奋的工作，他的身后留下的是一串踏实闪光的足迹……

（文/贾维海）

炼钢炉前追梦人

——记公司工人技术创新一等奖获得者、优特钢事业部炉长史亚军

史亚军，1969 年出生，毕业于鞍山钢校。1987 年到凌钢炼钢厂，中共党员，现任优特钢事业部冶炼作业区转炉炉长，连续三年获得工人技术创新成果一等奖，多次获得凌钢工人技术创新二等奖、创新之星、“金点子”奖。

每个人都曾青春年少，每个人都曾怀揣梦想，他说：“我的梦想就是炼好每一炉钢。”他就是凌钢优特钢事业部冶炼作业区转炉炉长、炼钢技师史亚军。

2012 年，伴随着凌钢 120t 转炉投产，史亚军又开始了他新的挑战，担任 120t 转炉炉长。面对新设备、新工艺、新人员，他既感到光荣又充满压力。为了能够驾驭新设备、掌握新工艺、培养新人员他利用业余时间学习研究 120t 转炉冶炼工艺、副枪操作理论，对新上岗人员传授炼钢技能、悉心指导冶炼操作，让刚刚从校门走出的“徒弟们”快速成长，迅速熟练驾驭大转炉，确保了炼钢转炉能够快速的达产达效。

梦想不仅是一个愿望，它更是现实中的一盏灯，光明自己，也照亮他人。现在他把更多的精力放在了“传、帮、带”上，他把多年积累的工作经验和操作要领归纳、总结，利用班前会、班后会向职工进行传授，讲解转炉炉衬的维护方法，提高质量的控制措施，解决工作难题的好方法、小窍门，并在工作中对开展技术创新工作，总结推广先进技术操作法。2010 年“35t 转炉零喷补操作”获凌钢工人技术创新二等奖，2011 年“降低 35t 转炉钢水氧性提高合金收得率”获凌钢工人技术创新二等奖，2012 年“35t 转炉出钢口五定更换法”获凌钢工人技术创新二等奖，2013 年“合理优化 120t 转炉炉型、降低转炉喷溅率”获凌钢工人技术创新一等奖，2014 年“出钢口插销更换法”获凌钢工人技术创新一等奖，2015 年“转炉炉后底吹氩气改造、提高转炉炉后底吹氩效果”获凌钢工人技术创新一等奖。

努力才能收获 坚持就会成功

——记公司工人技术创新一等奖获得者、优特钢事业部点检员薛海涛

薛海涛，1983年10月出生，2008年参加工作，中共党员，毕业于内蒙古科技大学。现任优特钢事业部自动化仪表点检员，2013年荣获公司工人技术创新一等奖。

2011年年底，由于凌钢“十二五”炼钢技改工程的需要，薛海涛调任转炉炼钢厂项目部任自动化仪表点检员，在项目部他承担着仪表、电信网络、视频监控等工作，他时常工作到18个小时以上，兢兢业业的工作态度、任劳任怨的敬业精神，得到炼钢项目部领导的高度评价，为其他建设者做出了榜样。在“十二五”炼钢技改中他以厂为家，每天穿梭在施工现场，不折不扣的大战300余天，为“十二五”炼钢技改提前竣工作出了贡献。

毕业于内蒙古科技大学自动化仪表专业的薛海涛，把所学的理论知识都融入到工作实践中，充分发挥专业长处、认真研究系统设计，从专业角度出发，刻苦钻研。在顶吹系统氧枪水流量过程检测控制系统中发现管线设计原因导致氧枪水流量控制异常，而且无法实现调节，为满足工艺要求，又要保障同氧枪管路共用统一的副枪冷却水得到合理分配。如果改变流量检测设计将造成不必要的浪费，经过认真研究建议每套氧枪回水管道切断阀后安装一套调节阀与原有切断阀串联，这样既可实现流量调节，通过程序控制将流量控制在使用最佳范围内，同时又可以起到防冻调解作用，保障副枪系统水量分配、节约水流量，一举多得，年节约成本200余万元。不仅如此，他还通过实践、总结进行了多项创新改造包括蓄热器分气缸出口增加外送蒸汽调节阀改造、精炼炉钢包底吹搅拌控制系统改造、铁合金烘烤装置仪表检测控制系统改造、干法除尘水箱液位检测自动上水改造、RH系统吹氩系统改造等多项技术创新，为品种钢开发奠定了基础，加快推进步伐起到关键性作用，得到领导认可和高度评价。

正是因为工作踏实肯干、爱岗奉献，2009年被评为“青年生产岗位能手”，2010年被评为“青年技术能手”，2013年荣获工人技术创新成果一等奖，2014年获工人技术创新成果三等奖，2013年、2014年凌钢集团科学技术协会“讲理想，比贡献”竞赛活动三等奖。

老骥伏枥　志在凌钢

——记公司工人技术创新一等奖获得者、优特钢事业部点检员霍宏

霍宏，1969 年 11 月出生，1989 年 11 月参加工作。1997 年凌钢电大毕业，给水排水工程专业。现任优特钢事业部转炉机械点检员。2014 年荣获工人技术创新一等奖，连续多年荣获工人技术创新二、三等奖。

2012 年 9 月，两套中冶京城设计院设计并总包的干法除尘煤气回收系统开始投入使用，使用后发现煤冷塔回水池内及附近区域煤气含量一直过高（超过 0.1%），致使点检员及巡检人员无法到水池上方进行巡检，池子上方的冷却塔本体、电动机、风扇、减速机等设备得不到保障，一旦发生设备故障无法靠近检修。这个问题，厂家在一年多的时间里，经过多次改进，始终无法解决，最终，列为优特钢事业部重大安全隐患区域。

问题一天不解决，领导一天不放心，2014 年年初，厂领导决定由霍宏带领负责技术攻关。经过多次到现场摸索，掌握各种数据后，他终于找到了超标的主要原因：原有煤冷塔底部的喷淋水主排水管道设有阀组，由主控室进行操控，根据煤冷塔入口煤气温度调控水量。由于煤冷塔内煤气含有灰尘，喷淋后，排水管道内壁慢慢附着淤泥并结垢，这样，会造成阀瓣卡阻，经常故障，无法调节阀门开度，失去控制，排水不畅，这样，落下的喷淋水大部分从中部溢流管流出，携带大量煤气进入煤冷水池。由于煤气是难溶于水的，因此，就会从水中溢出，造成整个水池内及附近区域煤气严重超标。

原因找到后，经过多次与相关技术人员沟通，查找相关资料，最终他拿出了解决方案：将原有煤冷塔底部喷淋水主排水管道阀门组和中部的溢流管取消，在此位置增设 U 形水封，经过改造后，喷淋水全部从底部主排水管道流出，不存在携带煤气进入水池现象，这样，就解决了煤气超标问题。他查阅图纸和大量资料，确定水封高度为 5.2m（地面 ±0.000m）另外，将进入水池的排水管引到池子底部区域，这样，浸入水池的排水管道形成了第二道水封，又增加了一道安全屏障。

完成此次改善后，测量水池上方及附近区域煤气含量为零，消除了安全隐患，确保设备平稳运行，为生产创造条件，满足生产需要。此次改善设计合理，系统安全性高，年创效 131.4 万元。

积极钻研的好班长

——记公司工人技术创新一等奖获得者、优特钢事业部班长任晓军

任晓军，1989年9月出生，毕业于凌钢技校，2008年6月参加工作，现任优特钢事业部准备作业区4号棒材导卫预装班班长。2014年获得公司工人技术创新成果一等奖。

刚满20周岁的任晓军带着一份好奇和对明天美好生活的憧憬，开始了他在凌钢的工作生涯。他被分到了3号棒准备作业区导卫预装岗位，很快他就成了班组中腿脚最勤快，问问题最多的人，也很快从老师傅手里学到导卫工作最拿手的技术。不到两年他成了所有老师傅的“得意弟子”。

2012年9月，4号棒生产线试生产，他担任导卫预装班班长，誓言要干出个名堂。导卫预装是名副其实又苦、又脏、又累的岗位。但却承担着轧线最核心设备的维修和预装工作，也为他施展才华提供了机会。善于观察的他发现并改造了导卫轴生产不标准现象，经过仔细测量对几个接触点进行精度车削，保证了导卫调整精度，提高了产品质量，该创新于2012年获得技术创新三等奖。

作为班长他注重工作细节，关心班组同事，总是把同事的困难放在心上。正是这样的品质激发他成功改进了轧机冷却水管。原来安装水管需要将轧机吊运到轧机托架上，然后至少3人钻到轧机下面托举着水管另一人进行紧固，这样的老安装方法危险、费时、费力，而且水管上长长的金属软水管吊运时容易挤压破损，造成大量浪费。炎热的夏日同事们每安一个水管立刻汗流浃背，滑倒撞头时有发生，面对同事的辛苦和抱怨激发了他对水管改进的决心。他尝试并向老工人征求了很多宝贵的建议，每天除了工作以外全身心地投入到水管改装中去，一些工友不太理解，认为他是没事找事，可是他没有因此而放弃，功夫不负有心人，在进行了多次试验后，水管改造获得了成功。改造后的水管安装时再也不用几个人钻到轧机下面操作，而是固定在出口导卫上，一个人轻松搞定。自制水管样式丰富适合了不同孔型的需要，最重要的特点是安全、高效、降本。改进成功的同时他看到了同事们轻松的笑容，内心也暖洋洋的。

创新“专业户”

——记公司工人技术创新一等奖获得者、优特钢事业部点检员丁军

丁军，1967年出生，1989年参加工作，中共党员，毕业于大连理工大学成人教育学院，现任优特钢事业部设备段技术员、钳工班长、设备科点检员。曾获公司工人技术创新一等奖。

1998年公司实行点检定修制，丁军被转为第一批点检员，新的岗位新的起点更加激发了他的工作热情，凭借较强的业务水平及多年的经验，敢于大胆实践、勇于创新，创新改进项目多达几十项，其中在公司和分厂获奖项目就有30多项，同事们都称他是工人创新专业户。

2011年，3号棒材机组改造新增1号冷床，因设计原因造成成品钢弯曲，直接影响产品质量。当时钢材市场“冷冻”的形势下，产品质量更为重要。他经过反复仔细观察和认真研究，找到了原因，改变了圆钢在静齿条上运行轨迹，将整个冷床的静齿条加垫提高40mm，使圆钢在运行中滚动，实现了冷床的矫直功能。“1号冷床增加矫直功能的改进”为公司节约50多万的备件费用改造投入，同时避免了质量异议。2010年，中型机组翻钢机滚轮装置在生产翻钢过程中，轴颈部位经常断裂、损坏，制约了正常生产节奏，认真仔细观察发现其位置正处于注油处，另外此处轴变径为直角过渡，造成此位置的应力过于集中，形成薄弱环节，而此位置在翻钢过程中受力最大，是发生事故的致命原因。他更改了油路，增大了轴的强度又方便了加油。轴变径过渡的直角改为R4的圆弧过渡，分散应力。改进后使用效果非常明显，没发生过断裂现象。“翻钢机滚轮装置的改进”降低备件消耗提高了生产节奏。3号棒材机组的热锯主轴轴承经常烧损，经过他解体检查研究发现：轴承给油方式原设计为在轴套中间进油，其缺点是轴承外部油腔空间较大，注油少了轴承滚动体得不到油，当把整个油腔加满油，滚动体得到油，却没了散热空间，造成轴承发热，导致轴承损坏。另外主轴套原材质是35号钢，进锯切钢过程对轴套产生较大的挤压力，因轴套较软会产生微形变，久而久之就在轴套和轴承座之间产生间隙，导致主轴振动，并且恶性循环，用不到两个月整套主轴装配就报废。他对油路及轴套材质进行改进，优化了给油方式和轴套塑性变形，有效减少了热锯故障。

青春在预装岗位闪光

——记公司工人技术创新一等奖获得者、优特钢事业部预装工褚彦军

褚彦军，1968 年 1 月出生，1989 年 12 月参加工作，毕业于凌源第三中学，现任优特钢事业部 4 号棒材导卫预装工，2013 年获凌钢工人技术创新一等奖。

1989 年 12 月，21 岁的褚彦军带着一份好奇和对明天美好生活的憧憬，开始了他在凌钢的工作生涯。刚刚入厂的他，工作兢兢业业、任劳任怨、勤奋好学，在师傅的指导帮助下茁壮成长，2012 年调到 4 号棒材导卫预装班。到新的岗位，他工作更加出色，曾多次得到领导的表扬和工友的点赞。2013 年获公司工人技术创新一等奖。

2012 年 9 月，4 号棒生产线试生产，他带领几个新入厂的职工投入了大棒生产准备工作。善于观察的他发现并改造了导卫轴尺寸，经过仔细测量对几个接触点进行精度车削，保证了导卫调整精度，提高了产品质量，受到了工程技术人员赞赏。

褚彦军是一个憨厚，朴实任干的老师傅，他利用休息时间对自己区域的设备进行研究，反复琢磨，又算又画，拆了装，装了拆，直到研究透为止。他经常说的一句话是："一个人可以没文凭，但不可以没知识"，这就是他的工作态度，他的座右铭。另外他熟练几个工种，钳工、天车工、导卫预装工，在多个岗位上都受到了大家的好评，他是一个一职多能的带头人，如今他用辛勤的汗水和积极负责的态度已经带出七个优秀弟子，他们在工作上都独当一面，个个都是预装班的骨干，他很自豪，也很欣慰，因为他带出的徒弟为他争了光，在岗位上处处闪光。

把导卫装到轧机上，别的厂有用叉车的，有用液压的，我们厂受条件限制，这些都没有，但是活还得干，他就反复思考，最终琢磨出了用 U 形勾吊运，经过反复地做，找重心找图形，最后终于成功做成了吊具，节省物力和财力，效果良好。这个项目被公司评为工人技术创新一等奖。

扎根一线的东大“高材生”

——记公司工人技术创新一等奖获得者、优特钢事业部作业长张建元

张建元，1979年1月出生，2002年7月毕业于东北大学，2004年5月来到转炉炼钢厂。现任优特钢事业部冶炼作业区作业长。2009年获得公司工人技术创新成果一等奖，2012年获得公司科技贡献四等奖，2013年、2014年获得公司科技贡献二等奖。

参加工作之后，张建元被分配到冶炼作业区当一名普通的炼钢操作工，面对转炉炉前脏、累、险的工作环境，他没有抱怨和退缩，而是不断学习和积累炼钢实际操作经验和技术，做完本职工作后马上利用工作间歇的几分钟时间和师傅沟通炼钢操作，每天上班他总是早到晚走，了解其他班组好的操作方法。学习主要工种操作的一年多时间里，他满满的记录了3本工作笔记。通过不断努力学习，他的技术水平不断提高，很快走上了炼钢主要工种岗位。

2008年，凌钢120t 1号转炉投产，这是凌钢第一座大型转炉，从操作到设备都与35t转炉有很大不同。张建元以过硬的技术水平被选为摇炉工，顺利冶炼出了120t转炉生产的第一炉钢水。

而后，张建元结合到莱钢学习的经验，通过不断摸索优化很快就驾驭了干法除尘、顶底复吹、一罐到底等凌钢首次采用的新工艺、新技术。针对干法除尘发生泄爆后容易造成生产中断和设备损坏的问题，他通过观察冶炼过程中途提枪后再次吹炼时烟气中一氧化碳和氧气的含量变化，通过优化操作成功避免了干法除尘在冶炼过程提枪后的泄爆事故，形成了一套自己的操作方法，在其他班组推广后取得了很好的效果。他的工人技术创新项目“120t转炉冶炼中期事故提枪防泄爆改进措施”获得了2009年公司工人技术创新一等奖。

作为一名本科毕业生，张建元没有因为转炉炉前的环境差而气馁和退缩，而是不断学习提升自身技术水平和能力，在一线操作岗位一干就是6年，成功地完成了由一名大学毕业生到一名合格炼钢工的转变。

成功的给轧机做了“手术”

——记公司工人技术创新一等奖获得者、优特钢事业部班长寇振龙

寇振龙，1973 年 3 月出生，毕业于凌钢技术学校，1996 年参加工作。现任优特钢事业部准备作业区 5 号棒材轧机预装班班长。2015 年获公司工人技术创新成果一等奖。

从 1996 年参加工作到目前为止已经有 20 年了，二十年如一日，寇振龙踏实肯干的职业精神和吃苦耐劳的优秀品质在职工中树立了鲜明的榜样。工作中他严谨细致、一丝不苟、勤于观察、善于思考、勇于创新，不断的在工作中提升自我、超越自我。遇到困难敢于迎难而上大胆尝试，正是他的这种恪尽职守的职业精神使他在工作中有了一次又一次的创新。其中最典型的是改进了轧机机架紧固结构，成功地给轧机做了“大手术”，延长了轧机使用周期，每年为公司降本数十万元。

5 号棒材生产线投产使用已经有好几年的时间了。最初投产时的新轧机也在不断的使用磨损消耗中慢慢变得陈旧，近两年轧机出现故障的概率逐渐呈上升趋势，其中在轧机机架上起到固定轧机拉杆作用的下侧铜套经常出现损坏。原因是在长时间的使用中固定铜套的螺栓发生断裂，从而影响铜套的固定，没有了螺栓的固定，铜套会出现下移无法达到固定轧机轴的作用。出现这种状况不仅影响热轧时间而且会耗费大量的人员去维修轧机。维修中铜套的安装与拆卸容易损坏，更换一个新的铜套需要两千多元，经常更换铜套不仅耗费巨大还会给日常工作增添许多的压力。面对这种情况他开始找寻出现问题的原因，经过长时间的观察和分析，寇振龙终于找到了问题所在。根本原因就是过钢时下侧铜套所受到的压力过大，从而导致固定的螺栓所受的压力也过大，时间久了螺栓当然容易断裂。于是他大胆假设如果增加螺栓的数量，这样每个螺栓所分担的压力小了使用时间就会变久。实践证明他的这一假设是正确的，他的这一项目也因此荣获了 2015 年公司工人技术创新一等奖。

轧机生产线的技术“大咖”

——记公司工人技术创新一等奖获得者、第一轧钢厂点检员贾永胜

贾永胜，1969 年 1 月出生，1988 年 1 月参加工作，1994 年毕业于凌钢电大冶金机械专业，现任第一轧钢厂 1 号棒材机组液压润滑点检员。多次获得“优秀点检员”和“设备改善先进个人”称号。五次荣获公司工人技术创新一等奖。2010 年被评为高级技师。

2007 年，贾永胜对棒材机组 4 号挡板进行改善，该挡板原设计由单侧液压缸驱动，通过底部托臂带动挡板升降，故障多，不好维护。通过取消原来由单侧液压缸驱动底部托臂的方式，满足原升降挡板的行程，计算出液压缸的行程，选好液压缸后，在挡板两侧倒挂双液压缸进行挡板升降驱动。通过改善以后，降低了故障，缩短了检修时间。

技术娴熟，工作中尽显智慧。2009 年，贾永胜积极投入到 2 号棒材的试生产中，通过增大活套气动换向阀（选型 K25D-25）控制通径，增大连接气动管路通径，更换相应气动三联件（选型 298-283）通径，由 DN15 更换为 DN25，在每个活套气动管路控制换向阀前增设小型气动储气罐，补给活套动作瞬间需要的大流量。改善后，提高钢的成型和表面质量，减少热废，提高成材率，减少设备故障检修时间，保证设备正常运转。

2011 年，贾永胜对加热炉换向阀气缸进行改善。加热炉顶环境温度在 200℃以上，换向阀由气缸带动工作，检测点接近开关安装在气缸杆上，故障多，影响加热炉加热温度。贾永胜将原来单杆气缸改为双杆气缸，将检测信号开关移到气缸上部，远离热源体，这样就增加了检测信号开关的使用寿命，便于更换，减少了故障，保证了生产的顺利进行。

将自己所学与实践相结合，解决制约生产难题。2014 年，贾永胜对 1 号棒材轧机液压系统进行改善攻关。1 号棒轧机液压原设计为两套液压系统独立工作，观察发现，两套系统在工作时不在同一时间段内，开启一台泵就能满足两套系统的流量，贾永胜随即将两套动力源改成一套动力源，由 15MPa 动力泵分别给两套液压系统管路供油，其中 10MPa 系统管路增加一套先导式减压阀块组将压力降到 10MPa，给轧机锁紧保压系统提供动力，满足现场使用需求。

（文/孙秀丽）

青春无悔

——记公司工人技术创新一等奖获得者、第二轧钢厂加热工赵涛

赵涛，1973 年 7 月出生，1995 年 9 月参加工作，中共党员。现任第二轧钢厂 2 号棒丙班加热工。2008 年获得公司工人技术创新一等奖，2010 年被朝阳市总工会评为“朝阳市创新能手”。

赵涛是一名普普通通的一线工人，1995 年技校毕业后来到第二轧钢厂（原中宽带钢厂）。赵涛刚入厂那会儿，把学习轧制技术当做头等大事。每一次热试，他都认真记录各项工艺数据，然后认真分析，遇到不明白的问题，就虚心求教身边的同事。本班生产不顺时，“逼迫”自己留到下一个班次，观察其他班组经验，向身边的老师傅学习经验和操作方法，靠着勇于挑战困难、认真学习的韧劲儿，赵涛很快提高了自己的操作水平，独立顶岗作业时能够很好地控制轧制过程，减少了废钢和降级品的数量。

精轧机组在整个生产链条中有着举足轻重的作用，其轧制的稳定性，直接影响生产的顺行和产品质量的好坏，经过建厂初期试轧生产以及 2003 年精轧 AGC 自动化改造，操作人员摸索和积累了很多宝贵的经验和教训，工人也总结出一套自己的轧制规程。但是，规程在不断地更新，不断地淘汰，规程不一使各班组在交接班时调整出现困难，从而使各班组产品尺寸控制不稳定，实物质量无法有效保证。经过仔细观察和记录，赵涛找到了其中原因：各班组轧制条件和状态存在不同，两个加热炉出炉温度也不恒定，冷热坯的变化、来料尺寸偏差、液压 AGC 投用的情况、零位压靠的波动和误差、支撑辊换辊后的清零、轧辊的磨损、不同钢种轧机弹跳的变化、辊径的变化等因素都是造成产品尺寸控制不稳定的原因。每个班组规程的采集记录实际都受到了不同的干扰，这种偏差无法保证产品试轧的合格率。因此，有必要把规程规范化，提高通用性和连续性。于是，他开始采集数据，细细比较，制定出了精轧轧制规程及过渡简化操作法，该项目提高了带钢试轧尺寸精度，使得当时的宽带生产实物质量得到了有效保障。他的这个项目也获得 2008 年公司工人技术创新一等奖。

（文/包彩凤）

快乐的幕后英雄

——记公司工人技术创新一等奖获得者、第一轧钢厂班长高明伟

高明伟，1971 年 12 月出生，1991 年 7 月毕业于凌钢技校焊接专业，1991 年 8 月参加工作，现任第一轧钢厂 2 号棒轧机预装班班长，多次荣获公司工人技术创新一、二、三等奖。

自从 2008 年担任第一轧钢厂 2 号棒轧机预装班班长以来，高明伟全年没有休息日，每个周末都会在现场看见他的身影，正是因为这样的责任心，2 号棒的轧机自投产以来，一直保持着高水平的运行，他在凌钢这片土地上尽情地挥洒着汗水。

轧机是他的命根子。他严格要求自己，像爱护自己孩子一样，爱护着自己的轧机。2 号棒材短应力轧机共有 65 台，他对每一架轧机的性能都了如指掌，在备机分配上，充分发挥各架轧机的优点，规避不足之处，保证每架轧机都能够充分发挥其作用。而对于青工的培养，他更是有着自己独特的方法。每当青工在装配和维修过程中出现问题，他凭借多年积累的丰富经验，耐心地讲解原理和特点，毫无保留地将自己的经验传授给他们，为凌钢的棒线材基地输送了大量高水平的轧钢备品工，现已成为生产线上的骨干力量，为确保生产稳定顺行发挥了重要作用。

思维超前，创新之星。高明伟将精力全身心的投入在工作中，称得上是轧机维护维修的专家，对于生产过程中出现的问题，他都详细地进行分析，做出科学的建议和改进。2010 年，轧机频繁出现压下系统故障，影响生产节奏，他分析这样频繁地出现问题，不是简单的机械故障，问题的根源没有找到，他的心里就不踏实。他深入钻研损坏备件的断裂形式，全部解体压下系统，终于找到了问题的根源。压下蜗轮箱为铸件，不符合轧机使用性能，立即改为结构件，同时壁厚增加 3mm，增强其抗冲击性和使用寿命，同时 470 轧机和 380 轧机的伞齿互为通用，提高备件的利用率，在生产操作时，科学使用轧机。通过上述技术改进和操作方法的优化，成功解决了轧机压下系统的故障，延长了轧机使用寿命，为生产顺行创造了条件。

高明伟就是这样一个人，默默无闻地在自己的工作岗位上发挥着他的能量，快乐地工作，快乐地生活，用自己勤劳的双手，缔造着凌钢的辉煌。

（文/包彩凤）

轧机硬汉

——记公司工人技术创新一等奖获得者、第一轧钢厂班长杨少彬

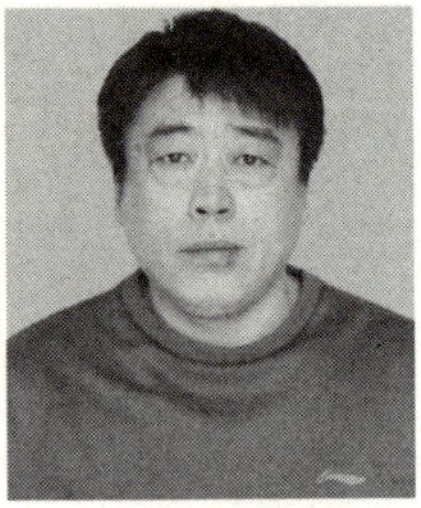

杨少彬，1968 年 12 月出生，1987 年 7 月毕业于大连瓦房店市华铜矿技校，1987 年 8 月参加工作，中共党员，现任第一轧钢厂 1 号棒轧机预装班班长，多次荣获凌钢工人技术创新一、二、三等奖。

爱岗敬业，勇担重任。1999 年 1 号棒材机组开始筹建，杨少彬担任轧机预装班班长，承接生产准备的任务。他带领全班 7 名职工，从零开始。工作平台、工具箱、通道护栏、库房货架、安全地网、成品垛货架、钢坯架、冷床安全网等，没有设计图纸，他就现场测量制作。每天的工作超负荷，顽强的意志带动着疲惫的身躯不断前进，奋战了半年的准备工作结束，又迎来了生产的调试和试轧。1 号棒材机组是凌钢第一条全连续轧制生产线，对于初期的试轧调试是极其艰难的，每次试轧和更换规格时，杨少彬都加班至深夜，没有节假日和休息日，这样的工作状态持续了两年。经过这段艰难的历练，铸就了他顽强的工作作风和坚韧的品格。

敢于碰硬，做基层典范。杨少彬是奇兵，没有他攻不下的阵地，面对困难，他从不退缩。2005 年 12 月的一天，冷却塔管道冻裂，整个路面被冰水淹没，为了尽快地处理即将结冻的路面，他站在刺骨的水中组织处理，经过近 4 个小时的外排，终于完成了清理任务，他的棉裤湿透了，脚也冻麻了，而他却欣慰地笑了。

“加热炉水梁水封槽漏水，必须马上处理，否则后果不堪设想”，领导在现场急得满头大汗。此次补焊必须在不停炉情况下完成，炉内温度根本降不下来，他将棉袄浸湿，棉裤浸湿，冲进了炉内，在近 600℃高温的炉内进行焊接作业。3 分钟后重新浸湿棉袄再次冲进去，经过 30 分钟的抢修，故障处理完毕后，他瘫坐在地上，脸上却露出了笑容。

大胆创新，再攀高峰。2014 年，1 号棒机组已经投产近 14 年，精轧机的劣化成了制约生产的瓶颈，杨少彬凭借丰富的经验和细心的钻研，打破了图纸主副螺母 0.20mm 间隙的设计，大胆地将间隙调整为 2mm，精轧机的弹跳得到了有效控制，由原来的 0.60mm 降低至 0.30mm，提高了轧机的稳定性，为小规格轧制创造了必要条件。另外他将轴向定位逐件测量，进行再加工，保证了轧机的轴向窜动达到工艺范围内，为生产的顺行保驾护航。

（文/包彩凤）

青工成长的榜样

——记公司工人技术创新一等奖获得者、第一轧钢厂作业长张春龙

张春龙，1976 年 4 月出生，2000 年 9 月参加工作，中共党员。2012 年聘为电工技师。现任第一轧钢厂维修作业区作业长。2015 年荣获公司工人技术创新一等奖和设备改善先进个人。

维修作业是一项苦脏累险而且技术含量高的工作。刚刚入厂时的张春龙认真向老师傅求教，与同事们钻研探讨，自己动手小改小革。在担任班长期间，带领班组成员保障机组生产顺利进行。由于工作能力突出，2011 年调入型材站负责 1 号棒、2 号棒、3 号棒设备维修管理工作，他充分发挥自身能力，组织、协调历年来大型年修等改造项目。从管理上把关，精心组织，合理施工，确保了各项年修改造项目的顺利完工。

2015 年，张春龙被提拔为第一轧钢厂维修作业区作业长，身负重任的他用一名党员的正能量带领维修工人开展各项维修工作。在 10 月份 2 号棒材机组冷剪机更换轴承抢修作业中，他高效地组织维修作业人员，22 小时连续作业，以最短时间完成了抢修任务，避免了一次停产事故。2016 年 2 月，在第一轧钢厂 2 号棒材年修作业中，他从安全措施到技术细节，从组织协调到人员配置，每一天的检修都有条不紊，确保了年修工作的安全、顺利、按期完成。

张春龙经常对维修工人说："维修作业的目的就是降低故障时间，减轻生产作业工人的劳动强度"，他也是这样要求自己的。每次换完辊，轧机调整工都要对轧辊、导卫进行线上调整，不仅降低了生产作业率，还增加了职工劳动强度。他看在眼里，急在心上，经过不断地摸索和实践，他组织技术人员利用旧设备，设计、施工、安装、调试，安装一套离线的轧机，使线上作业改为线下作业，安装离线轧机辊缝调整设备，实现了样棒离线轧制，建立了料型检验平台，减少了轧辊、导卫等上机调整时间，也减少了工艺换辊时间，提高了设备作业率。

张春龙凭借着自己对工作的负责、对技术的钻研、对凌钢的热爱，在平凡的岗位上用汗水和智慧实现着自己的人生价值。

（文/包彩凤）

忘不掉的是那份责任

——记公司工人技术创新一等奖获得者、第二轧钢厂点检员李声浩

李声浩，1966年出生，1983年参加工作，1995年7月毕业于辽宁电大机电一体化专业，现任第二轧钢厂电气点检员。曾荣获公司工人技术创新一、二、三等奖和优秀点检员等荣誉。

做好专职点检，抓好日常岗位点检，做好本职工作。李声浩通过严格按规定点检，执行“点检员的一天”，以“五定”为手段，利用专业工具对设备进行检查，发现问题自己能处理的自己处理，自己处理不了的及时通知维护人员，避免故障扩大，并且有针对性地对重点设备、部位重点检查。做好记录，经常和各岗位操作人员沟通，了解设备在使用过程中是否存在异常现象，为下一次检修提供依据精确制定年、定修计划，统一定修模型，并根据实际检修情况不断摸索检修规律，完善定修模型，通过认真执行定修模型，进行全员点检维修。

利用自身优势，对制约生产环节进行改善、改造。李声浩将2号加热炉入炉、出炉辊道电动机，由4台一组进行控制，改为单辊道电动机单开关控制，优化PLC控制程序，当其中任意一台电动机因过载保护或接地保护造成跳闸，不会连带其他3台电动机断电，只是一只辊道不转，不致造成板坯在该组辊道上停留。在HMI上集中显示辊道状态，使现场辊道运行状态一目了然，一旦发现辊道掉电现象，及时进行复位，杜绝或减少热坯在辊道上滞留时间，延长辊道轴承和电动机的使用寿命，减少设备维修费用和备件费用。加热炉出钢是由岗位操作人员手动操作单个按钮来实现出钢，出一块钢需要以下5个步骤才能完成：炉门上升按钮→取钢按钮→辊道运行按钮→炉门下降按钮→辊道停止。

岗位操作人员操作繁琐、劳动强度大，一个班次下来平均需要操作按钮750次以上，最多可达上千次。频繁操作容易引起疲劳，从而诱发误操作，易磕碰设备造成设备损坏或钢坯掉落，造成长时间停产。针对上述存在的问题，开展技术创新活动。对加热炉出钢控制程序进行改善和优化，从而实现“一键出钢”。

此技术创新完成后，当轧线需要出钢时，岗位人员只需选择全自动出钢，操作出钢按钮，系统就会自动运行，从而实现了自动出钢的功能。以上两项技术创新荣获2007年度和2010年度工人技术创新一等奖。

（文/白　玉）

一名基层管理人员的朴素情怀

——记公司工人技术创新一等奖获得者、第二轧钢厂作业长李旭东

李旭东，1970 年 10 月出生，1988 年参加工作，毕业于凌源四中，中共党员。现任第二轧钢厂卷取作业区作业长。多次荣获公司工人技术创新一、二等奖。

李旭东 1994 年调入凌钢中宽带工作，当时正是中宽带机组设备安装阶段，从安装、调试、试生产、生产，他经历了中宽带成长的每个阶段，也由一名工人，逐步成长为班长、工长、作业长。

2001 年，因中宽带厂卷取机设备老化，故障频发，严重影响生产。厂领导决定由李旭东带领 10 名钳工与卷取操作工实行运修合一，在此平台下，他通过抓设备运行，实行包机制，打破工种界限，推行全员参与检修，优化工艺规程，人员重组等措施，降低了卷取机的故障率，使中宽带的生产上了个新台阶。

2009 年，中宽带已开足马力，满负荷生产，但现场存在的一个安全隐患却让人揪心，那就是飞剪铁头坑的废钢斗子，在倾倒废钢的过程中，废钢管理人员每天要多次爬到废钢车上，挂钩摘钩，指挥天车，因斗子较大，空间狭小，极易造成人员被砸伤、挤伤的重大人身伤害事故。李旭东看在眼里，急在心里，经过反复研究，多次试验，他终于设计成功了废钢斗子自动倾翻装置，使得工人再也不用上车，在地面指挥天车就可以倒掉斗子里的废钢，杜绝了人身伤害事故的发生。他也因此获得了本年度工人技术创新一等奖。

2015 年，随着中宽带品种钢产量的增加，设备存在的缺陷又体现出来，卷取区域主要体现在卷筒上，生产节奏加快，薄规格产量多，使卷筒长时间处在高温状态下运行，原设计的冷却水已达不到冷却效果，长期运行下去，对卷筒损伤最大，修复费用少则 40 万，多则上百万。他与技术人员协商，现场反复测量，把冷却水进行了改造，取得了较好效果，每年可节省大量维修费用。

（文/白　玉）

把精力倾注在自己热爱的事业上

——记公司工人技术创新一等奖获得者、第二轧钢厂点检员赵雨来

赵雨来，1970 年出生，高中毕业，1991 年进入凌钢工作，现为第二轧钢中宽带机组精轧区域机械点检员。三次荣获公司工人技术创新一等奖，多次荣获公司级工人技术创新二等奖、三等奖、优秀点检员称号。

2009 年，赵雨来负责 3 号除磷挡水板改造项目。3 号除磷挡水辊挡不住水，造成水乱喷，使带钢温度下降，对精轧轧制和穿带影响较大，甚至造成废钢，影响生产，尤其冬季雾气大经常因水乱喷产生更多雾气，使飞剪剪切信号中断，飞剪不能正常切头尾，经常出现不切或切多刀、切大头大尾，造成废钢。针对以上情况进行改造，在挡水辊前加 4 排挡水链，挡住一部分水，挡水链后加挡水板，此挡水板低于辊道，用折页链接，带钢过来时挡水板在带钢表面顺着轧制方向，把水基本挡住。此次改造，取得了较好的效果，获得 2009 年工人技术创新一等奖。

2011 年，赵雨来被指派到高线机组，担任收集区点检员。收集区为故障多发区，每个月 600 多分钟，他根据故障多发区的设备进行改进。重新制作一个下集卷筒，把旧卷筒下部切下焊上法兰和新下集卷筒连接，以后更换方便，更换一套新集卷筒和只更换下集卷筒相差至少 5 万元。现集卷筒托爪轴承座加大，并且不是焊接到集卷筒上，使用螺栓把上，更换轴承直接拆轴承座，把原来通轴不用，轴和托爪制作成一体并加粗到 50mm。此次改造，取得了较好的效果，基本杜绝了卡钢，此项改造获得了 2012 年工人技术创新一等奖。

还有风冷辊道头部辊道，现在头部辊道是密集辊，辊径为 $\phi125$，辊子中心距 130mm，辊面间距 5mm。在轧制 $\phi8\sim10$ 钢时，经常钢头部插入两辊之间，缠绕在辊道上，造成堆钢和故障事件。钢插入辊道缝后将相邻两支辊挤弯，被迫更换辊。当辊子磨损 2mm 后就必须更换辊子，否则就会因为辊缝加大更容易卡钢，严重浪费备件。针对以上情况对头部辊道进行改造，重新制作辊道支座，将相邻两辊辊面间隙由 5mm 提高到 20mm。当钢头进入辊缝，也不会缠绕在辊子上，而是随辊道运转带出，避免废钢和故障时间。同时减少弯辊以及辊子磨损 2mm 也不用换，延长辊子使用寿命。此项改造获得了 2014 年工人技术创新一等奖。

（文/白　玉）

宽带轧线上的“金牌蓝领”

——记公司工人技术创新一等奖获得者、第二轧钢厂班长张丹

张丹，1975 年出生，1996 年 7 月毕业于凌钢技校轧钢专业进入凌钢参加工作。现任第二轧钢厂宽带机组 3 号台班长。曾获公司“六讲职工”、凌钢“好工人”称号，多次获得工人技术创新一等奖。

1996 年，从凌钢技校轧钢专业毕业直接分配到凌钢 880mm 中宽热轧板带厂从事轧钢工作，入厂伊始，他在师傅带领下从基础工作开始学习，火切、电焊、工艺件的检查、轧钢操作，学习作为一名轧钢工应该掌握的基本技能，通过不断的学习和不懈的努力，他的操作技能迅速提高，在工作中，他还能将实际工作中总结出来的经验和所掌握的理论知识结合，更好地运用到实际生产中去为生产服务。他勤学苦练，在工作过程中不断地努力学习专业知识，逐渐地提高自身的操作技能，积极学习和吸纳优秀的操作技巧。平时积极总结先进的操作方法，从根本上提高轧线轧制能力，满足轧制工艺的要求。

通过自己的努力，他很快成长为作业区中的骨干力量，成为了粗轧班长，在此期间积极组织生产，狠抓工艺，优化料型，时刻了解生产中的实际情况，能够以最快的速度对料型的变化，导卫的情况做出正确的判断，并能采取合理的措施，使生产能够顺利进行，提高了生产效率。工作中能积极配合领导安排的生产计划，尤其对于宽带品种钢生产，对于生产中的问题，积极动脑，及时提出自己的合理建议和处理方法，解决了生产中的很多实际问题。

为了轧线安全高效的投入生产，他经常来得最早，走得最晚，并利用业余时间努力学习和了解轧线设备的设计知识和各种钢材的轧制工艺参数，结合自己的工作经验，以“理论结合实际”为依托，总结出一套符合本工种工作特点的高效操作方法，多次获得公司工人技术创新一、二等奖。

1996 年入厂时他还是个毛头小子，20 年光景转瞬即逝，已近不惑之年的张丹将自己的青春与热情完全倾注于第二轧钢厂宽带生产线，也正是在这条让他梦想起航的美丽轧线上，他用自己的全情付出舞动出了平凡岗位上的精彩，用默默坚守与无限创新让“金牌蓝领”的称号绽放耀眼光芒。

一分耕耘　一分收获

——记公司工人技术创新一等奖获得者、第二轧钢厂轧钢工刘向宇

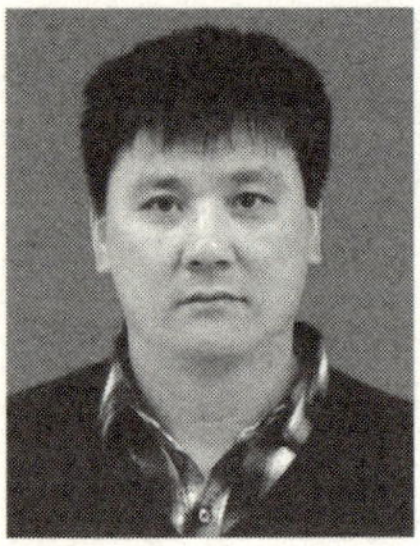

刘向宇，1974 年 1 月出生，辽宁凌源人，1996 年 7 月参加工作。毕业于凌钢技校。现任中宽带卷取作业区生产操作工。曾荣获公司工人技术创新一等奖、三等奖荣誉。

参加工作将近 20 年的刘向宇一直工作在卷取作业区，从事生产操作和维修工作，性格内向的他干起工作来，一改腼腆文弱的形象，干净利索。2011 年，钢铁行业经过黄金发展的 10 年后，随着铁矿石定价机制的改变，钢铁企业盈利水平下降，卢焕民厂长用发展的目光提出“精料细作，降本增效”的生产目标。

为了解决当时产品外观质量差、磕碰伤严重、卷型不好的问题。卷取作业区以“提高产品外观质量，增强市场竞争力”为工作目标，动员所有人员加班加点查资料找差距。有多年操作经验的他发现产品外观差，磕碰伤都是由卷型不好引起的，而影响卷型的因素主要有三点：前导板、助卷辊、夹送辊，为了解决这三点关系，他和工友经常加班加点查资料，检修设备，提高设备精度，通过不断的努力终于取得突破性进展。

他利用前导板控制精度高、动作快、匡扶力较强的特点提出应以“高精度小压力”的办法使用前导板，保证产品卷型。再利用助卷辊伺服系统精准度高、易控制的特点提出助卷辊辊缝应以 WR1 1.5 倍、WR2 1.1 倍、WR3 0.8 倍的控制方法保证带钢能建立稳定的张力从而为良好的卷行提供技术保证，又根据恒张力卷取这一设计理念让夹送辊合理分配张力来保证尾部卷型。通过这些改进使产品的卷型有了质的变化。

在长期的工作中他发现卷取机在卷钢过程中，助卷辊打开后可以不用高速运转，完全可以停止运转，不仅可以节电还可以延长备件使用寿命，达到降本增效目的。由于助卷辊使用模块控制运转，没有限位开关等硬点可以取控制点，想让助卷辊停止运转谈何容易。在多次向技术人员咨询后问题终于得以解决，利用助卷辊核心部件位移传感器的开限位作为控制点使其停止运转。

“努力意味着辛苦，努力意味着付出，而努力的过程肯定是酸甜苦辣的，而努力的结果注定是丰收和喜悦的。”刘向宇如是说。

（文/白　玉）

忠爱自己的事业

——记公司工人技术创新一等奖获得者、第二轧钢厂点检员邹恩刚

邹恩刚，1967年出生，高中毕业，1985年进入凌钢工作，现为第二轧钢中宽带机组粗轧区域机械点检员。2011年荣获公司工人技术创新一等奖，多次荣获公司工人技术创新二等奖、三等奖、优秀点检员等荣誉。

2011年，邹恩刚负责R1轧机挡水板改造项目。由于R1可逆轧机2008年压下和换辊系统改造后，R1轧辊冷却水采用导卫板搭接在上辊护板下部挡水，挡水效果不好，冷却水直接浇在钢坯上，降低带钢温度，影响板型和后部轧制的顺行，造成废次产品。出入口导卫是由导向键和滑板定位在机架上，上升时由两个单方向液压缸拉动，下降时压下系统克服两个单方向液压缸的拉力推动上辊由上辊护板带动导卫下降，下降时导卫体单边受力，定位键和滑板单侧磨损严重，经常因定位键和滑板磨损使导卫后移和上辊护板侧边接触挤压形成卡阻，造成上辊不能升降而停产处理。且原设计因导卫板伸进机架窗口50mm，换辊时为避开导卫板下辊必须在轴承座的深孔和浅孔中各倒运一次。通过不断的研究思考，邹恩刚从三个方面解决了这一问题：一是组织设计制作新的挡水板，挡水板固定在平衡梁上与上辊同步升降，挡水板的磨损板直接贴在上辊面上，靠汽缸实现挡水板在机架窗口外和上辊面间的移入、移出；二是取消原导卫体、上辊护板和导卫体升降液压缸；三是挡水板可移出机架窗口，换辊时下辊不用在深孔和浅孔间倒运。此次改造获得了2011年工人技术创新一等奖。

邹恩刚并没有因此而止步不前，而是更加执着于工作中，发现问题解决问题。如：R1轧机是5道次往复运行，该轧机主电动机轴瓦经常烧损，并且刮研非常困难，以前都是外委三冶电装进行施工，并每次都因出现问题返工多次。他经过仔细观察，在10月份利用年修停机时间对修复的轴瓦进行刮研，并在施工中与检修中心职工共同动手进行刮研，严格控制尺寸和精度，一次试车成功，从此告别了要请外人刮研轴瓦的时代，同时也节省了维修费用。

通过努力工作，他所负责区域设备的故障率、维修费用都有了明显的降低。

（文/白　玉）

设备的守护神

——记公司工人技术创新一等奖获得者、第二轧钢厂点检长王荣驰

王荣驰，1969年出生，1989年参加工作，1993年毕业于大连理工大学成人教育学院电子工程专业。现任第二轧钢厂点检作业区副作业长。曾荣获公司工人技术创新一、二、三等奖，公司技术能手，生产能手，优秀点检员，设备改善优秀个人等荣誉。

粗轧E1AWC液压缸自2008年10月改造后，当液压缸损坏后需要更换，每次需要20小时以上，动用较多的人力资源，才能完成此项工作，给公司的生产计划造成不便。王荣驰经过仔细研究，在检修前组织人员做好专用工具，检修时利用相反方向的AWC液压缸工作，将损坏的液压缸顶更换用时8小时，大大缩短检修时间，利用每次的定修时间就能更换AWC液压缸。

宽带机组粗轧R1主电动机的滑动轴承的检修是困扰二轧厂设备检修的老大难问题，该滑动轴承由于工况转速低，负荷大对轴瓦的刮研要求相当高，每次更换轴瓦都需要数次刮研磨合才能合适，王荣驰利用今年3月宽带机组年修期间，组织检修，一次试车成功。为今后的R1电动机滑动轴承的检修更换提供了可靠的准确性。

2015年是钢铁行业的严冬，要求在生产成本上大幅度降耗。王荣驰分管二轧厂的风、水、汽的管理。为了治理跑冒滴漏的现象，节省能源，将全厂的能源使用与各区域点检员及各作业区挂钩，要求作业区将使用的每个阀门分到班组及个人，生产时打开，停产时关闭，发现问题及时通知维检人员立即处理。经过以上管理，能源指标大大好转，平均每月节约5万元，全年节约60万元。

宽带机组原层冷辊道润滑冷却水部分管路堵塞严重，造成层冷辊死辊、伤辊，给带钢产品造成刮伤，出现质量异议。由于该水管在辊道传动侧，距离电动机较近，漏水时易浇伤电动机，辊道密集检修空间较小，不易检修更换。王荣驰建议将层冷辊道润滑冷却水水管整体搬移到辊道非传动侧，同时将每只冷却水管水孔由原来3只增加到7只，增大冷却润滑水量。保证检修更换该水管拆安简便容易，润滑冷却效果良好，节约备件费用约30余万元。该项创新获得2013年工人技术创新一等奖。

（文/白　玉）

用心干事的“暴哥”

——记公司工人技术创新一等奖获得者、第二轧钢厂班长暴永斌

暴永斌，1971 年 10 月出生，1991 年 12 月参加工作，1994 年东北大学金属压力加工专业毕业。中共党员，现任第二轧钢厂卷取作业区检修班长。多次获得公司工人技术创新奖。

在第二轧钢厂卷取作业区，有一名普通的轧钢工，被工友们称为“暴哥”，他就是卷取维护检修班长暴永斌。

2013 年，轧钢时因精轧甩尾而造成夹送辊“沾辊”，而处理“沾辊”时需趴在层冷辊道上，手持角向砂轮机进行修磨，这种方法效率低，并且作业时有挤压的危险，同时耗时费力，直接影响生产。发现问题以后，暴永斌开始琢磨了起来，怎么能快速高效的磨好辊面呢？受到了擦窗器的启示，他自己开始动手测量，到市场购买油石条，制作了一种手持式磨辊器，在修理辊面时，将油石条贴在夹送辊辊面上，让夹送辊转动，这样很快就可以将辊面磨好，通过调整角度，可以修磨下夹送辊辊面。

打开一扇窗，就是一片新天地。暴永斌在 2013 年创新工作中又获得特殊荣誉，研制的 R2 轧机挡水板项目获公司工人技术创新一等奖。针对 R2 轧辊降温困难，辊耗大的难题，他利用换辊时间，不顾冷却水的喷淋，钻到机架里面测量、观察，与操作工交流，设计制造出 R2 挡水板。就是在 R2 轧辊冷却水管上焊接长 900mm，宽 300mm，厚 10mm 的钢板，上面钻孔，安装铜磨损板，在 R2 入口导卫板断面两侧焊接两颗长 180mm 的 24 螺栓，将挡水板安装到导卫板上，在挡水板下方焊接，用调整螺栓连接导卫板，通过螺栓长度调节挡水板角度，使钢板紧贴在 R2 辊面上，冷却水直接喷淋辊子且无飞溅，降温效果显著，达到工艺要求。

2015 年他又改进了两台卷取机中间轴跳动，获得了公司工人技术创新二等奖。面对这样的累累硕果，暴永斌也没有停止前进的步伐，带领着他的团队，立足本职，勤奋工作，以不断创新为理念，岗位争一流为信念，努力学习，掌握新技能，为凌钢的繁荣和振兴贡献力量。

勤恳实干　创新奉献

——记公司工人技术创新一等奖获得者、第二轧钢厂班长杨文华

杨文华，1970 年 3 月出生，1988 年 10 月参加工作，高中学历。现任第二轧钢厂高线机组生产导卫班班长。曾获得公司工人技术创新一、二、三等奖、公司优秀“六讲”职工称号。

工作 24 年来，他立身轧钢，工作认真，遇到困难主动钻研克服，在设备不断更新，技术日新月异的情况下，不断学习新的轧钢技术。他不但有理论实践知识，更有精益求精的技术，对设备故障的准确判断与及时排除的本领。2015 年，随着品种钢开发成功，线材品种钢生产被提上日程。线材品种钢生产对滚动导卫装配及轧机所有滑动导卫、穿水线对中要求极高，针对此种情况，3 月份高线恢复生产时，对所有制约生产设备突出问题进行了细致梳理，发现问题及时处理。针对精轧频繁堆钢问题进行了充分论证，在符合轧制工艺条件和相关标准的情况下，决定空过 1 号夹送辊和取消废品箱。3 月份立项技术整改，他利用自身技能条件，加班加点现场测绘设计图纸，带领班组职工加工备件。3 月末创新完成，实现了精轧废钢零的突破，达到了预期效果。

他常说：“我是一名轧钢导卫班班长，我的工作好坏关系着生产的顺利与否，只有不断地学习，不断地提高，才能更好地工作，更好地为生产服务。”自高线投产以来，轧线粉尘一直未能合理解决，严重影响了生产作业人员身体健康及生产作业环境。同时粉尘颗粒大量产生，也间接影响着品种钢生产。他经过不断摸索和查阅相关资料，大胆实践，最终轧线粉尘得以合理解决，确保了轧线有序生产。他对自己的技术从不吝啬，经常把自己的经验和技术教给自己的职工，使高线的导卫装备技术达到最高水平，使轧钢备品的质量不断提高，故障时间几乎为零。

他把自己 24 年的工作经验拿出来，带领职工对新设备进行拆解、检查、注油、装配，经常工作到很晚，保证了试轧的顺利进行。为了及时处理设备故障，经常加班加点，困了累了就在休息室内眯一会儿。从来没因为自己严重腰脱而休一天病假，始终坚守在生产一线，他对轧线 2 号剪出口导槽、废品箱、卡断剪、1 号夹送辊、13 号喇叭口、1 号出口悬臂进行了大胆的创新改进，减少废钢和故障时间，并废物利用，制作了辊箱装配间输送小车，累计创效几十万元。

（文/白　玉）

创新已成为他的习惯

——记公司工人技术创新一等奖获得者、焦化厂点检员李华

李华，1969年出生，1987年参加工作，中共党员，现任焦化厂点检员。多次荣获公司工人技术创新二等奖、三等奖，2009年、2015年荣获工人技术创新一等奖。

回收作业区所属区域的设备、工艺管道都有特殊性，易燃、易爆、易中毒，腐蚀又严重，跑、冒、漏、滴情况时有发生，既威胁到生产的安全，又严重影响生产进度。针对影响生产的瓶颈环节，李华大胆地进行一次又一次改造。

自主设计，解决饱和器焊口易腐蚀问题。饱和器母液是稀硫酸性质，平时对饱和器本体和焊口腐蚀严重，经常有泄漏点，特别是焊口部位，平均几天就得进行一次焊接，饱和器区域属于易燃易爆区域，每次检修都需要停产进行，一旦出现大的故障威胁到生产的安全，现场卫生也受到很大影响，作为负责该区域的点检员，他看在眼里急在心上。多次到现场勘查，排除一个又一个方案，经过一段时间的调查，最终提出把整个饱和器内部焊口加3161不锈钢铁板，形成保护带，建议通过领导认可后，他又开始自主画图设计，并组织包保维修人员进行施工。过程中他寸步不离现场，优化后，既不影响生产，同时，焊口几乎不被腐蚀，2009年改善后，一直使用到2013年才进行大的检修，大大减少了检修次数，降低了劳动强度和维修资金，同时增加了硫铵产量。

2015年，焦化厂回收作业区由于荒煤气生产输送过程中，造成初冷器焦油氨水喷淋罐（$V=20m^3$）腐蚀严重，安全生产无法保障，已无法保证煤气正常输送，必须对其进行更换。

更换氨水喷淋罐是一个大的检修项目，并且在易燃易爆区域，动火作业需要非常谨慎。李华作为该检修项目的具体负责人，他不敢有一丝一毫马虎，反复研究方案的可行性，又多方查证，最终他大胆提出一项创新检修方案，在原有初冷器焦油氨水喷淋罐的旁边新建一个临时冷凝液中间槽暂时代替进行生产，待新冷凝液中间槽安装完毕后，恢复新焦油氨水喷淋罐进行生产。

经过处理后，初冷器堵塞情况得到了彻底解决，望着初冷器焦油氨水喷淋罐正常投入使用，而且节省人工费、材料费、安装费近5.76万元，李华笑了。

调温岗位里的行家

——记公司工人技术创新一等奖获得者、焦化厂调火班班长佟瑞斌

佟瑞斌，1973 年出生，1995 年参加工作，中共党员。毕业于凌钢技校。现任焦化厂调火班班长。多次荣获工人技术创新奖项。2013 年荣获工人技术创新一等奖。

佟瑞斌于 1995 年 3 月从凌钢技校进入焦化厂工作，当时正值 3 号焦炉砌筑，年末投产之际，从砌炉、烘炉、开工他都经历过，这对一位新入厂的学生是一次难得的良机。由于勤奋好学，积极进取，被领导安排在焦炉调温岗位上，二十几年的磨炼，他已成为调温岗位的行家里手。2000 年，2 号焦炉从筹建到投产，他再次亲身经历，并且成为调温工作的骨干力量。2007 年被评为焦炉调温工的技师。

2009 年，开始筹建 1 号焦炉，这时他已经成为领导手中的万金油，哪里有技术有难点，领导就把他安排到哪里。2011 年被评为焦炉调温工的高级技师。

2013 年，随着 3 号焦炉的炉龄老化，炉头火道串漏严重，冒烟冒火现象严重，造成炉头火道蓄热室阻力过大，不能维持正常加热，导致炉头焦不成熟，推焦时大烟大火。现在国家对环保要求非常严格，这种情况是绝对不允许的。佟瑞斌看在眼里，急在心上，自己主动承担了这次攻坚克难的任务。

经过长时间的深思熟虑，他初步设计出炉头补充加热的方案。煤气系统的技术含量高，安全隐患大，来不得半点马虎。此项工程的难点是如何实现炉头火道焦炉煤气补充加热，与原有的高炉煤气加热同时进行，关煤气、废气交换、开煤气三同时。佟瑞斌经过十几次的设计改造，终于研制成功了交换搬叉，达到了三同时的目的，其他问题迎刃而解，开创了国内外焦化行业炉头火道补充加热技术的先河。

2015 年，佟瑞斌又牛刀小试，对高、焦混合器进行了技术改造。此项技术的革新，取代了原来外购的高、焦混合器，节约成本的同时，更重要的是降低了调温工作的劳动强度和安全隐患。戴呼吸器、带煤气清扫混合器作业已成为历史，彻底消除了此项工作的安全隐患。现在三个焦炉全部投入使用，效果极佳。

（文/文永兵）

在学习创新的道路上一往无前

——记公司工人技术创新一等奖获得者、焦化厂调度杨国峰

杨国峰，1973 年出生，1994 年参加工作，现任焦化厂调度，2012 年获公司工人技术创新一等奖。

焦化厂是典型的煤化工企业，所接触的大多是易燃、易爆、有毒、有害的区域，保证安全生产对企业员工素质提出了很高的要求。作为调度的工作涉及全厂的机械、电器、工艺、安全等各个方面，特别是这几年各种自动化控制系统的使用，使只有高中文化的他倍感压力，他利用各种时间、机会学习各种专业知识，特别是对计算机知识更是努力学习。

焦化厂配煤炼焦一直以来都是配煤技术人员通过所学配煤炼焦知识及多年生产实践经验研究配煤方案，并通过手动计算来完成最终的配煤方案。为了提高工作效率，经公司及厂领导研究决定建立“配煤工艺参数动态控制系统”。这项工作就落到了杨国峰身上，接到任务后他首先学习了配煤炼焦专业知识，并一次次深入到生产作业现场研究配煤工艺的各个环节，并在最短时间内拿出了编程控制方案，得到了厂领导的肯定，在接下来程序编制过程中他每天工作至深夜。由于技术难度太大，每一个控制环节都要仔细的设计，每一段程序都经过多次反复的研究，才被最终确立下来。他说：“由于自己编程水平有限，有一段控制环节对他来说太难了，经过几天的思考都没能完成，一次次方案都失败了，查阅了大量的资料，还向专业程序员请教，急得晚上做梦都是这玩意，这才闯过这个难关，真是现学现卖了。”就这样一共编制了 107 个文件，多达几百页的代码，最终完成整个编程工作。此程序采用 Macromedia Dreamweaver 平台及 ASP3.0 网络编程（PDG）语言、javascript 语言。看到自己的工作成果，他满意地笑了。他说：“只要对焦化厂工作有帮助，一切付出都是值得的。”

（文/庄玉敏）

用行动诠释爱岗敬业

——记公司工人技术创新一等奖获得者、动力厂点检员李考

李考，1981 年 9 月出生，沈阳工业大学毕业，2004 年 7 月参加工作，现任动力厂设备科机械综合点检员。公司工人技术创新一等奖获得者。

勤奋好学、吃苦耐劳，是动力厂领导和同事对李考的一致评价。他善于把书本上学习的知识，积极应用到实践之中。通过分析与思考，举一反三、认真消化、吸收养分。记得刚参加工作时，面对着现场工作和学校书本知识形成的反差，他显得无所适从。他就暗自下定决心："自己要好好干，多向工人师傅们虚心请教，做一个理论和实践都过硬的技术能手"。实践是掌握技能的唯一途径，每天他都早出晚归，跑现场，搞调研，尽自己所能熟悉设备的性能和实际运行情况，了解第一手材料，坚持与师傅们一起工作学习、互助互补、共同进步。

2008 年，D800-12 机组 3 台风机全部投入生产，为竖炉输送高焦混合煤气。机组正常运行时，采用稀油站供油润滑，保证润滑油正常供给和油管路压力至关重要。李考长期跟踪设备运行状态，久而久之，他发现一个反复出现的问题，稀油站一旦停电，供油压力不足，将被迫停车。此时高位油箱的润滑油回供轴瓦，保证风机平稳停车。机组高位油箱容量偏小，在突然停电的情况下，供油量不能保障机组安全停车，容易造成机组轴瓦烧毁，转子磨损，密封系统损坏，影响正常生产。在短时间内无法恢复风机运行，还会导致竖炉停产，后果十分严重。李考向设备提出了 D800 风机润滑系统并联改造的建议。他的思路是三台稀油站互为备车，当其中一台油站不能满足生产需要时，可启动备用风机的稀油站，为故障机组供油润滑。改造后，机组经过 1 年试运行，完全达到了技术指标要求，保障了生产的顺利进行。同年，"D800 风机润滑系统改造"项目，荣获公司工人技术创新一等奖。

立足岗位创新，实现自我价值提升。几年努力，奋勇拼搏，李考快速成为青年人才。2009 年，D100 风机运行中出现润滑油泄漏现象。机组润滑油油位下降，并造成污染，制约烧结机组生产。李考连续一个星期，驻守在现场，终于铲除了这一设备隐患。他将排气管的长度由原来的 40mm 增加至 300mm，在排气管靠下侧加装阻油片，上部安装回油片，再一次化解了技术难题。

（文/李亚明　刘学明）

创新之星

——记公司工人技术创新一等奖获得者、动力厂副班长刘利

刘利，1976 年 10 月出生，凌源第七高中毕业，1987 年 10 月参加工作，现任动力厂检修二班副班长。2012 年获公司工人技术创新成果一等奖。

刘利在工作中是一个爱琢磨事的人，他的这个“嗜好”，也让他在工人技术创新之路上收获颇丰。

2013 年 11 月末的一天，偶遇刘利，当问起他 2013 年的创新项目时，他兴奋地说：“走，我带你到现场去看看。”于是乎就跟随他来到了动力厂污水处理新区的超滤手动过滤器前，他手指着过滤器上的 6 个逆止阀对我说：“看，这就是我的创新项目。”看到我的疑惑，刘利神秘地一笑，“别小看了这 6 个小小的逆止阀，它们却解决了大问题。”随后他娓娓向我道来……

原来，由于动力厂污水处理新区的超滤手动过滤器在设计的工艺上存在着缺陷，手动过滤器的滤网三天两头就损坏了。这一问题一直困扰着污水的正常生产。要不怎么说，什么事情就怕琢磨呢，从今年的 4 月份开始，刘利一有时间就来到现场观察、琢磨……通过四五天的观察思考，他发现是由于超滤反洗泵与超滤间存在着 6m 多的落差，而超滤反冲洗与正冲洗泵又有 20s 的停泵时间，水泵停止过程中造成的管道落差，进而形成水锤，水锤作用在手动过滤器的过滤网上，从而造成滤网的损坏。另外超滤反洗泵启泵瞬间也会产生水锤，同样也会产生滤网。为了确定问题的真实所在，晚上回到家一有时间他就上网查阅相关的资料，通过查阅资料发现，要减少水锤的破坏力，只有减缓水流消除水锤。那么怎样才能消除水锤呢？第二天，他又来到现场琢磨了……其实机遇往往是为有备而来的人准备的，正在他百思不得其解时，猛地一下看到了其他设备上的逆止阀，在手动过滤器的前后各安装上逆止阀门，水锤的破坏力不就消除了吗？当时刘利别提有多高兴了。第二天他就找到动力厂的相关技术人员，提出了自己的改造方案，当时就得到了他们的大力支持。这不，在 5 月 10 日利用污水停产检修的时间，进行了制作安装……通过近几个月的运行，效果良好，滤网再也没有损坏过，困扰污水正常生产的难题就这样解决了。手指着 DN200 的 6 个逆止阀，他自豪地说：“别小看它们，安装完后，一年光节省滤网、人工费和化学药品的钱有 20 多万呢。”

（文/高宪锋）

“钢子”其人其事

——记公司工人技术创新一等奖获得者、动力厂作业长石志刚

石志刚，1971年6月出生，1990年参加工作，凌钢技校毕业，工人技师，中共党员，现为动力厂检修作业区作业长，2009年荣获公司工人技术创新成果一等奖。

他虽然身为副站长，但职工们却总是习惯性的称他为“钢子”。职工们说他为人随和、不摆官架子，这样称呼他亲切自然、叫着舒服。

要说其平和，笔者在这里给你讲一个小故事。2011年11月，动力厂燃气作业区的800m^3/h风机频繁发生故障，需要连续抢修，白班四点连轴转。11月12日傍晚6点多钟，石志刚接到通知，风机的转子晚上11点就能回来，又一个不眠夜！他马上拿起电话逐个通知在家休息待命的职工，当他接通家离厂区最远的任贵忠时，考虑到他家路远不好走时就说：“你不用太着急，11点到就可以，路上要注意安全、骑车要慢点……”可是不到10点半他就早早地来到抢修现场，当笔者打趣凑上前问：“任师傅怎么来得这么早呀?”你猜他怎么说：“钢子的话听起来让人心里热乎，咱没有理由不早来，咱再苦再累也认了。”笔者当时哑然，你是否从中懂得什么叫“随和”了吧！但“随和”并不代表着不严谨。“钢子”也有叫真的时候，每当接到大的检修任务，他总是提前来到检修现场，对设备、作业环境进行逐一确认，并查找出所存在的安全隐患，然后在心里制定好防范措施，当工人们来到现场开始作业时，他总是耐心地交代应注意的事项和防范措施，那股认真劲就别提了。

2010年9月13日中午，石志刚和维修一班的员工，处理动力厂循环水3号冷却塔的填料。由于腐蚀严重，需要全部更换成新的填料。先把旧的填料从塔内清理出来，本想挺轻松的一件事，可是干上才知道把复杂的问题想简单了。由于长时间的侵蚀，水垢把本来层次分明的填料结成了一体，要清理就只能用镐刨，可是，用镐一刨，劲大了镐头被卡死了，劲小了又刨不出来什么。石志刚和维修一班班长，率先进入冷却塔内作业，找准填料原有的夹层一层一层地啃，那股劲就如同在刨胶冻一样。填料层内的有限空间，别说直腰，就是镐头也抡不开，再说上水阀也关不严，在里面就像下蒙蒙雨一样，水垢一刨迸一脸。站长都这样干了，职工还有什么说的，本来计划两天的活，只用了大半天就顺利完工。

（文/高宪锋　李亚明）

胡启天的"蓝星"梦

——记公司工人技术创新一等奖获得者、动力厂点检员胡启天

胡启天，1972年1月出生，八家子矿高中毕业，1991年8月参加工作，现任动力厂设备科电气综合点检员。2012年、2013年荣获公司工人技术创新一等奖。

2014年3月，污水处理中心二期生产线"发病"了。动力厂相关技术人员初步诊断，是自动化控制系统的问题。谁也不会想到，仅仅20天之后，这一具有国际水准的技术难题，被一个技校出身的工人破解了。这位敢于向高科技进军的技术工人叫胡启天，是动力厂设备科的电气点检员。

污水处理中心二期生产线，由于一级反渗透或二级反渗透单体设备出现故障，致使全线停产的设计缺陷浮出水面。破解"蓝星"，首先要深度了解"蓝星"技术。污水处理中心二期生产线，共有5台（套）一级反渗透和二级反渗透设备，相互并联运行。在设备正常运行情况下，PLC自动化控制系统完全可靠。而10台设备中1台出现故障，PLC自动化控制系统就会产生"水土不服"现象，从而造成全线停产。胡启天经过反复观察，进一步发现，当每一组一级反渗透进水压力只有报警，压力超出标准时，会造成反渗透膜及管道损坏。按照"北京蓝星"原设计，5台（套）一级反渗透和二级反渗透设备在正常生产时，由3台水泵供应原水。在单体设备出现故障时，单组设备进水阀门开启时，只有两台水泵供应原水，势必使整条进水管道产生泄压，引发5台（套）一级反渗透和二级反渗透设备全部停产。如果解决了进水管道"泄压"问题，就可以破解PLC自动化控制系统"水土不服"的症结。胡启天做了这样一个实验，参与技术攻关的人员先关闭一组设备前的进水阀门，然后再停止供水水泵，保持整条管道压力不变，其他台（套）设备运行十分顺畅。实验证明了胡启天多天来攻关形成的设想的正确性。

胡启天找到了破解"蓝星"技术的金钥匙。他开始向PLC自动化控制系统技术领域冲锋。在一个多月时间内，胡启天付出比别人成倍的努力和汗水。只有高中文化的他，根本无法掌握"程序语言"的要领，要攻克先进的PLC自动化控制技术，难度可想而知。他先后对原有的控制程序中的340余条程序段进行修改完善，最终使二期生产线实现了多种形式下，PLC自动化控制系统可靠运行，整条污水处理生产线不间断生产的目标。现在，污水处理中心二期生产线污水处理能力达800m^3/h，系统驶入最优运行状态轨道。

（文/李亚明）

创新排头兵

——记公司工人技术创新一等奖获得者、动力厂点检员徐满泽

徐满泽，1968年9月出生，凌钢技校毕业，1989年7月参加工作，现任动力厂电气点检员，2014年、2015年荣获公司工人技术创新成果一等奖。

28年前，他是一个血气方刚的毛头小伙，28年后，他是一个工作扎实，技术精湛的领军人物。多年来，他勤于思考，善于钻研，练就了一身过硬的本领。两年来，他组织技术创新十余项，修旧利废上百件。他就是连续两年获得公司工人技术创新优秀成果一等奖的徐满泽。

2014年，他遇到了一个烦心事，以至于现在想起来还感觉头疼。在新炼钢水处理浊环低配室内，他发现母联断路器控制回路接线，对于双路电源供电系统存在极大的安全隐患。即高压母联断开时，低压母联控制回路电源；或低压一台主控开关需试验检修时，则另一台主控开关一拖二运行。当试验位子对开关进行合闸时，就会造成高压两段通过控制回路并段，轻者会造成母联控制开关和母联开关断开，使母线失电源影响生产。严重时环流会造成控制回路着火，烧毁开关及柜子。如果这台变压器也停电检修，将造成反送电，危及人身安全和高压系统的稳定运行。

徐满泽决定对低配室母联控制回路重新设计改造。采用两段电源共用一个2P开关DK，Ⅰ段电源可经DK再经电源切换继电器KA的常闭节点，给母联送控制电源。Ⅱ段电源则经过DK直接启动KA，并用KA的常开节给母联送控制电源。正常情况下，Ⅱ段电源可直接启动KA，常开节点闭合，母联可直接获得来自Ⅱ段提供的操作电源，同时KA的常闭点断开时，可以防止Ⅱ段向Ⅰ段反送电。当Ⅱ段电源停电时KA失电，常闭点闭合，母联将获得Ⅰ段提供的操作电源，同时KA的常开点断开，防止Ⅰ段向Ⅱ段反送电。无论电源切换接触器KA吸合还是断开都有一路电源给母联断路器送电，保证母联断路器有不间断的操作电源，可以安全的进行母联断路器的各项操作，有效杜绝了控制回路并段和反送电事故。

（文/李亚明　刘学明）

他用行动践行凌钢精神

——记公司工人技术创新一等奖获得者、检修中心班长张国立

张国立，1970 年 3 月出生，高中学历，1987 年 12 月参加工作，中共党员，工人技师，现任检修中心炼钢站连铸区维修班长，曾获得 2007 年、2008 年、2013 年公司工人技术创新一等奖。

他没有显赫的学历，没有超绝的智慧，凭着对凌钢的热爱和对技术创新孜孜不倦的追求，一步一个脚印地实践自我，他就是检修中心炼钢站连铸值班班长张国立。

在日常工作中脚踏实地，认真履行职责，不断积累专业知识提升自身的技术能力，面对自己所管辖的设备，不满足于现状，每天都要琢磨如何才能降低工友的劳动强度，如何才能降低设备故障。2006 ~ 2015 年 10 年内，共计获得检修中心创新二等奖 7 次，一等奖 3 次，其中 2007 年度的“1 号方坯出坯系统设备改善”、2008 年度“提高拉矫机寿命及改善铸坯质量攻关”、2013 年度“地平车电缆防护装置改进”获得集团公司工人技术创新一等奖。他的项目解决了铸机和转炉区域多个制约生产的难题，完善了设备设计缺陷，减轻了工人的劳动强度，解放了检修人力，为设备的稳定运行提供了坚实的保障。10 年内，他的创新项目累计为公司创效 541 万余元。

在提高自己的同时，他不忘班长职责，把自己学到的经验和全班人员共同分享，在全班组形成一种学习和创新的氛围，带领全班人员共同进步、共同创新。在他的影响下，班组全体成员开拓思想、集思广益，积极参与到技术创新活动中，做到了每个人都有理想，人人都有创新。他所在的班组每年的创新人数比例都在 70% 以上，更有两年是人人都有项目，真正做到设备大家维护，创新人人参与。俗话说，“人心齐，泰山移”，在班组成员的共同努力下，张国立班组负责维护的设备运行良好，连续 3 年实现了设备全年零故障。

一个人做一件好事不难，难的是一辈子一直做好事，他入厂 30 年来始终兢兢业业，脚踏实地，一切以凌钢利益为上，用行动表达了一名基层职工对凌钢的热爱，也用实际行动践行着凌钢精神。

成功源于坚定、踏实、专注

——记公司工人技术创新一等奖获得者、检修中心钳工于志强

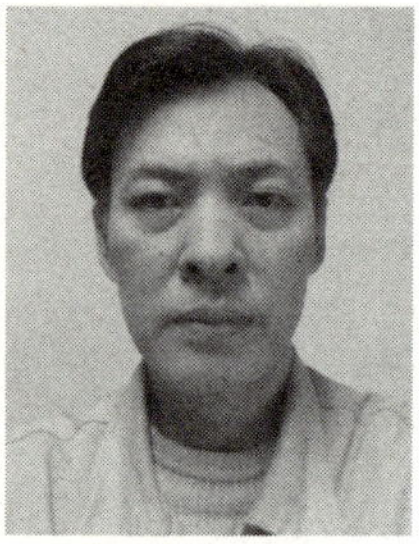

于志强，1967 年 3 月出生，1988 年 9 月参加工作，技校学历，工人技师，现任检修中心炼钢站液压钳工，2008 年荣获工人技术创新一等奖。

1988 年技校毕业后，于志强被分配到厂里的液压站工作，那是厂里唯一的一套高炉液压设备，设备工作时的噪声大、油污多、工作环境较差。他犹豫了，父母的话给了他极大鼓励，“是金子到哪里都会发光”，这句话成了于志强今后工作的动力。于志强从一名默默无闻的普通岗位工干起，每天俯身在设备上用自己学到的知识来理解它、掌握它。当班查设备、下班啃书本，凭借那份执著和刻苦，逐步在班组中挑起了大梁。他一步一个脚印从工人到班长到专职点检员到工人技师。

在大大小小的设备改造中，最让于志强自豪的是 3 号高炉炉顶润滑系统供油不足的故障改造。3 号高炉炉顶润滑系统 2007 年投产后工作不稳定，故障现象表现在分配器经常不动作。长期下去会造成气密箱缺油，导致气密箱损坏，造成特大的设备事故。公司设备部门多次组织炉顶设备制造厂家进行评估，都没有得到根本上的解决。于志强看在眼里急在心上，经过细心的检查、故障原因的分析，终于查明造成两条润滑管线的压差达不到规定值，导致分配器无法正常工作的原因。病因找到，病就好治，于志强亲自组织检修队伍，将原润滑管线拆除，重新铺设新管线，且采用 $\phi28\times4$ 的无缝钢管（原用 $\phi22\times3$），严控管道的焊接质量，管道内部的焊肉不能过厚，主要目的是减少沿程压力损失，增大通流面积。在管线末端安装压力表，方便观察管线末端压力，为以后故障判断提供便捷条件及准确性。润滑管线安装保温伴热，保证冬季不受气温的影响。改造后润滑系统运行稳定，为公司避免了 400 多万元的经济损失。

通过理论知识学习和工作经验的累积，他在液压设备维修方面已成为专家能手。先后解决了液压系统发生的诸多疑难杂症和生产中遇到的多项维修技术难题，如 1 号高炉炉顶液压系统供油不足故障，4 号高炉热风炉液压系统换向冲击现象，新建 4 号高炉炉前液压系统泥炮定不住位置，开铁口机凿岩机冲击大寿命短等，经他维修排除的设备大小故障数不胜数，全部得到圆满解决，为公司的降本增效作出了巨大贡献。

平凡的创新之路

——记公司工人技术创新一等奖获得者、检修中心班长朱海廷

朱海廷，1970年1月出生，1990年7月毕业于凌钢技校，现任检修中心炼钢站连铸维检班长，钳工高级技师。先后三次获得凌钢工人技术创新一等奖，两次获得公司设备改善先进个人称号。

所谓工人技术创新，不过是设备频繁出现故障时，多一点刨根究底的思考和身体力行的实践，从而在根本上解决设备难题，但这看似简单的思考和实践背后，却少不了丰富的理论知识和维修技能做依托。朱海廷，一名在维修岗位上奋战了20多年的钳工高级技师，用他始终如一的专注和寻根究底的钻研走出了一条不平凡的技术创新之路。

从入厂参加工作至今26年来，朱海廷先后从事炼钢厂转炉、天车及连铸维检工作，解决了众多制约生产顺行的设备难题。在担任炼钢站老区连铸维检班长期间，他对拉矫机减速机高速轴防进水装置的设计、结晶器定位孔的改良、结晶器铜管上口防漏水的改进、引锭杆防止拉钢起步时打滑问题的处理、步进冷床举升液压缸支座与销轴的改造等效果十分明显，在特钢厂7号、8号方坯连铸机的设计中，已经被中冶连铸所采用。1号方坯连铸机热送辊道在投产初期，减速机和电动机直接装配在辊道辊子上，由于钢坯和吊具的碰撞及高温辐射，损坏十分频繁，经常造成停产，他经过观察分析，将热送辊道的圆柱齿轮减速机改为摆线减速机，隐藏到远离碰撞和热源的链式移钢机下，通过万向轴与辊子连接，有效地防止了减速机被碰撞而频繁报废的现象，经改造的设备沿用至今无一损坏，大大减少了备品备件的消耗，提高了设备作业率。

他凭借着多年的勤奋和努力成长为一名钳工高级技师，为了适应自动化设备检修的需要，他致力于启发和指导身边的年轻人去解决技术难题，引领更多年轻的检修人走上创新的道路。

班组里的“智多星”

——记公司工人技术创新一等奖获得者、检修中心班长李相瑞

李相瑞，1962 年出生，高中文化，1987 年参加工作，现任检修中心烧结站维修二班班长。2011 年、2012 年先后两次获得公司工人技术创新一等奖。

2011 年，1 号烧结机投产后，108 个台车时常发生故障，影响生产，在维修中李相瑞发现多数原因都是因台车运行在高温环境，车轮轴承润滑油跟不上造成的。于是他就根据台车运行速度慢 1.4m/min，车轮轴只做前移，不做旋转等特点，改造油泵。将电动油泵加轮，使之可以移动，电源线加长，把油泵输出油管改用长橡胶管并加一段 200mm 长金属管，再将金属管车出螺纹与车轮轴受油孔配合连接，在保证作业人员安全的情况下，一有时间就逐个给台车加油。并将加好油的车轮，做上日期编号，以便定期加油，两人就可轻松作业。改造完成后，台车因车轮缺油故障为零，极大减少了台车更换次数，节约了人力、物力、财力，降低了成本，提高了作业率。全年创效达 114 万元，获公司工人技术创新一等奖。

智慧得以实现，对人是一种安慰，善于总结经验，发现问题去攻克，也会与荣誉结缘。继台车润滑改造后，经长时间运转，随设备老化又发现有部分台车出现车轴窜出现象。最大窜出 80mm 左右，常把台车车轮端盖和轴承及车轮刮坏，把烧结机机头、机尾弯道支爪刮断，刮开焊等，造成故障停产，给企业造成损失。发现问题就得解决问题，善于钻研的李相瑞经观察发现，台车轴原有顶丝只有 16mm 粗，串轴时均把顶丝切断，只要把顶丝加粗，增加强度，就能杜绝这种现象发生。说把顶丝加粗，其实是一件比较难的事，线上无法实现，就将备用的车加以改造，取出原顶丝，重新钻孔，换成 23mm 的顶丝，替换线上台车，使用后效果十分理想再无此类现象发生，之后就逐步全面改造，彻底杜绝了这种现象，为企业年创效达 70 余万元，也为此再次获得公司工人技术创新一等奖。

善于发现问题，善于解决问题。工作中经常提出一些小点子、小窍门、小方法，都起到了事半功倍，画龙点睛的作用。为此，班里的同事多戏称他为《水浒传》中吴用，有的更直接称他为“智多星”。

30年的平凡坚守

——记公司工人技术创新一等奖获得者、检修中心技术员孙顺洪

孙顺洪，1968年7月出生，1987年10月参加工作，中共党员，毕业于凌钢技校仪表自动化专业，现任检修中心工程科仪表技术员，工人技师。2014年获公司工人技术创新一等奖，多次获公司工人技术创新二等奖、三等奖。

在维护检修中不断丰富专业知识和经验。从学徒那一刻开始，他把热情和执着就植入了心中，经历了无数次的故障查找，无数次的问题解决，无数次的请教积累，无数次的学习充电，还有无数次的失败挫折，他逐渐掌握技术、积累经验，成为本专业的中坚力量和带头人。先后参与烧结机、高炉、转炉、加热炉等主体设备的仪表控制系统安装、改造和调试，并随时记录了相关参数和数据，组织编制了各工序重要设备的仪表控制系统检修预案，这些宝贵的资料和经验成为指导仪表设备检修维护的瑰宝。

在创新和改善上时刻彰显独到见解和思维。坚守现场的习惯和敏锐的洞察力使他能够发现设备运行中的隐患和缺陷；过硬的技术和丰富的经验使他能够破解“瓶颈”和解决问题；独到的见解和创新思维一次次把他推向了成功。无论是“制氧厂6000m^3空压机入口取样装置改造”“冶金自动控制系统中电动蝶阀的改造”，还是“3号高炉炉顶压检测方式改进”“4号炉脱气罐液位仪表安装”等创新项目，都是针对故障点，经过一次次试验和摸索，或是结构变化，或是采用新型，或是完善控制系统，或是推广应用，最终减少了故障，保证了顺行，降低了成本。

在本专业备件工具修复中尽显一技之长。多年来，他与仪表维修工人共同探讨和试验，成功修复过高线穿水冷却气动薄膜调节阀、高炉煤气调节阀、液压升降车控制系统和各种执行机构等。他的办公桌成了维修试验台，摆满了各种检测仪表、常用零部件、说明书、图纸和废旧工器具，也成了办公室卫生整改的“重点和难点”，电焊机、万用表、钳形表等工器具修复无数台，节省了成本费用。

30年平凡的坚守创造了不平凡的业绩，造就了不平凡的检修人。孙顺洪将在平凡的岗位上继续坚守，在创新的道路上不断深耕……

爱岗敬业的好班长

——记公司工人技术创新一等奖获得者、检修中心班长贾凤学

贾凤学，1970 年 5 月出生，1987 年 8 月参加工作，高中文化，现任检修中心炼钢站新区维修三班班长，2014 年、2015 年连续两年荣获公司工人技术创新一等奖。

在凌钢默默无闻的工作整整 30 个年头，贾凤学对待工作一丝不苟，兢兢业业，刻苦钻研，有一种不怕脏不怕累的精神。有一次单位的干法除尘系统底部链出现了问题，底部链在运行时松紧度难以掌握，每个班下来都要调上几次，辛苦不说，也影响了生产效率。就在大家不知所措的情况下，他却悄悄地把这份责任担在了自己的肩上，只要他有时间，他就会站在底部链旁观察其运行情况以及研究解决问题的办法，一站就是几个小时，每次回来时都是满脸布满了灰尘，汗水湿透了全身，可他从来没有一句怨言，总是面带笑容跟大家打招呼。就这样一天过去了，两天过去了……终于有一天在他的不懈努力下，找到了能使底部链稳定运行的办法！其办法就是在底部链的末端螺栓上吊起一个大水箱，然后里面加上适当的水，通过水箱的重量拉住底部链的末端使其松紧度不再反弹，这次调整好的底部链稳定运行的效果达到了一个很高水准。事实证明此方案实施后，不仅能够解决生产中的技术难题也大大降低了工人的劳动强度，为设备稳定的运行提供了可靠的保障。同时也提高了备件的使用寿命，链条使用周期延长了 4 个月，节约备件费用 20 万元。平时贾班长除了爱岗敬业外，对班组成员也很关心，事事为人着想。无论是谁遇上困难，他总是会伸出援助之手并致以亲切的问候。这一点我们大家都感到很欣慰。

在他的身上还有很多的闪光点，这些闪光点激励着我们以饱满的热情迎接一个又一个新的挑战。尽管现在的钢铁企业竞争很残酷，但是我相信有了越来越多像他这样的人物，我们的企业一定会扬起理想的帆驶向辉煌的彼岸。

平凡岗位谱写创新人生

——记公司工人技术创新一等奖获得者、检修中心钳工张健

张健，1974 年 3 月出生，技校毕业，1992 年参加工作，中共党员，工人技师，现任检修中心炼钢站钳工，2012 年获得公司工人技术创新一等奖，2006 年获朝阳市“朝柴思益杯”技能大赛钳工工种比武第五名，2012 年被评为凌钢设备改善先进个人。

张健，检修中心炼钢站连铸维检一班钳工，作为钳工技师的他，不但有一身过硬的本领，在工人技术创新的舞台上，也演绎着多彩的人生。

2010 年，张健担任检修中心高速线材机组维修班长，负责高线机组的设备巡检维护，此时正值高线机组试生产，在试生产期间，设备很多地方存在缺陷与不足，严重制约生产。张健在此期间挺身而出，主动出击，发挥党员的能动性，带领班组成员发扬团队精神，出色地完成了上级交给的各项工作任务。

在更换高线单组精轧机工作中，提前制作专用工具，优化检修过程，把更换精轧机的时间由原来的 8 小时减少到 3.5 小时，在全国钢铁行业中，名列前茅。对高线机组的风冷辊道传动方式进行改进，将风机辊道由原来的单侧传动改为双侧传动，改造后，风冷辊道最长达 6 个月无停机故障。

对线材收集运卷小车多发故障进行技术攻关，针对小车车轮频繁更换的问题，提出车轮由单轮缘改为双轮缘，并把材质由 45 号改成 50Mn2，改造后车轮使用寿命由原来的一周提高到 6 个月；小车液压升降缸更换方式改进，把更换时间由 5 小时压缩到 1.5 小时；运卷小车移动壁的滑道链条改进，移动壁液压传动方式改进，改造后，移动壁达到两次定修之间零故障运行；在运卷小车的两个护臂管路上加一个球阀，当一个护臂链子断了，关闭球阀，另一个护臂正常工作，不影响正常生产，有时间恢复故障的链子。

辛勤的劳动终会得到回报，每一个问题的解决，设备停机故障显著降低，设备作业率明显提升，设备改进后，基本做到两次定修间零故障运行。

他用自己的行动，证明自己在平凡的岗位上工作着并快乐着，继续谱写着自己创新的人生。

精细管理的班长“大高”

——记公司工人技术创新一等奖获得者、检修中心班长高明海

高明海，1968年5月出生，1987年8月参加工作，中共党员，初中学历，现任检修中心炼铁站四班班长。2011年获公司工人技术创新一等奖，2009年、2014年获公司工人技术创新三等奖。

自2003年担任班长以来，一直以身作则，率先垂范，带领班组职工“抢修任务冲在前，检修工作细在先”。2004年年末，检修中心根据工作要求，需要进行人力整合，他带领班组8名职工负责整个炼铁厂4座高炉原料供料设备维护和检修以及铸铁区域成品天车4台天车的维护与检修，一干就是5年。2009年，因公司原料区域外包，他又带领班组职工负责起炼铁厂2号高炉的日常维护，这一干又是4年，2013年，他又调到炼铁站维修四班担任班长，炼铁厂4号炉是1080m^3高炉，比2号高炉大出一倍多，而且是双铁口设备，相当于两个高炉，干到现在已经3年。这10多年来，他认真负责管理好班组，在安全方面，从未出现过安全事故，在检修方面，认真贯彻站里提出的高效检修口号，未出现过检修质量事故。

工人有技术才有力量，将技术充分运用到设备检修实践中才能得到更好的发挥。凭借多年的检修经验，高明海总能对设备存在的隐患及缺陷进行改造，以达到降低设备故障率的目的。2011年，他发现由于炼铁厂52m^2烧结机扩建成180m^2烧结机完成后，S3皮带担负着1号、2号高炉、180m^2烧结矿供应，作业率的提高造成卸料车传动装置经常出现故障。通过现场实际观察，他将原卸料车单侧传动，改造成双侧传动，大大增强了设备作业率。改造后大大提高皮带作业率，降低了维修费用，保证了炼铁1号、2号高炉、180m^2烧结矿正常供料。

2013年，他从站里开完早会回到维修二班时，走到炼铁厂厕所附近，对设备进行检查发现原料大倾角皮带正在冒烟，这条皮带价值30多万元，一旦损坏，高炉会因为断料而造成休风，他立即掏出手机向原料操作台报告，要求赶紧把皮带转起来，把红球团倒运出去，同时向炼铁厂生产科、设备科进行报告，由于他及时发现和高度的责任心保住了这条皮带，保证了高炉正常供料。

平凡的计量人

——记公司工人技术创新一等奖获得者、自动化部组长刘均

刘均，1970 年出生，技校毕业，1987 年 9 月参加工作，现任自动化部设备科热量组组长。2009 年荣获凌钢工人技术创新一等奖。

空压风系统计量准确性一直属于行业内的难题，凌钢空压风计量系统又受到环网多、流向不定、计量手段不易完善、表本身无压力补偿等诸多因素影响，导致整个系统计量准确性较低，影响成本核算。面对困难他并不退缩，通过翻阅相关书籍，并到现场实地观察，一步步地解决了这个难题。

他在现场多次对空压风管网进行排查，发现环网管道多条，与动力厂及各用风单位进行研究探讨，提出了增设阀门和盲板优化方案并予以实施。在炼铁 2 号炉环网管道上增设阀门 1 个，在钢管厂环网管道上增设盲板两处，在炼钢环网管道上增设盲板两处，同时加旁通管道 1 条，增设去往 1 号棒材环网管道阀门 1 个。这些改造既保证了用风安全，又为安装计量器具，并实现单向计量创造了条件。制氧空压站他采取两外送风管道的连通管拆除，同时对管道布置进行优化，解决了重复计量问题，4 号炉带，3 号炉空压风关联计量的问题也彻底得到了解决。

在对各个空压站计量数据比对分析中，他发现部分使用位置计量不完善，造成系统计量数据不完整，他提出在计量点增加仪表完善现场计量。新增安装铸造空压站风表两套、炉衬空压站风表 1 套、移位安装制氧空压站风表两套，实现产风的 100% 计量。同时安装了炼钢风表两套，炼铁风表两套，原料厂风表 1 套，实现耗风的 100% 计量。

经过对现场仪表、管道的测试，发现现场管道的压力是波动值，而仪表设计压力值是定值，这样管道压力一波动就影响了仪表计量的准确性，针对这个问题，先后在空压站增设 6 台压力变送器用于补偿，同时发现炼钢空压站 3 点压力、炼铁空压站两点，虽进入 DCS 系统，但未参与补偿，后在模型上增设了补偿。通过补偿，计量本身的准确性有了较大提高。

通过对管线的改造和安装计量器具，实现了空压风系统产风、耗风的 100% 计量。通过增设补偿，提高了计量的准确性，系统不平衡率降至 3% 以内，达到了行业先进计量的水平。

优秀党员篇

忠诚绘就火红风采

——记公司优秀党员、第一炼铁厂高炉点检员梁成

梁成，1963 年 3 月出生，1983 年 8 月参加工作，中共党员，毕业于鞍山钢校，现任第一炼铁厂高炉点检员。连续三年荣获公司优秀共产党员。

他每天提前一小时上岗，从高炉炉前到高 40 余米的炉顶都要走上一遍，他总是在检修现场最前沿，把每一个检修项目都安排得有条不紊。

4 号高炉在 2010 年扩容筹建，作为高炉点检员，梁成全过程参与了工程审图、现场施工、整改，直至生产后对高炉所属设备的点检、维护以及对岗位人员进行培训。在他的努力工作下，2010 年，4 号高炉设备实现了零故障运行。

他从培训入手，提高全员素质，推进设备管理。本着设备管理需全员参与的理念，积极对岗位人员进行培训，提高岗位人员的岗位点检、操作技能、设备维护、保养知识。

他精细点检、细心维护，实现设备零故障。高炉设备较多且存在单一性，只有细心点检、维护，才能达到设备的稳定顺行。作为 1080m^3 高炉的点检员，他深知肩上的责任重大，每天早 6 点 30 分前到岗，认真询问夜间设备的运转情况，有针对性的安排当天工作。并利用上班前这段时间把当天和近期需要做的文字工作做完，腾出更多的时间保证上午正常点检。每天开完早会后，总是按着点检路线进行巡检，由上料系统的皮带地脚螺栓到炉顶设备，由炉前设备运转状态到脱渣设备的润滑等全部巡检，发现问题及时处理，对所有的设备运行状态都了然于胸，全部处于可控范围内。常年如一日，在他精心的维护下，4 号高炉设备实现了零故障。

作为一名工程师，他深知技术革新、设备改造的重要性。4 号高炉渣处理系统在设计上存在缺陷，致使频繁的跑渣、灌渣、堵渣、跑水等现象，经过他不断地研究勘测，在南出铁场侧设计、安装了一套水冲渣系统，使用后效果良好，解决了生产难题，提高了炉前岗位出渣操作的安全系数。

（文/王洪波）

笔耕不辍，墨蕴风采

——记公司优秀党员、第一炼铁厂政工干事王洪波

王洪波，1977 年 3 月出生，2000 年 9 月参加工作，中共党员，毕业于凌钢技校，现任第一炼铁厂政工干事。荣获公司 2011 年优秀党员、2013 年优秀党务工作者、2014 年、2015 年思想政治工作能手称号。2012 年荣获公司新闻报道特别奖。

作为一名政工人员，他努力做好炼铁厂的党建工作。围绕炼铁厂的工作目标和任务，精心组织开展三大活动并取得了良好的成效。以“全覆盖、多角度、求实效”的原则深入实施了全厂百余名党员的践诺评诺的具体工作，使践诺活动见实效。以创先争优为核心开展党员四项主题实践活动，在全厂党员中实施了党员工程项目、党员责任区、党员先锋岗和党员攻关课题活动，贯穿于炼铁厂 2011 年生产、经营和技改的全过程，有力促进了各项任务的完成；认真做好学习型党组织推进工作，组织基层工段、班组进行了多次职工操作技术交流；注重为党组织发展新生力量，2011 年发展新党员 6 名，培养非党积极分子 7 名；充分运用党建工作“部署开展 + 总结推进”的良好模式，筹备召开了炼铁厂政工会议、季度党建暨工会工作会议，为炼铁厂党建工作的持续展开奠定了良好基础。

精心培育“炼铁奇葩”，为一线风采鼓与呼。王洪波创新思路，投入大量精力，编辑了《炼铁工作通讯》，使炼铁厂企业文化建设迈上新台阶。2011 年编辑并下发《炼铁工作通讯》15 期，不仅在刊物风格上有一定的创新，在内容质量上受到了炼铁厂职工的喜爱和好评，更成为职工了解厂情、参与厂政的有效载体。同时以此为契机，建立了炼铁厂 15 名职工组建的通讯员队伍，让职工在文化生活上有了新的展示平台。

为使炼铁厂一线先模人物的事迹广为人知，并成为学习的标杆，一有时间，他就深入一线采访，与职工做朋友，对他们的先进事迹进行报道。2011 年，他撰写了 4 篇稿件被推荐到《中国冶金报》并发表，60 余篇稿件被《凌钢宣传》采用，其中有 4 篇 5000 余字的大型通讯，这 4 篇长篇通讯都是反映炼铁厂职工和广大党员忘我工作、勇于奉献、创先争优的生动事迹。

扛着图纸为技改

——记公司优秀党员、第一炼铁厂点检员冯向春

冯向春，1982 年 2 月出生，2003 年 7 月参加工作，中共党员，毕业于包头技术学院，现任第一炼铁厂烧结点检员。荣获 2012 年公司优秀党员荣誉称号。

2011 年，180m^2 烧结机技改给炼铁厂带来前所未有的考验，面临人造富矿严重不足的严峻形势，工程的提前投产、快速达产将会给炼铁厂和公司带来可观的利润。作为参与 180m^2 烧结机技改工程大军中的一员，冯向春深感责任重大。

180m^2 烧结机是在原 52m^2 烧结机基础上的改扩建工程，整个烧结机的空间比较狭窄，在土建设计上要考虑原来的桩基，这样一来，使整个工程的设计变得复杂，出图工作量加大，施工图纸将会制约整个工程建设。作为技改工程的最早介入者，冯向春在半年时间内 3 次出差，目的只有一个，要让图纸、设备准确、及时到达施工现场，绝不能因为图纸、设备的延误使工期拖后。3 月份，他到达鞍山中冶北方设计院，肩负图纸催发工作。初到异地，冯向春积极与设计院人员沟通，但是，一张图纸的形成要经过设计人员设计、三级审核、总设计师负责签字、晒底图、档案馆登记盖戳、晒蓝图一套程序，一个环节拖后，就会在时间上出现拖延的情况。冯向春主动介入，从总设计师签字后，接到底图，他总是忙前忙后，帮助中冶北方设计院工作人员打起了下手，看到他如此的敬业，设计院人员不由竖起了大拇指，在图纸后序工作中也抢起了时间。在图纸的运输环节，原计划是设计单位由快递公司送至凌钢设计院，这样最快要 4 天时间，这无疑使图纸到达目的地耽误了时间。怎样再缩短图纸在路途上的时间，经过到客运站询问，冯向春想到了直通客车托运的办法。自此以后，在鞍山客运站，这个身材单薄的年轻人在 20 多天里，每天总是把一摞摞地散发着晒图机余热的图纸搬上鞍山直达凌源的客车，当天图纸就能送到施工单位的手中。

就是这样一名朴实无华的凌钢人，就是这样一名技改战线上的党员，用实际行动改变了设计院原有的工作思路，使施工实际需要的图纸，准时的交到施工单位的手中，为工程建设节点的提前奠定了良好基础。

（文/王洪波）

让争优的承诺在岗位上兑现

——记公司优秀党员、第一炼铁厂点检员曹明志

曹明志，1960 年 3 月出生，1979 年 6 月参加工作，中共党员，毕业于凌钢子弟中学，现任第一炼铁厂高炉点检员。荣获公司 2013 年度优秀党员荣誉称号。

曹明志负责 4 号高炉的电气及自动化点检工作。深入岗位操作人员中间，与他们沟通联系解决问题，是他多年来坚持的工作习惯。2012 年 7 月，4 号高炉炉前岗位人员反应，由于炉前出铁时噪声大，看铁水罐的岗位人员与开泥炮的岗位人员联系困难，存在危险因素。曹明志对现场研究后，在铁水罐位旁安装脚踏开关，在泥炮室门口安装声光报警器，一举解决了这一瓶颈问题。

日常工作中干在前，关键时刻冲在前。2012 年 12 月 19 日，1 号高炉炉前液压站进红渣起火，将高炉液压站内及卷扬、炉顶、控制电缆部分烧毁，急需抢修恢复。曹明志快速到达现场，查看电缆烧损情况，并与同事一起制定抢修施工方案及安全措施。在抢修过程中，他改变常规打法，通过将炉顶电缆整体移出后改走新路径，改变后更换每根电缆都少接一个接点，既减少了工作量又确保了电缆连接准确无误。为完成抢修任务尽早生产，曹明志硬是顶着严寒，连续工作了 20 多个小时，为高炉尽早生产赢得了宝贵的时间。

2012 年，5 号高炉技改开始后，曹明志身赴一线，在工程建设过程中充分运用自身技能，积极查找问题与不足，千方百计实施改进。5 号高炉前有 3 个摆动溜嘴，由于设计问题，操作箱离摆动溜嘴较远，操作摆动溜嘴需要两个人，而且容易操作失误。发现问题后，他到现场查看，与岗位人员沟通，最后采取了利用控制电缆备用线，在摆动溜嘴机旁安装操作手柄的方法，使这一难题得到解决，进而确保了操作人员在可控环境下操作摆动溜嘴，杜绝了设备事故及人身伤害事故的发生。

让争优的承诺在岗位上兑现，曹明志展现的是一种爱岗奉献的精神，一种创新攻关的工作态度，更展示出普通党员立足平凡岗位履职尽责、创先争优的时代风采。

（文/王洪波）

彰显主人翁精神的党员班长

——记公司优秀党员、第一炼铁厂4号高炉班长刘景明

刘景明，1969年4月出生，1987年9月参加工作，中共党员，毕业于北票高中，现任第一炼铁厂4号高炉炉前班长。荣获公司2014年度优秀党员荣誉。

面对钢铁行业严峻形势，公司深入开展“深化挖潜，降本增效”活动，在这场处处彰显主人翁精神的攻坚战中，作为生产一线的党员，刘景明手脑并用，冲在前面。

高炉炉前日常最大的消耗是耐材和钎子、焊管、炮帽、钻杆等物品。在耐材炮泥的节省过程中，他提前与调度员联系兑罐，根据出铁时间、场地、罐容情况合理地确定打泥量，对炮牙子的完好情况精细检查以防跑泥。在炮泥回收中，在满足生产后，他就亲手操作把炮泥挤出来，只要符合工艺要求的就及时回装炮中。在高炉已到炉龄末期，铁口深度难以计算的情况下，刘景明锱铢必较，保证了每次的顺利出铁，更在每次操作中省出15kg的炮泥，一个月就节省了3t沟料，降低几千元的成本，也降低了烟尘的污染程度。

对于其他，他更是频频出招：用短了的钻杆，在后面接焊一段螺纹钢一样当钻杆使用，每月至少省5支以上钻杆；炮帽是补了再补，每月通过他自补的就有30个之多；原来用短的焊管直接扔沟子里，现在两根接在一起再用；保温剂真正做到按季节、炉况罐状及时适当调整用量；渣铁沟基本不用，一个月每班次至少省2～3t，节省数千元。

不仅注重工作细节的节支降耗，他还开动脑筋，通过小改小革堵住了能源浪费的缺口。4号高炉南场冲渣沟衬板上翘现象平时用新水浇，但总有职工忘记关阀门，刘景明提出在冲渣水总管旁通出一支管，只要渣泵给水即自动控制，不再使用新水，仅此项每月节省新水近百吨。

为进一步降本增效，第一炼铁厂对铸铁修罐下来的罐沿渣铁在出铁时放入铁沟内熔化。看到送来的渣铁碎砖料等杂物多，经常堵沟子跑渣，刘景明精心把废杂物一个一个拣出来。

一枝一叶总平凡，馥郁之处才丰茂。当工友对刘景明竖起大拇指，啧啧称赞时，他总是说，这都是我应该做的事。

（文/王洪波）

创先争优的女党员

——记公司优秀党员、第二炼铁厂政工干事杜文静

杜文静，1975 年 11 月出生，1995 年 7 月参加工作，中共党员，毕业于朝阳师范学校，现任第二炼铁厂政工干事。三次荣获公司优秀共产党员称号。

她立足本职，在创先争优中写出精彩。在第一炼钢厂工作期间，在党建创先争优活动中，组织第一炼钢厂党组织开展“亮身份、亮形象、亮承诺、亮业绩”四亮为载体的夺旗摘星活动，呈现出全体党员勇于亮身份、敢于公开承诺、立说立行兑现承诺、积极进取争当先锋的生动局面。也使党总支活动与日产万吨钢的生产实际，与对标挖潜工作紧密结合。利用手中的笔，把思想政治宣传活动开展得有声有色。在炼钢厂党总支领导下，组织创建内部刊物《钢魂》，编辑整理炼钢厂《专业人员论文集》，建立规模完整、设施齐全的图书阅览室，组织新入厂青工专业技术培训和企业文化、企业历史知识教育。

她履职尽责，在辛勤耕耘中展示风采。走上第二炼铁厂政工干事岗位后，在厂领导的大力支持下，积极推进基础管理工作，以“夯实标准化，推进精细化，实现系统高效稳定运行”为核心，将精细化管理理念落实到每名职工工作中，使精细化的管理规范行为，形成习惯。同时大力开展了党员工程、党员先锋岗、党员承诺等活动，严肃党风廉政纪律管理和效能监察工作。她一有时间，就走近职工，及时了解职工思想动态，以及职工对工作的认识和看法，不断变换工作方式，积极做好职工与厂里的桥梁纽带作用。特别是近年来开展的“三创一赛”、技术比武等活动，都收到了助力大局、凝聚人心的良好效果。

她心系职工，为职工队伍建设献智献策。针对近几年青工增多、知识结构、年龄结构均在变化的特点，从留住人才、尊重人才、重用人才角度出发，组织开展了紧贴实际的青工工作，即“三金”工程，献金点子、做金牌青工和展金色年华，活动开展取得较好效果，2008 年她获得了朝阳市十大优秀团干部称号。

党员就要在最需要他的位置

——记公司优秀党员、第二炼铁厂回转窑副段长李洪波

李洪波，1965 年 5 月出生，1992 年 7 月参加工作，中共党员，毕业于鞍山钢铁学校，现任第二炼铁厂回转窑工段副段长。获得 2012 年公司优秀共产党员荣誉称号。

在新区项目生产组织工作中履职尽责，创先争优。2012 年，炼铁新建 2300m^3 高炉一座，链箅机回转窑一座，并相继投产。确保新项目达产达效，又要保证老系统生产稳定，炼铁厂生产组织面临极大考验。一方面是新系统工艺流程的特殊性给生产组织带来了极大困难。高炉所需焦炭，回转窑所需矿粉都要从新区置场上料，必须经过 7km 长的皮带运输机运输，上料过程中堵料、压料现象频频发生，加上恶劣的天气给故障处理带来更大的难度。另一方面，皮带运输机分管单位较多，如钢达、宏钢、兴钢，复杂的人员构成也给生产组织带来很多不便。

李洪波深感责任重大，带领本班调度人员跑在一线，科学组织。新区现场距离调度室指挥中心较远，有时事发突然，生产紧急，他总是火速到现场指挥处理。在冰天雪地的严冬，到达现场往往是衣服里贴身一身汗，衣服外冰雪一层，在现场组织处理故障时，手机冻得不好用，有几次冻得他手都拿不住手机。虽然困难重重，但是作为生产组织者，他面对一次次的堵料、压料，都以最快的速度加以解决，保证了生产用料。

与此同时，为了保证新高炉系统投产初期的生产，由于回转窑初期投产属于试产阶段产量不稳定，需要老系统不断地提供高炉用烧结矿和球团矿，这对老系统的生产组织又提出了挑战。尤其是供料皮带只有一条，这意味着从老区上球团、烧结矿都要走这一条皮带。李洪波与原料工段、高炉工段积极沟通，合理安排上料时间，使球团、烧结矿顺利通过一条皮带进入高炉，实现了“一条皮带、两种入炉矿运输”的高效运转格局。

进入冬季，原料冻块成为扼制烧结系统生产的瓶颈，他总是盯在一线，进行生产组织。无论是白班、夜间，为了保证上料顺畅，从原料厂混匀大垛进行查看，到相关岗位巡视，是他走上岗位的第一件事，发现问题及时处理，把因天气影响生产的不利因素降到最低。正是李洪波的不懈付出，充分发挥生产调度的作用，炼铁生产组织实现了高效率，为炼铁厂 2012 年稳定高效运行奠定了良好基础。

勤勤恳恳工作　踏踏实实做人

——记公司优秀党员、第一炼钢厂连铸副作业长董广清

董广清，1971年1月出生，1995年8月参加工作，毕业于辽宁工程技术大学，现任第一炼钢厂连铸作业区副作业长，四次荣获公司优秀共产党员称号。

2010年，董广清到安全科工作，在安全上奉行“认真”二字，深入现场、一丝不苟、抓细抓实。一炼钢现场环境复杂，危险源点多面广，为保证职工的安全，及时掌握现场第一手资料，以便采取相应防控措施，杜绝事故发生，他每天大部分时间都深入现场，长年如一日，带头抵制违章及不安全作业行为，及时查找并消除安全隐患，为职工营造了一个安全的工作环境。2012年，在35t系统厂房屋面板更换与生产交叉进行这个极为特殊的日子里，为完成难度极大的加料跨屋顶面板的更换，保证每一名职工的安全，他带头深入现场第一线，拉设警戒线，封堵禁区，避免上下交叉作业，及时发现问题及时纠正及时沟通反馈，采取有效防范措施。通过齐心合力、精心组织优化，一丝不苟的防控，安全顺利完成了更换屋面板的艰巨任务，解决了悬在炼钢职工头上的重大安全隐患，既保证了正常生产，又保证了职工的安全，实现了安全生产的双赢。

2013年，由于工作需要，董广清任连铸作业区副作业长一职，自从他就任以来，在职工安全环境作业方面下足了工夫，用他的话讲：“没有安全的作业环境就不可能安心的工作。”为此，他深入现场，凭借多年在安全方面工作的经验以及现场实际工作环境，先后提出了搭建隔热防护棚工程，解决了因大包操作平台环境温度较高，职工偶有中暑的情况；与煤气专业人员联系，对各煤气烘烤器增设两道煤气专用阀门，当不使用煤气时，两道阀门全部关闭，燃烧多年的烘烤器在不使用时火焰终于熄灭，这样既保证了煤气使用的安全，也大量减少了煤气用量；与专业点检共同推进4号铸机液面自动控制改造工程，为让职工尽快掌握这一先进技术，从设备的安装、调试到职工理论和现场培训，他都全程跟踪，不断完善现场操作要点和方案，实现了拉钢操作劳动强度大幅下降，缓解了人员老龄化严重的情况，减少了因操作造成的生产事故，为之后在1号和2号铸机液面自动控制系统的全面推广实施打下了良好基础。

无私奉献的模范　恪尽职守的榜样

——记公司优秀党员、第一炼钢厂点检员陈洪清

陈洪清，1964 年 6 月出生，1981 年 12 月参加工作，中共党员。现任第一炼钢厂转炉点检作业区点检员。曾经多次荣获工人技术创新二等奖、三等奖，2012 年被评为优秀共产党员。

拥有 30 多年工龄的他始终秉承对工作认真负责的态度，每当有检修项目出现时他都会做到先下现场，无论是攀登高空的天车还是进入煤气区域的氧气通廊，他都会首当其冲找出设备故障的所在。他不断潜心研究专业技术，带头解决设备故障难题，多次参与了第一炼钢厂转炉本体以及除尘设备的技术改造工作。

第一炼钢厂新建的 120t 转炉干法除尘供水箱的传统设计无法实现水箱液位显示以及上水量控制等功能。陈洪清利用工余时间多次去现场进行考察和分析，经过连续多个日夜的攻坚克难，最终设计出一套供水箱的自动上水 PLC 控制系统，实现了供水箱的自动上水。从而解决了因漏水导致渣道积水的问题，有效地提高了资源的利用率。35t 天车称量系统经过他精心改造不仅提高了称量的准度，而且也提升了生产过程的自动化程度；35t 转炉氧枪水气动切断阀的安装不但能缩短阀门的反应时间还能防止氧枪水流入转炉本体现象的发生……也正是因为他提出的这些改造项目起到了前所未有的效果，所以多次得到了单位领导的高度好评。

工作中他不仅技术过硬，而且还不忘“传、帮、带”。俗话说“师傅领进门，修行在个人”。但他却毫无保留地将自己的工作经验传授给徒弟们。为了加快青工对技能掌握的步伐，他利用自己的休息时间义务帮助青工进行技能培训，于无形之中提高了维修工人的设备检修效率。

逢年过节，他都会招呼检修班里那些因工作需要不能回家的外地职工到他家里吃饭，让他们感受到了如同在自己家一样的温暖。经过长时间的沟通和磨合，他与检修工人之间形成了默契，他们成了无话不说无事不谈的朋友。他不仅有爱心又乐于助人，有需要帮助的同事他都会在第一时间伸出援助之手。

时至今日，虽然他已年逾半百，但从他身上依然看不到有任何的疲惫，那份对工作的热情，对技术的“较真”精神，始终向我们传递着凌钢人的正能量。

一丝不苟　踏实肯干

——记公司优秀党员、第一炼钢厂拉钢工沈虞枫

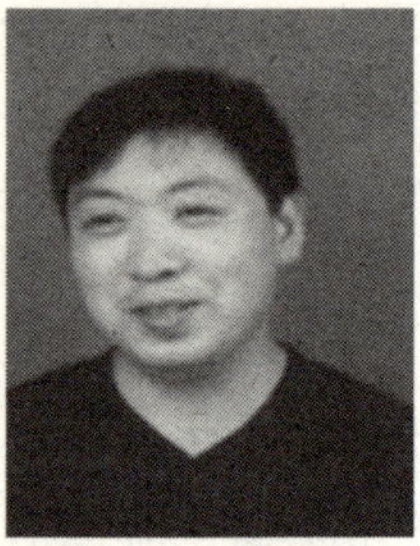

沈虞枫，1967 年 8 月出生，1985 年 4 月参加工作，毕业于铸造厂中学，现为第一炼钢厂连铸作业区拉钢工，2012 年被评为公司优秀共产党员。

他以身作则，在工作中给大家树立了榜样；他严于律己，在生活中时刻以一名优秀共产党员的标准要求自己；他立足本岗位，扎根基层，认真做好自己的本职工作；生产操作方面，他把自己的生产操作经验进行总结，并与大家分享，不仅使自己的操作水平进一步提高，同时带动身边的工友一同进步。在他的带动下，他所在的班组形成了一种良好的学习氛围，2009 年的生产竞赛中，取得班组产量全年第一的好成绩，2010 年更是取得了连续 9 个月无事故的佳绩。

他认真、谦虚、好学，在连铸这个生产作业复杂的工艺过程中，他坚持每天严格执行作业标准化，不走形式，不走过场，做到事前细心预防、事中精心控制、事后及时处理。当班组职工说他小题大做时，他总是耐心疏导："我们的工作看似简单，但很容易产生麻痹思想，对执行标准化操作方面出现松懈，易发生安全事故，安全责任大于天，我们只有保证安全这个前提，才能创造更好的工作业绩。"为了保证职工操作过程中的安全，沈虞枫经常提出一些合理化建议，得到了大家的一致好评。同时，他还积极带头开展环境改善，生产间隙把操作现场打扫干净，物品摆放定置化，不仅安全得到了保障，而且班组成员的行为素养也明显提升。

在工作中，沈虞枫一直以"老大哥"的身份关心、爱护着班上的每一名职工。无论是工作上的事还是杂物活，只要有事，就能看到他的身影。

他总是说："作为一名职工，这个班组就是我的家，作为一名党员，我更应起到带头作用。我要用我的付出和努力感染每一名班组职工，让我的班组成员凝聚在一起，让火红的钢水源源不断的通过我们的手铸成钢坯，不因我们的操作失误给公司带来损失，我们要为公司更加美好的明天贡献自己的一份微薄之力。"

拼搏在铸机上的领路人

——记公司优秀党员、优特钢事业部连铸班长亢建忠

亢建忠，1985年9月出生，中共党员，2008年7月参加工作，毕业于武汉工程职业技术学院。现任优特钢事业部连铸7号机丁班班长。2010年被评为凌钢十佳青年，2009年荣获公司优秀共产党员称号。

自2008年参加工作以来，在工作岗位上他始终坚持严谨务实，勤奋刻苦，拼搏进取。在不到3个月的时间里就完成了向师傅学习到独立上岗操作的过程。作为一名党员，他时时刻刻以党员的标准严格要求自己，时时起到模范带头作用。

在担任大包浇钢期间，他参加过新双流板坯和七机七流小方坯的改扩建，热试和达产达效。在此工作期间，积极工作，主动创新，任劳任怨，做到了钢包全年零剩水，中间罐无溢流，中间罐测温准确及时，取得了安全、生产事故为零的优异成绩，先后多次被公司和炼钢厂评为优秀共产党员、十佳青年、模范党员等。2012年被任命为连铸班长，参加2012年炼钢厂五机五流大方坯和八机八流小方坯的投建、热试和达产达效工作。在工作期间，他认真负责、刻苦钻研、不怕困难、敢于担当，带领整个班组成员积极生产，创造了生产无事故，安全零事故，出色地完成了连铸机的年产能。2015年，新八机八流小方坯的热试，投产，达产达效中他积极主动。生产优钢无论从生产还是工艺要求等方面都高于普钢，他主动学习优钢生产的相关资料，认真听取专家的指导，在工作中认真摸索学习，从而使自己不断适应优钢的生产。在班组处处以党员标准严格要求，带动全班人员团结进取，各项指标均走在其他班组前列。

一个党员"钢"的意志

——记公司优秀党员、优特钢事业部轧钢工艺员吴斌

吴斌，1971年10月出生，1995年7月参加工作，中共党员，阜新矿业学院机械加工专业毕业，时任中宽冷带技术科科长，曾获得科技贡献三、四等奖。2010年荣获公司优秀共产党员称号。

2010年，为了冷带生存发展的需要，同时迎合公司对标挖潜工作的开展，他挑起重担，把影响成本的七大重要指标作为中宽冷带厂的主要挖潜目标，并分别成立厂级挖潜攻关小组，亲自担任成材率的对标挖潜负责人，针对7个挖潜项目召开专题会议，制订出切实可行的方案，确保挖潜目标的实现，在他的带领下，7项挖潜目标酸耗、备件材料、电耗、新水、运费5项达到了挖潜目标，成材率指标比计划指标提高了0.7个百分点，为中宽冷带成本降低带来巨大贡献。2010年成材率水平已经达到全国同行业第六的水平。对标挖潜工作取得巨大成效。

为稳定产品质量，他夜以继日，刻苦钻研，结合机组特点，重新修订了更适用于生产和指导生产的《中宽冷带技术操作规程》等管理制度。同时针对料卷磕碰伤、退火粘连以及黑斑和光亮退火不亮等问题，他通过长期现场跟踪试验、数据总结分析，提出在吊具上粘贴橡胶，把吊具维护好，并在吊装时精心操作等切实有效的措施，彻底解决了这几大难题。

批量生产薄带钢一直很难实现，2010年7月接到400余吨薄带合同，他临危受命，成为项目负责人，他翻阅了大量技术资料，按照有关论文的开发思路同时结合生产工艺状况，编写了适应凌钢装备条件的冷轧薄带钢生产指令计划，生产过程全程跟踪，最终保证了全部带卷无缺陷交货。

2009年8月中宽冷带开始恢复生产，每月产量仅有4000多吨的合同量，职工生产士气不高，面对诸多实际困难，吴斌感到肩上的担子沉甸甸的，他没有退缩。为迅速扭转局面，吴斌多次组织召开党员和职工会议，讲形势、明政策、鼓干劲、聚人心，并深入到职工中，促膝谈心，交心换心。春风化雨，润物无声，全体职工看到了中宽冷带发展的光明前景，重新焕发出信心和勇气，以前所未有的精神力量全身心地投入到中宽冷带建设中。

勇于创新的炼钢人

——记公司优秀党员、优特钢事业部吊包作业长周葆辉

周葆辉，1979年6月出生，2004年毕业于沈阳工业大学无机非金属材料专业，中共党员。现任优特钢事业部吊包作业区作业长。2014年被评为公司优秀共产党员。

在成为技术员的前两年就成功的对4台连铸机的4种启闭机构进行了统一化改进，提高了启闭机构系统的周转使用效率和效果。这些创新成果激发了他创新的信心和决心。先后对中间罐系统的塞棒、稳流器、镁质干式料进行摸索改进，使中间罐整体寿命提高了17%，2008年他获得了科技贡献四等奖。新双流板坯引进了刚刚国产化的漏钢预报系统。为了掌握该套系统，他白天在现场盯住使用状态，晚上学习该系统所涉及的机械、电器、冶炼、编程等相关知识，中文资料不多，他想办法下载外文资料翻译。经过几个月的反复摸索、改进、优化，这套漏钢预报系统成功在凌钢双流板坯上应用并取得较好效果。2009年他获得科技贡献四等奖。2010年他应邀参加“全国炼钢—连铸生产技术会”并在会上做了《漏钢预报系统在凌钢板坯连铸机应用实践》的论文发布。

优特钢事业部成立后，品种钢开发加速，产品品质要求越来越高，钢包周转个数对稳定钢水温度和过热度有明显效果。在提出“提高钢包热荷率”的想法后得到领导支持，他组织作业区的4名党员对钢包周转的各个工序进行逐个分解，分析天车运行模式，提高操作效率压缩生产时间，利用铸机停产检修时机模拟钢包运转，经过3个多月的努力，实现了用8~9个周转钢包替代10个钢包的生产组织模式，钢包热荷率提高了15%左右，实现特钢厂钢包组织的一个时代跨越。在他的启发和指导下，吊包作业区两年内实施了20多项技术改进和创新，其中工人技术创新一等奖1项、二等奖1项、三等奖1项、创新之星两次、金点子若干，职工的创新意识和创新水平明显提高。他也获得2014年度优秀共产党员荣誉称号和2015年度生产能手称号。

用心工作　助力研产销一体化

——记公司优秀党员、优特钢事业部办公室主任刘涛

刘涛，1985年1月出生，2008年7月参加工作，毕业于辽宁科技大学，中共党员。现任优特钢事业部综合办公室主任。曾获得公司先进党务工作者、公司思想政治工作能手、公司科技贡献三等奖等荣誉，2015年获得公司优秀共产党员称号。

“服务”职工，释放职工工作潜能。在生产岗位实习一年后他就一直从事办公室管理工作，主要负责人力资源、效益工资考核、政工等综合管理工作。作为一名办公室的管理人员，他一直将“服务”这个理念放在心上，为工人服务、为工程技术人员服务、为领导服务，让职工全身心地投入到凌钢的生产经营工作中去，为凌钢的发展、壮大提供基础保障。

2014年，为了更好开展“普转特”工作，公司成立优特钢事业部。事业部由多个部门组成，前期的人员整合、机构设置、部门协调等工作任务繁重，而且事业部成立初期综合办公室只有他一人，他没有任何怨言，几乎放弃了所有的休息时间，较好地完成了事业部的人事管理、政工工作、工资分配发放等工作，保证了事业部成立后各项工作的有序开展，为凌钢“普转特”工作顺利进行做好保障。

统一思想，促进研产销一体化。在开展群众路线教育活动中，按照公司党委要求，积极组织开展各项活动。重点开展了学习教育，召开座谈会征集意见，召开民主生活会，总结活动等主要活动。特别是民主生活会召开得特别成功，正好在事业部成立初期，通过召开民主生活会解决了问题、统一了思想、团结了力量，为事业部及凌钢的发展奠定了基础，也为更好的发挥事业部作用，促进研产销一体化奠定了思想基础。

在各项工作中，他时刻不忘自己是一名共产党员，时刻不忘发挥党员的先锋模范作用，时刻不忘思想政治工作是一切工作的原动力，他以求真务实深入实际的工作作风，深受领导和同志们的一致好评，也带动广大职工的工作热情，称得上党员的模范、优秀的基层管理者。

以身作则　率先垂范

——记公司优秀党员、优特钢事业部转炉副点检长常明皓

常明皓，1983 年出生，2006 年参加工作，毕业于辽宁科技大学。中共党员，现任优特钢事业部转炉点检作业区副点检长。2015 年获得优秀共产党员称号，2009 年、2010 年获得设备改善先进个人称号，2013 年荣获科技贡献三等奖。

可以用“勤奋、实在、认真”这六个字来概括表述他。“勤奋”，他有“三勤”的外号：一是在工作上“勤”思考，对于设备存在的问题，他总是静下心来思考，从根本上解决；二是在学习上“勤”努力，平时注重专业知识的学习和积累，对新技术主动学习，加以运用；三是在业务上“勤”钻研，他对设备功能、工艺流程刻苦钻研，练就了一身驾驭设备设施稳定运行的好本领。

“实在”，他为人诚实、工作务实，办起事来扎实，哪里有脏活累活，哪里有艰难险阻，总能看到他的身影。在年修、技改期间，为了按工期保质保量完成任务，他甚至几天几夜都不回家，在现场指挥、指导、验质。

“认真”，他每天在现场对设备设施认真检查，向岗位人员和检修人员了解设备的运行情况，不落下一丝隐患。在大型检修、年修、技改施工期间，他的认真劲让那些偷奸耍滑的施工人员很是无奈，有时满脸沮丧地问：“常工，你至于吗？也不是自己家的事，有必要这么认真吗?”而他总是说：“我是凌钢人，这怎么不是我家的事呢?”经过他这么一说，那些人也就没话说了，严格按照技术规范进行施工，同时也对这个年轻人的做法默默的竖起了大拇指。

他的工作态度和工作效果得到了厂领导的充分认可，不断接受重要任务。工作不到 10 个年头的他已经参与建设了第一炼钢厂 1 号、3 号、5 号连铸机，特钢厂 6 号、7 号、8 号连铸机，4 号 LF 炉，RH 炉等重要技改技措项目。同时，他的技术水平和管理能力也得到了厂领导的肯定。2012 年，不到 30 岁的他被任命为连铸点检作业区副点检长，根据厂里工作需要和综合培养，现担任转炉点检作业区副点检长。他的工作业绩和创新成果多次获得厂级十大明星党员、十大模范党员、公司级设备改善先进个人、科技贡献奖、优秀共产党员等褒奖。

拼搏进取的年轻人

——记公司优秀党员、优特钢事业部电气主管惠鹏程

惠鹏程，1978 年 10 月出生，中共党员，2000 年 7 月参加工作。现任优特钢事业部 3 号棒电气主管。2009 年、2013 年荣获优秀共产党员称号，2010 年获凌钢十佳青年称号，2008 年、2011 年、2014 年获科技贡献四等奖，2009 年获科技贡献三等奖等荣誉。

在公司开展的“共产党员先锋工程”“降本增效、从我做起”和“争先创优”活动中，惠鹏程能够始终保持清醒的头脑，把“做事先做人，万事勤为先”作为自己行为准则，认真细致，恪尽职守，以身作则，发挥模范带头作用，出色地完成了各项工作任务。他常说，设备点检工作既光荣又辛苦，要想做好设备管理工作需要付出辛勤的汗水。通过做大量认真细致的工作，使得他所在机组设备保持长期稳定顺行。

发挥党员先进性，降本增效当先锋。在公司对标挖潜工作中他争当岗位突击手，冲锋在前，紧紧围绕故障时间指标、电耗指标和维修费用指标开展设备管理工作。制定用电、故障时间、维修费用消耗等管理措施，抓日常机组运行状态，努力降低生产故障时间指标、用电单耗指标和根据产量动态调整备品备件消耗指标，实现技经指标可控。

3 号棒材机组电气设备故障降幅较大，月平均故障停机时间平均 82 分钟，与目标 150 分钟相比节约 68 分钟。月平均故障停机次数 3 次，比计划 5 次降低 2 次。3 号棒材机组电耗单耗完成 40. 58kW · h/t，与计划 47. 4kW · h/t 相比较节约 6. 82kW · h/t，与目标 44. 9kW · h/t 相比较节约 4. 32kW · h/t，根据有关部门统计的数据显示，目前 3 号棒材电耗指标水平与全国同类 23 家钢铁企业电耗相比较电耗综合值名列前茅。

工作勤恳，作风扎实。和很多点检员一样，周一到周五一早早起床，去面对繁琐的工作。周六、周日也要到现场，手机 24 小时开机，这些妻子、孩子都不理解。对于这些，既感到愧疚又感到责任的重大，他对妻子、孩子说：“我是一名党员，只要生产进行，天天都是上班日，与企业发展相比个人累点、辛苦点，都是值得的！”

热爱事业　勇当先锋

——记公司优秀党员、优特钢事业部电气科长马志强

马志强，1979年9月出生，1999年7月参加工作，毕业于沈阳大学，中共党员。现任优特钢事业部轧区自动化科长。2008年、2012年被评为公司优秀共产党员，2009年被评为凌钢十佳青年，2012年获公司科技贡献二等奖。

自1999年7月参加工作就一心投入事业，勇于进取，敢于创新。2006年8月担任2号棒电气主管，在职期间更是牢记宗旨，热爱工作，脚踏实地，努力做好本职工作。2014年7月担任特钢厂轧区自动化科科长以来，更是带领全体点检员心往一处想，劲往一处使，为特钢厂的设备管理工作作出了突出的贡献。

马志强带领全体点检员认真贯彻公司和特钢厂工作会议精神，充分挖掘潜力，增强设备管控能力，有力保证了设备安全、经济、高效运行，主要技经指标取得新进展。故障时间、次数大幅度降低，可开动率稳步提升。而且在维修费用完成情况、故障时间等指标完成情况、日常工作完成情况取得了优异的成绩。在备件材料费用完成情况上，计划消耗为363.82万元，实际消耗为338.48万元，节省25.34万元。电气故障时间目标为4800分钟，实际故障时间合计为1200分钟，降低了3600分钟。在日常管理工作中对自动化方面进行了多方面技术改造，主要进行了3号棒热锯冷床区自动化技术改造、步进梁系统优化、轧区替换辊道控制系统改造、自动化系统改造、编组区域技术改造以及4号棒材自动化系统改造、横移编组区域技术改造等。马志强通过不断地努力对设备存在隐患的部位进行技术改造和有效的管理，全年创效800余万元，真正成为降本增效的先锋。

恪尽职守，争做楷模。马志强自参加工作以来，处处以共产党员的标准严格要求自己，立足本职、勤奋工作、团结协作，主动发挥党员的先锋模范作用，处处以实际行动在学习和实践中团结带领全科室同志努力拼搏，锐意进取，在短短的几年内使自动化科的工作有了质的进步，电气自动化设备的功能精度、设备的可开动率有了明显提升，处理应急故障能力大大增强。

（文/孟庆权）

统筹协调彰显党员本色

——记公司优秀党员、第一轧钢厂生产科长王松林

王松林，1956 年 10 月出生，1978 年 8 月参加工作，中共党员，现任第一轧钢厂厂长助理兼生产科长。曾获公司劳动模范、朝阳市优秀共产党员、公司优秀共产党员等荣誉称号。

2008 年，对于一轧厂来说是生产与技改并重的一年。既要保证 1 号棒材机组和中型材机组开足马力增产增效，又要确保新建 90 万吨高架棒材机组精细安装、调试，尽快达产达效，作为一轧厂生产指挥中心的调度长，王松林肩上的担子更重了。这一年，他每天工作 15 ~ 16 小时，亲临现场指挥协调安装调试及试生产工作。制定《生产组织管理考核规定》及《换辊、定修节时、超时奖励与考核规定》，动态调整产品结构，严肃工艺管理，狠抓料型控制，有效提高作业率。在他的统一协调下，1 号棒材机组 $\phi12$ 三切分班产达 700t 以上，2 号棒材机组于 10 月末投产，试轧仅两个月时间日产就达 2500t 以上。全年 1 号棒材机组完成 59. 4 万吨，中型材机组完成产量 49. 9 万吨，2 号棒材机组两个月试产完成 12. 5 万吨，超额完成公司下达的指标计划。在组织安排生产计划的同时，考虑热装热送优先原则，加大热装管理，达到节支降耗的目的，仅此一项创效 300 多万元。

2009 年，面临 1 号棒、中型材机组降本增效和 2 号棒材机组达产达效，全年必保完成 200 万吨钢材的生产任务。王松林制定了《2 号棒材机组达产达效奖励考核规定》，对照不同规格制定班产基数超产奖励，低于基数给予考核，同时实行反馈制，生产作业区将当班生产存在问题反馈调度室，每天早会公布，反馈问题由相关责任工段利用交接班和换轧槽时间及时处理，确保生产顺畅。进一步完善《生产组织管理规定》，对于设备故障时间实行上不封顶、下不保底的激励办法，管理者承担 80% 责任。使各机组产量不断提升，全年 1 号棒材机组完成 62 万吨，超产 8 万吨，2 号棒材机组完成 82. 5 万吨，中型材机组完成 58. 5 万吨，超产 3. 5 万吨，超额完成 200 万吨钢材生产任务。

每次看见王松林都是穿梭在各条生产线上，他说，只有熟知现场情况，才能更好地指挥生产……望着王松林远去的背影，步履矫健、铿锵有力，也让我们看到了凌钢职工战胜钢铁严冬的信心和勇气。

心系轧机

——记公司优秀党员、第一轧钢厂预装副作业长李德

李德，1956年10月出生，1975年8月参加工作，中共党员，现任第一轧钢厂加工预装作业区副作业长。2008年被评为公司优秀共产党员。

2008年初，时任中型工段段长的李德，接到厂下达的年产52万吨钢和成材率达到97.04%的指标任务。面对如此艰巨的生产难题，他立即组织全段生产骨干、党员开会，制定全年生产方案，对下达的生产任务和指标进行层层分解，并与每个班工长签订责任状。那一年，他扎根生产一线，哪里有问题就去哪里，主动协调，想尽一切办法确保生产的稳定运行。在全体职工和班工长的共同努力下，2008年年底中型工段年产钢45万吨，达到了历史最好水平，成材率指标达到97.27%，为凌钢年产350万吨钢作出了重要贡献。

善于管理，打造品质团队是李德的重点工作。他坚持与职工谈心交流，每月至少和工段员工每个人谈一次心，了解职工的思想状况，及时地做好职工的思想工作。由于他经常跟职工谈心交流，谁家有难事，哪个职工有情绪，他都了如指掌，并及时伸出援助之手，想办法帮助解决，解决职工的后顾之忧，增强了整个工段的凝聚力和向心力。

李德重视职工的培训教育工作。2008年8月，16名本溪技校毕业生分配到了中型工段。李德组织开展新职工培训工作，带领他们学习凌钢的企业文化，凌钢的发展历程。让他们了解凌钢人吃苦耐劳、求真务实的工作精神。鼓励他们安心本岗、立足本职、爱岗敬业、忠诚凌钢、奉献凌钢。李德还把自己多年积累的实际经验，毫无保留地传授给他们，帮助他们掌握各种生产操作技能，为中型工段培养了一支生产主力军，为生产稳定顺畅提供了坚实的人才保障。

“从参加工作至今，我就没有离开过轧机，所以对轧机有着深厚的感情，它就像自己的伙伴，每当看着它欢快地运转，我的心里甭提多高兴了……”就是这样一位老职工、老党员，他把全部的爱都倾注在了他所钟爱的轧机上，他立足本职、认真履职、脚踏实地、无怨无悔，在平凡的工作岗位上发挥着共产党员的先锋模范作用。

（文/包彩凤）

钻研技术的蓝领精英

——记公司优秀党员、第一轧钢厂设备科副科长孙秀丽

孙秀丽，1977 年 5 月出生，2003 年 7 月参加工作，中共党员，毕业于沈阳化工学院，现任第一轧钢厂设备科副科长。曾获 2008 年公司技术能手、青年技术岗位能手称号，公司科技贡献奖。2014 年荣获公司优秀共产党员称号。

新投入运行的步进冷床，由于前段温度太高，润滑油流失，设备润滑不好，经常出现故障。孙秀丽提出冷床设备双线干油集中自动润滑系统，可分段给油，前段高温区设备引进 2 号耐高温脲基润滑脂润滑，后段使用普通的极压锂基脂润滑。改造后，设备运行稳定。随着生产任务的不断提高，步进冷床最短动作周期无法满足生产需要，孙秀丽对冷床液压系统进行了增流稳流改进，站内增加两组蓄能器，对升降系统插装阀阀芯进行修改，冷床一个步进周期由原来的 17 秒缩短到 12 秒，缓解了生产压力，消除了制约环节。

2012 年，是孙秀丽最忙的一年。90 万吨高架棒材项目启动，孙秀丽全身心投入，出色地完成了各项任务。粗轧机使用边缘轧槽轧制时，鼓形齿连接轴在倾角临界点运行，齿套径向力大、故障多，通过接轴改型增大角度后，设备满足了生产，降低设备故障。2 号棒材精轧活套辊原设计为悬臂式，部件比较重，组装更换不方便，需要天车辅助。他提出压辊和起套辊由外置悬臂式改为内置式，质量分别减轻 1/3，斜楔固定，更换一个压辊原来需要 30 分钟，现只需要 5 分钟。3 号飞剪离合器是否投入使用是由轧制规格和速度决定的，需要对离合器进行调整，原设计为整体结构，间隙配合，使用长时间后，配合面磨损。孙秀丽把离合器设计成剖分式结构，拆卸安装方便，降低了维修成本。

孙秀丽多年从事设备基础管理工作，不断学习积累经验。他通过考察学习，对冷飞剪前磁力辊进行改造，提高定尺材剪切精度。2 号棒冷飞剪是成品钢定尺剪切设备，钢材运行中剪切，原冷飞剪使用的是电磁力辊吸附钢材定尺剪切，由于磁力辊与钢是线接触，吸力不足，经常造成定尺精度不够，最大偏差达到 80mm 左右，定尺剪切精度超出国标，多次出现质量异议。孙秀丽提出将电磁力辊改成磁性链，保证钢材传送与磁性链是面接触，增加了对运行钢材的把捉力，避免钢材剪切长短不齐，确保成品钢定尺剪切精度，维护了公司品牌形象。

驾驭天车的硬汉

——记公司优秀党员、第二轧钢厂天车作业长李英东

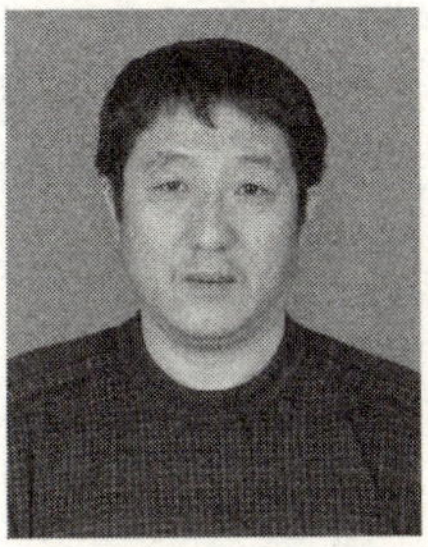

李英东，1969 年 12 月出生。1994 年 9 月毕业于凌钢电视中专，中共党员，现任第二轧钢厂天车作业区作业长，曾获优秀共产党员、思想政治工作能手称号，多次获得公司工人技术创新奖。

2014 年，李英东立足本岗位，带领作业区职工深化对标挖潜，为降低天车电动机消耗，他针对成品天车电动机夏季频繁烧损问题组织攻关。提出加强入厂电动机质量检验，对运行的电动机做好运行记录，监测电流、电压、温度的变化，为天车电动机加装外置风机，定、检修时重点加强电动机的维护，通过以上措施的实施，使成品区域电动机烧损得到有效控制，全年电动机烧损比 2013 年降低 40%，节约备件成本 5 万元。

第二轧钢厂是唯一实行天车运、修合一的单位，他细化设备点检工作，推行包车管理制度，设备管理落实到班组及个人。深入开展小改小革及技术创新活动，彻底根治制约天车运行的设备问题，有计划推进影响设备功能精度的问题，使天车系统近几年来运行比较稳定。

作对厂天车驾驶室夏季高温的问题，4 月份开始他组织职工对驾驶室的冷风机检修、清灰，保证随时可以通入使用。对部分天车加装了换气扇，在冷风机出风口安装可以调节风向的风筒，防止风机吹天车工后背。夏季为天车工更换凉垫，为职工创造了良好的作业环境，受到职工的一致好评。近几年未发生夏季天车工中暑的现象。

作为设备党支部的支部书记，李英东带领支部所有党员提出杜绝浪费、节支降耗、设备优化等方面合理化建议共 25 项。并要求各小组负责人对提出的项目跟踪检查落实。每名党员结合自己的管理区域查找制约设备运行，影响产品质量的困难点，制定整改时间、整改目标、整改规划。每月要对计划完成的整改项目进行跟踪，确保项目按期完成。对已经完成的项目进行效果评价，对完成效果好，确实对提高设备功能精度起到突出效果的，推荐参加厂优秀共产党员评比。

（文/白　玉）

打铁还需自身硬

——记公司优秀党员、第二轧钢厂调度长王国华

王国华，1969 年 4 月出生，1986 年 9 月参加工作，1994 年 7 月毕业于凌钢电视大学，大专学历，中共党员。现任第二轧钢厂调度长。曾获得优秀共产党员、工人技术创新奖等荣誉。

王国华，现为第二轧钢厂调度长，他深知打铁还需自身硬的道理，无论何时都不忘记提高自身业务水平，每天深入现场，掌握第一手生产资料，将生产了然于胸，高效、合理地安排生产、检修，保证了第二轧钢厂产线生产效益最大化。

王国华把努力工作作为自己的准则，作风建设的重点始终放在严谨、细致、求实、脚踏实地的埋头苦干上，在工作中具有较强的责任感、服务意识、协调能力。针对第二轧钢厂生产的产品外围市场的影响以及同行业产品增多给厂带来的市场压力，在生产组织中，他根据实际情况，因地制宜的对生产中所出现的问题进行有计划、有针对性的研究、探讨、总结，把薄弱环节有效地控制住，使整个横班的生产质量得到全面提升。安全方面，针对国家及公司，厂里安全零事故的要求，王国华强调工人的安全因素，加强工人的安全意识和联保力度，不允许单人单岗，独自到危险源点去工作，以减少安全事故的发生。生产、质量方面，针对挖潜指标紧，质量要求上升的前提，加快节奏是提高机时产量的重要手段。质量取样上，采取一人为主（量尺工），其余 4 人把关制度，即一人量尺，四人监督，量尺工量尺取样，精轧班长监督，卷取班长监督，轧钢工长监督，质量员监督的方式，进行层层把关，在质量上努力达到零缺陷。通过一系列措施，整个横班生产，在王国华的带领下，稳步攀升，产量、质量、安全等各方面都名列前茅。

在日常工作中，王国华关心同事，团结同事，谁家有个大事小情，他总是热情帮助，报奖评优时一直以大局为重，从不计较个人得失，是同事心中的好大哥。

王国华就是这样一名普通的基层职工，他热爱本职工作，爱岗敬业，无私奉献，在平凡的岗位上奉献着自己的光和热。在凌钢鏖战钢铁寒冬过程中，王国华有信心与全体凌钢人一起风雨同舟，共渡难关，携手共创凌钢更加美好的明天！

（文/白　玉）

把思想工作做到职工的心坎上

——记公司优秀党员、第二轧钢厂办公室主任于大勇

于大勇，1967 年 10 月出生，1996 年 9 月毕业于辽宁省委党校。1986 年 9 月参加工作，中共党员。现任第二轧钢厂办公室主任、机关党支部书记。

在公司组织学习“三个代表”和“保持党员先进性”等活动中，于大勇认真学习相关的辅导材料，并详细做出学习笔记，积极与其他党员同志交流心得，帮助其他同志解决学习中的困惑，树立正确的世界观、人生观和价值观。

落实“沉底”方针，做好职工思想政治工作。职工的思想问题，是在生产经营活动中产生和表现出来的，作为办公室主任，于大勇能够及时了解职工的思想动态，发挥思想政治工作的优势，年初对班段长进行一次系统培训，以此提高他们的思想认识和做好思想政治工作的责任感。在人事、分配制度改革中，难免会出现这样或那样的问题，职工思想包袱重，为此他经常到各个岗位上去，进行认真讲解和发动，直到职工转变观念为止。并充分考虑职工意见，倾听职工呼声，针对现有岗位具体情况制定责任工资标准，对要害岗位增加津贴，对责任较重的高压泵岗位，由五岗上调为四岗，增加了职工收入，增强职工满意度。

增强干群关系，创建良好工作氛围。为及时了解职工的意见和反映，使厂领导与职工之间创造相互接触、沟通感情的机会和良好氛围，在厂长授权下，于大勇积极组织建立了厂长办公接待日活动，每月一次，雷打不动，职工提出近一百条好的建议、意见和信息都得到了圆满解决。这也成为职工参与管理的一种有效途径，受到广大职工的欢迎。同时，他还经常组织召开各种类型的座谈会，及时听取职工群众的意见，为厂领导与职工之间架起了信任的桥梁。

关心职工生活，增强企业凝聚力。始终把解决职工最关心、最直接、最现实的问题作为他工作的出发点和落脚点。深入开展送温暖工程，一年来，于大勇积极张罗为高温岗位上空调和风扇，为特困职工捐款，节假日走访慰问退休、伤病职工，为他们送去生活用品，对职工因大病、突发灾祸、陷入临时困境的，代表厂里及时伸出援助之手。

（文/白　玉）

传递凌钢正能量

——记优秀共产党员、焦化厂油库班长李文锋

李文锋，1974年出生，1995年凌钢技校毕业，中共党员。现任焦化厂回收作业区油库班长。曾获公司工人技术创新二等奖两次、三等奖四次，2007年、2013年获得公司优秀共产党员称号。

“干一行、爱一行、专一行”，作为班长，李文锋无愧于领导的关怀与重托，无愧于同事们的信任与支持。油库是国家级重大危险源，但凡发生一点事故，后果不堪设想，有着高度责任心的他深知肩上的重任，工作中严格要求自己，详细掌握各种化工产品的性质，深刻总结发生事故行业的经验，吸取事故的惨痛教训。2007年8月，油库区洗油罐内加热器串漏须检修，此项工作量大、危险性极强，须采取可靠的安全防护措施，于是他主动找各项关口的人员联系、协商，制定一套可行检修方案，得到认可后，他开始着手组织人员现场操作。先要接齿轮泵抽净罐内残油，打开人孔，佩戴防毒面罩进入罐内将固体残留物清净，最后用清水置换，罐顶人孔配接轴流风机，焊接前用仪器检测罐内可燃气体的浓度，确认无误、可靠方可焊接，可是运作起来并非想象中的那么简单，因为8月的天气正值高湿，罐内闷得很，油气和汗水让人睁不开眼睛，尽管环境恶劣，他每次都是第一个进罐清渣，最终完成了任务，体现出了党员的本色。

在油库区域工作，安全是头等大事。李文锋一直对外来车辆、人员严格管理，执行要害岗位外来人员登记制度，严格检查入库区车辆的相关证件，并对每一辆运输粗苯的汽车司机发放粗苯安全技术说明书，向他们详细讲解粗苯存在的危险性。也正是因为这样，油库区域从未发生过安全事故。

2013年，1号粗苯罐拆除更换，由于粗苯易燃易爆，不能动火作业成了拆除的最大难题。李文锋经过缜密思考，大胆地提出了打破常规的拆除方案，先将罐体调离地面，一端垫起500mm高，使管内残苯由另一端放液口放出，用塑料桶回收至备用罐。然后将罐体整体吊离库区，放置空旷场地，再用勾机将罐体撕裂。期间用高压消防水枪喷水，防止产生火花。不仅安全拆除了1号粗苯罐，同时减少残留苯对环境的污染，回收粗苯创效约6万元。

牢记使命当旗帜

——记公司优秀党员、原料厂安全科科长刘崇伟

刘崇伟，1968 年 9 月出生，1988 年 8 月参加工作，中共党员，1988 年 7 月毕业于黑龙江省伊春师范，现任原料厂安全科科长。2012 年获得公司优秀共产党员称号。曾获得朝阳市企业管理进步一等奖等荣誉。

作为安全科长，他以“嘴勤、眼勤、腿勤、手勤”的方式工作着，始终秉承“以人为本”的理念，做到“用理念激励人，用制度约束人，用情感温暖人”，严、细、实对待安全管理的每个细节，为原料厂实现既定的安全管理目标作出了贡献。

2012 年，原料厂 2 号麦窑紧张施工，刘崇伟每天上班的第一件事就是深入新项目建设现场，随时对施工过程进行安全监察，现场协调解决问题，确保安全施工，先后对施工单位未设置隔离带、未设置安全警示、未按要求安装红色警示灯等不符合项进行纠正并限期整改，确保了施工安全有序。对原设计中的安全设施缺项、漏项做到及时发现，及时完善，消除了设计缺陷。新麦窑在砌筑、设备安装、调试阶段，交叉作业的安全管理是整个麦窑建设的重点，他始终严格执行安全管理规范，按“三同时”的要求，保证了施工安全顺畅。

同年，作为凌钢安全标准化公辅主体受验单位，原料厂安全科承担着巨大的工作压力，他放弃双休日、节假日，有时忙碌到深夜，组织专业技术、管理人员对建厂以来的各项安全管理制度、规程、岗位安全生产责任制、应急预案等进行重新梳理、认真归纳、完善。经过近 8 个月的艰辛努力，形成了原料厂安全管理标准化自检自查材料及安全标准化自评报告，于 8 月份顺利通过了专家组国家二级安全标准化资质的审核验收。

在工作中，他发现当 1 号取料机发生故障后，会出现四合一物料无法进入配料室、混匀矿无法生产的状况，提出“增设一条皮带机及分料器，使四合一物料既能通过 1 号堆料机进入一次料场料条，又能直接进入配料室”，解决了制约生产的瓶颈问题，改造后年可创效 10 万元以上。同时在上料皮带始端增加洒水装置，对干料加湿，避免扬尘，对四合一上料系统区域的现场地面进行硬化，在硬化地面一侧增设彩板墙，使“四合一”这个全公司现场管理的老大难得以解决，并成为管理亮点。

（文/于　健）

以党员的标准诠释平凡而精彩的人生

——记公司优秀党员、原料厂输送作业长王学志

王学志，1968年3月出生，1986年8月参加工作，中共党员，毕业于辽宁省党校，现任原料厂输送作业区作业长。2015年获得公司优秀共产党员称号。

2015年年初，原竖窑作业区有职工70多人，职工年龄偏大，体质差，王学志就把作业区的党员按实际情况分到各班组，充分发挥党员的骨干带头作用。3月份，$80m^3$竖窑大修时积极配合施工方抢进度、抓质量，对每个环节都亲自到现场检查指导、操作。煤气烧嘴是窑体的重要部分，安装时他亲自进入窑内对每个烧嘴进行调整，发现了探尺安装时位置有偏差，及时进行了整改。

工作中他积极主动，带领职工积极实施工人技术创新，不断解决生产中出现的难题。2014年，因制粉系统满负荷，制约了4座竖窑，使其停产，他提出实施的“白灰深加工的系统改造”项目，通过对新、老滚筛，立式破碎机出灰溜槽的系列改造，提高日制粉能力550t，实现了石灰生产的再平衡，此项目被公司工会评为工人技术创新二等奖。他能发现问题并解决问题，如竖窑蒸汽吹扫系统均没有疏水器，冬季蒸汽吹扫点及相连管道出现冻裂现象，造成蒸汽泄漏，针对这个问题，他主动立项，将竖窑蒸汽吹扫点改成三通的形式，避免了冬季蒸汽吹扫点冻结造成泄漏，年可创效2.35万元。

2015年10月，两座$80m^3$、$200m^3$竖窑永久性停产，原竖窑作业区接收宏钢二次料场混匀料输送业务，面临职工年龄偏大、体能、体质较差，作业环境改变安全隐患较多的新难题，他不怕苦、脏、累，每天和职工摸爬滚打在工作现场，使职工以最快的速度适应了新设备，熟悉了新环境，掌握了新的工艺流程。他率先垂范，充分发挥党员的先锋模范作用，上岗仅仅一个多月就带领职工研究出“快速更换托辊的支撑架”，以前换好托辊需要两个人，现在一个人就可以快速换好托辊，大大地缩短了更换托辊的时间。冬季是输送作业区最难干的季节，特别是2015年冬季，气温达到$-20℃$，造成返程的皮带粘料较多，每班撒料达到30多吨，他积极想办法，找措施，没有因此而耽误生产。

（文/何秀梅）

点检队伍的巾帼女侠

——记公司优秀党员、氧气厂仪表点检员冯焕霞

冯焕霞，1979 年出生，毕业于辽宁本溪冶金高等专科学校，中共党员，2001 年参加工作，现任氧气厂仪表点检员。曾多次获得青年岗位能手、管理能手、设备改善先进个人等荣誉称号。2011 年获得科技贡献四等奖。2009 年、2014 年被评为公司优秀共产党员。

2008 年，她主要负责 $10000m^3/h$ 机组、$3200m^3/h$ 机组在线分析仪表的点检、维护、管理等工作。在日常工作中，力争做到更好，保证了各机组仪表的平稳运行。在 $6000m^3/h$ 机组年修中积极参与，认真点检维护各机组在线分析仪表，修复了 $6000m^3/h$ 机组微量水分析仪，保证了各分析仪的准确性。

2008 年下半年，$20000m^3/h$ 制氧机技改工程进入安装调试阶段后，冯焕霞负责氧气厂所有运行机组的仪表点检、维护、管理等工作，她利用空余和休息时间到 $20000m^3/h$ 制氧机施工现场认真学习，协助处理施工中出现的各类仪表问题，$20000m^3/h$ 机组提前投产，在分析仪厂家现场服务人员未到的情况下，她认真学习分析仪随机英文资料后，协助施工人员安装好分析仪及所有管线后，调试成功，使得在线分析仪如期投入使用。

她负责组织实施并完成了 $20000m^3/h$ 机组和 $3200m^3/h$ 机组的仪表年修工作。当时两套机组同时年修，均按照计划保质保量完成。她积极参与 $10000m^3/h$ 机组年修，协助解决年修中本专业出现的各类问题，确保年修计划按期完成。

精心点检，发现各类问题及时反馈解决。完成本专业点检任务的同时，发现其他问题及时反馈解决，如发现 3 万氮压机冷却器接头漏气，$20000m^3/h$ 机组水泵房地沟总上水管道排气阀根部渗水，$30000m^3/h$ 机组辅助间房顶高压和中压管道旁通阀填料漏气等。$30000m^3/h$ 机组水冷塔补水自动调节阀突然开大，操作工怀疑阀门有故障，从专业角度肯定答复阀门调节正常，再从别的方面分析、查找原因，最后确认是管道过滤器堵，为分析问题，解决故障节省了时间。发现 $10000m^3/h$ 机组 2 号膨胀机紧急切断阀阀体泄漏后，及时采购维修件，使该故障隐患在 $10000m^3/h$ 机组年修期间解决。

氧气厂电气专业的“智多星”

——记公司优秀党员、氧气厂电气点检长李春明

李春明，1970 年出生，1988 年参加工作，中共党员，毕业于辽宁工程技术大学机电一体化专业，现任氧气厂电气专业点检组长兼电工班长。多次获得公司科技贡献四等奖，青年岗位能手、技术能手，优秀点检员等荣誉称号，2010 年被评为公司优秀共产党员。

利用 20000m^3/h 制氧机组临时停车机会，李春明对该制氧机组三大机高压电机电气控制系统进行了改造，使电气控制回路的时间继电器 KT1 在电动机启动后，即主断路器合闸后，时间继电器 KT1 线圈不带电。避免了由于烧毁时间继电器 KT1 而造成的停车。改造后运行效果很好，保证了制氧生产的顺行。

通过计算对 20000m^3/h 制氧机组三大机液变软启动装置电解液进行重新配制，达到了电机启动要求。对凉水塔风机电动机控制系统进行了改造，避免了晃电停机。他建议协助仪表完成了两万大水泵电动机加装轴温、定子温度监测系统，保障电动机运行安全。把 20000m^3/h 制氧 5 台电缆沟积水坑潜水泵控制箱移到井外，方便了操作和维修，避免了故障，同时提高安全性能。全面查看搜集图纸和资料编制了 20000m^3/h 制氧机组电气点检四大标准、安全技术规程和操作规程，建立了电气技术档案。完成了 20000m^3/h 制氧机组电气资料归档修订等工作。

对 3200m^3/h 机组活塞式压缩机电控系统进行了改造，保证了设备随时开停，达到满足生产又节电的目的。对厂内路灯和部分区域照明进行了改造，由于采用节能型灯具，大大节省了电能，降低了检修负荷。在 10000m^3/h 机组年修过程中，在时间紧、任务重的情况下，李春明全面负责电气工程施工，他组织电工加班加点，在完成自身承担的检修任务外，还配合其他专业检修，提前完成年修，创造了可观的经济效益。负责完成了氧气厂电气设备点检及设备改善和春、秋季用电安全大检查工作，保证了氧气厂用电的稳定性。

高觉悟　强技能

——记公司优秀党员、氧气厂工艺技术员王晓亮

王晓亮，1982 年出生，中共党员，内蒙古科技大学建筑环境与设备工程专业毕业，2006 年参加工作，现任氧气厂工艺技术员。2013 年被评为公司优秀共产党员，四次获得公司科技贡献四等奖，多次荣获青年技术能手、青年岗位能手、技术专家等荣誉。

王晓亮负责每套机组检修工艺方面的工作，每次检修都能保质量、保安全，提前完成任务。在检修过程中，除了负责工艺自承担的检修任务外，还负责为检修提供工艺条件和协调检修工序，在检修过程中，他亲自对每处的检修质量认真检查，无一处返工。及时组织人员对检修完成的具备试车条件的系统或设备进行试压、查漏和试车等工作。全面指导开停车，停车、排液、加温和开车一次性成功，无重复操作。

无论是上班时间还是休息时间，每次开停车过程中他都到达现场，进行技术指导并且参与操作，缓解了开停车过程中人员紧张的矛盾。发现问题及时组织人员解决处理，避免出现操作事故，使得多次开停车均一次成功，及时送出合格的氧气和氮气，保证公司生产。

保持共产党员先进性，发挥先锋模范作用，积极投入到技改工作中。在新建 $30000m^3/h$ 制氧机项目中，他负责工艺专业，认真审查每一份技术资料，在审查技术资料过程中，审查出了许多问题，并及时与设计单位联系，使问题得到了及时解决。他对工程每个环节的质量、安全、进度进行全面看护，发现问题及时提出研究解决，减少返工率，确保工程质量和施工顺利进行。指导施工的技术人员严格按设计图纸、施工规范、操作规程组织施工，并进行质量、进度把关控制。为 $30000m^3/h$ 制氧机顺利投产保驾护航。在 $30000m^3/h$ 制氧机试车过程中，他积极参与和指导每一台设备的调试和启动，连续 24 小时工作，对 $30000m^3/h$ 制氧机顺利投产起到了积极的作用。

女工的贴心人

——记公司优秀党员、动力厂女工委员张兰英

张兰英，1964年4月出生，辽宁财经大学毕业，1983年9月参加工作，中共党员，时任动力厂统计员兼工会女工委员。连续三年被评为公司优秀共产党员。

动力厂女职工人数多，全公司排于首位。张兰英常说这样一句话：有位才有为，作为女工更是如此。而提高女工的操作技术能力是有位有为的前提条件。在她的倡导组织下，工会组织全厂女职工以“创建学习型组织、争当知识型职工”为内涵，开展形式多样的岗位练兵、技术比武活动，提高女职工的技能和素质。连续三年在供电、风水远程控制、风水巡检、水分析、煤气分析和化学分析六大系统开展了全员参与的技术比武活动。比武前，进行理论培训。建立理论试题题库，组织实际操作考试。三年时间，累计共评选出技术状元18人、技术能手9人，分别对获奖女职工进行了表彰和奖励。培训活动的持续开展，为女工展示风采搭建了平台，提升了女职工岗位建功立业的真本领。

为发挥女职工在企业中的“半边天”作用，张兰英组织女职工围绕“对标挖潜、降本增效”中心工作，针对动力厂或本岗位存在的影响产品产量、质量、安全、能源、环保、设备运行以及管理等方面的问题，广泛开展“提合理化建议”活动。三年来，全厂女职工共提合理化建议132项，采纳47项，其中被选为金点子13项，并颁发了证书和奖金，极大地调动了女职工工作积极性。

有人断言，女职工成堆的地方，杂事多，不好带。张兰英的做法是，用科学、规范化的管理模式，打造和谐、阳光、向上的职工团队。为增强职工服务意识，促进班组内的团结协作，动力厂女工委率先在全公司开展了评选“团结之星”评选活动。做到了班组内、职工间同心同德、尽职尽责，团队意识强、协调能力强，“你思我想、你困我帮、你需我助、你求我应”。围绕基本礼仪、仪表礼仪、言谈礼仪、仪态礼仪等，开展“礼仪之星”评选活动。“团结之星”和“礼仪之星”每半年评选一次，及时表彰，并将本人照片和事迹张贴在职工之家专栏，以便大家学习和效仿。动力厂工会女工委会将两项评选活动形成长效机制，不断完善，使其真正发挥激励职工、共创和谐的作用。

（文/李亚明）

坚　守

——记公司优秀党员、动力厂安全科科长陈志强

陈志强，1966 年 4 月出生，刊受党校毕业，1984 年 11 月参加工作，中共党员，工程师，现任动力厂安全科科长。2008 年被评为公司优秀共产党员。

2008 年，陈志强被任命为动力厂安全科科长。3 个分厂合并为动力厂，1000 多名职工，工作岗位遍布整个凌钢厂区。安全管理存在死角，违章指挥、违章操作、不执行安全操作规程现象随处可见。

显而易见，基础工作薄弱是制约安全工作的症结。履职新岗位后，陈志强每天深入到生产一线实地调研。煤气倒阀作业属于危险作业，极易发生煤气中毒、着火、爆炸事故。通过实地调查，他很快发现，出现违章指挥、冒险作业的主因是安全制度不健全。一个月后，动力厂《煤气手动眼镜阀和电动眼镜阀操作程序及考核制度》出台，明确了煤气调度、安全、点检管理人员的职责，规范了手动和电动眼镜阀煤气危险作业的操作程序，对 TRT 煤气倒阀作业进行了细化，强化了对管理人员、岗位操作人员的考核力度和责任追究。通过完善各项安全管理制度，严肃考核机制，严查职工操作行为，彻底杜绝了违章指挥、违章作业现象的发生，职工的安全意识和安全理念得到了显著提高。

管理就是管人。陈志强意识到，作为合格的安全管理者，工作责任心、管理能力必不可少，但用制度去管人才是关键。2008 年，新发电技改工程开工后，陈志强连续多天坚守在施工现场。有一天晚上 11 点多，他发现一家施工单位在不具备安全条件的情况下，强令本厂职工冒险作业，将煤气送往新建锅炉准备点火作业。由于没有按要求进行煤气管道气密性试验，没有达到安全“三同时”的要求。煤气一旦送到锅炉燃烧极易造成锅炉及煤气设施爆炸事故发生。陈志强立即制止了施工单位违章指挥、强令职工冒险作业的行为，避免了重大煤气事故的发生。

动力厂在线运行煤气排水器 198 台，原来的检查方式没有量化考核，而煤气排水器全部设置在厂区主干道路旁边，一旦损坏泄漏煤气，将会造成道路行人煤气中毒。他创新煤气排水器巡检工作新方式，自己设计煤气排水器检查记录牌，安装在每台煤气排水器上，制定了量化可考的巡检制度。此项工作创新方法得到了公司生产技术部的认可，并在全公司推广运用。

（文/李亚明）

在平凡的岗位上

——记公司优秀党员、动力厂电气实验室主任佟德金

佟德金，1957 年 1 月出生，辽宁广播电视大学毕业，1975 年 7 月参加工作，中共党员，现任动力厂电气实验室主任。2009 年、2015 年被评为公司优秀共产党员。

他是一名老党员，在凌钢工作了一辈子。他默默无闻，无私奉献，在他的身上，你会读懂什么是今生无悔、此生无憾。

虽然年近 60 岁，精神面貌依然如故。一双炯炯有神的大眼睛，中等身材。在同事心中，他是一位说话和谐、面相和蔼可亲的老大哥。他就是动力厂电气实验室主任佟德金。

佟德金从入厂至今，一直从事电气管理工作。他具有扎实的电气理论知识和丰富的现场经验。由他主持编写了《电气试验标准化作业指导书》在全公司推广应用。多个岗位操作规程，也都出自他手，至今被推广使用。连续多年，协助厂领导完成了公司变电工技术比武工作，负责组织从备课、培训、出题到考试阅卷的全部工作。

2009 年，时任点检作业区作业长的佟德金，积极参与公司技改工程建设，带领职工转战多个施工现场，哪里需要，就在哪里奋战。工程后期，佟德金先后编写了 3 号和 4 号高炉 TRT 发电机及 15MW 发电机电气运行操作规程和发电机静态、动态调试项目及发电机启动方案。虽然工期短任务重，但他丝毫没有气馁。为了按时完成施工任务，他凭着多年的工作经验和事业的责任心，精心组织、周密安排，终于在计划的时间内，保质保量地完成了所有参与项目的电气安装、调试工作。

佟德金在日常管理工作中，起到一位党员的先锋模范作用，处处以身作则，以工作为重，善于处理职工关心的热点、难点问题，做到奖金分配公平、公正。他架起了一座领导与群众的沟通桥梁，真正做到为领导想事，为群众办实事。

（文/李亚明　刘学明）

为了污水零排放目标的实现

——记公司优秀党员、动力厂污水处理作业长迟树利

迟树利，1966年10月出生，北票矿中毕业，1982年5月参加工作，中共党员，工人技师，现任动力厂污水处理作业区作业长。2011年被评为公司优秀党员。

近年来，国家、省、市领导每次来到凌钢视察工作时，都会来到一个地方进行参观，那就是动力厂污水处理中心。至今污水处理中心已经连续四年实现了污水零排放目标，成为凌钢对外一个亮丽的窗口。

2011年，凌钢对污水处理系统进行了一次全新的改造，反渗透及超滤最新的前沿工艺技术落户凌钢。作为作业区的负责人，迟树利深感责任重大。从旧设备拆除、新厂房土建，到新设备安装、厂家专业技术人员调试，他都深度介入，身先士卒，吃住在现场，几天几夜不回家是常有的事，为的就是确保技改工程安全有序地进行。

面对新工艺、新设备，提高自身与岗位人员技能迫在眉睫。迟树利坚定一个信念“学”。他开始从结合老工艺的基础知识入手，尽可能多地去了解掌握反渗透及超滤设备性能，规范操作方面的知识。他随身携带一个本子，把新学会的知识一点点地记录下来。晚上回到家后，他不顾疲劳，通过看笔记、上网查询等方式继续学习，经常熬到深夜。在担负繁重的技改任务同时，他还制定了详细的培训计划，结合新工艺，从凌钢污水排放及处理实际出发，认真演练，详细问答，迅速提高了全员的业务水平。

随着污水处理技改工程接近尾声，施工人员、调试人员陆续撤离，迟树利利用15天时间，清理遗留在现场的杂物。遇到脏活、累活，他总是干在最前面。发挥党员带头作用，带领全作业区人员刷洗地板2000多平方米，擦拭水泵等设备70多台套。这就是迟树利，一名有着十几年党龄的共产党员。为凌钢污水零排放目标的实现，他默默无闻地工作，脚踏实地创新。

（文/李亚明　刘学明）

做人与做事

——记公司优秀党员、动力厂风水作业区作业长刘玉杰

刘玉杰，1963年8月出生，凌钢中学毕业，1983年10月参加工作，中共党员，时任动力厂风水作业区作业长。2012年被评为公司优秀共产党员。

2012年年初，公司确定整合各分厂的供风、水系统，实现“无人值守，集中控制”的工作目标。“无人值守”项目对于凌钢来说是新生事物。

项目负责人刘玉杰又该从何处着手强化管理呢？连续一个多月，她带领作业区的班组长、技术人员一次又一次地到各分厂实地考察、学习、了解情况，将收集到的资料经反复核实，准确无误的打印成册，下发至每个班组，人手一册。利用班前、班后会及业余时间集中组织职工学习，人人参与考试进行验收。使职工掌握了“无人值守”的第一手材料，为平稳、安全生产奠定了坚实的基础。

“无人值守”是一种设备运行的新方式，岗位人员配备与分配很难决策。这个问题也给她带来了很大的困惑。刘玉杰经反复与厂领导沟通，凭借多年的管理经验，将集控、巡检两部分人员妥善地进行了分配。由于人员配备合理，使“无人值守”项目得以顺利实施，未发生人为操作事故，保证了生产的正常进行。

供水一段职工多达200余人，而且多数为女职工。通过实施一对一的语言交流方式，对每个人的性格秉性及原有的工作态度进行了摸底，并做出了大胆安排，使这一难题迎刃而解。

在工程安装与调试期间，她一方面力保老区生产稳定运行，另一方面对新工程进度紧跟不放。白天没有时间，就利用业余时间，起早贪黑，坚持每天到新区了解情况，发现问题，做到及时协调处理。施工现场条件十分恶劣，沟壑纵横，管道、设备交叉错落。从泵房的一头到另一头，不知得跳过多少条沟，跨过多少条坎，腾一身土，再弄一身泥。就这样，不声不响地诠释者一名共产党员的追求。一年来，她没休过一个礼拜天，也没休过一个节假日，全年义务献工多达百余天。

（文/李亚明　刘学明）

梦想成就的精彩人生

——记公司优秀党员、动力厂风水三区作业长林晓娜

林晓娜，1978 年 2 月出生，2003 年 7 月毕业于沈阳化工学院，中共党员，现任动力厂风水三区作业长，2014 年被评为公司优秀共产党员。

人生因梦想而精彩。梦想并不需要很高，但它是有意义的人生所不可或缺的方向。作为基层管理人员，林晓娜也有自己的一个梦想，那就是让自己学有所用，成为一个对企业有用的人。2003 年 7 月毕业于沈阳化工学院的林晓娜，8 年后，被任命为无人值守集控大厅风水三区作业长。

刚刚接手作业长一职，林晓娜就接受了严峻的考验——动力厂无人值守项目即将上线。无人值守项目对于凌钢来说是一个全新的课题，毫无经验可以借鉴，为了尽快进入角色，林晓娜提前参与到项目的学习，查找资料，整理培训教案工作中。资料不全，她就到公司档案室、设计院查找原始图纸，一遍一遍的研究、整理。对于分厂不了解的实际情况，就利用业余时间一遍一遍走访现场，主动与岗位职工交流，获得第一手的实际操作经验。为了让全段职工都能尽快掌握风水系统的工艺流程，林晓娜提前对岗位工进行培训，多达 200 多课时。在现场讲解过程中，新区的稳压罐都是第一次接触，操作总是搞不清，林晓娜就反复讲解，直到岗位工慢慢掌握为止，为无人值守的稳定运行做好了充分的准备工作。

为了保证集控大厅远程操作无失误，提高大厅操作人员的素质，林晓娜还专门对 8 名集控中心操作工进行系统培训，一方面进行电脑操作实际培训，一方面带领她们到分厂逐个岗位逐台设备进行现场学习，以便于集控中心操作工能准确无误的操作好所属设备。经过 20 多天的系统学习，集控中心于 2012 年 8 月 15 日正式开始倒班运行，林晓娜连续半个多月，天天白班连四点，坚守在集控大厅指导操作。

在林晓娜的带领下，无人值守这种新的运行模式迅速成长，2013 年实现了全年安全供水无事故的目标。林晓娜也在自己的辛勤耕耘中实现着自己的梦想。

（文/李亚明）

将创效进行到底

——记公司优秀党员、动力厂煤气柜作业区作业长张俊峰

张俊峰，1966 年 12 月出生，凌源一中毕业，1988 年 11 月参加工作，中共党员，现任动力厂煤气柜作业区作业长。2014 年被评为公司优秀共产党员。

忠厚老实，与人为善，是张俊峰对外的形象符号。说起他，作业区的每个人，为他的求真务实、爱岗敬业而感到敬佩不已。他就是动力厂煤气柜作业区作业长张俊峰。

2014 年，新老区煤气管道实现联网，这给张俊峰出了一个很大的难题。他通过上网查阅资料，细心研究和探索，经过一次次的考查和论证，最终制定出一套创新性的操作方法，有效地保证了新老区转炉煤气的回收和输送。

这套全新的操作方法，完全是采用“数字化”，便于岗位工操作。新区转一台炉和两台炉回收煤气时，柜位控制 20m、10m 以上，外送压力 10 ~ 12kPa 之间。调节与老区联网阀门的开度，增加外送煤气量。回收不正常时，老区降低压力 8kPa 左右，由老区给新区送煤气。老区 120t 1 ~ 3 台炉回收煤气时，提高或降低风机外送压力，增减热电锅炉煤气使用量，实行柜位控制。

张俊峰对操作方法的改变，全年新区多回收煤气 9035600m^3，老区多回收煤气 9113100m^3，做到了煤气零放散。全年创效 236 万元。

白灰竖窑自投产以来，始终使用高焦混合煤气。由于受干熄焦工程影响，焦化结焦时间延长，焦炉煤气产量减少，严重影响了生产的运行。张俊峰主动和原料厂联系，提出减少焦炉煤气配比，增加高炉煤气量。经过多次试验，最后改为送单一高炉煤气，保证了竖窑生产。

一年来，张俊峰大胆创新、强化管理、认真负责，在工作中真正发挥了一个党员的模范作用。在他的带领下，煤气柜工段各项工作开展得有声有色，全年安全生产无事故，全年输送转炉煤气 645170000m^3，高炉煤气 1308790000m^3，焦炉煤气 162940000m^3。

（文/李亚明　刘学明）

苦中有乐亦芳菲

——记公司优秀党员、运输部司机刘扶民

刘扶民，1971 年 10 月出生，1987 年 10 月参加工作，中共党员，现任运输部司机。2007 年荣获公司优秀共产党员。

2006 年 8 月份的一天，随着内燃机车缓缓驶入运输部编组站线路，这一幕，正式拉开了蒸汽机车退役的帷幕，这一幕，对于 1387 号蒸汽机车司机长刘扶民来说，别有一番滋味在心头，这就意味着和自己打了 10 年交道的“老搭档”即将要消失在人们的视线中。

说起操纵蒸汽机车的“苦”，只有和它打过交道的人才能有设身处地的感触。就拿交班前整备环节为例，司机、副司机、司炉三人各司其职，给油的给油，上水的上水，加煤的加煤……当然棘手的是清炉，炉渣要清理干净，赶上煤质不好形成焦块粘在炉床上就是不下来，得用铁钩子去钩，去砸，因为炉床上正烧着煤，时间一长，受热铁钩子就会变软，等冷却再干，有时精神过于集中，稍不注意手上被烫出水泡是常有的事儿。

接下来，再说用铁锨垫上一层煤作为隔热层，上面放上玻璃小镜子，伸到炉床上面去检查上方铅堵是否漏气，铅堵分前、中、后三部位布置，如果铅堵漏气，会导致锅炉爆炸。因此这项作业时，要抓住煤燃烧不产生烟时进行，麻利、迅速是作业要点所在。一来是小镜子时间一长会炸裂；二来木质锨把也受不了。

夏热冬冷，这个特点在蒸汽机车上体现尤为明显。夏天，身边守着一个锅炉，可想而知，那是一种什么样的热度，司机室里的温度比外面还要高出许多。而到了冬天则是另一番情形，司机室四处透风，针大的窟窿斗大的风，这句老话在这里得到真真切切的再现，司机所处的位置正好一半凉一半热，真可谓水火交加，只有身在其中的人，才能品尝到这种味道。

作为司机长的他还有一项重要工作：每月一次两天的洗罐，它是设备保养的一个重要步骤。等到验收，从机连部、走行部、制动系统，再到空气压缩机等部位，爬上爬下，围着机车转个不停……

有耕耘，就有收获。1387 号蒸汽机车成为设备保养的一个样板，创造了 23 个月才检修的最高纪录，而通常惯例是 12 个月一次。

宛如平常一段歌

——记公司优秀党员、运输部采购员于浩

于浩，1971 年 11 月出生，1990 年 7 月参加工作，中共党员，毕业于凌钢技校，现任运输部采购员。2008 年获得公司优秀共产党员称号。

他在采购员的岗位上一干就是 10 多年，随着市场竞争压力的日趋加剧，成本意识越来越强，这个“强”字就要求在经济这条线上工作的人，要有当家理财过日子的能力，一分耕耘，一分收获，理出一片精彩的天空，他就是本文主人公——运输部优秀共产党员于浩。

2006 年 6 月，运输部购进了 3 台内燃机车，由于 3 台内燃机车比较旧，所以，备品、备件的规格型号残缺不全，给材料采购工作带来了相当大的难度。为解决这一问题，他经常到机车上查找零部件的规格型号，经常与乘务员、专业技术员探讨有关知识。经过不断的努力，功夫不负有心人，从备件名称和性能的“外行”，到现在张口就来，这里面有着功夫在课外的付出，有时候他还会帮助内燃机车进行小辅修。

枕木是运输部采购中一大项，国内限制采伐，其原材料全部由国外进口。今年 8 月价格开始上涨，了解这方面信息后，为降低采购成本，他与计划员及时沟通并购进一批枕木。通过对价格与生产企业的了解，严把施工所用备件质量，为顺利完成年修打下基础。

他利用自己工作所接触到人多、信息多的优势，提出了许多有价值的合理化建议。如：用便携式 LED 手电筒取代手提信号灯；与其他分厂沟通；将淘汰待报废的铁路备件加工后再次利用；改进机车救援设备，使机车救援设备既可以救援蒸汽机车，又可以救援内燃机车，从而大大提高了设备工作效率的同时，也节省了许多资金。

因为运输公司备件采购量少，库存较低，备件不能够全部采购到位。为了解决临时出现的设备问题，通过与经销商、锦州机务段大修厂和承德钢铁公司联系，建立战略伙伴关系，在不影响生产维修的前提下相互使用，既降低了库存，又保证了生产。

风雨数载　爱岗敬业

——记公司优秀党员、运输部调车员张国栋

张国栋，1971 年 7 月出生，1989 年 7 月参加工作，中共党员，现任运输部调车员，2012 年获得公司优秀共产党员称号。

张国栋，只要大家一提起他的名字，“爱岗敬业，认真负责”这八个字就马上出现在大家的脑海中。他也是以这八个字作为工作信条，在工作中一直坚守着。

他每天早早地来到单位，换上劳动保护用品，接班后对对讲机等作业中要用的设备进行检查，有问题及时处理妥当。作业单下达时，他要对作业内容进行复述，有不懂或不明白的地方，马上向值班员询问，每次作业任务都能顺顺当当地完成。对于和他一起搭档的同伴，他更是十分的照顾。现在，工段里年轻人多，对于很多地方的作业不是很熟悉，和他一起搭档的是一个 20 岁出头的小伙子，小伙子有干劲、有朝气、有活力，可就是缺少了一份认真和仔细。他发现搭档在作业中出现的问题，就会及时指出来，帮助他改正。他常说“人无完人，有错误不怕，怕的是你没有认识和改正错误的勇气”。

安全生产大于天，运输作业更离不开“安全”二字。尤其是调车工作，他不仅自己懂安全、会安全，更带动身边的人，共同做好安全工作。记得有一次在北大荒作业时，那里的道岔状态不算太好，尤其是夜晚取对车时，更是要仔细地辨别，认真地核对，稍有差池就有掉道危险。一次，他和一个刚刚从事连结工作的小伙子搭档，他对于北大荒的地形和情况不是十分的熟悉。对于当时道线的检查不够仔细，幸亏他知道这个搭档刚工作时间不长，对现场情况不了解，所以，他在连结员检查完道线后，又进行了一次复查，在复查的过程中，机车第四位道线处有一大块石头，一旦机车开动，就很可能会掉道，避免了这起事故的发生。

风雨数载，无数个春夏秋冬，炎炎的烈日下，呼呼的北风中，都依稀能看见他的身影，是那样的挺拔、那样的坚毅！

（文/马　玲）

年轻人，好样的！

——记公司优秀党员、运输部调车员荣旭

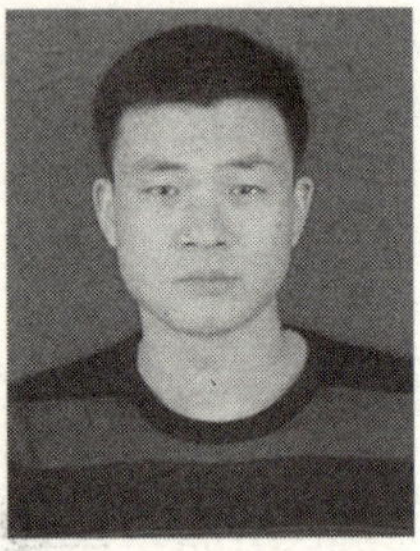

荣旭，1987 年 5 月出生，2010 年 4 月参加工作，中共党员，毕业于黑龙江交通职业技术学院，现任运输部调车员。2013 年被评为优秀共产党员。

说起荣旭，还真有些特点，学徒不到 4 个月，在 2010 年 8 月份工人技术比武活动中，获得了连结员组第一名，为此被破格提职为调车员。短短不到 3 年时间，走进了 2013 年公司优秀共产党员的行列，怎能不让人为之竖起大拇指，说一声：年轻人，好样的！

2010 年 4 月，荣旭从学校毕业后来到了凌钢工作，由于从事的工作与所学专业对口，从学徒阶段到出徒顶岗，可以说是十分得心应手。但他并未以此为骄傲的资本，而是化作前进的动力。工作中不断虚心向老师傅请教，作业过程中更加仔细，在原料、型棒材道口避免了机车车辆撞抢道行人，防止了事故的发生。在炼铁作业站发现铁水罐车减震枕簧缺失，高炉下出铁口渣铁刮罐并提出整改意见。

甘于奉献，吃苦在先。在 4 年多的调车连结工作时间里，他勤勤恳恳，任劳任怨，不计个人得失，服从组织安排。从别的工段分配到此工段的新人，有的业务水平还很低下，和学徒相当，但与他分配到一起搭伙，他都会悉心教导，以身作则，散发出一种正能量，推进着工作的前行。

要干就要干好

——记公司优秀党员、运输部司机蒋海龙

蒋海龙，1983 年 2 月出生，2008 年 7 月参加工作，中共党员，毕业于黑龙江交通职业技术学院，现任运输部司机。2013 年获得公司优秀共产党员称号。

可以说蒋海龙是怀揣对内燃机车的向往走出校门的，2008 年来到凌钢运输部成为一名副司机，如他所愿。

刚参加工作，感觉一切都很好。随着对工作内容和性质的进一步了解，他慢慢地感觉到了压力。每天接班第一件事是对机车全面检查、给油工作。每一个部件都要检查到位，每一个运转机械都要从视觉、听觉上进行查看，他深知内燃机车结构相对复杂，一个小地方检查不到位，就有可能影响整个机车的运转状态，进而影响运输工作。

为了更好的掌握操作要领，他暗地里从书本上学、从工作中学，操作技能一天天地成熟起来。每天的工作对他来说都是一种考验，在每天的考验中，他也在逐步积累着经验。

2010 年 6 月的一天，他所在的 1026 机车组在去厂内宽带线作业的过程中，发现距铁路线路右侧 2m 左右有一位行人在沿线路行走。按照正常思维来看，应该不会出现什么危险，但是当机车接近时，这位行人突然要穿越线路到铁路对面，他赶紧鸣笛并喊司机停车，机车停下时距离行人只有不到 3 米的距离，此时行人已经吓得一动都不敢动，在司机室的他，心也已经提到嗓子眼儿了，事后想起来仍让人心有余悸。这次差点发生事故的教训，让他深刻地领悟到行车工作可不是像我们想象的那么轻松，相反，它要求作业人员时时刻刻都要保持高度的警惕，行车工作来不得一点马虎大意。

2013 年，他所在的 0273 机车组在 4 名司机的共同努力下，没有出现任何违章和大小事故，被评为 2013 年度公司青年文明号。

务实进取　勤奋敬业

——记公司优秀党员、检修中心办公室主任庄俊军

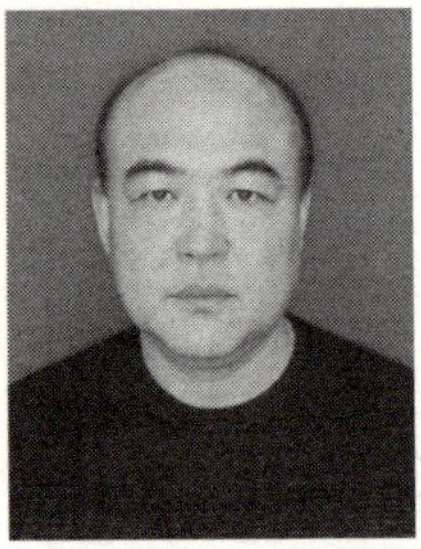

庄俊军，1970 年 5 月出生，1987 年 8 月参加工作，中共党员，毕业于辽宁大学汉语言文学专业，现任检修中心办公室主任、人事员兼政工干事。先后获得公司优秀共产党员称号，连续八年被评为公司思想政治工作能手，连续四年被评为公司优秀党务工作者。

2000 年 8 月，调入检修中心工作至今，庄俊军十几年默默坚持在工作岗位，努力用务实进取、勤奋敬业的工作作风恪尽职守，紧贴自身工作实际，出色地完成了职工绩效考评、政策舆论宣传、规划总结起草、工会基础建设等工作。

一直以来，检修人员紧张的局面都是困扰检修中心管理的一道难题。尤其在 2014 年年初，600 万吨钢全面投产运行，针对新增的 4 个区域人员匹配，提出新老搭配、多工种混合、技术能力三方面的混搭管理模式，有效地解决了人员紧张局面。针对公司降本增效的总要求，检修中心增加了回收外委区域项目，再次给人员造成压力，在中心倡导下，将检修值班人员抽调出一个班次，插入到白班检修队伍，夜班值班倒大班，优化了人员结构，为检修中心全面完成 875 万元任务提供了稳定的人员支持。

协助完善工会基础工作，实现面向基层、服务职工的目标。协助完善工会各项基础管理工作，在“三创一赛”、职工帮扶、“安康杯”竞赛、职工配餐、文体活动等方面牵头工作，效果明显。

钢铁行业的困难局面，给企业党务工作和党员个人提出了新任务和新课题，只要充分发挥优秀党员的先锋模范作用，引领广大职工认清形势、服务大局，就一定会助力企业走出困境。

内抓管理　外树形象

——记公司优秀党员、保卫部保安消防大队副大队长姜兴华

姜兴华，1964 年 4 月出生，1980 年 10 月参加工作，中共党员，毕业于中央党校，现任保卫部保安消防大队副大队长。2008 年获得公司优秀共产党员称号，曾经获得辽宁省公安系统先进个人称号，朝阳市公安局授予的文明干警称号。

提起姜兴华，在凌钢人心中自然地就与钢城卫士联系起来。

在日常工作中，姜兴华充分发挥自身优势，强化保安消防大队的行政管理工作，围绕公司工作中心内容，在保安大队提出了开展好“四个活动”的工作目标。第一季度开展了“冬季两防”专项活动；第二季度开展了“严格门禁管理、控制物资外流”活动；第三季度开展了“内抓管理、文明执勤、外树形象、保卫凌钢”活动；第四季度开展了“全面出击、重点防范、遵章守纪、再作贡献”活动。通过四项活动的开展，充分调动了保安队员的工作积极性，激发了大家的工作热情，使保安消防大队在管理上又上新台阶。

为了把好物资的出入关，姜兴华不辞劳苦，和队员一起检查车辆，2007 年 6 月 11 日 18 时 50 分，一名外来客户到凌钢提热轧中宽带钢，出厂时车上共装 5 卷带钢，出门证上填写只交了 4 卷带钢的款，他认真核对品名、规格、型号以及票据填写的内容，并对客户进行询问查实，在事实面前客户只好如实交代多拉了一卷的事实。经检查核实，多拉出的热轧中宽带钢规格为 7.9 ×750，重 7.760t，价值 22218.80 元。同时按公司规定对客户进行了处理，并为公司追赔经济损失 2 万元。

在处理抓获拿摸工作中，随着技改工程的不断增多，治安形势变得更加严峻。他身先士卒、模范带头，利用夜间和双休日，带领保安队员蹲坑守候，不畏危险，多次抓获盗窃凌钢物资的不法分子，为全体保安队员树立了榜样。

（文/金　鑫）

消防安全　重于泰山

——记公司优秀党员、保卫部保安消防大队副大队长白立伟

白立伟，1971 年 12 月出生，1988 年 10 月参加工作，中共党员，毕业于辽宁大学，现任保卫部保安消防大队副大队长。2009 年获得公司优秀共产党员称号，曾获得公司思想政治工作者称号、科技贡献奖、管理能手等荣誉。

高大魁梧的身材，雷厉风行的工作作风，让人从他的身上感受到东北汉子的豪爽。自 2009 年担任保卫部保安消防大队副大队长兼任消防队长以来，白立伟刻苦钻研业务知识，时刻牢记“防火胜于救灾，责任重于泰山”的使命和责任，用责任和担当维护着凌钢治安秩序和消防安全管理工作。

热衷于消防工作，在工作上兢兢业业，严格履行自己的职责，是工友对他的一致评价。“军人以服从命令为天职。”在日常工作中，白立伟严格执行上级交代的工作任务，特别是在火灾隐患排查工作上，每天都要执行日常防火监督检查，每周都要对各分厂的重点要害部位进行一次隐患排查，发现隐患立即提出整改。2009 年，共检查出消防安全隐患 467 项，整改 464 项，下达整改通知书 24 份。他针对厂区内外来施工检修队伍较多的情况，认真审核易燃易爆区域、重点部位及危险场所的动火审批手续，随时对施工队伍的作业现场进行跟踪检查，对不认真履行动火审批手续，违章作业擅自动火作业的违规单位和个人按规定给予严厉的处罚。全年共审批动火报告 751 份，无一出现问题。通过上述工作有效地减少了火灾事故的发生，为公司生产经营顺利进行提供了保障。

作为保安消防大队督察长，白立伟总是严格要求自己，特别是在调查处理举报保安员违纪问题的时候，本着为组织负责、为保安员负责的态度，认真调查核实取证，及时与大队领导沟通情况，谨慎客观的提出自己的意见，善始善终的完成好每一件举报调查工作。

（文/金　鑫）

用细心严谨守住凌钢的大门

——记公司优秀党员、保卫部保安消防大队检车中队中队长盖业忠

盖业忠，1970 年 8 月出生，1992 年 6 月参加工作，中共党员，现任保卫部保安消防大队检车中队中队长。2013 年获得优秀共产党员称号。

盖业忠作为检车中队中队长，他深知自己的一言一行都在间接或直接地影响着身边同志的工作态度和激情，正所谓“打铁还需自身硬”，在日常工作中，他尽职尽责，时时处处以身作则，坚守岗位，不仅放弃了节假日休息，还主动加班加点，每日都是最早上班，最晚下班，十年如一日。在同事心中树立了良好的党员形象。

检车中队担负着南门、技改一号门、八间房二号门的车辆、物资进出厂检查工作。2012 年是凌钢“十二五”技改工程最忙碌的一年，每日进出厂的各类车辆多达数千辆，尤其是新开设的技改一号门，是新建高炉工程废土外排通道，每日的排土车辆高达 1000 余次。为了防止利欲熏心的人借机实施盗窃，盖业忠坚持工作在第一线，协助队员对每一台废土外排车辆进行仔细的检查，无论是漫天灰尘，还是满地泥泞都能看见他忘我工作的身影。

他放弃自己的休息时间，常年奔波于南门、技改一号门、八间房二号门之间，带领队员每日往返上下检查台与出厂车辆间数百次。共检查车辆数万辆，核对各类物资数百种，查获违法违纪案件 100 余起，直接追赔 6 万余元。在确保凌钢利益不受侵害的情况下，有效地打击了不法分子。

盖业忠是一名退伍军人，虽然脱掉了军装，但多年来他始终坚守着部队的优良作风，在工作中爱岗敬业，忠于职守，在同事心中他还是一位兄长，关心战友胜似亲人……他正是以这种爱岗敬业、爱厂如家的工作态度，毅然坚守在凌钢保卫工作第一线，为公司生产经营任务的完成贡献着自己的光和热。

（文/金　鑫）

业务数据传递出的正能量

——记公司优秀党员、保卫部保安消防大队副大队长辛久海

辛久海，1966 年 7 月出生，1982 年 10 月参加工作，中共党员，毕业于辽宁刊授党校，现任保卫部保安消防大队副大队长。曾获公司管理能手称号、科技贡献奖等荣誉，2014 年荣获公司优秀共产党员称号。

辛久海，现任保卫部保安消防大队副大队长，主要负责新办公区安全保卫工作，主厂区南门、东门、检车三个中队以及保安员督察，厂区道路巡查等工作。多年来，他始终如一地以党员的标准严格要求自己，尽职尽责。

坚守岗位，维护公司办公区域良好治安环境。新办公区是集团公司的办公核心，保证安静稳定的办公环境意义十分重大。辛久海带领保安人员积极工作，划分责任区，设立区域责任人，完善巡逻制度，以责任到人、严细管理、办公有序为重点，全年妥善处置上访人员及突发事件 30 余起，保证了公司办公区域工作环境的稳定安宁。

履职尽责，身先士卒。辛久海在负责办公区安保工作的同时，还肩负着厂区的治安保卫工作，2013 年，他分管的三个中队共计查获违章违纪案件 1223 起，追赔经济损失 20 余万元，其中车辆盗窃 110 起，票物不符 26 起，收缴无效卡 180 张。

坚定信念，以身作则。督查工作是规范保安员日常工作中常抓不懈的一项工作，在担任监督员期间，辛久海共纠正保安员不规范行为 50 余次，树立了保安员的良好形象。监督工作有序开展的同时，他还带领党员义务巡查队进行巡逻、执勤，全年共义务巡查约 1600 多个工时，疏导车辆约 1304 多车次，共纠正违章车辆 503 次，共查获利用车辆盗窃 6 起，追赔经济损失 10000 余元，有效控制厂区内的物资外流和利用车辆盗窃案件的发生。

就是这样一位普通的职工，在十里钢城扮演着钢城卫士的角色，用他的实际行动让人们感受到他对凌钢的忠诚和热爱。

（文/金　鑫）

用言行彰显党员风采

——记公司优秀党员、保卫部保安大队巡逻中队长刘海华

刘海华，1972 年 7 月出生，1990 年 12 月参加工作，中共党员，毕业于辽宁刊授党校，现任保卫部保安大队巡逻中队长。2014 年被评为公司优秀党员。

“哪里有盗窃分子，我们就打击到那里；哪里有易发案隐患，我们就防范在哪里；哪里有突发事件，我们就出现在哪里。维护企业稳定，确保企业财产不受损失是我们的责任。”这就是共产党员、巡逻中队长刘海华在班前会上经常强调的几句话。

巡逻中队现有队员 49 人，占大队总人数的 24.87%，也是保安大队人数最多、管辖区域最大、工作职能最复杂的一个中队。在他的带领下，2014 年，共查处违章违纪行为 290 起，直接追赔经济损失 39 万元，参与处置突发上访事件 60 余起，协助公司处理大项事务活动执勤 30 余次，共出动警力 600 余人次，为维护企业稳定发挥了有效的作用。

因中队工作业绩突出，巡逻中队 2013 年、2014 年连续被公司工会评为“优秀五型班组”；2014 年被共青团凌钢股份公司评为“青年文明号”；中队有 7 人分别被评为公司优秀党员、工会积极分子。

外表看似粗犷豪放的刘海华，却有着细腻独到的带兵方法，有着灵活的工作思路，创造和谐的协作气氛。他带兵总是以情感人、以理服人，对待工作总是从大局着想，从细节入手，处理问题按章办事，有理有据，令人信服。他深知“打铁还需自身硬”的道理，事事为大家做表率，为了突出党员的模范作用，带头公开做遵纪守法等承诺，多年来，中队党员无一违法违纪的现象发生。

年度工作中，他不管是分内还是分外，丝毫没有一声怨言，在工作面前模范带头、在困难面前敢于面对，在关键时刻勇于靠前。共产党员的模范作用在他的身上得以验证，他在用自己的责任和奉献为凌钢创造一个安定稳定的生产环境。

（文/曹兴斌）

检斤班上的红玫瑰

——记公司优秀党员、自动化部检斤班班长张翠兰

张翠兰，1962年11月出生，高中文化，自动化部检斤段厂内50t检斤班班长兼自动化部第二党小组组长。2007年被公司评为优秀共产党员。

张翠兰在日常工作中加强管理，向管理要效益。为确保检斤数据的准确性，她自己坚持每天对班组所有衡器进行认真检查。2006年检斤总量为6137965t，其中出口中宽带85734t。上半年出口中宽带商检全部合格，误差3‰以下；下半年出口中宽带免检。创中宽带全年出口无计量异议，达到中宽带投产以来的计量最好水平。

针对棒材生产节奏快，容易出计量异议的特点，主动带领检斤段党小组的全体党员协助工段到钢材库抽查棒材入库情况。认真把关，避免了多起多支、少支计量异议，使2006年公司异议损失额降到最低点，既维护了公司的发货信誉又为公司节约了处理差异产生的差旅费。

她时刻以公司的利益为重，严细管理，善于发现问题。2006年8月中旬她在工作中发现厂内50t检斤点的物料比原检斤物料检斤量大，小票毛重打4联或5联，经过调查小票的去向，认为其中的4联都没有价值，于是与供销公司新区料场管理人员及转炉炼钢厂有关人员协商后改为毛重小票只打一联。此方案试行4个月，具有可操作性，并具有长期效益。据统计每天可节约检斤小票200多张，每月可节约检斤小票1.5箱，合人民币200元左右，每年可节约检斤小票18箱，合人民币2400元左右。

张翠兰时刻不忘自己是一名共产党员，树立全心全意为人民服务的思想，努力为职工创造良好的工作环境。在她的协调下，解决了厂内50t检斤房的取暖问题，受到职工的赞扬。

在日常工作中她处处发挥党员的先锋模范作用，用党员标准严格要求自己，带头做“三个代表”的实践者，关心职工生活，团结同志，要求别人做到的自己首先做到，各项工作走在最前。

（文/李国山）

党员先锋带头人

——记公司优秀党员、自动化部计量室主管杜丽梅

杜丽梅，1970 年 12 月出生，1990 年 7 月毕业于辽宁仪器仪表工业学校，1990 年 8 月参加工作，中共党员，现任自动化部计量室主管。2008 年度被评为公司优秀共产党员。

在工作中发挥主观能动性，为生产实际解决问题。钢管厂 API 认证复评工作中，杜丽梅充分发挥专业特长，在学习标准基础上，确定计量工作应完成的工作内容，从满足标准要求应配备的计量器具到制作通径棒、人工通孔，逐一落实完善，起草了校准规范两个，编制校准记录格式，指导检定员现场完成检定通径棒、人工通孔，正确填写校准记录，通过努力完善计量工作需求，认证复评顺利通过。她认真分析冷带厂检斤出差错问题，提出检斤房移位，解决了冷硬料、成品库、生产下线检斤吊物在检斤员视线内，能确保数据的稳定与准确，杜绝了异议产生。受工程项目配套计量器具到货限制，她为了确保工期不耽误使用，不分白天黑夜加班加点完成热电偶、热电阻、压力表的检定验收，保证了热电 TRT 工程、大棒材工程顺利投产。

参加朝阳市质量技术监督局举办的电能表检定规程学习，新规程千分尺、指示表、电子天平学习，她消化理解后指导检定员运用到检定工作中，出试题考试验证学习效果；学习电学、衡器基础理论知识，编写技师评定方案，出理论、实际考试题各一套，完成计量室技师评定工作。

兢兢业业，真抓实干，努力完成各项工作，她以自己真挚的情感，在岗位上发挥着一名共产党员的先锋模范作用，用自己的激情带动职工的工作热情，为计量工作努力着。

（文/李国山）

优秀的计量管理者

——记公司优秀党员、自动化部办公室主任高景志

高景志，1966 年 7 月出生，毕业于东北大学计量管理专业，1984 年 10 月参加工作，中共党员，现任自动化部办公室主任、综合管理科科长。

高景志在凌钢工作了几十年。作为一名基层管理者，他默默无闻，无私奉献，兢兢业业地做好每一项工作。

在思想上，他以“服务职工、团结同志、认真学习、扎实工作”为准则，充分发挥岗位职能，并把学习实践科学发展观的重要思想融入到各项工作中。制定创先争优方案，开展“办实事解民忧惠民生”活动，看望生病职工；为计量大厅配备水杯和盆花；为高温岗位送饮用水和降温饮料，修理空调；在拆除检斤房和清理办公楼后垃圾时，身先士卒，不怕苦不怕累，用自己的行动让职工感受优秀党员的形象。

在“保持党员先进性，对标挖潜当先锋”活动中，开展了“四比”“三个一”和“万笔计量无差错”竞赛活动，他先后制定和修改了 12 个专项管理制度，取得了较好效果。

在开展“三大活动”以来，他结合计量信息部的工作特点，制定了对标挖潜，降本增效实施方案，使计量信息部管理工作和对标挖潜工作见到了直接效益。在成本管理上，出台了 3 个管理制度，从源头上控制费用支出，大大降低了备品备件的消耗。截至 11 月末计算机备品备件消耗 62. 82 万元；修旧激光打印机、鼓总成、重新灌粉再利用 62 个；修复打印头 21 个；修显示器 8 台；利旧计算机 14 套，全年修旧利废合计节约资金月 7. 23 万元，与去年同期相比节约 6. 75 万元，降低了成本，提高经济效益。

高景志，一名优秀的共产党员、一名优秀的基层管理者，长期以来一直恪守着“追求无止境”的人生格言，在自己的工作岗位上闪耀着无限的光芒。

（文/李国山）

展青年风采

——记公司优秀党员、自动化部综合管理科管理员李国山

李国山，1985 年 9 月出生，2008 年毕业于辽宁交通高等专科学校，2008 年参加工作，中共党员，现任自动化部综合管理科综合管理员，2014 年、2015 年被评为公司优秀共产党员。

“安全第一，责任重大”要求安全管理工作具有极强的责任心，这样每周安全检查尤为重要，李国山平均每年个人查处安全隐患 20 余项，及时整改，堵塞安全漏洞。结合计量信息部各个工作岗位的实际，亲自深入现场考察，修订编写计量信息部不同工作岗位的《岗位安全技术操作规程》，印发给每名职工，便于职工知晓岗位安全操作。在凌钢“三体系”认证阶段，负责计量信息部“三体系”认证文件提供、编写工作，编写文件 55 份，辨识计量信息部危险源 178 项，不可接受危险源 13 项，针对不可接受风险危险源重新修订、审核了计量信息部安全生产事故应急预案，组织职工演练，切实提高对生产安全事故先期处置和自救互救能力，起到了“安全卫士”的作用。

担任治安保卫干事之职，他每天晚走清查关楼门，保证了部室内财产安全。2014 年 6 月 28 日突来的一场暴雨，及时安排防汛工作，在雨还没有停时，第一时间奔赴现场，对现场所有计量点进行检查，发现干煤棚轨道衡秤坑灌满雨水无法检斤，带领人员冒雨排水直到夜间九点，传感器露出能正常检斤才撤离，然而好景不长夜间又下大雨，早上天刚亮他就奔赴现场带领人员排水，此次不仅干煤棚轨道衡被洪水灌满，新区八间房四号门两台轨道衡也同样停止工作，他与技术人员联系做出决定先排重点计量点，利用 3 个小时时间排完干煤棚轨道衡秤坑积水，又马不停蹄的赶赴新区八间房四号门两台轨道衡进行排水，最终利用 5 个小时把积水排完，保证轨道衡的正常运行。

质检前沿阵地上的排头兵

——记公司优秀党员、科技质量部炼铁站站长庞浩

庞浩，1973 年出生，毕业于鞍山钢铁学校，1995 年参加工作，中共党员，现任科技质量部炼铁站站长。曾多次获得生产能手、“三八”红旗手、优秀共产党员和科技贡献三、四等奖等荣誉。

20 年前，庞浩毕业于鞍山钢铁学校，来到凌钢。20 年后，她依然坚守在质量检验的前沿阵地上。历任科技质量部废钢验质班班长、烧结站站长、原料站站长、炼铁站站长等职。她爱岗敬业、尽职尽责、把关严格、不徇私情，在进厂原燃材料质量控制方面作出重要贡献。

2012 年，三期技改工程改写了企业的历史，凌钢步入发展的快车道。从那时起，庞浩负责新区炼钢质量管理工作。新的工作环境，任务繁重而紧迫。有的职工对新的岗位一时无法适应，岗位人员紧张。在这样的工作压力面前，庞浩没有退缩，凭着顽强的毅力，攻破了一个又一个难关。

近年来公司大力发展网络信息化技术，质量管理工作与信息化的密切融合成为关键，这也给庞浩的工作带来前所未有的挑战。为了赢得工作的主动性，在公司的前期准备阶段，她就开始刻苦钻研网络信息化相关资料，积极组织职工参加技术培训，制定《信息化操作流程图》《信息化技术应用管理手册》，在正式运行阶段率先完成所有必要工作。正是她这种爱岗敬业、尽职尽责的精神，才使不可能完成的工作成为可能。

炼铁站承担着内外部质量检查和质量管理两大职能，也是科技质量部的重要组成部分。工作严谨的庞浩在上任之初，就树立了严把质量关、实事求是的形象。她在教育职工时常说“我们的数据是下道工序生产的依据，如果不能保证数据真实，影响可就大了。我们必须严格执行标准，做好凌钢的质量卫士，严把质量关”。只有使职工增强质量意识，加强生产管理，进行质量攻关，才能够促进凌钢的更大发展。

（文/丛日东）

诠释凌钢最美女工的风采

——记公司优秀党员、科技质量部综合管理科科长金明珠

金明珠，1970 年出生，1994 年 7 月参加工作。毕业于鞍山钢铁学院钢铁冶金专业，中共党员，现任科技质量部综合管理科科长。曾多次荣获公司管理能手称号、思想政治工作能手称号和科技贡献奖。

在我们的身边，有这样一位不计得失、无私奉献，甘为“她人做嫁衣”的普通女工，熟悉她的人就会从她沉着、淡定的眼神里，读懂她那份对工作的执着，对事业的追求和眷恋，她就是科技质量部管理科科长金明珠。

“学习是增长才干、提高素质的重要途径，是干好工作的基础。”这是金明珠勉励自己，也是要求其他同事的“口头禅”。工作再忙，她都制订学习计划。对上级及公司的重大决策和重要文件精神，她除了自己学习研究外，还不厌其烦地向他人讲解，并将其结合到科技质量部的品种钢研发、理化检验等实际工作中，使科技质量部的文字材料主题突出，观点鲜明，既贯彻上级精神，又符合本单位实际。

科技质量部管理科工作琐碎繁杂，加班加点是常有的事。金明珠牢固树立无私奉献、淡泊名利的思想。全公司原燃材料和出厂产品的质量监督和质量把关至关重要。如何抓好“两头”，稳定“中间”，加强全过程质量管控，推动公司降本增效是科技质量部的重中之重。为此，金明珠从反腐教育、队伍建设到完善制度、落实制度上做了大量的工作。加强重点岗位和关键环节的反腐倡廉教育；强化队伍建设，提高人员素质；统筹推进，细化程序，完善制度。本着以“取样真实、检验准确、判定公正、反馈及时、服务到位”的宗旨，重新组织制定和整合了《北门汽车矿粉岗位取、制样规定汇编》，优化了《矿粉管理的持续改进》等管理制度。强化了制度建设的系统性，改变以往制度建设各自为政、简单随意的做法，避免了制度的重叠和交叉，使制度之网缺一不可，增一多余，疏而不漏。这些措施的制定及实施完全堵塞了外进原燃料管理上的漏洞，为下道工序顺利运转提供了保障。

（文/丛日东）

独挡一面的管理能手

——记公司优秀党员、科技质量部办事员张杰文

张杰文，1974年出生，毕业于包头钢铁学院，1998年参加工作，中共党员。现在科技质量部从事效能监察工作。曾获得公司科技贡献奖及优秀共产党员、管理能手等荣誉。

18年前，他还是一名大学生。18年后，他已经成长为一名独当一面的技术、管理能手。他就是公司优秀共产党员、科技质量部张杰文。“善于钻研，勇于创新”，是科技质量部员工对张杰文最精准的评价。

凌钢北大门，每天运送矿粉的运输车队川流不息。几百辆车的矿粉需要取样送检。能否在规定时间完成取样，确保真实反映矿粉的品位意义重大。担任效能监察工作的张杰文，丝毫不敢懈怠。反复观察矿粉车辆取样的全过程，一一将采集到的信息记录在案。几天后，他向部领导提出了将北门汽车矿粉取样机改为自动取样机，方式上实现双跨取样的建议。取样车数由原来的一天200车左右，上升为400车左右，极大地减少了取样时的人为干扰因素。

张杰文坚持用党员的标准严格要求自己，有脏活累活总是抢先干，时时处处维护党员的形象。中块石取样由于取样套圈直径小，质量大，职工携带、取样不方便，经他与生产技术部的多次协商，将取样圈改为直径500mm的用8号线编的三相切圆，为职工办了一件实实在在的好事。2012年3月，针对厂焦水分的问题，建立了《部分品种取样时岗位工必须签字的管理制度》，使得检查员的工作在焦化厂和炼铁厂的共同监督下进行，焦炭取样工作更加透明。之后，他又积极配合炼铁厂完善焦炭自动取化学样设备，减轻检查员的劳动强度。

2011年，出现铁水成分与罐号不对应的现象。张杰文放弃了休息，主动牵头，多次与计量信息部技术人员一起到炼铁厂、质量部炼铁站、工艺站现场观察、调研。终于当年7月，实现了铁水成分与罐号及判定的网络化，保证了已化验数据的准确快速传输。

（文/丛日东）

党员本色

——记公司优秀党员、科技质量部政工干事陈华

陈华，1961 年出生，1980 年参加工作，中共党员，现任科技质量部政工干事。先后荣获公司思想政治工作能手两次，优秀共产党员三次。

如今 55 岁的陈华已经在凌钢工作 30 年了。他在冷带厂工作的 25 年间，先后担任过生产副段长、工段党支部书记、生产调度、政工干事、生产调度长等职务。正是长期在企业生产一线的经历，成就了他善于管理，肯吃苦，乐于奉献的精神品格。

2011 年，陈华调到科技质量部工作。工作环境变了，但他的工作干劲依然如故。政治干事、工会委员、司机，他一身三职，从无抱怨。除承担、完成正常的各项工作任务，周六、周日负责给新、老区矿粉取样班送饮用水和夜间接矿粉试样及岗位人员，每天从早忙到晚。他这样“以厂为家，以工作为荣，以奉献为快乐”的精神，感染和带动了身边的很多人，在群众中树立了良好的党员形象。

科技质量部综合管理科日常工作非常繁杂。在抗击钢铁严冬战役中，陈华围绕“爱凌钢，做主人，降本增效从我做起”主题，积极组织和参与各项劳动竞赛和技术比武活动。“品种钢物理检验数据准确率及设备自主保养”和“汽车矿粉粒度检测准确率”两个竞赛项目，获公司级竞赛奖。轧材系统检查员技术比武及炼钢站、工艺站直读光谱技术比武活动也收到了很好的效果。职工提合理化建议活动，有声有色。他积极组织开展“党员先锋岗”和“党员先锋工程”活动，强化监督、检查、指导工作，使各项目有序进行。在 2013 年 10 月，由检查党小组开展的“提高矿粉水分检验准确率先锋工程”活动，创效 118 万元，并获得公司月度党员先锋工程项目奖。为杜绝岗位工吃、拿、卡、要，损害凌钢利益现象发生，他创新工作方法，在调度例会上对与会的管理人员进行“每周一案”教育，提高拒腐防变意识，增强企业的凝聚力、战斗力和职工“忠诚凌钢、爱岗敬业”的自觉性。

（文/丛日东）

洗尽铅华见真容

——记公司优秀党员、科技质量部技术科科长杨光伟

杨光伟，1964 年 1 月 25 日出生，1988 年毕业于大连理工大学金属材料及热处理专业，1988 年 7 月 23 日参加工作，中共党员，工程师。现任科技质量部技术科科长。多次获公司科技贡献奖，2011 年被评为公司优秀共产党员。

52 岁，对于一般的管理者，多半是硕果累累、功成名就；52 岁，对于普通的岗位职工，该考虑其乐融融、尽享天伦；而对于科技质量部技术科科长杨光伟来说，52 岁，征途漫漫，自己仍然是一个新兵。

1988 年，学金属材料专业的杨光伟毕业后被分配到原中心化验室工作，他从最基本的试验开始，与倒班职工一起不厌其烦地操作、记录、分析、总结，拉伸、弯曲、低倍、硫印、热处理、金相等各种试验，他都从取样、制样、试验各步骤一一去做。从成功中总结经验、从失败中汲取教训，30 年来，他自己做的试验何止万次？为研究各钢材品种性能与成分、组织及缺陷之间的规律，他所做的总结记录就 10 多本。

杨光伟从 2005 年年初调到技术中心工作，作为金属材料专业工程师，他将自己的特长与产品研发紧密结合起来，结合成分设计，深入研究各个工序对组织的影响，探讨各工艺变化与产品性能的内在规律。他通过显微组织和性能数据指出高线预水冷存在的问题，进而为轧钢工艺改进完善提供重要的建议；他通过缜密翔实的试验，为品种钢的质量稳定并探索质量波动原因做了大量工作；针对 65Mn 坯子轧制断裂现象，他组织相关人员现场取样，通过有效的分析确定产生断裂的原因；他到许多建材检测中心规范了拉伸试验操作，避免了对凌钢抗震钢筋误报检测结果；他走访多家中高碳品种钢用户，对凌钢中宽热带热处理进行指导咨询，使用户不仅对其本人知识经验认可，也对凌钢产品质量和信誉认可。

2011 年，作为技术中心新产品开发科科长，杨光伟荣获公司优秀共产党员称号。刚参加工作时，杨光伟曾立誓“报效凌钢、实现自身价值”，如今，作为一名普通技术管理者，杨光伟仍不断学习、兼容并蓄，以高昂的热情追寻自己的梦想、坚守着那份执着。

用行动为党旗增光添色

——记公司优秀党员、销售公司办公室主任任毅

任毅，1969年出生，1990年7月参加工作，中共党员，大专文化，现任国贸公司销售公司办公室主任。2007年被评为公司优秀共产党员。

他常说，作为一名基层党员，就要立足本岗，责任面前敢于担当，努力干好本职工作，为党旗增光添色，实现自己的人生价值。

担任型材厂办公室主任期间，任毅负责安全、现场、保卫和后勤等工作。每天早来晚走，没有节假日，是单位领导的得力帮手，是单位的好管家，哪里有事他就出现在哪里，所分管的工作抓得有声有色，得到了领导和职工的肯定。

2006年，型材厂和棒材厂整合一段时间后，安全工作一直处于被动，连续两个月在公司评比中排名靠后，他针对问题深入现场，从基础工作抓起，找差距、查隐患，加大处罚力度，发现问题立刻整改，扭转了被动局面。

在带领现场管理人员抓日常管理的同时，任毅利用中型机组改造的空闲时间，组织人员从250机组厂房把原铺地面的钢板扣起来，运到中型厂房，找相对技术高的人员，重新铺中型地面，他在现场一边指挥，一边带头干，一周时间，把中型原土地面重新超平、铺上钢板。

他每天早来晚走，没有星期天节假日，是单位领导的得力帮手，是单位的好管家，哪里有事他就出现在哪里，每天早晨6点半准时到岗，晚上6点半离开办公室，一年四季天天如此。每年在安排除夕晚上值班，领导和他都非常头疼，从心里讲谁都不想值班，都想在家守岁过年。他负责安排值班，把除夕夜值班安排了自己，让其他科段长回家过年守岁，尽管孩子小，家在外地，他没有怨言，他把方便让给别人，把困难留给自己。

几十年来，任毅默默地耕耘着，为自己热爱的事业，奉献着自己的光和热。

平凡岗位书写人生

——记公司优秀党员、销售公司销售结算员张晓健

张晓健，1981 年 9 月出生，本溪冶金高等专科学校毕业，2002 年 7 月参加工作，中共党员，现任销售公司销售结算员，2010 年获公司优秀共产党员荣誉称号。

张晓健，供销公司结算员，主要负责螺纹钢、热轧普碳圆钢和热轧光圆钢筋的结算工作，涉及的工作量比较大，加班加点是家常便饭，但是无论工作多忙多累，都能把工作安排的有条不紊、井然有序。

2010 年结算的钢材量达到了 130 多万吨，无一笔差错，其中最复杂的京石客专、京沪高铁、哈大客专、长吉城际等重点工程项目结算量为 25 万吨。重点工程钢材的结算与按公司结算政策销售的产品区别很大，而且铁路运输部分涉及二十几个不同的火车到站，十几个对接的工程项目部，不但要把每天从车站返上来的铁路运费按各个到站分开，还要按各个到站的发货量折算到每吨的运费倒推需要结算的出厂价格，结算周期是每个月的 25 日，而正常销售产品的结算周期是到月末，也就是说 25 日以后的发货并出库的产品需要执行下个周期的价格，而公司的要求是当月的出库量必须要和结算量一致，不能有一丝一毫的差错，这就要求必须把 25 日到月末出库的产品按照一个虚拟价格结算，等到下个月 25 日正式价格出来后，把之前虚结的价格逐条挑出冲红，再按照正式价格按各项目部各个到站开具发票，不能出现任何差错，以免影响回款，因此每一笔单据都要反复核实 3～4 遍，工作量非常大，经常晚上一个人在单位反复核对和统计数据，从没喊过苦叫过累。由于工作要求，结算员之间结算的品种经常调整，基本上是哪里有困难就调整到哪里，公司技改项目多时就结算外采品种，优钢账目复杂时就结算优钢，公司外卖的品种几乎都结算过，在相互交接的过程中，每笔账都用笔记记录得清清楚楚。不管是在自己的工作职责范围内还是领导交办的其他各项工作，都认真地完成，为公司重要效益增长点贡献着自己的力量。

不管是工作上对接的新老业务员，还是新入手的结算员，都能毫无保留的将多年积累的结算经验进行传授，替他们把好关，使新手避开了很多弯路，节省工作时间的同时又提高了工作的准确率，为供销公司严把了最后一道关。

诠释奉献

——记公司优秀党员、国贸公司物资采购部计划员孟庆涛

孟庆涛，1982 年 3 月出生，2006 年 7 月毕业于鞍山科技大学并于同年进入凌钢参加工作，中共党员，现任国贸公司物资采购部计划员。2012 年获得公司优秀共产党员荣誉称号，2011 ~2013 年连续三年获得公司青年岗位管理能手称号。

2011 年，孟庆涛主要负责子公司钢材发运及日常管理工作，9 月末国内的钢铁生产企业和钢贸企业都处于前所未有低谷，微利经营持续很长时间，在此背景下，在子公司中深入贯彻公司整体销售思路，有效控制销售节奏，2011 年子公司实现钢材销售 80 余万吨。配合子公司开拓效益市场，加强钢材发运向效益市场倾斜，全年 4 家子公司实现销售收入 33. 11 亿元。通过钢材发运控制，结合日常资金监督、管控最大限度防范资金风险，督促子公司加大对应收账款清欠工作，2011 年子公司应收账款较上一年度大幅缩减。自 2012 年 1 月起，他负责铁合金采购工作，适应公司相关要求积极组织铁合金采购招标工作，使铁合金成为第一个通过网上招标定价的大宗原燃料并于后期不断得到推进与完善，从而为降低铁合金采购价格奠定了坚实的基础。通过招标，2015 年比价实现采购成本降低共计 260. 86 万元。

作为公司对外窗口单位的一名普通职工，不可避免地要与经济事务发生关系，所以必须树立和强化廉洁意识，正确看待和处理好个人与单位之间的经济利益关系，时刻保持着思想上的纯洁和先进。牢固树立正确的世界观、人生观和价值观。在日常工作中，倾心服务于用户，努力与用户建立良好的合作关系。始终坚持以“忠诚凌钢，爱岗敬业”为宗旨，全面贯彻落实凌钢整体生产经营战略及《凌钢经销性子公司管理办法》，在“自强、诚信、求实、创新”的凌钢精神指引下，倍加努力工作，开发市场，服务用户。在担任供销公司团委书记工作一年的时间里，积极配合公司团委有效开展各项工作，过程中挖掘供销公司团青才能，组建了供销公司登山队，以团青为骨干力量，以新代老，丰富职工业余生活。

工作只要专注即可

——记公司优秀党员、国贸公司物资采购部废钢合金科科长辛彦龙

辛彦龙，1977 年 10 月出生，1997 年 7 月毕业于大连理工大学并于同年进入凌钢参加工作，中共党员，现为国贸公司物资采购部废钢合金科科长，2015 年获得公司优秀共产党员荣誉称号。

“所谓干好工作，只要是你专注地去做了，就没有做不好的。”一直以来，辛彦龙作为一名共产党员，时刻以党员的标准严格要求自己。

6 年的业务科室和驻外工作，培养了他勇于创新销售模式，努力创新开拓市场的专注精神。人都说做销售工作的难度大，每天奔忙于跑市场，身体疲惫不说，思想的压力很大，既要考虑公司的利益，还要考虑顾客的需求。这就需要有一颗专注的心，专心做好每一步，终究会迎来满意的收获。2010 年，辛彦龙开始负责公司的废钢采购工作，一下子从卖方转为买方，很多情况都不适应。工作初期针对公司铁水不足的生产实际，制定相应政策致使本地资源不外流的前提下，积极开发市场，了解社会资源，以最经济的价格采购最优质的废钢。

如今，依旧用“专注”两个字衡量自己的辛彦龙，虽然岗位从事产品销售到资材采购发生了转变，但是他对工作一如既往的专注精神却丝毫没有改变，他忠诚凌钢、爱岗敬业的信念没有变，正是这种信念，成就了他无愧于优秀共产党员的称号。

新闻战线女强人

——记公司优秀党员、工会女工部部长白雪峰

白雪峰，1981 年 11 月出生，2005 年 7 月参加工作，中共党员。现任公司工会女工部部长。两次荣获公司科技贡献四等奖、一次三等奖，2014 年获公司青年岗位能手称号，2011 年被评为公司优秀共产党员。

白雪峰给人的第一印象是和蔼可亲，无论面对什么样的人，处理什么事情，她总是面带笑容。作为新闻工作者，认真完成新闻采、编、录各项工作，不断探索新的新闻报道模式，充分展现了新时期新闻工作者的创新思维、进取精神和敬业态度。

开创报道新模式。2011 年，公司政治工作会议明确提出，要大力弘扬先进典型、先模人物的时代精神，唱响主旋律，打好主动仗。按照公司党委的要求，新闻中心在电视宣传中力求突破，确定了以 2010 年度公司劳动模范、工人技术创新一等奖获得者为对象，她通过电视采访手段，深入挖掘先模人物的先进事迹，摄录、编辑、制作《劳模群英谱》《工人技术创新一等奖获得者展示》两部电视专题片，一举改变了以往宣传报道的固有模式，开创了此类宣传方式的先河，得到了公司领导的高度肯定。

身兼数职出精品。为了尽快适应《凌钢宣传》变周二刊以及电视台搬家过程中采、编、播系统整体升级的需要，她继续严格要求自己，深入一线，集中精力采写了大量的新闻稿件，充分保证了广播、电视的正常编播。2011 年，《凌钢宣传》刊发她采写的各类稿件 200 余篇；电视《凌钢新闻》累计发稿 150 多条；同时，她还承担着新闻编辑制作工作。

把握重点做新闻。新闻报道工作以对标挖潜工作为重点，每月初都到各单位深入采访，对各单位工作亮点及取得成绩给予充分报道。

敬业务实新闻人。9 月末，利用业余时间拍摄了大量新办公区域和厂内生产重要素材，为公司制作《今日凌钢》宣传片，吸引高校人才提供了重要视听精品。进入 11 月份，为应对严峻的市场形势，牵头组织拍摄制作 9 期《硬指标的诞生》系列访谈电视节目，并对每期内容撰写小评论，节目播出后，在全公司产生良好的反响。通过系统全面总结凌钢对标经验，努力营造挖潜氛围，推进凝心聚力起到了重要作用。

在两化融合贯标中提升自己

——记公司优秀党员、运营改善部管理科科长李光辉

李光辉，1982 年 3 月出生，毕业于西安建筑科技大学，2006 年 7 月参加工作，中共党员。现任运营改善部管理科科长。三次荣获公司科技贡献四等奖，2014 年荣获科技贡献二等奖，2015 年被评为公司优秀共产党员。

“不能在应该奋斗的年纪选择安逸。”这是李光辉的座右铭，他是这么说的，也是这么做的。平时工作认真负责，业余时间不忘记给自己“充电”，他用自己的努力铺就着自己的成长成才之路。2015 年，由他牵头组织开展的公司两化融合管理体系贯标工作，在提升企业的基础管理水平，促进信息化系统规范化、标准化运行方面成效显著。

制定缜密细致的贯标实施方案，确保本质贯标落到实处。国家工信部从 2014 年开始在全国推广两化融合贯标工作，在没有太多的经验借鉴的情况下，李光辉通过深入研究两化融合管理体系标准，参考质量管理体系的理念、方法，研究制定了凌钢《两化融合实施方案》。

前期准备工作就绪后，在李光辉的组织下，公司 10 月中旬召开贯标启动会，凌钢的两化融合贯标工作正式开始实施。之后他又多次组织培训，使公司各层领导及贯标联络员加深对两化融合标准的理解和应用。

为确保两化融合《管理手册》和《程序文件》编制的充分性和适宜性，李光辉在考虑公司实际，结合三体系文件和卓越绩效评价准则等相关材料的基础上，形成文件初稿，经与咨询服务公司讨论，征求专业管理部门、各厂意见的基础上定稿并报公司审批通过。于 2015 年 11 月 30 日发布实施。发布体系文件既是贯标工作必要环节之一，也是以后体系运行的依据和准绳。

及时与省经信委联系，确保各阶段贯标工作顺利通过审核。严格按照标准要求实施两化融合贯标工作，并将每一阶段证明材料及时上传到“两化融合管理体系评定管理平台”，截至 12 月 5 日，贯标启动、评估诊断、体系策划分析、文件发布和体系试运行各阶段材料均一次性通过平台审核。在李光辉的努力下，凌钢的贯标工作已经走在了试点企业的前面，也得到了省经信委信息化推进处的认可和表扬。

以身作则彰显党员风采

——记公司优秀党员、运营改善部科长徐广喜

徐广喜，1963年2月出生，1982年7月参加工作，毕业于辽宁省委党校，经济师，中共党员，现任运营改善部科长兼牛营子乡书记。2013年度被评为公司优秀共产党员。

徐广喜，现任运营改善部科长兼牛营子乡书记，2013年度公司优秀共产党员，时任计划发展部投资运营科科长。为人老实本分的徐广喜在工作中积极主动，无论是自己负责的本职工作还是与各岗位、单位的协调合作工作都能认真负责地做好。完成工业和信息化部组织的钢铁行业规范条件编制及申报工作，使凌钢成为第一批符合《钢铁行业规范条件》的钢铁企业。在怡山矿业公司展开对宁城5家矿业公司收购工作时，徐广喜参与其中，与5家矿业公司协调沟通，在有限时间内完成了收购任务。与此同时，他多方奔走，完成了三家子毛头坝石灰石矿资源探矿权资质的取得工作和超纯合金项目重组工作。参与集团公司规划编制工作，特别是在子公司规划方面提出很多建设性意见。在公司这些重要工作中，徐广喜积极对有关问题进行调研、收集整理资料，及时反馈情况，并能够严格按公司要求把关，为领导的决策提供翔实的资料，时刻体现着一名优秀共产党员应有的政治觉悟。

工作中能够以身作则，不计较个人得失，认真钻研业务，把握相关政策和制度，在集体研究有关工作问题时，积极提出自己的观点和意见，为领导的决策、公司的发展尽自己最大的努力。

无悔青春献凌钢

——记公司优秀党员、人力资源部副部长王大千

王大千，1981 年 11 月出生，中共党员。毕业于华北煤炭医学院公共事业管理专业，2004 年 8 月参加工作。现任人力资源部副部长。多次荣获公司科技贡献奖二等奖，公司优秀共产党员，凌钢青年岗位能手等荣誉。

说话铿锵有力，做事雷厉风行，管理中规中矩，工作有条不紊。这就是王大千在大家心中的印象。28 岁担任人事科科长，3 年后提拔为人力资源部副部长，他的成长成才经历成为凌钢广大青工学习的榜样和楷模。

2011 年，技校招生工作是全公司的难点工作，也是全体职工和社会关注的热点，2011 年技校招生的报名人数、人员结构和组织难度均创历史之最。作为此次技校招生工作的具体组织者和操作者，他是有压力的，在招生前期，他多方咨询，模拟可能出现的问题，一次次的修改招生方案，出台了招生的具体流程。从 7 月中旬招生工作开始，他就没有一个休息日，晚上经常加班加点，从 2000 余人的报名，到 1600 余人的考试，再到 900 余人复试、体检和政审，最终圆满完成了 900 人凌钢公开、公平、公正的招生工作。给凌钢职工谋取福利的同时，也为公司三期技改提供人力资源保障。

同年大中专毕业生招收工作时间紧、任务重，招收人数要达到 1000 人以上，而且对主体专业招收人数要求较多。为保证招生人数和质量，他带领人事科提前着手制定“十二五”人力资源平衡方案和招生计划，深入现场，学习设计资料，逐个走访项目所在单位，9 月初即确定了招生计划，在其他企业尚未开展招聘工作前，提前进入各院校开展招生工作。

主动请缨，制定符合凌钢实际的定员标准。他是管理专业毕业进入人事系统工作的，为了更好地从事新时期的人事管理工作，他深入现场，掌握凌钢现员、定岗实际情况。就这样，他利用 3 年时间，通过下现场、整理历史资料和搜集工程设计资料，重新梳理了全公司的定员定额标准，并规范定员增减变化的程序，要求定员变化书面下达，各单位和人力资源部都能实时更新掌握最新的定员情况。

立足工作岗位　践行党员职责

——记公司优秀党员、人力资源部办事员张玉琴

张玉琴，1963年2月出生，辽宁北票人，中共党员，政工师。1985年5月参加工作，现任人力资源部办事员。2014年被评为公司优秀共产党员。

张玉琴是人力资源部的一名普通党员，负责职工住房公积金管理，兼任人力资源部人事工资工作。多年来，她始终以党员标准严格要求自己，先后获得优秀女工、“三八”标兵等荣誉称号，2014年被评为公司优秀共产党员。

住房公积金管理是一项政策性强、群众性强的专业工作，为了掌握好国家的有关法律法规，她认真学习和掌握文件精神，把握好国家政策调整变化的信息，及时向部领导汇报政策变动情况，在确保职工利益的前提下，为降低企业公积金缴存成本献计献策；在提升公积金电算化水平，进行管理系统软件升级工作中，为了确保公司1万余人的公积金存储数据准确无误地入库并网，她积极主动、多次与有关人员沟通、提供数据，经过不懈努力，顺利地完成了公积金管理系统的升级并网任务。

在从事人事工资管理工作中，她熟练掌握人事、工资方面的国家法规和公司各项管理制度，按时完成人事管理和工资分配任务。

为了做好公司外聘特钢专家的住宿安置任务，她和同事一起，在人力资源部领导的指示和支持下，多方奔走寻找合适的房源进行洽谈租赁。为了保质量赶时间，对租赁的房屋进行室内简易装修，她不辞辛苦地在装修现场进行检查监督，帮助装修人员做一些力所能及的装修及垃圾清理工作，常常工作到很晚才回家。为外聘专家提供完善的生活条件，积极联系解决电视、互联网设施安装。本着确保家电、桌椅及厨房用品质量和降低购置费用的原则，在“货比三家”询价购物过程中，她和同事放弃中午休息时间，穿街走巷地进行性价对比和购置。为了完备舒适的生活条件，她们根据配置的住宿床的规格，去市场定制床上用品。细心地选择厨具碗筷等生活日用品。通过紧张筹备，圆满地完成了外聘专家住宿安置任务，受到领导好评。

热心助人的“好大姐”

——记公司优秀党员、人力资源部人事员陈玉凤

陈玉凤，1963 年 11 月出生，1982 年 7 月参加工作。大学本科学历，中共党员，高级政工师。现任人力资源部人事员。曾获得公司科技贡献奖四等奖，优秀共产党员、优秀女工等称号，多次获得朝阳市“职工教育先进工作者”称号。

陈玉凤，现供职于凌钢人力资源部人事科，主要负责人事管理、职称管理、大学生待遇等管理工作。作为一名具有 30 多年党龄的老同志，处处以共产党员的标准严格要求自己，立足岗位，勤奋工作、诚恳待人、团结协作，主动发挥党员的先锋模范作用。

牢记宗旨，热爱本职，努力做好本职工作。作为部里的老同志，能够严格要求自己，关心年轻人工作、生活情况。对年轻人咨询的问题，都能够耐心给以解答，生活上遇到问题，也都能积极帮助解决。为稳定毕业生队伍，积极为毕业生牵线搭桥，解决婚恋难题。由她负责的全公司人事管理、职称管理、大学生待遇等工作，都能认真执行朝阳人社局和公司有关规定，坚持原则，不出差错。为各单位提供各种数据，做到数据真实准确，为领导做决策打下坚实的基础。

提升管理人员综合素质，实现管理岗位精干高效。参与制定管理岗位定员标准、准入标准和考核办法，提升管理人员综合素质，建立管理人员能上能下考核机制，结束凌钢管理人员没有定员的历史，使管理岗位定员更加科学合理、精干高效；通过制定管理岗位准入标准，统一学历、工作年限等基本条件，结束凌钢管理岗位人员准入没有门槛的历史；通过公开竞聘、内部选拔等方式，提升管理人员综合素质，为大学生提供了更加广阔的发展平台。

认真组织劳动合同续订工作。制定并下发了《关于组织 2015 年劳动合同续订工作的通知》，并将续订劳动合同人员名单通过公文传输系统发至各单位。续订工作严格按照程序和规定时间进行，确保准确无误，无一遗漏。

注重年轻职工培养，提高综合素质和管理水平。为培养年轻职工，结合年轻职工的不同特点，量身定制学习、培养计划和科学合理的岗位职责分工。每年组织年轻职工学习专业理论知识，深入现场学习工艺和设备知识，结合实际工作学习定员知识，从而实现对年轻职工的全面综合培养。

在设备管理工作中彰显党员风采

——记公司优秀党员、机动部设备科运检员蔡祥峰

蔡祥峰，1977年7月出生，2001年参加工作，中共党员。毕业于沈阳大学机械工程学院，现任机动部设备科运检员，2011年被评为公司优秀共产党员。

作为一名设备管理人员，蔡祥峰始终保持着心中那份热情和责任，全心全意做好设备管理工作，创新工作模式，在平凡的岗位上彰显着党员风采。

在日常工作中，蔡祥峰坚持把保障设备稳定运行作为工作重心，坚持对设备日修、定修、年修及技改等工程进行全过程跟踪管理，及时解决处理细节和环节问题，特别是在年修、技改工作中，深入现场，掌握第一手资料，及时解决疑难问题，使相关系统年修及改造工作顺利完成。积极参与并组织实施炼铁厂2号高炉年修工程；制定双向措施确保炼铁厂铸铁机年修、生产两不误；提高炼铁厂竖炉烘干机设备使用性能，消除其突出设备问题隐患；合理组织与实施炼铁厂240m^{2}烧结机机尾密封改造项目；积极开展修旧利废降低3号竖炉增设6m造球盘改造工程投资；强化施工质量管理，使竖炉强力混合机安装后迅速达产达效。

2011年，凌钢整体业务外委工作在各单位全面实施，为了确保业务外委区域设备稳定运行，按照机动部部署，蔡祥峰牵头制定了《凌钢业务外委单位设备管理综合检查打分表》，实现了对业务外委单位专项打分。同时，作为设备方面的联络人，他对业务外委区域设备管理情况开展了专项调查，还组织了机动部、业务外委所在单位及承揽单位对各业务外委区域机旁物资实施阶段性清查盘点，实现机旁物资储备状态及时准确掌控。

在凌钢机电专业内部工人技师评聘工作中，蔡祥峰按照工作部署和要求，积极开展基础工作，组织并参与了实际操作技能测试的实施与评分工作，确保了此项工作按公司规定日期实施完成。

“技术专家”是这样成长起来的

——记公司优秀党员、机动部运检员王涛

王涛，1975年7月出生，1997年7月参加工作，大专学历，中共党员。现任机动部运检员。2012年被评为公司优秀共产党员，2016年被聘为公司技术专家。

今年41岁的王涛给人的第一印象是服从领导、团结同事、认真学习、扎实工作，也正因为脚踏实地，一步一个脚印，他逐渐成长为凌钢的技术专家。

在工程质量管理中，王涛利用丰富的专业知识及现场经验来支配和协调，做好事前控制，预防及消除施工隐患。全面熟悉施工图纸，结合工程实际严肃、认真地指导作业。在监督工作中，发现并及时纠正施工中存在的问题，对工程质量做全面的检查，对施工中出现的问题及时提出并纠正。确保每道工序合格、每个环节的施工质量达标。

在工程进度管理中，王涛根据施工进度网络计划，抓住关键线路及关键工作不放松，及时协调工程相关方关系，检查、监督进度计划执行情况。坚持工程实际与计划进度网络实时比较，深入施工现场进行调查分析原因及时采取进度调整措施。为施工创造良好的外部条件，最大限度地减少外界因素对工程进度的影响。电气作为竣工投产的末道工序，做到了工程能保质保量的按期建成交付使用。

因为心中有责任，时刻想的是如何为凌钢降本增效。在工程投资管理中，王涛提出多项合理化建议，如低压配电柜元器件设计为进口品牌，改为优质国产品牌，优化棒材照明设计，低压自动电容柜等，为公司节约投资1400余万元。在专业技术方面，王涛完善炼铁、炼钢除尘风机，优化PLC程序风门自动控制；优化麦窑上料卷扬变频器抱闸控制；优化大棒加热炉自动出钢程序；正确判断了制氧30000m^3同步电动机进口设备不能启动问题，解决了技改中多项技术难题。

多年来，王涛始终严格要求自己，努力工作，把作风建设的重点放在严谨、细致、求实、脚踏实地埋头苦干上，做到了干一行，爱一行，专一行，精一行，他用较强的责任感、服务意识和协调能力演绎着自己的精彩人生。

精打细算　精益求精

——记公司优秀党员、财务部主管张英丽

张英丽，1975 年 12 月出生，1998 年 7 月参加工作，毕业于沈阳化工学院会计专业，中共党员，现任凌钢股份财务部主管，先后获得青年岗位能手、管理能手、“三八”红旗手、优秀共产党员等荣誉。

张英丽 2014 年调任会计科主管工作，进入新的工作角色后，能够尽快熟悉掌握新岗位的业务工作，并指导本科其他人员工作，协调解决工作中存在的问题。对福利费列支、集团与龙山及其子公司关联借款情况进行专项统计分析，为领导决策提供参考。针对宝信软件，结合实际工作，提出适合企业的建议，保证“报支系统”的顺利实施，并下发差旅费报销补充规定，使得软件充分发挥功能，节约了资源。

张英丽执行内控制度，强化风险防范。做到及时盘点库存现金，核对银行账，相关人员履行复核签字程序，加强管理，防范了资金风险；印鉴的管理，始终坚持银行预留印鉴分管，用后入柜，特殊业务加盖印鉴必须有领导签批，做到内部控制有制度，制度执行有监督；规范内部银行承兑托收交接签字程序；规范项目经理为分厂厂长的技改项目风险抵押金缴纳程序。

张英丽积极参与筹措资金工作，先后参与 21 家金融机构开展了银行存、贷款及海外进出口业务。截至 2014 年 11 月末，与各家金融机构共签订借款合同 90 份，融资金额由年初的 126. 58 亿元，增加到 11 月末的 131. 26 亿元，筹集资金增加 4. 68 亿元，有效缓解企业资金供求矛盾。综合运用金融产品及工具，提高资金创效能力，通过办理融资租赁、海外代付、国内保理等融资方式，拓宽筹资渠道，降低融资成本。

张英丽注重培养新人，发挥团队的力量。对于岗位新人在业务上予以耐心指导，使其能够较快地进入工作状态，独当一面。在工作中，能够以身作则，以自己的实际行动影响科内人员对待工作要认真、务实、兢兢业业，营造良好的工作氛围。

财务系统女干将

——记公司优秀党员、集团计划财务部主管张金凤

张金凤，1982 年 12 月出生，2004 年 7 月参加工作，毕业于西安财经学院会计专业，中共党员，现任集团计划财务部主管，先后获得青年岗位能手、管理能手、“三八”红旗手、优秀共产党员等荣誉。

“凡事只要持之以恒地去做，就没有什么做不到的。”张金凤始终这样告诫自己。在财务系统工作多年，张金凤养成了凡事爱较真儿的习惯，也正是因为这种习惯，让她在工作中游刃有余，取得了较好的成绩。

2014 年调任综合科主管后，张金凤尽快熟悉掌握新岗位的业务，并指导本科其他人员工作，协调解决工作中存在的问题；每月末，组织协调部内各岗位及时处理解决业务核算存在问题，做好月末财务决算，提供准确财务数据，为领导决策做依据；积极应对财政监督检查，组织协调各子公司，做好监督检查工作。

在税收管理及筹划工作方面，张金凤更是事无巨细。随着公司业务逐步扩大，关联交易增加，在业务未发生实质变化的前提下，保持增值税税负水平不变，优化购销业务流程，每月提前预测，事中控制，过程中动态跟踪，做到各公司增值税平衡。根据国贸公司贸易企业性质，按照税法相关规定，编写了《国贸公司出口退税和会计核算业务规范》，规范了会计业务核算，同时有效降低了税务风险，使得日常核算既符合会计核算要求，又满足税法规定，有效地遵守了税法和会计法规。在国家出台出口退税企业分类管理制度后，及时与主管税务局联系，按照文件规定，将股份公司争取确定为二类管理企业，节省出口退税申报时间，及时收到出口退税款，减少资金占用，同时为公司外汇管理提供便利。

张金凤及时学习、掌握相关政策法规，深入研究，积极建言献策，为公司争取政府补助 8.11 亿元。2015 年，干熄焦财政补助项目申请时，与设备出售方、工程总承包方、融资租赁公司多次沟通，按照事务所要求取得相关资料、书写说明并整理，多次到事务所与项目负责人沟通政策，最终顺利取得财政补助 1000 万元。针对朝阳市政府出台的扶持企业发展政策，结合公司业务，组织申报材料，取得政府补助 7.92 亿元。干熄焦 12MW 发电项目，与凌源市财政局沟通申报材料，取得政府补助 973 万元。

一心一意为技改

——记公司优秀党员、项目咨询公司办事员张妍

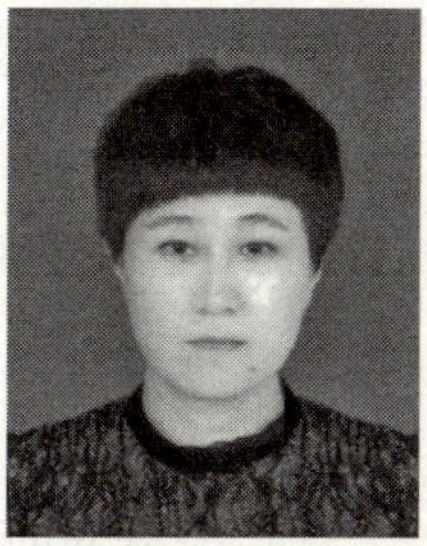

张妍，1973年9月出生，1994年9月参加工作，毕业于辽宁大学，中共党员。现任工程建设项目管理咨询有限公司办公室一办，2009年被评为公司优秀共产党员。

飒爽英姿的外表，让张妍给人的第一印象是干练、沉稳。

为保证工程监理档案的及时性和完整性，张妍对每个外来施工单位都认真讲解凌钢档案的归档制度和方法，使每个施工单位在工程初期就能严格按照公司的档案归档制度执行，减少了因档案归档不及时延误工期等不利因素。

成立了技改工程质量专家检查小组，每月按照公司下达的《技改工程专家组月检查工程质量项目计划表》的要求和检查项目内容进入10个项目的施工工地分专业进行检查，为保证工程的实体质量起到了把关作用。

根据当年技改工程的特殊性，监理人员既承担监理任务，又身兼各专业甲方代表，必须在保证工程质量的同时又不能超计划投资。为保证每名监理人员随时掌握工程进度，她主持编制了各项工程结算明细表，随时监督监理人员在办理签证结算时控制项目的投资，防止超额支付工程款，一旦出现超标迹象，及时与各方面沟通联系，保证各项目投资可控，防止企业资金的外流。

完成扩大资质范围申报、审批工作。为扩大公司经营范围，拓宽监理市场，先后完成了监理公司具有里程碑意义的几项规模较大的工作。先后通过了国家中安质环认证中心ISO9001质量体系认证、监理企业资质年检、监理公司工程类别资质增项、监理公司更名“凌钢集团工程建设项目管理咨询有限公司”、设备工程监理公司设立。在这些工作中，张妍承担了所有上报材料的编制、打印、装订，并多次去北京、沈阳、大连、朝阳等主管部门与相关人员了解情况，对出现的问题及时处理，顺利地完成了各项工作任务。

为了心中那份责任

——记公司优秀党员、项目咨询公司办事员李红卫

李红卫，1971年12月出生，毕业于阜新矿业学院热加工工艺及设备专业，1995年8月参加工作，中共党员。现任工程建设项目管理咨询有限公司监理一科一办。2012年、2013年被评为公司优秀共产党员。

作为项目咨询公司一名普通共产党员，李红卫负责钢结构监理工作。他工作积极主动，认真负责，时刻以优秀党员的标准要求自己，始终牢记全心全意为人民服务的宗旨，得到了领导和群众的一致好评。

2011年，他先后担任了中型材工作、腾钢搬迁、“十二五”炼钢工程等3项工程的钢结构监理工作。中型材是凌钢2011年重要的效益增长点，本次改扩建要求用最短的时间竣工投产。根据这一原则，他同施工人员研究方案，倒排工期，制定了详细施工网络计划，严格控制施工质量，为该项目投产作出了突出贡献。腾钢搬迁工程工期要求很紧，如不按期搬出，将影响凌钢“十二五”的开工建设。为了能统筹兼顾，他同施工人员研究方案，制定施工网络计划，监督实施。他通过专业计算，提出取消屋面梁与檩条间隅撑的建议并被采纳，节约了工程投资5万元并提前工期3天。“十二五”炼钢工程钢结构共3万多吨，其制作场地就有5个（凌北3个，鞍山、营口各1个），他不怕路途遥远，每天骑自行车穿行于凌北的3个制作场地和安装现场之间，有时还需去鞍山、营口检查质量、督促进度。特别是他利用自己的专业知识，提出现场制作改变防腐除锈方式的建议被采纳，节约投资10万元。

责任彰显党员风采

——记公司优秀党员、项目咨询公司办事员乔洪彬

乔洪彬，1985年1月出生，2008年7月参加工作，中共党员，毕业于内蒙古科技大学给水排水工程专业，现任工程建设项目管理咨询有限公司监理二科二办。2015年被评为公司优秀共产党员。

乔洪彬，是凌钢监理公司给水排水专业监理工程师，全程参与4号高炉、八机八流连铸机改造项目的质量、安全监督工作。

监理工作必须依靠责任心、自觉性和不断学习新技术并天天深入施工现场第一线，第一时间反馈现场实际问题，才能很好完成，并达到节省投资、创造效益的目的。正是认识到这些，他与项目部及其他有关工程参建人员通力合作，加强管理，解决了工程施工中出现的一些技术问题，共创效益180多万元，同时为项目按期投产和达产创造了有利条件。

按规范、标准进行管理，严格把关，做好现场协调工作。在高炉施工过程中，对炉底水冷管、水冷壁、炉体阀门的压力试验进行全程监控，发现20多块水冷壁压力试验不合格，及时联系设备材料部与设备供应厂家进行处理，保证了高炉的施工工期。高炉本体配管压力试验采用压缩空气进行，合格后再进行通水确认。高炉本体试压过程中，建议常压、软化水、高压水3条供水管线分段进行压力试验。确认3号连铸机供回水管线走向，考察安装对后期3号LF炉和RH的影响。并在检查过程中发现3号连铸机间接设备用水供回水管道来自2号小方坯DN480变径管道未连接，并用盲板隔开，他联系相关单位在3月6日年休期间进行碰口加阀门处理。在对炼钢水管廊3号连铸机预留管道进行确认的过程中，对3号LF炉及RH预留工艺水管道后期施工情况进行合理安排，建议将后期3号LF炉及RH预留工艺管道与3号连铸机工艺管道同时施工，保证后期预留项目顺利施工。

通过他及整个团队的不懈努力，使4号高炉的建设工期缩短了8天，为公司创造170多万元的经济效益；在八机八流连铸机改造工程中，节省后期预留项目工艺管道施工对水管廊顶壁二次凿除恢复费用5万元。减少预留项目工艺管道施工的措施费、部分机械费及人工费10万元，两项合计又为公司创效180余万元。

擎起安全的那片天

——记公司优秀党员、生产安全部安全科科长张凤信

张凤信，1963年9月出生，毕业于辽宁大学。1983年8月参加工作，中共党员，现任生产安全部安全科科长。曾荣获朝阳市班组安全建设优秀工作者、朝阳市“安康杯”竞赛优秀个人、凌钢优秀团干部、先进生产工作者、管理能手、优秀党员、科技贡献二、三、四等奖等荣誉。

张凤信，现为生产安全部安全科科长，多年来，从事安全工作的他始终保持着细腻的心思、缜密的思维，用心中的那份责任擎起了凌钢职工安全的那片天。

本职工作方面，张凤信积极带领全科人员认真贯彻落实“严抓制度落实，狠反三违”的总体工作思路，紧紧围绕“素养安全和本质安全”两条主线开展工作，规范重大危险源监控，积极组织演练，提高应急能力，避免了重大伤亡事故的发生。进一步深化和开展“伤害预知预警”和区域值班管理活动。加强班组安全建设，夯实安全基础工作，对全公司班组进行检查考核验收，使班组安全管理走向规范化和标准化。把安全管理工作细化，按照《安全工作考核评比细则》，对基层各单位进行考核评比。按照公司“两查”和安全工作“七查”的要求，组织开展了春季、雨季等综合安全大检查和起重设备、煤气系统等专项安全检查，共查出各种隐患1821项，全部进行了整改。组织处理了转炉炼钢厂厂房D列柱腐蚀严重等重大事故隐患。这些工作都有力促进了公司向本质安全化企业迈进的步伐。

严抓制度落实，靠制度去管理。张凤信按“两查”的要求和“四不放过”的原则以及规章制度认真调查和处理各类事故。通过强化安全管理，使安全工作平稳运行程度有了进一步规范，安全生产和管理基础进一步夯实，职工安全意识和管理人员责任意识得到了进一步提高，重大危险源受控程度进一步增强，实现了本埠工亡和重伤事故为零，为公司荣获冶金企业北方片安全生产先进单位和辽宁省“安康杯”竞赛优胜单位作出了较大贡献。

做一个默默的安全守护者

——记公司优秀党员、生产安全部安全管理科科长胡东明

胡东明，1973 年 6 月出生，毕业于西安建筑科技大学，1995 年 6 月参加工作，中共党员。现任生产安全部安全管理科科长。曾多次获得凌钢管理能手、技术能手、优秀共产党员、科技贡献三、四等奖等荣誉。

“高高兴兴上班，安安全全下班”，为了这个普通而神圣的目标，他用责任默默守护着，他就是生产安全部管理科科长胡东明。

为加大依法治安进程，他修订了安全专项经济责任制等管理制度，极大增加了事故及违法成本；修订了各级人员安全生产责任制，落实了党政同责、一岗双责要求；组织了新建超高压发电机组等 5 个建设项目的安全预评价，安全专篇在市局进行了备案。通过内部积极推进以及省、市局多次检查指导，使各项工作符合国家和行业相关安全法律法规的要求。

创建和推进体系及标准化运行，全面提升安全双基管理。作为职业健康安全管理体系、安全生产标准化创建和认证工作的主要负责人，他编写了有关安全体系文件，针对体系内外审查出的问题和薄弱环节，多次组织落实整改，在体系认证的关键时段，多次工作到深夜，一次性通过了认证审核，第一炼钢厂、保国铁矿等单位也通过了省二级标准化复审换证工作。

组织开展安全基础工作大整顿活动，取得阶段性效果。针对安全管理的薄弱环节，组织各单位对安全基础管理的各个方面进行全面梳理整顿，进行了全面反思及完善，重新细化梳理了现有的安全规章制度体系，进行了危险源再辨识控制，共新订安全制度 136 个，修改 104 个，废止 27 个；新订安全规程 92 条项，修改 396 条项，废止 17 条项；辨识危险源 41403 条，新增 5145 条，消除 114 条。基本达到了每项作业都有标准，且针对性强，具有可操作性，危险源辨识全面无遗漏的要求，有力提升了安全基础管理水平。

变静态管理为动态控制，创新开展深层次、系统、全面、循环式安全检查新模式。现代安全理论认为，隐患不是固定不变，而是随机动态出现的。因此，他改变了以往的表观安全检查方式，建立定期循环的、覆盖全区域的安全检查新模式，动态查找隐患。建立了隐患排查整改公示系统，对查出重大隐患及整改不力的隐患落实责任人及整改时间，上网公示，促进了隐患的有效整改。

敢于较真的审计员

——记公司优秀党员、审计监察部审计员史林生

史林生，1962年出生，中共党员，高级经济师。毕业于辽宁电大，1981年参加工作，现任审计监察部审计员，曾经荣获公司科技贡献奖、优秀共产党员、管理能手等荣誉。

2010年，他深入工程现场测量、核对隐蔽工程等重点部位工程量78次，工程招标提出审计建议15项，审减不合理工程造价65笔，挽回经济损失388万元……这就是审计监察部工程造价师史林生，一个工作严谨、务实，敢于较真的共产党员。

史林生是一名有着20多年党龄的老党员，“实事求是，凡事都要弄个清楚”这句话在他身上得到了很好的诠释。他认为掌握工程施工基本情况是实现审计的前提，于是认真研究工程施工计划，结合审计工作实际，有目的、有重点的制订深入工程现场计划，每周至少深入施工现场两次，详细记录工程进展及现场发现的问题，并对工程重点部位进行测量、拍照，为进一步开展审计打好基础。

现场签证也是他的审计重点，通过实地测量，认真核对现场签证的准确性，对有异议的签证进行现场测量，避免因现场签证虚签、多签工程量、多计工程造价的问题，维护现场签证的严肃性。如对保国铁矿工程项目预算进行审计中，通过审查合同、定额、图纸，核对现场工作量，审计预算58份，审减金额165.58万元，节约了技改工程投资，规范了子公司工程管理制度。

在审计中贯彻严、细、实工作方法，无论金额大小，严格审计，认真研究工程量计算规则、工程量清单报价说明、招标文件及工程施工合同，为公司挽回直接经济损失46万元。

在参加招标时客观公正发表意见，严把招标关。2010年11月20日，中型材改造轧线机械设备议标，结合南京高精工程设备有限公司报价逐项审核，发现轧机机列设备单价偏高，报价由最初3158.71万元降至2772万元，降价386.71万元，降低12%，充分发挥了审计监督职能，史林生也以他的“倔强”诠释了一名共产党员忠诚凌钢的无私情怀。

在工作中践行对凌钢的无限忠诚

——记公司优秀党员、审计监察部监察科科长肖成

肖成，1983年出生，中共党员。毕业于东北电力大学机械专业，2006年参加工作。现为审计监察部监察科科长，多次荣获公司科技贡献奖，优秀共产党员，思想政治工作能手，青年岗位能手等荣誉。

2013年，肖成按照“融进去、有实效”的总体要求，积极开展党员先锋工程和降本增效、从我做起活动，抽检大宗原燃材料257次，开展专项调查10项，查处掺杂使假等欺诈问题412起，挽回、避免经济损失1364万元，用一腔激情和一身正气，铸就了对党和凌钢的无限忠诚。

围绕外购矿粉、铁合金、废钢、钢辅料等物资质量开展了10项专项监察。针对调查中发现的问题，提出了完善采购模式，强化矿粉验质，取样环节监督，严格全铁品位差，TiO_2、焦炭、萤石化验准确性等措施18项，起草并出台公司级管理制度两项，同时组织24个单位开展了外购物资质量联动监管工作，在公司形成了上下齐抓共管的良好局面。

坚持正义，秉公办事，始终站在打击损害公司利益行为的第一线。全年共查处某公司废钢掺铁粉1.65t等做假问题385起，为公司挽回损失118万元。查处某公司连续7车矿粉（总重461t）以次充好、骗取货款问题，矿粉车利用冬季浇水、夹带冰块等问题5起，挽回损失138.4万元。查处了硅铝钡锶、硅锰合金、硅铁以次充好等问题11起，扣罚货款213.3万元，打击了不法分子掺杂使假骗取货款的嚣张气焰。

扎实工作 奋斗无悔人生

——记公司优秀党员、造价中心办事员夏刚

夏刚，1981 年 2 月出生，中共党员。毕业于辽宁科技大学计算机科学与技术专业，本科学历。2005 年参加工作，现任造价中心办事员。荣获 2013 年公司优秀共产党员称号。

2013 年，时任计量信息部软件开发工程师的夏刚，主要负责软件开发与软件系统维护。自参加工作以来他立足本职、扎实工作、开拓进取、锐意创新，以一个共产党员的标准严格要求自己，始终坚持在工作岗位上，及时圆满地完成了各项工作任务，为凌钢三期技改工程达产、增效作出了应有的贡献。

在凌钢三期技改期间，为保证新区进出厂的物资能够及时地进行检斤结算，夏刚几乎每天都泡在现场，对现场的硬件系统、软件系统进行反复测试，成功地将汽车衡、轨道衡等 5 个检斤点、8 台衡器集成到远程无人值守计量系统。

作为智能化远程无人值守计量系统的负责人，他深知系统的稳定运行对公司生产有着重要的意义。他每天到班上的第一件事就是到计量大厅去点检系统，发现问题及时解决。每当系统发生问题，他都是第一个到达现场，与现场的计量人员沟通，分析问题、解决问题，无论刮风下雨还是三更半夜。正是由于这种对工作认真负责的态度，得到了大家的一致认可。

勤于思考，勇于创新，独立开发板坯自动计量系统。独立开发板坯辊道秤自动计量系统，实现了板坯无人自动实检计量，结束了多年来板坯标定的结算模式，减少了炼钢厂同第二轧钢厂之间的计量异议，提高了数据的精度和准确性，优化了人力资源。同时解除了现场坯子标定人员的安全风险，提高工作效率，计量数据及时、准确并实现与现场生产管理有机结合，提高了板坯的计、质量信息传递速度，做到板坯有成分入炉，为实现板坯材质单网络传输提供有力的保障。板坯辊道秤无人值守系统自主研发成功，标志着我公司有能力对无人值守计量系统进行运维。

将技改装在心中

——记公司优秀党员、造价中心造价科科长李明君

李明君，1962 年 7 月出生，中共党员。毕业于辽宁广播电视大学工民建专业，大专学历。1981 年参加工作，现任造价中心造价科科长。2013 年被评为公司优秀共产党员。

2013 年是凌钢“十二五”技改项目收尾之年，自技改工程开工以来，李明君以降低工程投资成本和确保三期技改工程达产、增效为目标，为凌钢三期技改工程达产、增效作出了应有的贡献。

强化过程控制，严、细、实管理，做好“十二五”技改工程结算收尾工作。“十二五”结构调整技术改造工程收尾完善阶段现场签证多、金额大，而且存在重复计费问题，给结算工作带来了巨大的困难。为了更好地做好结算工作，李明君充分发挥专业技术人员的知识优势，积极深入现场，细致分析不同工程、不同施工单位、不同合同、不同签证单之间的关系，坚决堵住漏洞，深入贯彻公司“对标挖潜、降本增效”的总体工作思路。

“十二五”结构调整技术改造工程为甲方间接供应材料，此部分材料费用较大，占全部建安投资的近 50%。李明君深知开展材料复核工作对于技改工程投资分析以及节约成本、降低工程造价有着重要的意义。他结合凌钢自身特点，会同相关单位制定了《凌钢“十二五”技改工程间接费用考核办法实施细则》。理清各项目真实的间接供应材料费用，修正各造价员已批的施工图预算，堵塞各环节管理漏洞，确保各项目工程造价真实合理。

利用库存，盘活资金。公司“十二五”主体项目均处于收尾阶段，新开工项目主要有热电工程、武警部队搬迁工程、南门地下人行隧道等零星项目。他充分利用“十二五”项目剩余材料，降低库存，盘活资金。在审批各项目材料计划时，李明君通过与销售公司、项目管理单位、设计单位及施工单位及时联系，做到能利旧的利旧，能替代的替代。截至 11 月末，共利旧钢材 550t，经与各单位共同努力使外购材库存降低约 1100t。

无私奉献　无悔人生

——记公司优秀党员、能源环保部配餐科办事员马玉

马玉，1973年7月出生，1996年7月毕业于本溪冶金高等专科学校环境监测专业，现任能源环保部配餐科一级主办，2010年被评为优秀共产党员。

2009年，时任能源环保部现场管理科科长的马玉，负责全公司现场管理工作。他处处以党员的标准严格要求自己，事事发挥党员的先锋模范作用，通过科学管理使全公司现场管理工作得到全面提升。

工作上他无私奉献，以身作则，不计得失，不求回报，全年义务献工40多个。特别是节假日，双休日，为了保证现场清洁，他始终坚守现场。积极组织开展现场整顿月活动，消灭现场死角，全面提升公司现场管理水平。狠抓运输车辆“三超一漏”，减少二次扬尘，努力为黑色钢铁，绿色制造的目标而奋斗。

为了降本增效，他积极研究国家相关政策，为公司争取国家财政奖励资金。2009年9月公司最终通过第三方专家审查组异地审核，为公司获得节能以奖代补专项资金尾款622万元。根据国家有关规定，辽宁省出台节能专项资金项目计划，鼓励企业节能。他精心准备代表公司参加答辩，顺利通过省经委组织的项目审查，最终获得辽宁省节能专项奖奖励资金50万元。他积极组织对标挖潜工作，制定了公司节电、节水方案和具体考核措施，通过精心组织和推进落实，2009年公司全年节电5645万千瓦时，节水277万吨。

生活上，助人为乐，思想上，信念坚定。作为一名老党员，他深知一举一动都会直接或间接地影响到身边同志的工作激情。在日常生活和工作中，他坚持学习，学习党的理论知识和时事政治，学习相关的专业知识，丰富自己，牢固正确的世界观、人生观和价值观，坚定共产主义信念。让党员这一神圣而又光荣的称号在平凡的工作岗位上闪闪发光。

用强大的责任心诠释工作热情

——记公司优秀党员、朝柴动力办公室主任张续龙

张续龙，1981 年 12 月出生，2004 年毕业于沈阳化工大学，中共党员。时任凌钢集团公司（党委）办公室秘书科科长，现任东风朝阳朝柴动力有限公司办公室主任、党委工作部部长。

张续龙，时任公司（党委）办公室秘书科科长。他责任感强，善于与人沟通协调，无论从事什么样的工作，都坚持不断完善自己，超越自己，在平静之中满怀激情，在平常之中担当责任，在岗位上发挥自己的光和热，用强大的责任心诠释着工作的激情与热情。

办公室是公司重要的枢纽部门，工作接触面广，许多工作需要对内、对外进行协调、沟通，做到上情下达，这就决定了办公室工作繁杂而重要的特点。张续龙在办公室工作多年，对办公室的工作有深刻的认识，他知道办公室工作无小事，每一件工作都容不得半点马虎，一旦出现疏漏，都可能误大事。因此，他对待工作始终保持超常的耐心和足够的细心，不论事大事小、事多事少、对内对外，都以一种高度的敬业精神和强烈的责任感来对待，始终以置身其中的心态从事办公室工作。

文字综合工作是秘书科的一项重点工作，秘书科承担了公司大量的材料写作、文字编辑等工作。文字工作有很多的艰辛在其中，不仅整天与文字打交道，耐得住寂寞，而且作为钢铁企业的秘书不能做门外汉，要懂专业，因为只有懂业务，才能写出好的材料。张续龙文字功底深厚，加上自己不断潜心学习和磨炼，他对文字运用已达到专业、到位、收放自如的程度。

办公室的工作可谓纷繁芜杂，但一年到头，所做工作不显山、不露水，遇有大型会议、活动，加班加点是家常便饭。尽管如此，张续龙却始终保持对岗位的敬畏，对事业的执着，对工作的热爱，以高度的责任感和朴实的工作实践着自己的追求，书写着人生无悔的篇章。

自强不息　拼搏进取

——记公司优秀党员、保国铁矿黑山矿副矿长佟兴东

佟兴东，1982 年 12 月出生，2004 年 7 月参加工作，中共党员，毕业于本溪市高等专科学校，现任保国铁矿黑山矿副矿长。2007 年获得公司级优秀共产党员称号。

佟兴东所学专业为工程机械，毕业时恰逢保国铁矿铁蛋山矿区建混合井井塔，公司便安排他参与到井塔建设工程的监理工作，他所学专业与建筑学毫无关联，于是借来土建工程资料，翻开图纸逐个对照简图及符号，认真查阅研读。白天忙没时间，晚饭后又回到办公室研读，每天都坚持到后半夜，遇到实在不懂的地方，就抽空向设计人员咨询，凭借这股韧劲，仅用两周时间他就看懂了井塔施工图纸。为了在施工期间能更好地监督检查井塔施工质量，他认真学习土建施工验收规范等相关资料，把重要节点、施工注意事项和关键性的数据逐一记录下来，很快掌握了土建施工工程的要领。施工过程中，每天都带上图纸到施工现场认真检查施工情况，从支模、钢筋绑扎、浇注混凝土到拆模，每个工序都认真监督检查。对于发现的问题他都要求施工方立即整改，并且坚持在现场监督整改落实情况，为井塔工程的施工质量提供了有力保障。

铁蛋山矿投产后，黑山矿区井巷工程即将开工建设，铁矿决定派他到黑山矿区全面负责井巷工程监理工作。为更好地完成这项工作，他主动放弃周末和节假日的休息，而且还要每隔两三天在夜间下井验收支模和工程量，第二天困得受不了，就伏在办公桌上休息一会儿，始终没有离开工作岗位。由于每天不定时的对施工质量进行突击检查，发现硐室支护工程壁后充填不合格、锚杆锚固剂装填不足的关键问题后，当即给施工单位下发处罚通知单，并且扣减工程量，要求其立即整改。在他的严格管理下，施工单位规范施工，各分项工程 100% 达标。

憨厚朴实的佟兴东虽不善言辞，但脸上却始终洋溢着热情的微笑。从他的身上，我们不仅看到了一名普通员工忠诚凌钢、爱岗敬业的工作热情，同时也彰显出了每一个凌钢人自强不息、拼搏进取的精神风貌。

（文/杨　彪）

不负众望保安全

——记公司优秀党员、保国铁矿铁蛋山矿安全员邵玉斌

邵玉斌，1967 年 3 月出生，1990 年 7 月参加工作，中共党员，现任铁蛋山矿安全员。三次获得公司优秀共产党员称号。

2008 年，是铁蛋山矿职工队伍发展壮大的关键期，数十名新工人为铁蛋山矿注入了新的活力，同时，也给安全员邵玉斌出了一个难题。

从没下过井的青工对矿山生产一无所知，安全防范知识更是少得可怜，邵玉斌从劳保着装到操作流程，从设备启动到停车检修，他总是用心叮嘱青工按章操作。由于经常加班熬夜，邵玉斌的眼睛总是红红的，因为他把这些年轻人当做自己的孩子，就算他们将操作规程和安全要点倒背如流，却总有让邵玉斌不放心的地方，2008 年，邵玉斌利用工余时间全年为各工段职工安全培训授课百余课时，力求把自身掌握的安全技能毫无保留地传授给每名职工。

2010 年 9 月，铁蛋山矿主溜井堵塞，直接影响矿石生产的正常进行。处理溜井需要在堵塞矿石下面，人工进入井筒安放小药包爆破、清理，安全风险极大。邵玉斌始终坚持“安全第一”的原则，宁可多等半小时也不允许任何人冒险进入放炮区。施工过程中，他连续几天几夜蹲守在现场，边讲解，边示范，边根据现场情况调整处理方案，不放过任何可能导致事故的安全隐患，直至溜井安全疏通后，依旧不放弃休息，有条不紊地组织职工撤离，因为在他心里，安全工作时刻不能停。

铁蛋山矿的生产任务逐年递增，到 2013 年铁矿石提升量已达 150 多万吨。在 2013 年铁蛋山矿的尾绳更换工作中，邵玉斌根据提升机尾绳更换工作的特点制定了严格的安全施工方案，为了保证工作中的绝对安全，他跟随所有作业人员一起参战负责监督检查施工安全，每天早 6 点入井直到深夜才肯上井，在他和所有参战人员的共同努力下，不仅安全地完成了尾绳的更换任务，而且比预计时间提前了近 15 小时，为公司的生产经营赢得了宝贵时间。

（文/邓北川）

事业因热爱而执着

——记公司优秀党员、保国铁矿选矿车间副主任王奇伟

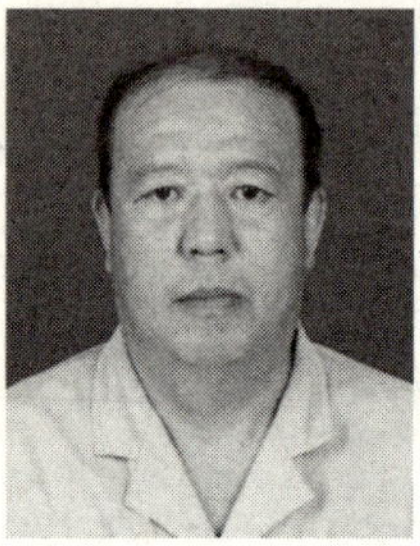

王奇伟，1965 年 4 月出生，1983 年 12 月参加工作，中共党员，现任保国铁矿选矿车间副主任。2010 年获得公司优秀共产党员称号。

王奇伟从参加工作的第一天起，就立志要在自己热爱的岗位上学有所成。从 1983 年参加工作，在检修岗位上一干就是 30 多年。凭着对学习的一股韧劲，王奇伟在业余时间钻研设备维护保养方面知识，很快成为设备维修方面的行家里手，从一名普通工人成长为一名钳工技师。

面对选矿车间设备台数多、生产线路长、故障率高等生产难题，他勤于思考、善于研究，每天遍步在排岩场、皮带廊、磨选厂房等设备保障区域，及时查找设备隐患，把设备事故消灭在萌芽之中。一次在日常点检中他发现 5 号自磨机选矿排板器内外筛分为分体装置，在运转中，分体结构造成内筛剧烈颤动，这种颤动会造成焊口开焊内筛全部碎裂，仅能使用 20 天左右，如何提高内筛板使用周期，解决剧烈颤动问题一直困扰着他。经过反复试验、推算、绘图，采用 6 块 20mm 厚、150mm×200mm 连接板与主体结构进行焊接，形成一体结构，成功解决了这一技术难题，不但缩短了自返器的检修频率，而且将使用寿命延长至 60～70 天，甚至可以达到多次重复使用，仅此一项就为公司节约成本近 100 余万元。

在混合矿 8 号球磨给矿衬套安装试运行过程中，他发现衬套与中空轴法兰连接部位，螺栓折断，衬套松动，导致矿浆泄露，泄露出的矿浆进入油站内，导致机油乳化。王奇伟立即着手解决此项技术难题。他通过细心观察、研究及查阅相关技术资料后，尝试在衬套两条安装带圆周，均布设备六点补焊，经手工修复从而达到衬套与球磨机的配合精度要求，同时在衬套法兰与球磨机中空轴接合处增加一条截面直径为 6mm 的 O 型圈，保证了密封不漏矿。此项修复取得了成功，该设备运转 6 个月未出现过故障。

在王奇伟的身上我们看到了一名共产党员的责任与担当，工作之余他经常把自己掌握的知识讲解给青年职工，在他的心中希望能为选矿车间打造出一支技术专、管理精的设备检修团队，时刻为选矿车间的安全、高效生产保驾护航。

（文/李　娜）

用付出和智慧锻造荣誉

——记公司优秀党员、保国铁矿建平磷铁矿采矿厂厂长张亚军

张亚军，1964 年 10 月出生，1987 年 9 月参加工作，中共党员，毕业于朝阳教育学院，现任建平磷铁矿采矿厂厂长。2010 年被评为公司优秀共产党员。

在保国铁矿铁蛋山矿，有一位工人出身的采矿技术员，不是采矿专业毕业，却有着非常丰富的采矿爆破经验，2500 余次的爆破任务安全顺利完成，无任何事故的发生，彰显了他的技术、经验和能力，他就是自学成才的采矿爆破技术员张亚军。

作为爆破技术员，张亚军具有较强的责任感和事业心，他先后自学了《露天采矿爆破技术》《采矿爆破技术手册》，设计完成了 +80m/ +65m/ +50m 水平及 +95m 水平炸药库通道设计。在采矿管理中，他每天深入现场，指导钻孔作业，并提出很多建设性意见，取得了较好效果：在 +95m 水平进路回采爆破中，出现过 11m 长的塌方地段，张亚军提出实施一次爆破，安全通过危险地段，减少了支护费用；在回采爆破中，为减小对其他巷道的破坏程度，他提出优化爆破参数，降低炸药单耗，控制单响药量，加大了孔底距，改变了装药长度，使填塞段更趋于合理，变孔底起爆为孔口起爆，每排同一段数改为两个段数，减小了爆破震动，改善了爆破效果，提高了铲运效率；在掘进台车凿岩时，张亚军曾连续两天两夜跟班指导，确定钻孔位置及角度、优化爆破参数，使爆破质量提高了 10% 以上，巷道规格达到了设计要求。

2010 年，在掌握了矿区地质、矿区构造、矿床地质的情况下，张亚军经常深入采场，对影响矿石品位、回采率的因素进行分析，制定出了提高矿石品位、回采率的管理方法，使矿石贫化率控制在 25% 以内，回采率由年初 55% 提高到 63%，全年累计创效达 613 万元。

付出是一种精神，工作是人生的真实写照。只有尽最大努力做好工作的人，才会实现人生的价值。张亚军正是用付出和智慧铺就了自己的人生之路，锻造了闪光的荣誉。

（文/包卫华）

勇于实践的开拓者

——记公司优秀党员、保国铁矿经理助理许文才

许文才，1976年2月出生，1999年7月参加工作，中共党员，毕业于辽宁工院，现任保国铁矿经理助理。连续四次获得公司优秀共产党员称号。

作为一名党员，许文才肯于吃苦，乐于奉献，是矿业公司脚踏实地的开拓者。2010年矿业公司成立伊始，各项工作都处于起步阶段，办公和生产设施不完善，许文才就把工作现场、办公室当做自己的“家”，每天往返在工地和办公室之间，解决生产工作中出现的各种问题156件，全年没有休过一个节假日，充分展现了一名党员干部吃苦在前、享受在后的风采。

求真务实，深入现场解决问题。在五家子选厂技改工程施工中，他结合施工图纸对设备、设施的适用性、安全性、可靠性进行核查，累计向施工方发出整改单90余项，并逐项进行了整改。针对设备存在的缺陷，他提出改进了球磨机入料口密封和冷却水管结构，有效防止水和矿浆进入磨机轴瓦箱内，损坏球磨机轴瓦的情况发生。在过滤机安装过程中，发现真空泵与排液罐之间抽真空管的设计高差小，排液罐内的液体易被吸入真空泵，抽真空度不能满足过滤机的要求。针对该问题，他将真空泵吸口与抽真空管的高差增加到9m，排液罐内液体不会吸入真空泵，确保了过滤机稳定运行。

实施设备改造，解决制约生产的技术瓶颈。圆锥破碎机安装后，经现场测量后确认回油管路坡度不能满足润滑油回流要求，经与供货商协商，许文才提出将润滑站整体垂直移位至一楼地面，安装后破碎机回油管出口与稀油站回油管进口间垂直高差达到3m，满足了润滑油的回流要求。两台MQY3245溢流型球磨机排矿衬套内径尺寸设计偏大，溢流平面低，球磨机充填率仅能达到29%，严重制约了球磨机的磨矿效率。经过认真研究，许文才提出更换球磨机给矿、排矿衬套，将排矿衬套内径尺寸由1060mm缩小至830mm，提高球磨机溢流面的高度，增大了球磨机介质充填率，为矿业公司创效70余万元。

（文/包卫华）

无私奉献的模范　恪尽职守的表率

——记公司优秀党员、保国铁矿动力车间总变电所所长张文友

张文友，1965 年 2 月出生，1983 年 4 月参加工作，中共党员，现任保国铁矿动力铁矿总变电所所长。2012 年获得公司优秀共产党员称号。

张文友自 1983 年参加工作以来，在平凡的岗位上一干就是 20 多年，他没有豪言壮语，没有动听的故事，有的只是那份对工作的坚守，对企业的忠诚，他将青春岁月全部奉献给矿山的供电事业。

总降压变电所，是一个安全重于一切的单位，其安全运行，直接关系到保国铁矿正常生产。作为一名班长，张文友深感自己肩头责任重大，多年的工作经验使他悟出了一个道理：变电工作光靠经验不行，必须将理论与实践结合起来才能解决更多的难题。于是，他虚心向同事学习、向书本学习，认真研究工作中的每一个细节，真正做到了“学有所思、思有所悟，悟有所行、行有所果”。

了解张文友的人都知道，军人出身的他有着严谨的工作作风，每天他都会早上提前 40 分钟上班，前往现场检查设备运行状况，对设备状况做到心中有数。变电班承担着 25000kV · A 总降压变压器、高压柜、动态无功补偿等高压设备的监护和操作工作，安全责任重于泰山。工作中，张文友认真履行岗位职责，严格执行“电业安全工作规程”和“两票”及各项规章制度，按照技术要求做好每一项工作。针对设备的运行情况，他提出了“验收设备不放过一颗螺丝钉”的目标，要求运行人员“必须熟悉工作现场、必须熟悉工作内容、必须熟悉每一个带电部位”。引导员工学习业务知识，积极研究新设备，探索管理新模式，使设备运行始终处于良好状况。

2012 年，作为总变电所党员先锋岗负责人，他不断加强政治学习，提高自身政治素养，处处发挥共产党员的先锋模范作用，全年义务献工 60 个，没休过一天带薪休假，带领变电班严把设备维护和检修质量关，实现全年安全供电 1.3×10^{8}kW · h，及时发现并排除设备事故隐患 20 多起，为保国铁矿全年铁精矿任务的完成，提供了有力的电力保障。

（文/包卫华）

行走在矿井下的金牌修理工

——记公司优秀党员、保国铁矿铁蛋山矿机械设备主管李凤军

李凤军，1969 年 9 月出生，1991 年 9 月参加工作，中共党员，毕业于本溪冶金专科学校，现任保国铁矿铁蛋山矿机械设备主管。2012 年获得公司优秀共产党员称号。

李凤军是保国铁矿铁蛋山矿的机械设备主管，负责井下的设备运行工作。他业务熟练、经验丰富，是机械设备的守护者；他刻苦钻研、勇于创新，是同事眼中的创新之星。他在平凡的岗位上默默无闻，兢兢业业，用自己的实际行动彰显着一名共产党员对矿山事业的追求和热爱。

铁蛋山矿混合井提升系统是设备管理的重中之重。为此，每周两次的例行检修他都亲自到现场，从提升机到破碎机，从装载站到卸载站他都一一检查过问，发现问题立即处理，从不拖延。为了安全、顺利、高效地完成更换提升系统首绳工作，李凤军细致学习其他矿山的施工经验并精心研究，针对本矿实际情况，编制了一套完整详细的施工预案。从换绳工作开始到结束，李凤军始终没有脱离作业现场，直到提升机一次性试车成功，他才松了一口气。

为了使设备更好地为生产服务，他不断钻研设备构造以及生产工艺，从小事做起，从大事着眼，凭借自己多年的经验为矿山的设备改造和技术创新作出了贡献。铁蛋山矿的通风系统有两台主通风机，由于设计缺陷，风流在井下串通，造成两台风机间风流短路，不能满足互为备用的条件。为了解决这个问题，李凤军经过认真研究，提出在两台风机前端的风道内部分别安装一扇斜置风门的改造方案，这样在不增加土建工程量的基础上，实现了两台风机独立运转、互为备用，很好地改善了井下的通风条件，提高了工人的作业环境质量。

作为一名共产党员，李凤军在不断提高自身业务素质的同时，还把大量的宝贵经验毫无保留地传授给身边的青年职工，他经常与班组成员谈心交流，分享心得，在他的带动下，班组凝聚力越来越强，技术水平不断提高，铁蛋山矿机械设备无计划外停车影响，赢得了公司上下的一致好评。

（文/杨　彪）

先“大家”后“小家”的副矿长

——记公司优秀党员、保国铁矿铁蛋山矿副矿长遇晓明

遇晓明，1965 年 12 月出生，1983 年 9 月参加工作，中共党员，毕业于青岛冶金矿业学院，现任保国铁矿铁蛋山矿副矿长。2014 年获得公司优秀共产党员称号。

遇晓明是保国铁矿铁蛋山矿副矿长、电气工程师，对待工作兢兢业业、勤勤恳恳，在工作中从来不计个人的得失，始终坚信没有铁蛋山矿这个“大家”，就不会有自己的“小家”。

作为一名电气技术人员，遇晓明始终把“在工作中学习，在学习中工作”当做自己最大的乐趣。日常工作中他本着企业利益大于一切的原则，全身心地投入到工作之中。特别是铁蛋山矿井下作业环境比较复杂，电气设备在潮湿、粉尘的环境中运行，加快了设备的损坏周期，增加了生产成本，遇晓明为了降低成本，提高设备使用率，对井下设备实施维护、改造 16 项，既降低了成本又改善了设备。

ABB 提升电控系统作为国外的技术非常稳定和实用，但也存在一些问题。由于井下环境潮湿，尤其是井筒中常年流水，使锁灌开关的绝缘受到很大的破坏。几年来，提升机锁灌系统发生的故障最多，尤其是雨季，几乎每月都发生 10 余次接地故障。而每次处理故障都要影响提矿 3 个多小时，对井下生产造成了严重影响。这也是同行业中的老大难问题。为解决这个难题，遇晓明对现场环境及锁灌系统进行了仔细分析，查找相关资料，最后研究出解决方案，降低了提升机的故障率，提高了矿石产量，创效 210 余万元。

遇晓明在平凡的岗位上作出了突出的贡献，得到了同事的好评和领导的认可。他用自己的实际行动带动、影响着身边的每一个人，从他身上看到了一名共产党员爱岗敬业、无私奉献、拼搏进取的风采。

（文/曹志明）

在平凡的岗位上演绎精彩

——记公司优秀党员、保国铁矿动力车间电气段段长王永

王永，1974年1月出生，1992年9月参加工作，中共党员，现任保国铁矿动力车间电气段段长。2014年获得公司优秀共产党员称号。

王永是保国铁矿动力车间电气段段长，20多年来他立足于本岗位，勤奋学习，刻苦钻研电气技术，并在处理矿山电气故障中积累了丰富的经验，成为处理矿山电网故障和电气设备故障的能手。在工作中，他不仅勤学好问，主动向领导和有经验的老师傅请教，还利用业余时间阅读大量电气方面的书籍，总结分析出处理各种故障的有效方法，练就了一身过硬扎实的本领，别人处理不了的电气故障，经他一“治”便“手到病除”。

2014年的一天深夜，2000m^3大井出现了故障，铁蛋山生产面临着停产的危险，故障就是命令，他二话没说，带着仪表奔赴事故现场。经过分析他判断出变频器发生了故障，他及时准确地予以排除，从而有力保障了矿山安全生产。一年来处理的各类电气事故达50多次，修复各类开关电子保护插件等100多个，为公司节省资金达8万多元。

由于生产负荷的不断增加，原供电线路也增加到现在的60km。时间紧、任务重、人员少，既要保证矿山生产生活电力供应，又要完成各项工程改造项目。王永身先士卒、科学施工，不但保证了矿山生产生活的电力供应，还胜利地完成了公司交给的矿区照明改造、尾矿库高压线改造、尾矿库在线监测系统等技改工程。在家属区供电线路改造工程中，由于施工路径发生了变化，王永巧妙地利用钢绞线代替电缆跨越敷设，从而节约了35mm^2电缆线80多米，节约资金1万多元。在尾矿库在线监测系统更新改造中，由于山地施工线路要进行各种跨越，王永和工友们多次实地测量考察，科学经济地选择线路路径，共节约水泥电杆6根，LGJ-50mm^2钢芯铝绞线300余米，节约资金达1.5万元。

（文/包卫华）

一专多能的提升机电气维检工

——记公司优秀党员、保国铁矿铁蛋山矿电工李成成

李成成，1986 年 1 月出生，2008 年 7 月参加工作，中共党员，毕业于辽宁工程技术大学，现任保国铁矿铁蛋山矿电气维修工、设备点检员。2014 年获得公司优秀共产党员、青年岗位能手称号。

提升机是铁蛋山矿的主体设备，承担着矿石及人员、材料的运送、提升任务，其工作性能的好坏直接影响矿山生产任务的完成。作为提升设备的专业电气维检工，李成成以顽强的韧性和永不服输的精神，在平凡的岗位上默默耕耘、恪尽职守、踏踏实实地做着自己挚爱的提升机电气设备维检工作。

更换提升机首绳是一项工序复杂、难度高的工作。提升机一侧重载一侧空载，对提升机的动作距离和运行方向、运行速度存在着严格的要求，一次在提升机更换首绳任务中，在主管电气工程师外出考察，不能及时赶回的情况下，李成成临危受命，运用自己的平时所学和工作经验的点滴积累摸索着前进，连续 72 小时蹲守在提升系统控制室，确保提升系统按照要求准确动作，保障了首绳更换工作顺利完成。

2014 年他独立主持并完成粉矿回收井提升系统的安装、调试工作。此系统采用西门子 PLC300 和 ABB 公司 ACS800 型变频器作为控制、运行系统处理终端。工作中他和电气人员反复调试、模拟，最终成功解决频繁跳闸、平层困难等问题，对设备的安全稳定运行起到保障，大大提升了副井提升系统的作业率。

工余之时他不忘初衷坚持业务学习，努力做到一专多能，他常说：“电气技术发展日新月异，只有学习才能进步，一天不学就会落伍，就不能适应本职工作，更发挥不了党员的带头作用”。他多次参加保国铁矿和铁蛋山矿的“技术大比武”，连续四次取得第一名的好成绩。他将自己的全部身心都融入到提升机电气工作中，一步一个脚印的前进，恪尽职守、无私奉献，展现着年轻一代共产党员的风采。

勤劳实干的好班长

——记公司优秀党员、保国铁矿选矿车间泵站班班长杜福利

杜福利，1966 年 6 月出生，1983 年 12 月参加工作，中共党员，现任保国铁矿选矿车间泵站班班长。2014 年获得公司优秀共产党员称号。

“一个人不一定要有多成功，但只要把本职工作做好，那就一定会感到充实。”这是选矿车间泵站班班长杜福利常说的一句话。大家眼中的杜福利不善言谈，但工作中却不乏热情和开拓进取精神，经过多年的磨炼，他由一名普通职工成长为选矿车间泵站班班长。

尾矿坝是矿山的重大危险源点，作为一名党员，杜福利深感责任重大，每天他都早早来到岗位，开始一天紧张而又忙碌的工作。无论是北风凛冽的严冬，还是酷暑难熬的夏季，杜福利每天都要带领职工进行巡坝工作，检查尾矿管路、南北坝体是否有渗漏现象，查看尾矿库水位，记录干滩长度，保障回水质量。发现问题及时处理。

回水塔是泵站段的重要设备，准确掌握水位高差情况，及时对库区水位进行调控，保证回水水位高度，是泵站班的重要工作，下水拔堵回水塔塞子，不管水有多深、多凉，杜福利都是第一个下水作业。当汛期来临时，杜福利不仅要做好尾矿库的安全应急措施，带领工人对尾矿坝进行加固，还要连续十几天对尾矿库水位进行监测，发现问题及时处理，工作太晚时，便在凳子上睡一会儿，第二天又投入紧张的工作中。

2014 年，为完成好尾矿管路更换任务，杜福利带领全班职工按照施工方案认真组织施工，在管路吊装、管路对接、管口焊接、焊缝质量检查等环节，他都亲历亲为，精益求精，有效保证了施工质量不出纰漏。经过 20 多天的紧张施工，更换管路工作不仅顺利地完成，还对施工中换下的螺栓进行了二次使用，为铁矿节约成本 1 万余元。

（文/李　娜）

求真务实的基层“领头羊”

——记公司优秀党员、北票钢管公司段长朱敬民

朱敬民，1961 年 11 月出生，1983 年 9 月参加工作，中共党员，毕业于凌钢技校，时任钢管厂 219 工段段长，现任凌钢焦化厂工人。2008 年获得公司优秀共产党员称号。

朱敬民主要负责钢管厂 219 工段的生产工艺及日常管理工作，作为一名党员。他深入现场，了解生产工艺和操作流程，在设备出现问题造成钢管外观质量缺陷时，他主动加班，跟踪轧机生产情况，通过 3 天现场生产数据的收集和分析，找出制约管体的瓶颈，解决了钢管外观质量缺陷，有效地保证了产品质量的大幅提升。针对设备维护保养，朱敬民敢于求真，带领本工段职工进行自主设备点检，大大地减少了设备维修时间。加强考核力度，本工段先后制定了一些生产管理制度，召开提高作业率专题会议，将提高作业率落实到各岗位，确定班组岗位责任人，对影响生产时间的问题进行分析、考核、总结，找出问题关键点，逐步理顺各生产环节的关键点，为提高生产效率打好坚实的基础。

在狠抓指标的同时，朱敬民不忘产品质量与职工技能培训。为提高产品质量与职工技能，他率先在 219 工段实行技能奖金考核制度。制度实施后职工技能快速提高，因职工技能原因产生不合格钢管明显减少，同时产品质量得到了提升。

各类安全事故的发生 90% 以上源于安全意识薄弱。因此，朱敬民特别注重对全段人员的安全教育工作。每天召开的安全生产班前会，只要涉及安全方面的信息，都一字不漏地记下回去后传达给全段人员。他把在处理设备故障方面和轧机方面的经验传授给职工，使他们能够迅速辨别设备故障，并具备解决问题的能力，为全工段安全生产打下了坚实的基础。

企业的好管家　职工的勤务员

——记公司优秀党员、北票钢管公司人力资源部部长郭振江

郭振江，1957 年 10 月出生，1976 年 8 月参加工作，中共党员，毕业于辽宁党校（函授）。现任凌钢股份北票钢管有限公司办公室主任、人力资源部部长。2012 年、2013 年获得公司优秀共产党员称号。

郭振江，有较强的大局意识，为人正派，作风严谨求实，时刻以一颗关心人、理解人、教育人、鼓舞人的良好心态，去做好每一项工作，深受职工的爱戴。

作为一名老党员，他身先士卒，率先垂范，每天都坚持提前到岗，最后一个离岗。他定期组织对食堂质量、公寓卫生进行抽查。组织每月评选出一个“文明寝室”，对食堂的卫生、质量检查更是严格细致，要求每道菜都必须保留菜样，确保职工的饮食安全。

办公室主任的工作涉及面广，既要内部协调又要对外联络协调；既要做好日常工作，又要应对突发事件。在职工团购住房工作中，他为 157 名拥有不同住房观念的职工分配住房，困难可想而知。他组织团购住房招投会，先后多次统计职工购房信息，制定出按积分分配团购房的方案。在郭振江的积极努力下，157 名职工顺利拿到了购房合同。

围绕建立“学习型”企业，组织开展创先争优活动。他积极按照集团公司部署，组织党政工青扎实有序地开展“创先争优”活动。他围绕建立“学习型”企业为主题，先后开展 10 余次学习企业文化活动，创建 5 个党员先锋岗，完成 10 个党员先锋工程，他把钢管公司创先争优活动搞得有声有色，尤其是通过“员工之星”评比活动，评选出了 40 多个“员工之星”，鼓励了先进，提高了中间，鞭策了后进，在党员中掀起了比、学、赶、帮、超的竞赛热潮。

心系职工

——记公司优秀党员、怡山矿业公司办公室主任祁海雁

祁海雁，1966年10月出生，1984年8月参加工作，中共党员，毕业于辽宁大学法律专业。现任怡山矿业公司办公室主任。2008年获得优秀共产党员称号，曾获朝阳市总工会优秀退管工作者称号。

时任人力资源部保险科科长的祁海雁，从事着关系所有职工和千家万户的保险福利工作，从孩子的出生、医疗、职工的五险一金、生老病亡到丧葬抚恤，可以说是一个人一生的记载和承办。要办好，让职工满意，这就是他的承诺。

新参加工作的职工，对保险知识略知一二，祁海雁不但在职工入厂培训上讲解，在办理新参加工作的538人参保手续时，不厌其烦的讲解保险对职工的意义、作用、缴费比例及国家政策。使新参加工作的职工真正地了解了保险的重要性。

面对工伤人员，他总是热情接待着每个人。为真正了解每个工伤职工的情况，他查阅了所有工伤人员的档案信息，对他们的情况了如指掌，逐一解决问题。仅2008年，组织定级鉴定26人，发放伤残补助金46.4万元，工伤就医鉴定44人，康复疗养鉴定16人，辅助器具鉴定6人，长病鉴定28人，离休护理鉴定15人。面对这样特殊群体，真正做到来有迎声，问有答声，办事有回声，让他们虽然带着怨气来，但能愉快地回。

作为一名共产党员，不但在制度上遵规守纪，而且在政策的框架下进一步完善制度。年度内草拟出台了《关于调整企业职工部分保险福利待遇有关问题的通知》，明确了企业职工供养直系亲属的范围和条件；《关于长病、工伤职工劳动能力鉴定的通知》，规范了鉴定程序和鉴定所需材料。同年年底根据工伤保险条例，进一步完善了工亡职工的赔付标准和一次性伤残补助金的标准，为政策的执行找到了一条合理的解释。

钻研创新的矿山人

——记公司优秀党员、怡山矿业公司技术科科长张国彬

张国彬，1967 年 8 月出生，1984 年 8 月参加工作，中共党员，毕业于洛阳工学院函授学院。现任怡山矿业公司生产技术科科长。2015 年获得公司优秀共产党员称号。

48 岁的张国彬，双鬓已经斑白，一身工服，看到他的人一眼就能看出来，这是一位来自一线的工作者。在日常工作中，他风里来雨里去，丝毫不顾及自己的一身泥土。

矿山生产离不开每一位工友的努力，为此他想尽一切办法调动每位工友的工作积极性。生产中严格要求，生活中嘘寒问暖，就像亲兄弟一样。同时积极带动年轻的大学生等技术人员不断创新、去产能、降成本、要效益。

2015 年，由于矿区内风化矿量供应不足，严重影响各干选站的正常生产，为解决此问题，张国彬带领全科采矿专业、选矿专业及测量专业工程技术人员，认真测算各采区风化矿的分布情况及每个干选站的设备产能，制定了《怡山矿区生产优化规划方案》，他们风里来雨里去，竭尽所能为降低生产成本而奋战着。

2014 年 4 月，他负责我公司新建 150 破碎站供配电的图纸设计及电气设备安装施工管理工作。2014 年 7 月，为解决二选尾矿库尾矿排放问题，他带领相关技术人员深入现场进行地形查勘与测绘工作，经过工艺方案的比较与建设费用的测算，及时提出二选新建尾矿库的设计施工方案，为二选尾矿库顺利投入使用提供了保证。随着我公司采区爆破工作的开展，为保证爆破安全并合理控制爆破矿石的大块率，在每次穿孔爆破过程中，他都到达现场进行督促检查。由于风沙大，道路难走，他满脸沙土，满鞋泥沙，俨然成了大漠地质队员。他默默承受着技改项目的艰难和环境的艰苦，最终技改项目取得了成功，这就是最好的回报。

编 后 语

凌钢是先进模范人物辈出的地方。从建厂至今，涌现出了全国劳动模范、全国“五一”劳动奖章获得者、全国钢铁工业劳动模范、辽宁省劳动模范、辽宁省“五一”劳动奖章获得者等一大批先进模范人物。他们是引领时代精神的标杆，是照耀凌钢发展的明星。为大力弘扬凌钢先进模范人物的崇高品质，在全公司形成人人学习先进、人人争当先进的浓厚氛围，形成把凌钢建设成为最具竞争力的大型综合性企业集团的强大正能量，公司决定以50年厂庆为契机，编辑出版《星耀凌钢》一书。经过近半年的艰苦努力，《星耀凌钢》终于止笔杀青。

《星耀凌钢》是一本反映凌钢不同时期先进模范人物事迹和奋斗故事的合集。书中收录了凌钢建厂以来荣获国家、省市荣誉名单及荣获凌钢集团公司劳动模范、科技贡献奖、工人技术创新奖、优秀共产党员荣誉名单，并收录了部分荣获凌钢2006～2015年公司劳动模范、科技贡献一等奖、工人技术创新一等奖和优秀共产党员的先进人物通讯，以飨读者。

《星耀凌钢》的编写工作是在集团公司党政领导的关怀和指导下进行的，也得到了全公司各单位、各部门的大力支持，公司不仅指派专人撰写文稿，主要领导还亲自审阅把关。在此，谨向所有关心指导、帮助和支持《星耀凌钢》编辑出版工作的各级领导、单位和个人表示真挚的感谢！

由于历史久远，资料遗失，部分人物信息不完整，加之编辑水平有限，如有遗漏和差错之处，敬请谅解！

《星耀凌钢》编辑部

2016年5月

《星耀凌钢》编辑部

编　　审　张振勇　郝志强　闫清军

主　　编　李建军　张凤阳　刘　威

责任编辑　白雪峰

编　　辑　温菲菲　杜文静　庄俊军　王洪波

李亚明　曹志明　卢　超　张立微

郑天野　白　玉　吴丽梅

特邀编辑　李　辉　贾亦凡